基于销量趋势分析的卷烟产品预警机制

主编　杨蕾　张涛　何雪峰　冯洪涛　李超

華中科技大學出版社
http://press.hust.edu.cn
中国·武汉

内容提要

本书在总结其他行业销量数据应用研究方法的基础上，通过对各大品牌卷烟销量数据、人口经济等数据的整理分析，对不同市场进行划分，并根据不同的产品及市场特征选择了不同建模方法，从产品销量趋势分析预测和基于市场表现的产品类型分类两个方面开展卷烟产品销量预警机制研究，同时结合相关市场调研结果，分析和阐释产生市场波动的原因，旨在指导制定不同类型产品的应对策略，助力改善市场状态。

图书在版编目（CIP）数据

基于销量趋势分析的卷烟产品预警机制 / 杨蕾等主编 . —武汉：华中科技大学出版社，2023.10

ISBN 978-7-5772-0087-3

Ⅰ . ①基…　Ⅱ . ①杨…　Ⅲ . ①卷烟 – 产品营销 – 研究　Ⅳ . ① F768.29

中国国家版本馆 CIP 数据核字（2023）第 191188 号

基于销量趋势分析的卷烟产品预警机制
Jiyu Xiaoliang Qushi Fenxi de Juanyan Chanpin Yujing Jizhi

杨　蕾　张　涛　何雪峰　冯洪涛　李　超　主编

策划编辑：江　畅　吴晨希
责任编辑：张梦舒
封面设计：孢　子
责任监印：朱　玢
出版发行：华中科技大学出版社（中国・武汉）　电话：（027）81321913
武汉市东湖新技术开发区华工科技园　邮编：430223
录　　排：武汉创易图文工作室
印　　刷：武汉科源印刷设计有限公司
开　　本：787 mm × 1092 mm　1/16
印　　张：18
字　　数：460 千字
版　　次：2023 年 10 月第 1 版第 1 次印刷
定　　价：149.00 元

华中出版

编委会

前言

从庞杂的数据背后，分析用户行为和习惯，找出更符合用户口味的产品和服务，并结合用户需求有针对性地调整和优化自身，就是大数据价值。销量数据，作为大数据来源之一，价值不言而喻。

回顾历史，展望未来。

历史销量数据趋势分析一定程度上可以预测未来销量趋势。通过对销售数据的分析，可以帮助我们掌握更加全面、客观、真实的经营状况；可以帮助我们洞悉市场规律、了解市场走向，并将客户的行为进行量化，从而为业务的开展提供关键决策依据。

从广义上来说，卷烟产品可以归为快消品，卷烟消费本质仍然是市场行为。因此，某一时期内的卷烟销售数据变化在一定程度上反映了该时期消费需求及消费水平变化。

在行业管控下，国内卷烟市场年生产、销售均受政策计划管控。在份额有限的前提下，市场竞争日趋激烈，各品牌份额此消彼长，存量竞争将成为常态。

国家烟草行业政策一定程度上影响了卷烟市场结构布局，社会经济水平决定了卷烟销售市场的变现。如何通过销量数据变化，实时掌握在售产品市场状态，并及时调整投放营销策略，保障市场的健康发展，是各大卷烟企业长期关注的问题。然而众多卷烟市场研究仍落脚于宏观政策规划层面，而忽视了以消费需求为根源的市场波动变化。

目前，市面上关于不同行业销量预测分析方法类书籍较多，但是针对烟草行业的专题著作鲜见。其中，对于卷烟销量的预测，学者和业界人士已经做过许多类似的研究，主要集中于对日、月度、季度和年度数据的预测。然而卷烟属于嗜好品，受节假日影响较大，常规预测方法不能有效解决此问题。另外，国外知名烟草企业销售分析年报，在分析方法使用上也局限于一些描述性分析，而采用专业的统计分析方法进行深入研究的较少。

本书在总结其他行业销量数据应用研究方法的基础上，通过对各大品牌卷烟销量数据、人口经济等数据的整理分析，对不同市场进行划分，并根据不同的产品及市场特征选择了不同建模方法，从产品销量趋势分析预测和基于市场表现的产品类型分类两个方面开展卷烟产品销量预警机制研究，同时结合相关市场调研结果，分析和阐释产生市场波动的原因，旨在指导制定不同类型产品的应对策略，助力改善市场状态。

本书共八章。第一章卷烟销售相关概念，对卷烟商品起源、特性、社会属性进行了介绍，并介绍了卷烟专卖制度，从经济学视角，结合行业共识，对卷烟市场、卷烟需求、卷烟销量、卷烟结构、零售终端等进行了阐述。第二章烟草产业及新消费下的高质量发展，对国内烟草产业发展历程、国外四大烟草集团的跨国成长路径进行了分析，同时对云南烟草发展历程进行了简要概述，并对新消费背景下烟草产业的高质量发展要求进行了总结分析。第三章卷烟销售市场变化因素，从宏观视角对影响卷烟销售的市场变化因素进行了分析，并对与卷烟市场有直接关系的因素及趋势进行了分析，对产品市场表现因素进行了研究归纳。第四章销量趋势分析综述，对非烟草及烟草行业销量趋势的分析方法进行了综述分析。第五章卷烟销量趋势分析，介绍了销量趋势分析方法及流程，并以案例的形式对趋势分析在卷烟行业中的应用进行了介绍。第六章预警机制分析综述，结合理论对预警机制及预警方法进行了综述性分析，并对卷烟产品预警机制的应用价值进行了阐释。第七章基于销量趋势分析的卷烟产品预警机制的建立，简要介绍了预警等级划分原则，并对卷烟产品预警机制建立、运行、评估、改进进行了系统介绍。第八章卷烟产品预警机制分析及应对策略思考，以不同价区的卷烟市场状态为例，对卷烟产品类型进行了分类研究，在此基础上，对卷烟产品销量预测预警系统未来可能的应用范围及作用进行了阐述，同时，对卷烟产品市场状态评价及应对策略进行了思考总结，并对卷烟产品自动化预警系统未来的发展进行了展望。

本书紧扣行业政策、市场变化、消费趋势，着力于“客观、务实、推广”相结合，具有以下特色。

1. 系统性强。本书从零售终端和消费者视角，分析卷烟市场波动对零售户、消费者的影响反馈，并结合经济学、营销学理论，对历年来卷烟市场销量变化趋势及其背后原因进行深度挖掘阐释。同时，综合卷烟品牌产品市场表现及不同地域社会经济发展水平等综合因素，通过大量历史销售数据分析建模，从不同维度提出能表现不同区域的卷烟产品健康市场状态的参数模型，并在此基础上开展市场销量预测研究，系统性强。

2. 学术价值高。本书以卷烟产品月度销量数据为基础，考虑了季节调整、趋势循环、不规则变动和移动节假日因素，结合三维五率、人口数、政策、可支配收入等多方面影响因素，系统构建和引入多种以时间序列分析为主的预测方法，对单规格卷烟的月度销量进行预测及对比分析，提出适宜于不同区域、价类、品类卷烟产品的最优的预测方法，对于指导现代烟草企业准确分析市场、了解市场状态，及时调整投放营销策略，保障市场的健康发展有重要学术价值。

3. 实用性强。本书包括了销量趋势分析常用理论方法介绍，趋势分析案例讲解，预测模型建模思路及方法介绍，卷烟市场变化概览，卷烟消费群体及消费方式变化分析等内容，适合烟草及相关领域内的人士参考阅读。本书既可作为烟草行业市场分析预测的辅导材料，也可以作为烟草从业者了解行业市场状态及变化趋势的参考和指导用书，还可以作为企业管理者科学决策的参考用书，具有较强的实用价值。

本书在编写过程中参考了大量的国内外相关领域的论文、专著、行业及非行业研究成果和案例，在此谨向有关专家和学者致以衷心的感谢。

由于销量趋势分析及预测涉及的统计学理论及方法较多，其知识体系和内容还在发展和完善之中，且编者水平有限，书中或存在不当之处，敬请读者不吝指正。

编者

2023 年 9 月

目 录

第一章
卷烟销售相关概念

1.1 卷烟商品

1.1.1 卷烟商品起源

卷烟，这种最早出现于美洲的“神草”，1492 年被哥伦布发现并带给全世界。现代社会人们承受着巨大的压力，紧张的生活、浮躁的心境为卷烟产品的传播带来了机遇。正如人们所说，上帝带给人类快乐和悠闲、空虚和压力，然后又发明了卷烟。

据史料记载，烟草传入中国是在明代万历年间(1573—1620 年)。厉鹗的《樊榭山房集》记载：“今之烟草，明季出自吕宋国。”明末名医张介宾的《景岳全书》中记载：“烟草自古未闻，近自我明万历时始出于闽、广之间，自后吴、楚间皆种植之矣。”清人谈及烟草或吸烟时常常引证姚旅《露书》的有关记载，卷十《错篇》说道：“吕宋国同一草，曰淡巴菰，一名曰醺，以火烧一头，以一头向口，烟气从管中入喉，能令人醉，且可辟瘴气。有人携漳州种之，今反多于吕宋，载入其国售之。”现代历史学家吴晗经过仔细考证后也认为最初传入烟草的是 17 世纪初的福建水手，他们从吕宋(16 世纪西班牙人把烟草带进了吕宋)带回烟草的种子，再从福建南传到江浙。烟草传入中国后，其种植和商品化在中国逐步发展起来。纸卷烟于 1890 年由美商老晋隆洋行输入我国。随后，英、美、俄等国将纸卷烟机器输入我国，并建厂制造纸卷烟，我国的民族纸卷烟工业随之兴起。

1.1.2 卷烟商品的特性

卷烟是一种顽固嗜好性产品。它含有的尼古丁满足了消费者的生理需求。 不同品牌、不同档次的卷烟在吸味上会呈现一定程度的差别。譬如：国际知名品牌万宝路香气量足，谐调性好，烟味浓郁，生理满足感强，同时伴有良好的晾晒烟香味；骆驼香气质好，谐调性好，杂气和刺激性较少，余味干净舒适；555 以烤烟香为主，香气质好、量足，香味丰富，谐调性好，杂气和刺激性较少，烟味醇和，生理满足感强，余味干净舒适。又譬如：国内知名品牌中华香气量适中，质感细腻，烟气优雅飘逸，余味干净舒适，生津回甜感较好，且嗅香中带有淡淡的梅子香味；芙蓉王香气量较足，香味丰富，烟香醇和，生理满足感强，余味舒适；玉溪香气足，烟香醇和，烟草自然本香突出，清香特征明显，杂气和刺激性较小，余味干净舒适。消费者根据自身的消费需求，选择适合自己的卷烟，在品吸不同口味的同时满足自己的生理需求。

卷烟是一种精神调剂品。两千多年前，古代印第安人为了寻找食物和水源，经常徒步或赶着牛车长途迁徙，生活十分艰苦，他们用卷烟的味道来寻求刺激，在吞云吐雾中缓解疲劳，同时他们也用烟草治疗创伤和疾病。发展到现代社会，人们在工作、生活等方面承受着巨大的压力，卷烟的精神调剂作用更是被无限放大。人们习惯于通过对卷烟的随意掌控、对烟雾的自主吞吐，象征性地、曲折地暗示自己压抑的意志。吸烟被认为是缓解压力、排解寂寞的一种方式。

卷烟是一种社交必需品。人们对卷烟依赖主要是因为对卷烟中尼古丁有瘾，这也致使卷烟成为很多人生活中毋庸置疑的必需品。与“茶文化”“酒文化”一样，“烟文化”也是人们日常生活中的习惯和行为衍生出的文化现象。虽不及“茶文化”可陶冶情操，兼具健身、治疾的药物疗效，也未见如“酒文化”“俯仰各有志，得酒诗自成”的文学传世之作，“烟文化”却在社会生活的各个方面发挥着越来越重要的作用。尤其在社交场合，卷烟是必不可少的社交工具，“卷烟一递，说话和气”，很多交流就是在这一递一接之间开始的。随着卷烟社交属性的显现，消费者吸食卷烟，除了满足对尼古丁的生理需求外，选择高端卷烟的消费者，更多的是满足对身份、实力、社会地位的彰显需求。

当前，卷烟品牌的价值内涵差异性主要体现在情感层面上，而在功能层面的差异性并不大。品牌附加值只有体现在非物质层面（品牌精神）时，才能获得消费者的高度认同，进而领导市场。

1.1.3 卷烟的社会属性

在我国，卷烟在消费者生活中扮演着重要的角色，关系着社会的和谐及发展。卷烟除了是商品外，还具备一定的社会属性。

目前，我国烟民群体结构多样，烟民数量较大。《中国吸烟危害健康报告 2020》指出，目前中国烟民超过 3 亿人，占世界近 13 亿烟民的 27%。其中，2018 年中国 15 岁及以上人群吸烟率为 26.6%，女性烟民 1180 万人，达 2.1%。从庞大的卷烟消费市场看，毫无疑问，卷烟在消费者生活中扮演着重要的角色。

另外，烟草行业又是一个完整的产业链，产供销、人财物、内外贸一应俱全，烟草从业人员及相关人口约 1.5 亿人。烟草行业消化了相当大的劳动力，涉及人数众多，对社会的总体发展产生了举足轻重的影响。从这一层面看，烟草又关乎民生。

烟草关乎民生，因此政府既要控烟但又不能完全禁烟。一则卷烟的消费群体相当庞大，二则卷烟又是一种上瘾品，控烟不是一朝一夕的事情。卷烟的特殊性决定它不能像其他商品一样完全依赖市场的自发调节，相关部门对于专卖制度的实行是其内在特性的必然要求。国家通过对卷烟产品收取高税高价，以此达到“寓禁于征”的目的。收以重税，售以高价，既保证了国家财政收入，也控制了烟民的数量和增长速度。

2014 年烟草行业税利总额首次跨过一万亿元台阶，实现了“保八争十超万亿”的年度目标以来，烟草行业上缴国家财政总额呈现出稳步增长趋势，财政总额不断创新高，于 2022 年达到最高 14 416 亿元。从烟草行业上缴国家财政总额占全国财政收入的比重来看，近十年平均比重为 6.33%，整体呈上升趋势，2022 年达最高 7.08%。可以说，烟草行业为财政收入稳定增长、烟农脱贫致富、零售客户就业增收做出了巨大的贡献。

面对国际复杂的政治局势，国内攻坚克难、经济增长、基础建设、民生福祉等需求，在今后的很长阶段，我国烟草行业仍将是国家财政的有力后盾之一。

1.2 卷烟专卖

1.2.1 专卖制度建立

专卖，始见于西汉时期，称为“榷”。据《汉书·武帝本纪》记载，“春二月，初榷酒酤”。“榷，独梁也”，意指只能允许一个人通过的独木桥，具有专权、独享的意味。

现代意义上的专卖制度与古代禁榷制度含义相同，是指国家或地方政府以法律的形式将某些产品规定为专卖产品，设立专营机构对这些产品的产运销部分环节或全过程实行垄断经营、统一管理，并通过法律手段限制或禁止私人或其他社会团体从事这些产品的经营活动的制度。

专卖制度最大的特点就是国家运用行政权力强制将管理经营权限收归国有，并通过立法来保证国家对这种权限的绝对占有。拥有了这种绝对的权限，国家或政府就可以通过设立专营机构，运用行政手段、法律措施或经济政策来经营管理专卖产品，实现完全垄断专卖的目的。

烟草制品是具有特殊性的日常消费品，这决定了烟草行业具有自己独特的属性，传统的经营管理模式难以促进本行业发展，必须实行特殊的管理体制。同时，烟草行业是国民经济的一个有机组成部分，卷烟市场的发展既要符合经济规律，又要实现经济效益和社会效益的最大统一。为了有效实现这个统一，中国实行改革开放以后，对传统的烟草管理体制也进行了重大改革，其核心是建立国家烟草专卖制度，对烟草行业实行“统一领导、垂直管理、专卖专营”。

专卖制度是中国卷烟行业特定发展阶段的必然选择，也是中国改革的一项创新性成果。首先，专卖制度下的烟草市场，由于国家局的介入、监管，更规范也更利于管理；其次，卷烟专卖限制了行业内竞争，减少了烟草商业企业需要承受的市场压力，为烟草行业发展营造了相对宽松的市场氛围；但同时专卖制度对卷烟销售设定了严格的控制措施，烟草公司在产品价格、货源投放、广告促销等诸多方面都需要在严格的专制规范管理下结合市场实际状况进行操作，这对卷烟市场实现自身的良好发展提出了更高的要求。在维护国家利益和消费者利益的基础上，加大市场控制，已成为目前地市级卷烟市场发展的主要方向。

1.2.2 专卖制度的发展

烟草专卖是指国家对烟草专卖产品的生产、销售经营和进出口等业务实行垄断经营、统一管理。它属于国家完全专卖的一种，国家享有对烟草专卖产品的完全支配权，对其生产、销售、管理进行调控，并承担实现专卖目的的责任。

卷烟属专卖商品。它的生产经营遵循国家指令性计划。我国的卷烟市场是以社会主义公有制经济为基础，国家专卖为垄断手段。因此，在卷烟经营中，实行计划管理与市场调节相结合的方式。

为了更好发挥专卖制度对烟草市场的调节及促进作用，发挥烟草行业对国民经济的有利支撑作用，自改革开放以来，中央政府对烟草专卖制度不断进行优化调整和完善，并制定实施了大量的有效举措促进整个行业的健康发展。

我国卷烟专卖制度的发展历程如下：

•1978 年十一届三中全会的胜利召开，标志着我国经济发展进入了改革开放的新时代，中央政府将烟草管理体制的改革问题提上了日程。

•1981 年 5 月，国务院发文明确提出为了加强对烟草行业的集中管理，改善市场卷烟供应，增加国家财政收入，决定对烟草体制进行重大改革，对烟草实行国家专营。

•1982 年，中国烟草总公司成立，对全国烟草行业的人财物、产供销、内外贸实行集中统一管理，标志着烟草专卖和集中管理体制正式建立。

•1983 年发布的《烟草专卖条例》使得烟草专卖制度愈加规范。

•1991 年《中华人民共和国烟草专卖法》的颁布，更是为专卖制度的执行提供了更加可靠的法律依据。《中华人民共和国烟草专卖法》开宗明义："为实行烟草专卖管理，有计划地组织烟草专卖品的生产和经营，提高烟草制品质量，维护消费者利益，保证国家财政收入，制定本法。"而紧接着的第三条规定了烟草专卖制度——"国家对烟草专卖品的生产、销售、进出口依法实行专卖管理，并实行烟草专卖许可证制度。"烟草行业依靠法律引导和行政命令，通过计划指标、许可证管制和各级烟草专卖机构，自上而下地建立"统一领导、垂直管理、专卖专营"的国家烟草专卖制度，明确国家对烟草进行全面的垄断经营，包括烟草的种植、生产和销售。

•1997 年 7 月国务院颁布实施了《中华人民共和国烟草专卖法实施条例》。《中华人民共和国烟草专卖法》第四条和《中华人民共和国烟草专卖法实施条例》第六条对烟草专卖管理体制做了明确的规定，概括起来就是"统一领导、垂直管理、专卖专营"。

有了专卖制度的加持，我国烟草行业获得了蓬勃的发展。最具代表性的事件就是加快了烟草行业品牌整合步伐。

2003 年，行业印发了《10 万箱以下卷烟工业企业组织结构调整规划》和《50 亿～150 亿支卷烟工业企业组织结构调整意见》，品牌整合的大手笔酝酿越来越成熟。

2004 年，进一步提出要把"深化改革、推动重组、走向联合、共同发展"作为烟草行业的主要任务，设定 3 年或更长一个时期内把全国卷烟工业企业调整至 30～50 家的战略性目标，并印发了《关于进一步推动卷烟工业企业组织结构调整工作的指导意见》。在推动卷烟工业企业联合重组的同时，行业还先后印发了《卷烟产品百牌号目录》《中国卷烟品牌发展纲要》《关于卷烟品牌定向整合的指导意见》等一系列政策文件，品牌整合正式拉开了序幕。

为进一步推进企业和品牌结构调整，行业 2006 年又提出了要重点培育"10 多个重点骨干企业"和"10 多个重点名优品牌"的战略部署，2007 年提出要推进卷烟工业企业实现由省内市场依赖性向面向全国统一大市场跨越、由立足国内市场向面向国际市场跨越。

2008 年 3 月，首次提出确立全国性重点骨干品牌的品牌培育思路。

2010 年的全国烟草工作会上，提出"532""461"战略规划。"532"指的是品牌规模，即争取用 5 年或更长一段时间，着力培育 2 个年产量在 500 万箱以上、3 个年产量在 300 万箱以上、5 个年产量在 200 万箱以上的定位清晰、风格特色突出的知名品牌，并且在国际市场要有所突破。"461"指的是品牌结构，即争取到 2015 年，培育 12 个销售收入超过 400 亿元的品牌，其中 6 个超过 600 亿元、1 个超过 1000 亿元。

经过多年的发展，行业培育出了中华、利群、黄鹤楼、云烟、芙蓉王、南京、玉溪、黄金叶、白沙等多个超百亿元、千亿元销售收入的，高价值、高影响力的品牌，提高了中式卷烟的国际影响力。

1.2.3　存在问题

我国烟草消费具有区域性特点，烟草行业呈现出了高度集中化。40 多年来，烟草专卖制度在推动我国烟草行业飞速发展过程中起到了至关重要的作用。与此同时，我们也要看到专卖制度下的一些隐性问题。

受我国烟草税的征收政策影响，地方财政收入与当地烟草生产和销售密切相关，这就导致了部分地方为提高自己的收入，形成地方保护。譬如，为了保证当地烟草产品质量，把重点放在从本地进入烟草货品；而有些地区会抬高其他地区卷烟流入成本，从而保护本地烟草。这虽然提高了当地的财政收入，甚至对于部分生产卷烟和烟叶的贫困地区来讲，已经成为脱贫的重要方式，但客观上、宏观上来讲还是造成了很多负面效果。

其次，地方专卖制度下的烟草生产企业往往并不负责销售，由此生产与销售市场脱节，销售市场信息无法及时有效地被接收，这样并不利于烟草行业及时、适宜地调整计划，进行发展。

地方保护无疑是一种恶性循环，为了当地财政收入设置地方壁垒，而为了提高各自产品的知名度，行业内部竞争不断加剧，烟草市场条块化现象又会进一步加剧。在专卖制度下，打破地方保护壁垒，促进国内大市场的良性循环，推进行业的稳步健康良性发展，形成行业竞争合力，对于提升我国烟草竞争力、国际影响力极其重要。

1.3 卷烟市场

1.3.1 卷烟市场之变

一般意义上，市场指商品交换的场所。在经济学中，市场指针对某种特定商品的交换关系的总和，它包括商品交换场所，需求、供给双方和交易关系。在市场营销学中，市场由一切具有特定的欲望和需求，并且愿意和能够以交换来满足此欲望和需求的潜在客户构成。在这一内涵下，市场的实质是客户，而需求是构成市场的核心。

卷烟市场，泛指卷烟商品发生购买、销售、消费的场所。经营者通过这一场所把卷烟提供给消费者，在市场商品交换的同时，实现价值的转换。从广义上说，卷烟市场涉及面比较广，它包括卷烟的购进、调拨、贮存、分配和零售，也就是卷烟的产、供、销全过程。单从卷烟流通领域说，卷烟市场可分为批发市场和零售市场。

卷烟批发企业，是指从卷烟加工厂收购产品再出售给零售或其他卷烟经销单位进行商品买卖活动的部门。批发处于生产与零售的中介地位。批发经营环节主要指商品购进、运输、贮存和销售。卷烟批发业务流转共 3 大环节，17 个过程，如图 1-1 所示。

零售处于批发经营业务的末尾，是商品流通过程的终点。 卷烟通过这一环节的经营活动，才能最终脱离流通领域，进入消费领域，实现其价值和使用价值，满足消费者需求。零售经营活动主要是由进货业务和销货业务构成的，其中有购进、验收、保管、销售 4 大环节。

卷烟零售业务交易频繁，数量零星，多则几条、几盒，少则 1 盒，交易额不大，直接同消费者见面。卷烟零售网点点多面广，有国营、集体、个体商店，烟摊出售。网点设置主要根据消费者购买习惯方便选购设置。因此，通过充分了解卷烟市场，有计划有组织地进行卷烟商品的供给，有效满足消费者直接需求，根据消费需求来指导卷烟生产，确保卷烟市场的供求平衡，具有重要意义。

为切实打破地区封锁，真正形成全国统一大市场，2002 年开始，国家局开始研究改革，决定对省级烟草机构实施工商分开管理体制，把原有省级烟草专卖局（公司）负责管理工业的职能分离出来，形成工业、商业两个独立的主体。自此，省级烟草专卖局（公司）与省级中烟工业公司实行机构、职

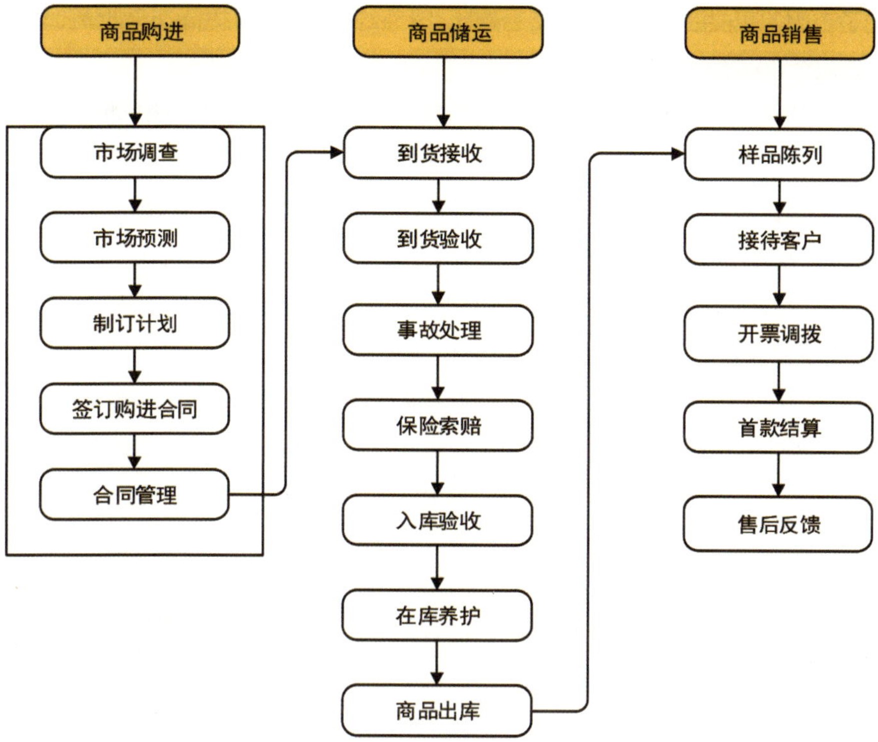

图 1-1 卷烟批发业务流转示意图

责、人员、财务“四分开”。

在工商分离后，卷烟批发、零售经营业务归属于商业企业经营范畴。工业企业负责卷烟生产业务，并将生产出来的卷烟以调拨价的形式卖给商业企业，商业企业通过批发卷烟给零售户，进而赚取差价。

除此之外，工业公司还承担了烟草制品生产和销售，烟草物资、烟机零配件的经营和相关多元化生产经营业务；而商业公司则承担了烟草制品的调拨、批发、经营业务，按照国家计划，对所属企业的生产、供应、销售、进出口业务和对外经济技术合作实行集中统一经营管理，具体包括国家烟叶种植、收购、调拨核拨，烟叶的加工、储备和出口，全国卷烟市场调查、预测、开拓，烟草制品的流通、市场投放等工作。可以说，商业公司承担着将卷烟商品从生产者传递至消费者的商品流转职能，并在这个过程中尽量节约交易成本，获得一定收益。

按照营销学对市场内涵的解释，就商业企业而言，烟草市场即指对烟草商品有需求的，并且愿意和能够以交换来满足此需求的潜在客户的总和，其实质是卷烟零售客户，其核心是卷烟消费者需求。就工业企业而言，上对口商业企业，下直面卷烟消费者，因此，工业企业开发烟草市场更侧重于有卷烟消费需求的，且愿意和能够以交换来满足此需求的潜在客户群体，既包括具有基于烟草市场动态的商品投放需求的商业公司，又包括对卷烟有消费需求的卷烟消费者及其他群体。其核心与商业企业一致，仍然是卷烟消费者需求。

对于烟草行业来说，为什么会出现商业企业？经济学界普遍认为，经由商业企业(指零售商、批发商等中间商)的间接交易，能比生产企业与消费者的直接交易带来更多收益和更高效率时，商业企业便出现了。因此，与生产企业直接交易相比，能节约交易成本、提高交易收益、增进社会福利，就成为一般商业企业存在的关键所在。

对于烟草行业来说，商业企业出现的理由亦是如此，与普通商业企业相同的是，卷烟商业企业承担着将卷烟商品从生产者传递至消费者的商品流转职能，并在这个过程中尽量节约交易成本、获得一定收益。与普通商业企业不同的是，在烟草专卖制度下，卷烟商业企业还肩负着践行"国家利益至上、消费者利益至上"行业共同价值观的使命，承担着维护市场稳定、保持品牌状态、提升客户盈利能力等市场管理职能。显然，相较于普通商业企业，烟草商业企业的职责目标更加多维化、多元化，不仅是简单追求自身利益最大化，而应将保障国家利益、最大化社会福利（包括客户盈利、消费者需求满足等）作为自身的首要目标。客观要求烟草商业企业建立起比一般商业企业更加完备、健全的"市场信息监测、市场需求预测、市场供应满足和市场状态调控"体系，用来有效解决满足消费者需求、稳定市场状态、提升客户满意等基本问题，进而维护烟草市场的长期稳定及健康发展。

1.3.2 经济学定义

卷烟市场，泛指卷烟商品发生购买、销售、消费的场所。经营者通过这一场所把卷烟提供给消费者，在商品交换的同时，实现价值的转换。

在市场中，经济学定义的角度主要集中在供给和需求的关系上，旨在解释市场价格和数量的形成。卷烟市场的供给和需求也是卷烟经济学研究的重点。它取决于多个因素，包括卷烟的生产成本、消费者需求、税收政策以及竞争环境等。

（1）卷烟生产成本是卷烟定价的基础。在零售价格不变的前提下，成本高低决定了利润高低。卷烟生产成本主要由原材料成本、生产设备成本和工人工资等因素组成。企业想要提高利润，就需要控制生产成本。

（2）消费者需求也是决定卷烟市场价格和数量的因素之一。卷烟消费者需求受到各种因素的影响，包括消费者的偏好、收入水平、健康意识等。卷烟生产商需要了解消费者需求的变化，并调整其生产和营销策略以满足需求。如果消费者需求下降，需要减少生产量、降低卷烟市场价格，以保持市场份额。相反，如果需求上升，生产商可能会提高价格或增加生产量，以满足需求。

（3）税收政策也会影响卷烟市场的价格和销量。在我国，卷烟是高度税收的商品。税收政策的变化会影响卷烟市场的价格和销量。例如，如果提高卷烟税收，价格将上涨，消费者需求可能会下降，这可能导致销量下降。

（4）卷烟市场的竞争环境也会影响卷烟的价格和销量。卷烟市场中的竞争主要来自品牌、价格、品质和服务等方面。如果市场上的品牌越来越多，价格竞争就会加剧。卷烟生产商可能会通过降低价格来增加销量，这可能会导致行业利润率下降。如果市场上的品牌数量较少，价格竞争就会减少。在经济学中，卷烟市场是一种典型的成熟市场。这是因为卷烟市场的市场结构已经形成，市场参与者的数量相对稳定，市场内卷烟产品的技术水平和品质也比较成熟。卷烟市场的竞争主要体现在市场份额的争夺上，市场份额与品牌知名度和产品质量等因素有关。由于卷烟是一种消费品，消费者在购买时会考虑各种因素，如价格、品牌、包装、口感等，因此在卷烟市场中，竞争也往往是从这些因素展开的。

卷烟市场的供给主要由卷烟生产企业提供，而需求则来自消费者。卷烟市场的供给和需求的变化，对市场价格和销量都会产生影响。例如，当市场需求下降时，供给过剩就会导致卷烟价格下跌，从而影响卷烟生产企业的利润。

此外，卷烟市场还涉及许多宏观经济学问题，如国家政策、税收政策等。政府的税收政策会对卷烟市场产生很大的影响，例如加税会导致卷烟价格上涨，从而影响消费者的购买意愿和市场销量。

现代经济的发展更加强调由市场自由发挥基础性作用，政府通过一定的辅助手段来避免市场失灵，以达到经济效益与社会效益的有效统一。但对于卷烟这样一种特殊的商品来说，经济效益同社会效益在一定程度上是矛盾的。从市场结构理论角度分析，烟草行业的管理模式使卷烟市场具有垄断与竞争的双重性特点。因此，通过充分了解卷烟市场，有计划有组织地进行卷烟商品的供给，有效满足消费者直接需求，根据消费需求来指导卷烟生产，确保卷烟市场的供求平衡，具有重要意义。

1.3.3　营销学定义

营销学大师菲利普·科特勒（Philip Kotler）在其著作《营销管理——分析、计划、执行与控制》中提出了市场营销的概念——市场营销就是在适当的时间，适当的地方，以适当的价格，适当的信息沟通和促销手段，向适当的消费者提供适当的产品和服务。

市场营销过程包括以下几个方面：通过对市场的调研，寻求和识别市场的需要和欲望，并确定市场需求量的大小；选择和确定企业能比其他竞争对手更好地满足其需求、为其服务的目标市场；制订和实施满足目标市场需求、提供最佳服务的战略和策略计划，并对计划的实施情况进行反馈和控制等。

卷烟经营是指烟草公司通过一定的购销形式和流转环节实现卷烟从生产领域到消费领域转移的业务活动，也就是经营者通过调查、预测、分析、决策以及服务等活动，合理地组织商品的取、运、存、销等，来满足市场及消费者的需要。

由于工业企业侧重于生产，商业企业侧重于销售，因此，这里说的卷烟营销主要以商业企业的卷烟经营活动为主。

卷烟经营活动主要表现为买、卖两个方面。第一是买，即用资金（货币）购买用来出售的卷烟，体现于经营活动的购进。第二是卖，即把卷烟出卖而得到货币，体现于经营活动的销售。卷烟经营活动是买和卖活动的统一，买和卖活动受生产状况及消费者需求变化的影响。

卷烟经营绝不是单纯的业务实体活动，还包含着商品价值的实现。只有这样，卷烟才能顺利地实现从生产领域到消费领域的转移。卷烟经营应当适应市场变化的需要，应围绕经营目标来进行。

经营目标，是指企业在一定时期内所应达到的预期经营目的。可概括为通过卷烟经营活动，不断促进和发展商品流通，尽快地实现商品价值与使用价值，促进生产发展，满足消费需求，取得最佳经济效益。

作为烟草企业来说，经营目标可以概况为以下四个方面。

(1)社会目标。它是企业的首要目标。卷烟经营必须面向社会，除了满足不同市场的消费者需求，还要承担扶植地方卷烟生产，增加地方财政收入，搞好地方烟经营等目标任务。烟草企业只有不断满足社会需求，为社会做出某种贡献，才能得以生存和发展。

(2)市场目标。市场是企业生存的空间，企业活力大小，要看它伸向市场的深度和广度。预计要开拓什么样的市场，市场占有率可提高多少，就是企业市场目标的内容。烟草公司大力抓货源，满足不同档次及区域消费者的需求。

(3)发展目标。卷烟生产的不断发展，决定着卷烟的经营也必须不断发展。预期要实现的经营规模、经营设备的改造与更新、人才培养和经营技术开发、扩建仓库、增添商品养护设备、开辟零售网点等都属于企业的发展目标。

(4)效益目标。效益目标是企业经营活力的内在动力。它不仅关系到职工的切身利益，也决定着企业的发展。效益目标仍是企业经济效果的综合指标，直接表现为企业利润总额、利润率和由此所决定的上缴国库金额，企业发展基金，职工奖金和福利基金等。所以，烟草公司要把效益目标作为增强企业发展后劲和调动广大职工积极性的经济杠杆，随时放在心上，抓在手中，一刻也不能放松。

目前我国卷烟产品登记的在售规格近千种。在生产领域，限制社会资本进入，对卷烟生产实行严格的国家计划调控；在经营领域，各地烟草公司拥有唯一的卷烟进货权和批发权。卷烟专卖专营主要通过许可证制度，在卷烟生产、物资供应、卷烟分销和零售各环节建立了严格的专卖专营体系。因此，这里说的卷烟市场是在烟草专卖制度下的卷烟市场。

随着我国改革开放的不断深入、社会主义市场经济体制的逐步建立，国民经济迅速发展，综合国力日益增强，人民群众的收入和生活水平逐年提高，中国商品市场发生了前所未有的巨大变化。卷烟产品由于价格需求弹性小，竞争方式更多地体现为非价格竞争，行业内部各卷烟工业企业之间的竞争逐步演化为产品质量竞争、成本竞争和品牌竞争。但卷烟市场仍然存在市场分割、产品集中度低、产品结构不合理、分销企业营销功能缺位等问题。

在烟草行业“大市场、大品牌、大企业”战略措施推进下，卷烟市场表现出了一些新的特点：一是卷烟市场逐步由销售产品向经营品牌转变；二是市场营销行为由依赖专卖行政管理向服务和管理并重的模式转变；三是卷烟产品由价格、包装竞争向注重产品科技含量转变；四是卷烟产品由多品牌竞争向牌号集中转变。

近年来，随着行业信息化建设的推进，全面启动数字化烟草建设已提上议程。《数字烟草发展纲要》的发布推动了数字化建设和转型的步伐。坚持用信息化改造传统卷烟工业、传统商业、传统农业，大力推进工业化与信息化融合，为提高行业整体水平、实现管理创新发挥积极的作用。烟草信息化建设按照“统一标准、统一平台、统一数据、统一网络”，逐步实现系统集成、资源整合、信息共享的总体要求，将有效推动市场规范管理，激发市场活力。

1.4　卷烟需求

1.4.1　需求定义

需求是指消费者为满足自身需要而愿意购买的商品和服务的数量和价格。从这个意义上讲，需求也是指具有支付能力的欲望。消费者有能力购买商品来满足某种欲望，就形成了对商品的需求。其计算公式如下：

需求 = 购买欲望 + 支付能力

将消费者需要与某种商品联系起来，能够得到消费者对某种商品的购买欲望，而具有支付能力的这部分消费者的购买欲望的总和就构成某种商品的需求。

按照上述解释，卷烟需求指对卷烟商品有购买欲望且有支付能力的消费者的购买欲望的总和，也是指消费者为满足吸烟需要而愿意购买的卷烟的数量和价格。卷烟需求是一个与价格、收入、消费习惯、健康风险等因素相关的复杂系统。

其计算公式可以表述如下：

卷烟需求 = 卷烟购买欲望 + 支付能力 = 有支付能力的消费者需求

鉴于烟草专卖制度安排和卷烟供应链结构，可以将上述公式扩展如下：

卷烟需求 = 有支付能力的消费者需求 + 零售客户合理库存需求 + 其他

对于某一个具体品牌，可以得到：

某卷烟品牌需求 = 对某品牌有支付能力的消费者需求 + 零售客户安全库存需求

1.4.2　需求来源

卷烟需求的来源可以从多个方面考虑。首先，卷烟需求与消费者的收入水平密切相关。一般来说，收入水平越高，消费者对卷烟的需求越大。其次，卷烟需求还受到各种社会和文化因素的影响。例如，不同国家和地区对吸烟的态度、习惯和文化传统都不同，这些因素都会对卷烟需求产生影响。此外，税收政策、宣传禁令等政策因素也会影响卷烟需求的产生和变化。卷烟消费需求来源于卷烟市场，可以从以下几个方面进行收集。

1. 市场信息采集

需求主要来源于市场信息的采集。通过市场信息采集，一是了解市场状况，反映市场供需，包括监测零售终端库存、价格信息，了解市场供需，制定针对性货源采购、货源投放和市场调控策略，维护市场稳定，进行品牌市场偏好测试，了解品牌市场基础、消费者分布等，以便有针对性地制定品牌组合策略。二是探寻市场需求，寻找市场空间，包括了解辖区消费总量、结构分布、消费变动趋势等。

市场信息采集往往依托于产品、营销决策目标，需要周密考虑各个环节，制订详细的采集计划和目标任务，真正实现信息支撑决策。采集过程中需要目标清晰，避免信息与决策之间出现断点的情况。（见表 1-1）

表 1-1　市场调研信息采集示例

信息采集目标	调研内容	信息采集方式	信息来源渠道
了解宏观状态（宏观调研体系）	宏观环境、消费状态、产品竞争状态、零售渠道状态等	专项市场调研	各级统计局网站、报刊等二手资料
			专项调研信息
了解微观消费需求	消费者行为、内在诉求等	专项市场调研	专项调研信息
		数据挖掘	烟草消费者数据库
了解品牌表现	产品属性测试	专项市场调研	专项调研信息
	品牌认知偏好	终端信息采集（定期监控）	终端价格、库存监控
		终端信息采集（走访与反馈）	一线信息人员反馈
了解渠道动销与渠道反馈	终端动销、消费反馈、服务满意度、渠道满意度等	专项市场调研	专项调研信息
		终端信息采集（定期监控）	终端价格、库存监控
		终端信息采集（走访与反馈）	一线信息人员反馈

2. 市场状态调研

需求另一个渠道来源于市场状态调研分析。通过市场状态调研分析，可以对市场进行全局性的把握与思考。在进行需求挖掘时，企业不能仅仅将眼光盯在自己的目标消费者和零售渠道上，需要时刻了解周围发生了什么，譬如，经营的宏观环境信息、行业政策信息可能会对未来营销现状产生趋势性的影响。可将卷烟市场状态调研分为宏观消费环境、卷烟消费状态、卷烟品牌竞争状态、零售渠道信息状态四类。

（1）宏观消费环境。

影响卷烟消费环境的因素有六大类，分别是人口统计特征因素、社会文化因素、经济因素、政治法律因素、科技因素和竞争因素。其中，人口统计特征因素包括市场人口总量、性别、年龄、教育水平、职业、行业、收入水平、居住地等，人口统计特征因素中应特别关注人口年龄、家庭生命周期、教育与收入水平三方面。社会文化因素包括价值观、思想、态度、社会行为、消费态度、健康理念等。经济因素包括本地经济总量、经济发展水平、经济发展特点、物价水平、消费支出水平等影响卷烟消费总量和结构的因素以及经济发展速度、发展力、通胀水平、区域经济交流特点等反映动态消费趋势的因素，应特别关注人均可支配收入、劳动就业率和投资基建项目水平。政治法律因素包括对企业环境有较大影响的社会制度、政策倾向、法律法规等因素。在专卖制度下，专卖专营、属地管理等原则，在很长时期内确保了行业的规范有序发展。科技因素包括良种培育、卷烟调香、减害降焦、特色工艺等推动品牌发展的关键因素。竞争因素主要包括满足相同需求的同品类竞争、具有相似特征产品的竞争以及可替代性产品的竞争。

（2）卷烟消费状态。

卷烟消费状态包括消费容量和消费结构两方面。

影响卷烟消费容量的主要因素有人口基数、人口吸烟率、烟民人均吸烟量。其计算公式为：

卷烟消费容量 = 人口基数 × 人口吸烟率 × 烟民人均吸烟量 /50 000

说明：这里的卷烟消费容量以箱为计量单位，其中每 50 000 支卷烟为 1 箱。

其中，人口基数应包含本地户籍常住人口、常住外来人口、季节性流动人口、商务（旅游）等临时流动人口等。确定消费总量比较合理的做法是把调研结果作为基础数据和估算模型，每年更新公式中的各项主要数据，得到符合实际的市场容量结果。

影响卷烟消费结构的主要因素是收入水平和人口构成，其中收入水平包括总收入水平和可支配收入，消费者收入水平的发展趋势直接影响消费结构的发展趋势；人口构成受消费者消费意愿影响较大，不同职业、不同教育背景的消费人群消费结构差别可能很大，因此，了解消费者结构及不同消费群体的消费档次对于判断卷烟消费结构的成因和趋势有重要作用。

(3) 卷烟品牌竞争状态。

了解卷烟品牌的竞争状态包括了解消费者对卷烟品牌的认识、不同品类中各品牌产品的市场表现等。这些信息体现了不同卷烟品牌的市场基础，也显示了本地卷烟消费的品牌集中度、主导品牌和潜力品牌等信息，是规划市场品牌策略的依据。

(4) 零售渠道信息状态。

卷烟零售渠道信息包括渠道分布、渠道经营现状、零售客户服务满意度和忠诚度水平。其中，收集渠道分布信息包括对终端及渠道经营者基础信息进行摸底，掌握不同业态网点分布、总体市场占有率、渠道规范化经营情况、正规卷烟渠道与其他来源渠道等信息；零售终端经营现状信息包括渠道利润情况、卷烟在各渠道的比重和重要性、各业态与消费者购买行为之间的联系等；满意度与忠诚度信息包括公司在卷烟经营户当中的形象认知、零售客户对公司服务满意度以及与公司合作关系状况。

3. 消费者行为调研

需求来源还可以通过消费者行为调研分析获得。譬如：

(1) 卷烟消费者行为调研。

对辖区消费者的卷烟行为、卷烟购买行为的调研，就构成了消费者行为类调研。它包括人口统计特征分布、卷烟吸食行为、购烟行为与动机、消费者信息渠道四部分。

(2) 卷烟产品属性调研。

卷烟产品属性调研内容包括外观，吸味，包装及消费者对产品质量、产品名称、价格等方面的评价。

(3) 品牌偏好调研。

品牌偏好调研包括品牌知名度、品牌认知度和品牌忠诚度调研。

(4) 特定消费群体或特定消费行为调研。

特定消费群体或特定消费行为调研包括专项消费调研、特定区域卷烟消费调研、特定渠道消费调研、特定营业时间点消费调研和消费者数据库调研等。

4. 零售终端调研

终端信息采集的主要内容来自零售客户层面的卷烟经营信息，主要包括零售客户总体库存、经销品牌库存、零售包价格、条价、市场批发价以及品牌断货天数，其中，品牌断货天数是指处于正常经营过程中的品牌、规格，在零售客户销售完后，而且有正常订购需求的前提下，烟草公司无法提供货源的实际连续天数。

比较典型的零售终端信息采集方式有：①终端动销监测，指建立终端信息监测点，以点带面掌握终端信息；②营销一线人员市场信息反馈。

终端动销监测的主要对象是能够反映终端动销态势的数据信息。终端监测数据的分析以月、周为主，各层级于采集月结束后即开展当期信息分析工作，用于指导货源组织、投放节奏调整、品牌培育、需求预测、提升零售客户盈利水平等业务工作的开展。目前常用的方法包括社会库存分析与市场价格分析。

(1) 社会库存分析。社会库存分析主要指标有户均库存量、社会库存、存销比、库存可销天数、存销比稳定指数。时点社会动销指标是分析社会库存的核心因素。时点存销比，是某一时点库存量与期间销售量的比值，反映的是即时存销比状况。计算方法是：

周（或月、日）存销比 = 周（或月、日）营业结束时库存 / 当周（或月、日）销售数量

其中，周（日）存销比适合于日常的市场跟踪，有利于及时发现问题，并进行下周（第二日）货源调整；月存销比能够阶段性反映问题，有利于对月度投放进行评价、调整。将存销比与合理范围进行比较，若超出合理范围，视为异常，需进一步分析以找到问题根源。

(2) 市场价格分析。市场价格分析要注意分析指标和方法两个方面。市场价格的主要分析指标有零售价格、平均价格、市场最低价格、价格指数、条包价格吻合率等，市场价格的波动直接反映了市场供需对比，是价格分析的核心因素。市场价格的分析方法包括绝对值判断与价格指数分析。（见表 1-2）

表 1-2　市场价格分析信息表

序号	卷烟代码	规格名称	全国统一批发价 /（元 / 条）	价格控制（范围）/（元 / 条）
1	310101	中华（软）	550	600 ~ 650
2	310102	中华（硬）	360	400 ~ 430
⋮	⋮	⋮	⋮	⋮
7	430402	芙蓉王（硬）	306	220 ~ 240
8	530108	云烟（珍品）	195	210 ~ 225
⋮	⋮	⋮	⋮	⋮
17	430113	白沙（精品二代）	88	95 ~ 100
18	530109	云烟（紫）	85	95 ~ 100
⋮	⋮	⋮	⋮	⋮
27	532202	红河（硬甲）	45	50
28	430102	白沙（硬）	45	50

①绝对值判断。对各指标的绝对值进行直接分析，从价格本身的数量级来判断市场状态，主要通过与合理值的对比来分析。

②价格指数分析。零售价格指数是主要反映卷烟市场价格走势以及当前客户零售价格与公司指导零售价格高低差异的指标。计算公式为:

$$零售价格指数 = \sum_{i=1,2,\cdots,n}^{n} Q_{(i,t)}P_{(i,t)} / \sum_{i=1,2,\cdots,n}^{n} Q_{(i,t)}P_{i}$$

其中:$Q_{(i,t)}$ 表示卷烟品牌规格 i 在 t 周的市场销售量,$P_{(i,t)}$ 表示卷烟品牌规格 i 在 t 周的市场零售价格;P_i 表示卷烟品牌规格 i 的指导零售价。

$$Q_{(i,t)} = 上周样本客户库存 + 本周样本客户订单 - 本周样本客户库存$$

条、包零售价吻合率是反映零售客户整条零售卷烟价格和单包零售卷烟价格高低差异的指标,该指标能对价格的波动提出预警。计算公式为:

$$条、包零售价吻合率 = \sum Q_{(i,t)}P_{(i,t)} / \left(\sum Q_{(i,t)}P_{(i,b)} \times 10\right) \times 100\%$$

其中:$P_{(i,t)}$ 为条零售价,$P_{(i,b)}$ 为包零售价。

5. 营销一线人员信息反馈

营销一线人员主要从以下方面收集信息。一是消费环境变化情况。重点是了解消费者喜好和趋势、周边商圈的消费特点等。二是重点骨干品牌市场表现。如向客户询问重点品牌走势,什么人买,买了之后对这个品牌有什么评价等。三是卷烟社会动销变化情况。了解客户品牌动销情况,掌握是否有断货或胀库品牌,了解重点品牌的价格到位率、批发行情等。四是零售客户和消费者的评价与反馈。包括零售客户、消费者对品牌、公司政策等的建议和意见。客户经理在拜访客户过程中,随时对重要市场信息进行记录,形成市场经理等管理人员掌握营销信息的重要依据。

总之,有效的需求收集及分析结果可以用来指导业务。一是指导年度预测。调研结果中有关市场容量、消费结构、主要消费群体分布等内容,将成为制订销量结构增长计划的主要依据。二是制订货源规划。根据各品牌消费者基础以及不同品牌间替代规律,制订更好的卷烟货源发展规划。三是制订渠道规划。了解零售渠道分布和经营状态,制订终端维护方案。四是制定品牌组合策略。通过调查市场集中度、品牌组合健康度确定品牌发展规划,分析各品类品牌集中度,为品牌规划布局服务。

1.4.3 需求预测

需求预测是指通过研究需求的来源和影响因素,对未来需求的规模和变化进行预测。它是一种根据历史数据判断未来需求的方法。需求预测也是一类市场分析,而且比一般市场分析更明确,要求更精细。在卷烟行业,卷烟企业可以通过市场调查、数据分析、消费者调查等方式获取进行需求预测的相关信息,并根据预测结果进行相应的调整和做出决策。需求预测对卷烟企业的生产和销售策略制定具有重要意义。

进行需求预测,需要满足如下前提条件。第一,一定时期内,需求变化有规律可循,消费需求可预测;第二,预测针对的是市场中的真实需求,这里的需求分潜在需求和现实需求;第三,预测需要有"真凭实据",即预测靠的是历史数据而非历史经验;第四,预测需要采用科学方法,有理论依据;

第五，预测应支持决策，需求预测所带来的对市场需求的判断，应直接对货源采购、货源投放和品牌策略产生影响。

1. 需求预测的两个维度

在实际工作中，应从预测结果和预测时间跨度两个维度开展预测。

从预测结果维度，应从总量预测、品类预测和单品预测三个层次开展预测工作。总量预测，指在一定周期（年度、半年度、月度和周）内，对卷烟市场需求总量进行预测。品类预测，指在一定周期内，对某类可明确划分的卷烟消费需求进行市场容量预测。

从预测时间跨度维度，卷烟需求预测分为年度、半年度、月（周）度预测。其中，年度预测更侧重总量和品类预测，是形成商业公司对市场总体判断的关键环节。半年预测主要考虑季节因素对需求的影响，并且需要细化到品牌（规格），为半年度协议计划签订和品牌培育决策提供依据。月（周）度预测更强调对各品牌（规格）的预测准确性，用以指导货源调拨与货源投放。

2. 需求预测的类型

目前需求预测主要用于总量需求预测、品类需求预测、品牌需求预测。

1）总量需求预测

（1）信息输入。

进行年度预测所需使用的数据主要分为四类：

a）历史销售数据。主要是建立需求趋势模型，形成当期预测基数，以历史销售数据为主。

b）市场状态调研数据。市场状态调研数据包括辖区市场总量、辖区消费结构以及年度人口变化、收入变化、经济与社会环境变化等数据。

c）市场专项调研数据。当某类消费、某项品牌呈现出较明显的需求变化，并影响到总量需求和品类需求时，应根据其数据变化进行预测调整。

d）修正数据。回顾与分析历史数据、卷烟到货、季节因素等，得出修正结论。

（2）预测步骤。

a）运用时间序列法，判断销售趋势，预测年度销量基数。以往年（往期）销量基数为基础，依据数据的平稳性特征，预测下一年度的需求量。这种方法假定将来的需求按照过去同样的趋势发展，适用于市场条件相对稳定，并且历史销量真实可靠的情况。

b）运用因果分析法，分析影响市场容量的关键因素，对预测基数进行调整。历史销售数据可能受非市场因素影响，无法完全反映历史因素。因此，需借助市场调研所取得的市场总量信息，扣减市场占有率因素，用这一估算来调整运用时间序列法所得到的预测基数。

c）运用季节调整法，进行季节因素调整，确定半年或季度分解量。取得年度预测总量后，就可以根据历史销售数据来分解半年和季度需求，甚至月度需求，因为季节因素在各年度间是相对稳定的。

d）预测结果。年度需求预测的结果包括年度卷烟总销售量的预测值和上、下半年卷烟销量的预测值，以及细分到各月的销量预测值。

2）品类需求预测

（1）信息输入。

确定总量后，可进一步预测各品类的需求量。进行品类预测使用的数据有：历史销售数据；市场状态调研数据，包括辖区消费结构及年度人口构成变化、收入变化、经济与社会环境变化等数据；市场专项调研所取得的专项数据。当某类消费、某项品牌呈现出较明显的需求变化，并影响到某品类消费趋势时，应根据其数据变化进行预测调整。

（2）预测步骤。

a）形成各品类需求预测基数。

假定各品类的发展趋势和需求总量的发展一致，通过以下计算方法可以得到各品类的预测基数。

$$各品类销量 = 总量预测值 \times 各品类占比$$

当然，也可以用移动平均模型等一般线性模型预测各品类市场需求基数。

b）采用因果分析法，调整各品类占比。

影响消费结构的因素有收入水平变化、消费人群结构变化、消费观念变化等，分析这些因素对各品类销量的影响，由此来调整各品类的预测比重。运用因果分析法预测品类占比时，可以采用定量与定性相结合的方式。

定量方法：通过调研，取得影响结构变化的因素，形成因果分析模型，每次预测时通过输入影响因素的当前水平，由系统计算来取得分析结果。

定性方法：当手头没有明确数据时，需要关注信息来源，如应用各营销部上报的市场信息简报等，迅速掌握如片区流动、新开大型工地等对片区消费人口、卷烟消费结构、卷烟品牌偏好有影响的因素。定性预测法主要有意见集合法、德尔菲法等。

3）品牌需求预测

（1）信息输入。

确定品类需求后，下一步应按不同品类分别分析其中的品牌组合，最终确定单品预测值。进行单品预测需使用的数据包括：

a）历史销售数据，如各品类当前品牌组合、单品的历史销量。

b）市场状态调研数据，如辖区人口构成、品牌偏好的分布等。

c）市场专项调研所取得的专项数据。当某品类消费或某品牌呈现出较明显的需求变化，并影响到某一品类的消费趋势时，应根据其数据变化进行预测调整。

d）品牌培育策略，如品牌销售变化轨迹、品牌调研、消费者行为调研等。

（2）预测步骤。

对于每个品类中单个品牌的销量需求预测应遵循以下步骤：

a）先常销单品，后紧俏单品；先主销单品，后储备单品。

对于单品的预测仍应遵循“从总到分”的实施法则，每个品类中，细分各个单品的占比。在细分预测时，应遵循先易后难原则，先预测需求易判断的单品，后预测需求难判断的单品。

首先是常销、主销品牌，这些品牌已经经过一段时间的市场检验，需求较稳定，可预测度高，可采用时间序列法（移动平均法、指数平滑法等）及季节变动法进行趋势预测。其次是紧俏品牌，这些品牌无法完全满足市场需求，因此，对这类品牌，主要应该考虑需求满足率的控制。最后做新品预测，一般通过重复购买率、限额订足率等指标来估计新品需求，并结合零售客户抽样调查等数据判断市场需求。

b）充分考虑影响单品销量因素，结合定性方法进行预测基数调整。

充分考虑影响品牌销量的因素，如该品牌在全国品牌中的地位、工业企业对该品牌的营销策略、品牌在本地的发展阶段、品牌目标人群的变动趋势等。

c）充分考虑市场一线部门提报的预测数据，但不盲从相信客户订单需求数据。

各区域营销部所提交的预测数据，除片区需求预测结果外，更重要的是对片区品牌需求的因素进行的分析，以供营销中心进行辖区范围内的综合统计分析。这些影响因素包括影响消费人口构成的因素、影响消费习惯的因素、影响市场规范程度的因素。

3. 需求预测的主要工具

卷烟需求预测方法一般分为定性预测法和定量预测法。定性预测法是对业务知识熟悉，具有丰富经验和较强的综合分析能力的业务人员或专家学者，根据卷烟销售历史资料和相关资料，对卷烟未来销售趋势做出性质上的判断和预测。定量预测法则是利用销售历史资料，运用一定的数学分析方法和数学模型，找到数据或影响变量之间的规律性联系，以此对卷烟需求或销售的变化趋势做出定量的分析和预测。在实际工作中往往是定性和定量分析和预测方法结合使用，以定性分析方法确定卷烟市场需求发展趋势，然后以定量预测方法确定数学模型，从而对卷烟市场需求和销售变化情况做出准确的判断和预测。

1）定性预测法

定性预测法又分为对比类推法、集合意见法、专家调查预测法和消费者调查预测法。

（1）对比类推法。

根据类推性原理，把预测对象同其他类似事物进行对比分析，从而估计和推断预测对象发展变化趋势的一种预测方法。对比类推法运用简便、论证性强，主要包括产品类推法、地区类推法和局部总体类推法等。其计算公式如下：

$$Y_t = Q' \times N' \times D'$$

其中，Y_t 为下期预测值，Q' 为客户平均需求调整值，N' 为客户总数调整值，D' 为重复购买率调整值。

（2）集合意见法。

在卷烟需求预测中，由于烟草商业企业各业务部门的相关人员比较熟悉卷烟市场需求及其变化动向，他们集中性的意见往往能反映卷烟市场的真实趋向。因此集合意见法是进行短、近期预测的常用方法。其计算公式如下：

$$Y = X_1 \times A + X_2 \times B + X_3 \times C$$

其中，Y 表示预测平均值，A、B、C 表示预测值，X_1、X_2、X_3 分别表示 A、B、C 出现的概率或权重。

(3) 专家调查预测法。

专家调查预测法是专家根据历史和现实的资料，凭借个人的知识、经验和分析能力，对预测对象未来的发展变化趋势做出判断和推测的一种方法。专家调查预测法一般在缺乏历史资料或历史资料不全面并且既要有质的分析又要有量的变化分析时采用，较适合对新品卷烟的预测，主要有专家会议法和德尔菲法（专家小组法）两种。

(4) 消费者调查预测法。

消费决定需求，通过对消费者进行问卷调查，了解消费需求变化、消费偏好、收入变动情况、社会经济政治等对卷烟消费产生影响的因素及其影响程度，征询消费者意见，了解消费者卷烟消费发展新趋势，根据调查获得的资料对卷烟销售趋势进行分析和预测。

2) 定量预测法

定量预测法主要包括回归预测法、时间序列数据分析法、趋势外推法、时间序列平滑预测法、自适应过滤法、平稳时间序列预测法。

就烟草行业而言，由于行业的计划性很强，烟民的消费需求变化相对稳定，烟草行业较少存在其他行业中激烈且无序的竞争。时间序列预测方法是烟草行业当前最简单、实用的预测需求总量的方法之一，但是它无法体现中国的农历节日如中秋节、春节的消费特色，无法准确预测节日性的销量增长。为提高预测的准确性，本书在时间序列预测方法中选择带季节指数的移动平均法和最小平方法，同时为保证预测的可信度和选择最优的预测方法，通过计算预测标准差，进行误差控制，以使预测结果更加准确。

1.5　卷烟销量

1.5.1　销量定义

销售数量，即某物卖出的数目多少。销售是创造、沟通与传送价值给顾客，以及经营顾客关系以便让组织与其利益关系人受益的一种组织功能与程序。销售就是介绍商品提供的利益，以满足客户特定需求的过程。

销售量可以用金额表示，也可以用数量表示。一般是用“个”来作为单位的。

$$销售金额 = 销售量 \times 商品单价$$

当销售量用通货单位来计算的时候，有以下公式：

$$销售量 = 销售金额$$

销量与市场需求有关，当需求增加时，购买量增加，销量增加；当需求减少时，购买量下降，销量减少。销量一定程度上也反映了市场的供求关系。

对于烟草行业来说，卷烟销量是指卷烟企业在一定时期内销售的卷烟数量。一般按月度、季度、年度进行统计分析。卷烟销量是卷烟生产企业及商业企业重点关注的事情。

对于卷烟行业来说，卷烟销量一般以“箱”来计算。

卷烟企业可以根据市场分析对象的不同，分别统计销量。由不同统计口径的分析可以看出不同产品、品牌、企业市场状态。销量也可作为评判竞争力的关键因素。它包括：某一个卷烟规格在某个时间段、某个地区的销量；某个卷烟品牌在某个时间阶段、某个地区的销量；某个工业企业在某个时间段、某个地区的卷烟产品销量。

对于卷烟生产企业而言，卷烟销量变化反映了一定时期内的卷烟市场状态，时刻关注销量变化及影响变化背后的原因，可对品牌卷烟市场状态进行有效评估，并适时调整生产计划及投放策略，确保市场稳定。

对于卷烟商业企业而言，卷烟销量变化反映了一定时期内消费需求状态。根据卷烟销量变化可以适时调整卷烟投放计划和投放量，满足不同消费区域、档次等的市场需求，确保市场稳定。

其中，按货物的不同阶段，销量还可分为以下几种。

毛销量：企业出货量。现实中，公司出货量不一定全部被消费者消化，只是完成了货物转移，可以作为销售参考指标，但不能代表最终销量。

净销量：终端出货量。与毛销量相对应，直接被消费者购买的销量，反映了市场真实需求。企业应以净销量为衡量指标，这样才有利于采取正确的策略和措施。

存销量：毛销量与净销量之间存在一个差额，这个差额就是通路存货量，它包含了经销商的存货量、各级分销商的存货量，以及所有终端的存货量，我们将它们统称为存销量。

滞销量：当存销量不能及时转化成净销量的时候，存销量就变成滞销量，此时市场销量不通，市场需求降低，同比出现负增长。滞销产品可能会退回公司，或者更换为在销产品。

对于烟草企业来说，比较关注两个销量指标：存销量及净销量。存销量大，表明社会库存大，为保证市场容量的均衡，此时会减少投放，待社会库存消耗到合理区间内后再投放；存销量是制定营销及商业市场投放策略不可或缺的指标；同时，净销量是指卷烟产品已发生交易行为的数量，净销量越大，表明产品越畅销，反映了产品的真实市场需求。

对于烟草企业，要做的就是控制存销比，增大净销量，不断提升企业效益。

1.5.2 销量下降

销量的上升和下降为相对概念，须有参照物对比。其中销量下降指同一产品的某个阶段销量和该阶段前的某个时间内销量对比，结果减少或降低，我们认为为销量下降，反之则为销量上升。销量下降的直观表达是没有之前卖得好了。

销量比较一般包括同比与环比。同比是指和上一周期的同时段相比，比如今年 9 月份销售额同比增长 15%，就是和去年 9 月份的销售额相比得到的；而环比则是指和上一个时段相比，比如 9 月份销售额环比增长 15%，就是和 8 月份的销售额相比得到的。

产品销量下降，往往反映了市场需求出现了波动变化。譬如出现以下市场信号：

(1) 市场出现饱和状态，无继续增长的空间；

(2) 该产品出现了强有力的竞品，并分走了部分市场份额；

(3) 市场需求减少，真实购买者减少；

(4) 产品功能价值已不适宜市场需求，新的替代品出现，导致原有产品需求减少；

(5) 外围环境、经济形势不容乐观，消费者主动降低需求等；

(6)产品出现了质量问题,导致消费需求减少;

(7)产量供给不足,导致市场投放减少;

(8)销售渠道出现问题,导致不能及时投放市场,出现销量下降;

(9)企业战略调整,主动减少投放,导致市场供给不足,出现销量下降。

……

导致销量下降的原因有很多,因此面对某个产品要具体问题具体分析,才能因地制宜,制定针对性措施,解决相关问题。

近年来,全球范围内卷烟销量出现了下降的趋势,主要原因包括消费者健康意识的增强、税收政策的影响、非燃烧型替代产品的兴起、宣传禁令的实施等。

随着人们生活水平的提升、人均可支配收入的增加,加之受国家局调结构、增效益的政策影响,近年来,国内卷烟总销量呈缓慢减低趋势,但是,卷烟结构及总销售金额呈逐年上升的趋势。这表明,消费结构出现了提升,人们愿意花更多的钱买贵点的,品质更好、危害性更低的卷烟产品。

1.5.3　销量相关变量

产品销售是企业生存发展的重要业务之一,如何提升产品销售量、销售额是每个企业管理者关注的核心问题之一。产品上市后,消费者认可度高、购买意愿强烈,市场销量增加是各种因素综合影响的结果。影响销量的因素较多,从企业视角出发,可以从对内对外两方面进行分析。

1. 影响销量的对内因素

1)产品原创性和竞争性

在竞争中,经常存在同质化严重的产品,消费者会选择品质好、服务好、性价比高的产品。因此,产品要具备原创性,品质要足够好,具备竞争性,才能吸引消费者。

2)定位及市场需求

产品的定位和市场需求是影响产品销售的关键因素之一。如果企业定位不准确,市场需求不足,就会导致销量低迷情况,因此,在进行产品销售前,需要针对市场需求进行研究、开发产品,并制定良好的市场营销战略,才能取得好的效果。

3)产品质量和服务

消费者购买产品时,会注重产品质量方面的问题,这是基础,质量有保障是满足消费需求的基础要求;同时,在满足基本质量要求前提下,在服务方面,好的消费体验能提升消费者好感度,进而复购产品。因此,企业需要提供高质量产品和高品质的服务,让消费者感受到优质服务,促进消费者购买。

4)品牌形象和声誉

一个优秀的品牌可以给消费者留下深刻印象,提高企业市场认知度及品牌知名度。在品牌形象和声誉方面,企业需要培养企业品牌,维护企业声誉形象,增加消费者认可度。

5)价格

价格是消费者考虑是否购买时最为关注的因素之一。性价比高的产品受欢迎程度高,销量自然也高。企业需要通过市场研究，制定定价策略，保证消费者买得起、愿意买，同时又能保证企业效益。

2. 影响销量的对外因素

1）市场的销售规律

影响市场销售的因素主要有：季节、消费习惯、消费档次、关联消费能力、概念成熟度、品牌成熟度等。有些产品是受季节方面因素的影响的，所以就会出现淡季和旺季的现象。这些产品的销售量是无法得到根本性的改善的。

2）品牌的培育和推广

品牌的培育和推广是非常重要的，企业只有先把潜在市场做起来，才有可能形成后续的销售，甚至初期的竞争合作都是可以考虑的。

3）把握产品特征销售

想要做好客户方面的筛选就需要做好产品方面的分析，产品状态分析是对客户进行筛选的前提条件，充分了解了产品的特征才可以把握什么样的客户想要什么样的产品。这样就可以获得更多的利润，提高企业产品的销量。

4）营销渠道的管理

在规模有限、跨地域销售能力有限的条件下，借助渠道的力量显然是非常明智的选择。渠道是多种多样的，企业可以根据企业的特征和相关条件进行选择，争取可以找到最好的渠道，获得更多的效益。

5）竞争的管理

当今时代的竞争是非常激烈的，企业都要本着良性竞争的原则，将市场做大、做强。如何提高销售额？企业只要用心去寻找，总会找到适合自己的方法。

卷烟销量的变化受到多个因素的影响，主要包括价格、收入、税收政策、宣传禁令、健康风险、竞争态势等。在销售策略制定中，卷烟企业需要综合考虑这些因素，制定差异化的定价和销售策略。

1.5.4 销量突破口

在销售下滑的背景下，卷烟企业需要寻找销量突破口，以保持市场份额和盈利能力的稳定，而寻找突破口的前提是对销量下滑原因进行准确分析。这就需要进行销量情况分析，对该产品及同类产品销售状态有所了解，能够明确存在问题的点和关键，这样才能有的放矢，做出正确的决策，改变现状。因此，销量分析非常关键。

那么，如何进行销量分析呢？一般可以按照产品区域、产品类型、畅销产品、竞品分析等维度进行。

• 产品区域投放情况是什么样的？各区域的产品销售情况是怎么样的？哪一区域需要着重发力？

• 哪种类型的产品销售情况优秀？不同品类的产品应该采取什么样的战略？

• 对于企业来说，到底哪些产品才是消费者青睐、销售额不断攀升的明星产品，应该被着重推广？

• 哪些竞品值得关注？针对这些竞品，应采取什么样的战术？

为了解决这些问题，我们可以整合多个业务系统中的数据，完成数据分类、清洗后，可以通过区域分析、品类分析、细分商品分析及竞品分析来找到答案。（见表 1-3）

• 区域分析：通过对不同省份、不同城市的销售额、利润、收入产出比等指标的分析，找到销售情况最好的城市，从而优化整体措施。

• 品类分析：通过综合分析不同品类商品的销售额、毛利额、销量、产品数量等指标，明确消费群体的商品品类偏好，从而优化超市的商品采购。

• 细分商品分析：通过帕累托分析以及对商品客单价、销量、毛利率的分析，找到销售情况最好的明星产品，从而对其进行着重推广以及库存调整等。

• 竞品分析：对竞争对手的产品进行评估，以确定它们的优势、劣势和当前的市场地位，掌握竞争对手的产品策略、产品特性，从而能够了解自身的解决方案相对于竞品竞争优势在哪里。

表 1-3　各分析类型及常用图表示

分析模块	分析维度	分析指标	图标类型
区域分析	省份、城市	销售额、利润、收入产出比等	地图、柱形图
品类分析	时间、品类	销售额、毛利额、销量、产品数量等	折线图、散点图、雷达图、波士顿四象限图
具体商品分析	商品	销售额、销量、毛利率等	组合图、矩形树图、明细表

针对卷烟行业，精细数据分析可根据场景不同设置不同的分析维度、确定不同的分析对象。

• 市场洞察：行业分析、市场分析、竞品分析等。

• 运营结果：销售追踪分析、运营分析等。

• 专题分析：推广投放分析、活动大促专题分析、客户体验分析、私域营销分析等。

新品上市初期销量会起得很快，但是对于市场较为成熟的产品，要突破目前基础销量，实现销量突破，除了保持产品品质稳定提升，还需要进行长期的市场状态跟踪分析。譬如：通过市场调研充分了解客户需求，加强竞品分析，把握市场脉动，制定营销策略，提升销售业绩。

通过销量分析，可以对产品及同类产品销售状态有所了解，明确问题点，明确解决问题的关键点，从而做出正确的战略决策，提出实际的解决办法和措施，做到有的放矢，改变销量现状，实现销量突破。

除了销量分析外，企业还可以从以下几个方面寻找突破口。

• 产品创新：卷烟企业可以通过创新卷烟产品，增加产品的附加价值和对消费者的吸引力。例如，推出口味新颖、外形独特的卷烟产品，吸引消费者购买。

• 营销创新：卷烟企业可以通过创新营销策略，提升产品的知名度和影响力。例如，采用新颖的宣传方式、推出营销奖励计划等，吸引更多消费者购买产品。

• 渠道创新：卷烟企业可以通过创新渠道，提升产品的销售效率。例如，建立多元化的销售渠道、优化物流体系等，提升销售效率和品牌影响力。

目前，除了进行销量现状分析外，还会基于历史销量情况进行销量预测。销售预测是指根据以往的销售情况以及使用系统内置或用户自定义的销售预测模型进行的对未来销售情况的预测。

销售预测，是销售计划中的核心环节，是对未来特定时间段内全部产品或部分产品销售数量和销售金额的估计。有效且合理的销售预测是在充分考虑内外部等影响因素的基础上，结合企业的实际经营情况，通过数据分析所做的预测。

1.6 卷烟结构

1.6.1 结构定义

市场结构是指市场中各个参与者之间的相互关系和组织形式。市场结构主要包括市场参与者的数量、市场份额、产品差异化程度等。

卷烟结构，是指卷烟市场上各种卷烟产品的种类和组成结构，也叫产品结构。行业内一般指单箱结构，对象一般指中式卷烟。

单箱结构 = 总销售额（按统一批发价计算）/ 总销量

按主体不同，一箱烟（50000 支）有不同的单箱结构。单箱结构指标有某省单箱结构、某市单箱结构、某工业单箱结构、某品牌单箱结构等。这些指标也可以作为评价产品市场状态、品牌发展水平、企业经济效益的关键指标及度量依据。

1.6.2 结构本质

结构本质是市场状态的呈现。卷烟结构本质是消费者对卷烟的需求，包括卷烟市场结构及卷烟消费结构两个方面。其中，卷烟市场结构主要是某特定区域市场内所销售的卷烟价格情况，不同档次或价位的卷烟类型及占比情况；卷烟消费结构则是指某特定区域市场内卷烟消费水平情况及该区域不同卷烟消费群体分布和占比情况。一般来说，卷烟市场结构与当地的卷烟消费结构应一致，相互匹配。

卷烟市场结构过高，说明该地区人均收入较高，同时可应用卷烟消费的支配收入较多，整体卷烟消费水平较高，一般与当地 GDP 成正比。

卷烟结构的高低，反映了当地卷烟消费水平及潜力；同时，也反映了工业企业卷烟发展水平。工业企业、品牌卷烟结构越高，表明该企业单箱结构越高，上缴税利越高，企业效益越好，同时品牌竞争力越强。进行行业分析时，除销量及销售额外，卷烟结构也是常用来评价各中烟企业竞争力的重要指标。

同时，卷烟市场结构也对市场竞争产生影响。在卷烟市场中，市场份额的分布非常不均衡，少数大型卷烟生产企业占据了绝大部分的市场份额，而其他的小型企业只能在市场的边缘生存。这种市场结构下的竞争，往往由大型企业之间的竞争和大型企业与小型企业之间的竞争组成。

随着消费者对卷烟产品的需求和消费习惯的变化，卷烟结构也在发生着变化。例如，卷烟企业推出的低焦油、低香型卷烟产品得到了越来越多消费者的青睐，市场份额也在逐步增加。

1.6.3　结构提升

卷烟结构反映了卷烟市场发展状态。在销量不发生剧烈下降的情况下，结构越高，市场消费能力越强，品牌影响力价值越高，也意味着企业效益提高。同时，卷烟结构与企业上缴税利额度基本呈线性关系。按照目前烟草税收制度，结构越高的卷烟产品，上缴税利越高，国家财政收入越多。可以说：无论在企业层面，还是在国家层面，卷烟结构提升是行业内永恒的话题。

卷烟一般参照卷烟价格分类。目前国内卷烟按调拨价格的高低，主要分为一类烟、二类烟、三类烟、四类烟、五类烟 5 个类别，参考国烟计〔2015〕146 号文，具体划分标准如下：

- 一类烟价类不含税调拨价为 100 元 / 条以上；
- 二类烟价类不含税调拨价为 70 元 / 条（含）～100 元 / 条；
- 三类烟价类不含税调拨价为 30 元 / 条（含）～70 元 / 条；
- 四类烟价类不含税调拨价为 16.5 元 / 条（含）～30 元 / 条；
- 五类烟价类不含税调拨价为 16.5 元 / 条以下。

注：其中，“条”指标准条(200 支)。

上述卷烟价类划分标准是按照不含税调拨价进行划分的，将不含税调拨价进一步换算为零售价，各个卷烟价类划分大致为：

- 一类烟价类零售价为 180 元 / 条以上，如中华（软）、玉溪（硬）、玉溪（软）、中华（硬）、黄鹤楼（软蓝）、黄鹤楼（论道）、玉溪（和谐）、云烟（印象）等。
- 二类烟价类零售价为 130 元 / 条（含）～180 元 / 条，如利群（新版）、南京（炫赫门）、黄山（锦绣）、兰州（珍品）、白沙（尚品）、云烟（云龙）等。
- 三类烟价类零售价为 60 元 / 条（含）～130 元 / 条，如云烟（紫）、长白山（软红）、红塔山（软经典）、黄金叶（帝豪）、娇子（时代阳光）、红河（小熊猫世纪风）等。
- 四类烟价类零售价为 30 元 / 条（含）～60 元 / 条，如白沙（硬）、红河（软甲）、红梅、七匹狼（豪情）等。
- 五类烟价类零售价为 30 元 / 条以下，如红梅（软白）等。

2008 年 12 月，“天价烟”事件受到媒体和公众的广泛关注，国家烟草专卖局采取了一系列措施进行管控，对卷烟零售价实行了最高限价政策，单条卷烟零售价不得超过 1000 元。2009 年，国家烟草专卖局将工商含税调拨价 171 元 / 条以上的卷烟定义为高端卷烟，这是烟草行业第一次对高端卷烟从价格规范的角度进行明确定义，有利于国家从宏观层面制定高端卷烟发展的政策调控措施，实现高端卷烟市场的有序规范发展。

企业卷烟结构一定程度上代表了该企业发展水平及所持品牌价值。

2018 年，国家局提出坚持“总量控制、稍紧平衡”调控方针，坚持“大品牌、大市场、大企业”发展战略。2019 年，国家局确定了“136”“345”发展目标，即通过 4～5 年的努力，在中高端卷烟市场中形成“136”品牌规模(1 个品牌的年销量规模超 350 万箱，3 个品牌的年销量规模超 200 万箱，6 个品牌的年销量规模超 100 万箱)；“345”品牌效益(3 个品牌的年批发销售额超 1500 亿元，4 个品牌的年批发销售额超过 1000 亿元，5 个品牌的年批发销售额超过 600 亿元)。在此战略的指引下，不断提升产品结构，打造规模化大市场成为各中烟企业发展的首要任务。

卷烟企业可以通过结构提升，提升产品的质量和品牌价值，增加市场竞争力。同时，在结构提升过程中，卷烟企业需要从产品质量、品牌形象、服务质量等方面入手，推出更加优质的产品和服务，提升消费者的满意度和忠诚度。

随着消费水平的提高，高端市场需求扩增；随着政策的松绑，部分工业企业逐步启动了超高端卷烟研发及市场培育，进一步塑造和固化品牌价值及消费影响力。

1.7 零售终端

1.7.1 零售终端定义

零售终端是指产品销售渠道的最末端，是产品到达消费者完成交易的最终端口，是商品直接向消费者展示和卖家与消费者交易的场所。通过这一场所，厂家、商家将产品卖给消费者，完成最终的交易，实现实质性消费。

零售是从交易开始的。“交易”是两个字，“交”就是相接触，“易”就是等价交换。零售的本质就是人与人之间的等价交换。零售终端自 19 世纪人类进入大工业时代开始出现，它存在的最初意义就是把商品按消费者习惯的方式重新组合。有了零售终端，消费者搜寻的过程变得简单。同时企业不再需要花费精力面对零散的消费需求，商流、物流、资金流变得顺畅，降低了流通成本。

零售业态是指销售市场向确定的顾客提供确定的商品和服务的具体形态，即零售企业为满足不同消费需求而形成的不同经营方式。

零售业态决定了零售终端的形式。它是零售企业适应市场经济日趋激烈的竞争的产物，是物竞天择、适者生存法则在商品流通领域的表现，是将具有相同或者相似的销售功能的零售终端进行类别划分，是对零售终端的进一步细分。

零售业态从总体上可以分为有店铺零售业态和无店铺零售业态两类，按照零售业态分类原则分为食杂店、便利店、折扣店、超市、大型超市、仓储会员店、百货店、专业店、专卖店、家居建材商店、购物中心、厂家直销中心、电视购物、邮购、网上商店、自动售货亭、直销、电话购物 18 种零售业态。

随着时代发展，业态的内涵也在不断变化。譬如，品牌店、专卖店演变为组合品牌、专柜管理的经营方式。从服务于单一品牌变为同时服务几个品牌，强调门店氛围，强调服务体验，既是销售终端，又是品牌营销载体。与此形成反差的则是便利店，它采取连锁、小型门店的形式把自助销售推进社区，提高了消费便利程度。

随着科技的进步、互联网的普及，零售终端逐步朝着便利、增加体验感的方向发展。首先是时间便利、空间便利、服务便利、信息便利、一站式购齐便利。其次是消费体验感的提升。第一层次是感官上的体验，百货商场提供的琳琅满目的商品刺激了需求。第二层次是行为上的体验，超市、连锁便利店为消费者提供了自主选择的空间，消费者自由选择购物路线，自由触摸商品。第三层次是情感上的体验，品牌专卖店通过氛围的营造、有效的沟通和富有尊贵感的服务，进行品牌价值的传递，使消费者在品牌诉求和品牌文化上获得共鸣。第四层次是利益保障的驱动。

为了消费者能够以更合理的成本买到满意的商品，在条件允许的范畴，零售终端会不断创造更深层的购物体验来赢得消费者。

总体来说，不同业态的区别不仅是外在形态不同，内在的经营方式、零售技术和管理手段也不同。零售因为消费者而产生，也追随消费者而发展。零售的所有变化都是围绕消费者发生的，都从某个方面更好地满足了消费者的需要。认识终端就要首先认识到零售终端从根本上讲是为了消费者而存在的，消费者内心的需求是零售终端发展的原始驱动力。因此，未来的零售业必将更加深入地朝着满足消费者内心需求的方向发展。

1.7.2　终端建设

终端零售是卷烟产业中非常重要的一环，是卷烟营销网络的最末端，是卷烟到达消费者的最终端口，是卷烟直接向消费者展示和卖家与消费者交易的环节，是联系企业和消费者的重要纽带。

终端零售可以包括专卖店、便利店、超市、烟草专营店等形式。其中，烟草专营店是卷烟产业链的核心，也是卷烟品牌的形象代表。在我国，由于烟草行业的垄断性质，烟草专营店的数量和分布都受到国家的控制和管理。烟草专营店是中国烟草行业的门面，因此在规划和建设方面都具有非常高的标准和要求。

1. 我国烟草终端特点

在烟草终端中，烟草工业、烟草商业、消费者和零售户各自扮演着不同的角色，共同构成了一个完整的供应链和市场生态系统。

(1) 烟草工业：烟草工业是烟草产品的生产者，负责种植烟草、加工烟草产品。在烟草终端中，工业的任务是生产高质量的烟草产品，根据市场需求调整生产计划，不断创新研发，以满足不同消费者群体的需求。

(2) 烟草商业：商业是连接烟草工业和消费者的桥梁，负责销售、分销和营销。商业的任务包括品牌推广、市场营销、渠道管理以及与零售户合作。商业需要将工业生产的产品有效地推向市场，提供多样化的产品选择，建立品牌形象，为消费者提供优质的购物体验。

(3) 消费者：消费者是整个市场生态系统的最终受益者和决策者。消费者在烟草终端中的角色是购买者和用户，他们的需求、偏好和反馈对烟草工业和商业产生重要影响。消费者的反馈和购买行为可以指导烟草工业的产品研发和商业的市场策略制定。

(4) 零售户：零售户是消费者与烟草产品之间的连接点，是销售的最后一环。他们提供实际的销售和服务，负责将烟草产品传递给消费者。零售户在烟草终端中的任务是提供产品展示、销售、售后服务以及与消费者互动。

综合来看，烟草工业是产品的生产者，烟草商业是产品的推广者和分销者，消费者是产品的最终使用者，零售户是销售的执行者。这些角色在烟草终端中相互依存、相互影响，共同构建了一个复杂的系统。

经过几十年的发展，烟草终端在产品线、渠道、品牌知名度、市场份额方面已形成了自己的特色。

⑴ 产品线多元：拥有丰富的烟草产品线，包括不同品牌、口味、价格段的烟草产品，以满足不同消费者群体的需求。

⑵ 渠道覆盖广泛：通过多样的渠道分销，包括烟草专营店、便利店、超市等。这种广泛的渠道覆盖确保了产品的市场可及性。

⑶ 品牌知名度较高：具有较高的品牌知名度和市场份额，为烟草终端在烟草市场中保持竞争优势提供了基础。

⑷ 市场份额稳固：在中国烟草市场中一直占据主导地位，拥有强大的市场份额和影响力。

随着市场变化、消费趋势的迭代式发展，我国烟草终端也面临一些挑战。

⑴ 市场多元化需求：消费者需求日益多元化，对口味、品牌、健康等方面的要求不断变化，需要灵活调整产品投放策略，以满足不同群体的需求。

⑵ 新型购物方式的冲击：电子商务的崛起使消费者可以更方便地购买产品，但同时也带来了监管问题和竞争压力。

⑶ 品牌形象提升：需要加强品牌形象建设，以适应消费者对品牌责任和社会价值观的要求。提升品牌形象有助于在竞争激烈的市场中脱颖而出。

⑷ 渠道管理挑战：烟草产品的分销渠道众多，需要管理和维护大量的零售合作伙伴，确保产品能够稳定流通，同时也需要应对可能的渠道纠纷和问题。

⑸ 市场营销策略：随着消费者需求和市场竞争的变化，需要制定切合实际的市场营销策略，以吸引消费者并提升市场份额。

可以看出，烟草终端建设在竞争挑战、市场多元化、渠道管理等方面面临一系列问题，需要不断调整策略，适应市场变化，同时关注品牌形象、产品创新，以保持在竞争激烈的市场中的优势地位。

2. 烟草终端建设

烟草终端建设是系统性工程，涉及工业、商业、零售户、消费者四方对象。在进行终端建设时有必要充分考虑四方的供求关系，并有效平衡四方的利益需求，在满足各方需求的前提下进行合理规划，促进市场的稳步发展。

1）烟草商业公司视角的终端建设要点分析

从烟草商业公司的角度来看，进行终端建设和维护是确保产品顺利流通和满足消费者需求的关键，需要综合考虑市场、消费者、合作伙伴等多个因素。通过合适的渠道合作、采取营销策略、培训支持等方式，烟草商业公司可以有效地满足消费者需求，提升销售业绩。

⑴ 渠道合作与拓展：

选择合适的零售商、批发商、代理商等合作伙伴，建立稳定的合作关系。考虑到不同地区的消费者需求和市场特点，选择合适的合作伙伴非常重要；同时，不断寻找新的销售渠道，如开拓电子商务平台、参与线下展会等，以扩大市场覆盖范围。

⑵ 产品定位与策略：

深入了解消费者的需求、偏好和购买习惯，根据市场分析结果，调整产品线，满足多样化的消费者需求；明确产品的品牌定位，传递独特的价值主张，以在竞争激烈的市场中脱颖而出。

(3)营销与推广:

制定合适的广告和宣传策略,传达产品的特点、优势和品牌形象;定期举办促销活动,如打折、赠品等,吸引消费者前来购买,增加销售额。

(4)培训与支持:

为合作伙伴(譬如零售户)提供培训,使其了解产品特点、掌握销售技巧等,从而更好地为消费者提供服务;同时提供销售支持,如提供陈列指导、市场推广物料等,帮助合作伙伴提升销售能力。

(5)数据分析与反馈:

定期分析销售数据,了解产品销售情况、市场趋势等,为决策提供依据;收集消费者的反馈和意见,了解他们的需求,以便调整产品和服务策略。

(6)法规遵守:

严格遵守烟草法规和政府限制,确保销售活动合法合规;确保不向未成年人销售烟草产品,符合法规要求。

(7)创新与适应:

联合工业企业,不断推出新的产品,符合市场趋势和消费者需求;积极关注市场变化,灵活调整策略,以适应新的市场情况。

2)卷烟零售户视角的终端建设要点分析

从卷烟零售户的角度来看,进行烟草终端建设是为了提供更好的购物体验,吸引客户,增加销售额以及与市场保持同步。卷烟零售户可以通过合适的产品选择、店面布局、客户服务、促销策略制定等方式,进行烟草终端建设,提升客户体验,增加销售额。

(1)产品选择与采购:

了解当地消费者对不同品牌、口味、价格的需求,以便选择适合的烟草产品进行采购;提供多样化的烟草产品,以满足不同消费者的偏好,包括一些受欢迎的品牌、口味和型号。

(2)店面布局与设计:

在陈列与摆放方面,合理摆放烟草产品,使其容易被客户发现。突出特色产品或促销品,吸引客户的眼球;其次,设置清晰的产品标识和价格标签,方便客户浏览和选择;同时,舒适的购物环境、适当的店内装饰能增强顾客的购物体验。

(3)客户服务与培训:

培训店员,使他们了解烟草产品的特点、品牌和口味,以便为客户提供准确的信息;帮助顾客做出满足其需求的购买决策,提供口味、品牌等方面的建议。

(4)促销与推广:

定期开展促销活动,如赠品等,以吸引客户购买;使用店内宣传物料,如海报、传单,向客户展示新品信息。

(5)数据分析与调整:

分析店内销售数据,了解哪些产品受欢迎、哪些销售较少,以便调整库存和采购策略;积极收集顾客的反馈,了解他们的需求和意见,根据反馈进行改进。

(6)创新与适应:

不断关注市场趋势,引入新产品以满足不同消费者的需求;根据市场变化和竞争状况,调整产品组合和促销策略。

3)卷烟消费者视角的终端建设要点分析

从卷烟消费者的角度出发,烟草终端建设主要涉及购买体验、产品选择和信息获取。提供多样化的选择和清晰的产品信息、开展促销活动和提供个性化服务,有助于满足消费者的需求,提升购物体验。其次就是个人隐私保护,以维护消费者权益。

(1)购买体验和环境:

零售店应提供整洁、有序的购物环境,使顾客感到舒适和愉快。确保顾客不需要长时间排队等待付款,提供高效的服务。

(2)产品选择与信息获取:

提供丰富的烟草品牌、口味和价格选择,满足不同消费者的需求。为消费者提供每种烟草产品清晰的信息,包括品牌、口味、尼古丁含量等,帮助消费者做出明智的购买决策。提供针对不同消费者口味和需求的产品推荐,以及不同产品之间的比较,帮助消费者选择适合的产品。

(3)促销与奖励:

定期开展促销活动,如打折、赠品,以及限时特价等,使消费者享受更好的价格。提供积分制度或会员奖励计划,让忠实客户能够获得额外的福利。

(4)个性化体验:

若有可能,记录消费者的购买历史和偏好,为其提供更个性化的建议和服务。为消费者提供查询购买历史的功能,方便他们查看之前购买的产品信息。

(5)私密性和隐私保护:

确保消费者的个人信息得到妥善保护,不会被滥用。

4)卷烟工业视角的终端建设要点分析

烟草终端建设涉及市场开发、销售策略、品牌建设以及合规管理。工业企业可以通过市场分析、产品创新、渠道拓展、品牌建设等综合策略,联合商业企业进行烟草终端建设。同时主动关注消费者需求、法规和社会责任,与合作伙伴紧密合作,有助于保持市场竞争力和品牌影响力。

(1)市场分析与定位:

深入了解消费者需求、偏好和市场趋势,以制定有针对性的销售策略;确定主要的目标客户群体特征,如年龄、性别、地域等,以便定位市场。

(2)产品开发与多样性:

坚持产品创新,不断推出新品种、新口味,以适应消费者的多样需求;为不同产品设定明确的品牌定位,以满足不同消费者群体的需求。

(3)渠道合作与拓展:

选择合适的渠道合作伙伴,如零售商、批发商,建立长期合作关系;在渠道拓展方面,在合法合规的前提下,积极开发新的销售渠道,包括线上商店、便利店、超市等,提高产品的市场覆盖率。

(4) 品牌建设与宣传：

确定品牌的核心价值和定位，以区分自身与竞争对手；制定有效的品牌宣传策略，通过社交媒体等渠道传递品牌相关信息。

(5) 促销与营销活动：

设计合适的促销活动，如特价、捆绑销售等，以刺激消费者购买。举办有趣的营销活动，如品牌发布会、消费者互动活动，增强消费者的参与感。

(6) 数据分析与改进：

加强分析销售数据，了解产品热销与滞销情况，为库存管理和市场预测提供依据。坚持消费者调研，收集消费者的反馈和意见，了解他们对产品的看法和期望，从而不断改进产品和服务。

(7) 合规管理与社会责任：

严格遵循烟草行业的法规和政府限制，确保产品合法合规。关注社会健康问题，积极参与公益活动，树立企业社会责任形象。在产品包装和宣传中传递有关吸烟对健康有害的警示信息，提醒消费者注意风险。

(8) 培训与支持：

为合作伙伴提供产品知识培训，以提升其销售能力和客户服务水平。提供合作伙伴所需的市场推广物料、陈列指导等支持，以保障产品的展示和销售。

5) 其他补充

终端建设需要考虑诸多因素，例如店铺选址、店面设计、商品陈列等。在这些因素中，除了上述提到的注意点外，还要注意以下事项。在店铺选址方面，卷烟企业需要考虑到消费者的消费习惯和购买力，以及区域的经济水平和人口密度等因素。店面设计需要符合当地文化和习俗，同时还要能够吸引消费者的眼球，从而提高销售额。在商品陈列方面，卷烟企业需要注意产品陈列的美观性和布局合理性，以及产品价格的合理性等。

3. 烟草终端建设要求

烟草行业的现代零售终端是以诚信、规范经营为基础，具备现代经营意识、现代经营设施和现代营销方法，能够有效发挥产品销售、形象展示、品牌培育、宣传促销、信息采集和消费跟踪等主要功能的新型卷烟零售终端。终端建设联动模式如图 1-2 所示。

卷烟零售终端建设的思路是紧紧围绕国家烟草专卖局提出的“卷烟上水平”基本方针和战略任务，按照“四个一流”发展目标和“四同”总体要求，以构建工商零三方共同面向消费者的现代卷烟营销体系为总纲，以现代终端建设为重点，本着“多花心思少花钱，简约实用能推广”“以人为本，因店制宜”原则，整体提升，分类指导，突出服务，发挥功能，努力打造特色版、升级版现代终端，全面推进国际一流的现代卷烟营销网络建设。

具体来说就是着眼于“两个真正”，制订现代终端建设规划，明确目标，科学布局。在规划的引领下，从终端、服务、品牌三个维度系统发力：

从终端维度，积极引导客户开展经营模式转型、形象提升和素质能力提高；

从服务维度，全面开展终端价值识别，实施基于价值的终端分类和提升终端价值的服务；

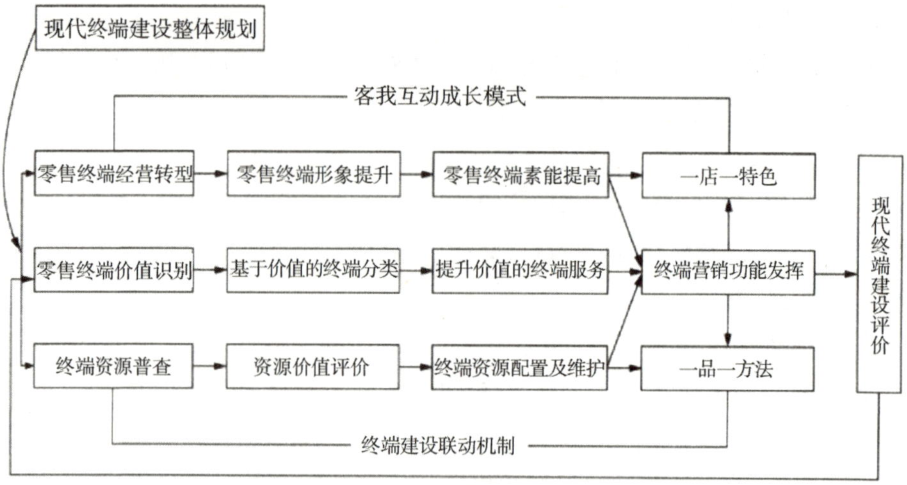

图 1-2　终端建设联动模式示例

从品牌维度，全面开展终端营销资源调查，评价营销资源价值，合理配置终端资源并常态化维护。

通过三个维度的系统发力，共同促进零售终端发挥营销功能，形成"一品一方法、一店一特色"的终端品牌营销模式。

目前，卷烟零售主要依靠卷烟零售客户。他们是卷烟零售终端的主要组成部分，是烟草行业长期合作的战略伙伴和宝贵资源，是培育品牌、服务消费的重要力量，是促进"卷烟上水平"的关键环节。加强卷烟零售终端建设极其重要。

当前，卷烟零售终端价值体现与行业改革发展新阶段的要求相比，还存在一定差距，突出表现为：对终端的认识、研究与利用不够深入，终端发展规划系统性不强；零售终端现代特征不明显，功能发挥不够充分；终端能力和素质存在较大的个体差异。

因此，国家烟草专卖局从 2011 年开始，已经把终端建设提到了前所未有的高度。在 2013 年全国卷烟营销网络建设现场会上，国家烟草专卖局副局长何泽华提出，现代终端建设是当前卷烟行业营销战线面临的一项重大战略任务。下一阶段，要以省为单位整体推进现代终端建设，加快构建工商零一体面向消费者的现代卷烟营销体系，努力实现从传统终端向现代终端转变，为全面建设国际一流的现代卷烟营销网络注入新的力量。

近年来，随着行业信息化建设的推进，全面启动数字化烟草建设已提上议程。《数字烟草发展纲要》的发布推动了数字化建设和转型的步伐。烟草信息化建设按照"统一标准、统一平台、统一数据、统一网络"的原则，逐步实现系统集成、资源整合、信息共享的总体目标，对于推进"消费市场—卷烟工业生产—商业派送—需求收集"等研产销的循环创新商业模式具有重要意义。坚持用信息化改造传统商业模式，实现快速市场响应，依托数字化手段，实现商业物流精准派送及投放，有效推动市场规范管理，激发市场活力。

1.7.3　终端需求

终端需求指的是产品或服务最终用户（即消费者）在市场上的实际需求。这种需求反映了消费者对特定产品或服务的购买、使用的愿望。从市场的角度来看，终端需求是消费者对产品或服务的实际需求和购买意愿。对于烟草行业来说，终端需求是指消费者对烟草产品在终端零售场所的需求，它是影响卷烟销售的重要因素之一。

1. 终端需求影响因素

终端需求本质上就是消费者需求。卷烟消费需求受多因素影响，涵盖了各种与烟草产品购买和消费有关的方面，包括但不限于以下几个方面。

(1) 消费者个人偏好：包括产品品类的偏好，口味、风格的偏好。在产品类型方面，一些人可能喜欢传统的卷烟，而另一些人可能更倾向于尝试新型的烟草产品，譬如爆珠型、薄荷型、混合型等；还有的可能偏向常规支，有的则偏向中支、细支，甚至短支产品。同时，消费者对烟草产品的口味、香气、烟感等也有个人偏好。一些人可能更喜欢淡口味的产品，而另一些人可能更倾向于浓郁的口感。个人偏好是终端需求的重要驱动因素之一。

(2) 包装和外观：烟草产品的包装和外观设计也是消费者考虑的因素之一。美观新颖的包装和设计可能会吸引更多的消费者。

(3) 价格：消费者的经济状况会影响其对烟草产品的购买能力和偏好。不同消费者群体可能在价格敏感度上有所不同，从而影响了他们对不同价格段烟草产品的需求。

(4) 健康意识和法规影响：随着健康意识的提升，越来越多的消费者关注烟草产品对健康的影响，一些消费者可能更倾向于选择低焦油、低尼古丁或无添加剂的烟草产品。此外，烟草行业的监管和法规也会影响消费者的需求。

(5) 渠道便利性：消费者希望能够方便地购买到烟草产品，因此销售渠道的便利性也是一个重要的终端需求。

(6) 社交及传统文化影响：在我国，烟草与社会传统文化有着紧密的联系。某些场合和社交活动中，吸烟被视为一种社交礼仪或表达尊重的方式，从而影响了对烟草产品的需求；而一些消费者可能将吸烟视为一种放松和休闲的方式，这种休闲文化也会影响烟草产品的需求。

(7) 市场趋势和创新：新型烟草产品的推出和市场趋势的变化可能引发消费者的兴趣。例如，加热不燃烧卷烟等新颖产品的出现可能吸引更多年轻消费者。

目前，卷烟零售终端主要由商业企业管理，属于商业企业销售渠道的不可或缺的重要组成部分。因此，在进行终端建设时，卷烟商业企业需要根据不同的市场需求设计出适合的产品组合投放策略和销售奖励计划，在满足不同消费群体需求的同时，调动卷烟零售户销售热情，提升终端零售额。

2. 终端需求收集方法

如何从消费者需求的角度进行终端需求收集？从消费者需求的角度进行终端需求收集是确保烟草终端建设符合市场趋势和消费者期望的必要措施。以下是从消费者需求的角度收集终端需求的方法。

(1) 市场调研：进行详尽的市场调研，了解消费者的购买习惯、偏好以及对购物体验的期望。

(2) 消费者访谈：直接与消费者进行访谈，询问他们的购买动机、产品喜好、对服务的看法等。访谈可以深入了解他们的真实需求。

(3)焦点小组讨论:组织小组讨论会,邀请一组消费者来分享他们的观点和意见,深入了解他们的需求和期望。

(4)问卷调查:设计调查问卷,向消费者群体广泛征求意见,从中获得有关购物体验、产品喜好等方面的信息。

(5)消费者反馈收集:收集消费者在购物过程中提供的反馈,可以通过线上平台、实体店面等渠道收集消费者的意见和建议。

(6)社交媒体监测:在社交媒体上监测消费者的评论、留言和讨论,了解他们对产品和购物体验的看法。

(7)竞品分析:分析竞争对手的终端建设和策略,从中找出他们的成功之处,以及值得借鉴的地方。

(8)消费者行为数据分析: 收集和分析消费者的购买行为数据,了解他们在不同终端上的偏好和行为习惯。

(9)店内观察:观察消费者在实际购物环境中的行为,注意他们的选择、互动和反应,从中发现问题和机会。

(10)用户体验测试:邀请消费者参与用户体验测试,让他们亲自体验终端,收集他们的直接反馈和建议。

通过以上方法,可以获取消费者的真实声音和意见,从而更准确地把握他们的需求。这些数据和信息将有助于指导终端建设,优化产品、服务、购物体验等方面,满足消费者的期望,提升终端的价值。

1.7.4 终端价值

终端价值是指产品或服务在最终用户(即消费者)手中的实际价值。它包括消费者在购买、使用和体验产品或服务过程中所获得的满足感、实用价值、功能价值以及其他相关方面的价值。

1. 终端价值体现

从消费者的角度来看,终端价值取决于消费者的需求、偏好和期望。一款产品或服务的终端价值通常体现在以下几个方面。

(1)功能价值:指产品或服务在消费者实际使用中所具有的功能和效能。消费者购买产品或服务是为了满足特定的需求,如果产品能够有效地满足这些需求,就提供了功能价值。

(2)情感价值:有时消费者对产品或服务的情感体验也很重要。产品的设计、品质、外观等都可以影响消费者的情感价值,从而影响他们的购买意愿和忠诚度。

(3)社会价值:某些产品或服务能够满足消费者的社会需求或塑造他们的社会形象。例如,一些消费者可能因为使用某种产品而感到更与时尚、环保等价值观相符。

(4)性价比:消费者通常会评估产品或服务的价格与所提供价值之间的平衡,即性价比。如果消费者认为他们所支付的价格与所获得的价值相符,那么他们就会感受到较高的终端价值。

(5)便利性与体验:产品或服务的使用和购买过程是否方便,是否能够为消费者创造良好的体验，也会影响终端价值。

综合来看，终端价值是消费者从产品或服务中所获取的多方面体验和满足感的综合体现。对企业来说，理解和提供满足消费者需求的终端价值是建立品牌忠诚度、提高市场份额和保持竞争优势的关键。

2. 烟草行业终端价值

1）终端建设对烟草行业的价值

从行业的角度来看，烟草终端建设对整个烟草行业具有深远意义。表现在以下几个方面。

（1）市场拓展与多样化：烟草终端建设有助于拓展烟草产品的销售渠道，使得产品能够更广泛地触达消费者。通过各种终端，烟草行业可以满足不同消费者群体的需求，包括不同年龄、性别、偏好等的消费者的需求。

（2）品牌建设与传播：通过烟草终端建设，烟草品牌可以在零售环境中展示自身的特点、价值观和品质，从而在消费者中建立更强大的品牌认知度和信任度。终端的设计和陈列方式也传递着品牌的形象。

（3）消费者体验和忠诚度：优化后的烟草终端能够提供更好的购物体验，提升消费者满意度；通过提供个性化的服务、开展促销活动等，还可以增强消费者对品牌的忠诚度，使其成为长期的忠实顾客。

（4）市场洞察与数据分析：烟草终端建设可以为企业提供消费者的购买行为数据、喜好趋势等信息，这些数据对于市场洞察和产品策略的制定非常有价值，有助于企业更准确地满足消费者需求。

（5）社会责任传递：在烟草终端中传递有关健康风险的警示信息，是企业传递社会责任和健康意识的方式之一，有助于增强企业的公共形象。

（6）产业升级与数字化转型：烟草终端建设推动了烟草行业向数字化、智能化的方向发展，促进了产业的升级和创新。数字技术的应用可以提升运营效率、优化供应链管理等。

（7）合规经营和法规遵守：烟草终端建设有助于确保烟草企业在法规范围内运营，减少法律风险和负面影响。

（8）合作伙伴关系和共同发展：通过合适的终端建设，烟草企业可以与零售商、批发商等合作伙伴保持紧密的合作关系，实现共同发展，促进整个供应链的协同。

（9）可持续发展：通过传递健康信息、合规运营等方式，烟草终端建设有助于烟草行业实现可持续发展，更好地满足社会的期望。

综合来看，烟草终端建设对整个烟草行业的发展、品牌形象、消费者满意度、合规经营等方面都有着深远的影响。优化终端建设能够使烟草企业在竞争激烈的市场中更具竞争力，提供更好的购物体验，并在法规的范围内运营，同时也有助于推动产业的可持续发展和升级。

2）终端建设对烟草工业、商业、市场的价值

从烟草工业、商业和市场这三个维度来看，烟草终端的价值和意义都非常重要。

（1）烟草工业维度的价值。

• 生产优化与精细化管理：通过终端数据，烟草工业可以更准确地了解消费者需求，调整生产

计划，避免库存积压和资源浪费。

• 精准的新品研发：终端数据可以提供消费者对新品的反馈，指导研发团队设计更受欢迎的产品，降低新品研发的风险。

(2) 商业维度的价值。

• 品牌塑造与增值：烟草终端是品牌形象的延伸，通过对终端的优化，可以加强品牌的正面形象，提升消费者对品牌的认知度和好感度。

• 客户关系管理和忠诚度：通过终端数据分析，可以个性化地与消费者互动，提供更优质的购物体验，从而与客户建立更紧密的关系，增加客户忠诚度。

• 多元化销售渠道：烟草终端的多元化建设可以扩展销售渠道，使产品更广泛地触达消费者，从而增加销售额和市场份额。

(3) 市场维度的价值。

• 满足消费者需求：优化后的烟草终端能够更好地了解消费者的需求和偏好，为其提供更符合期望的产品和服务，提高消费者满意度。

• 改善购物体验：通过提供舒适、便捷、个性化的购物体验，烟草终端可以吸引消费者，增加购物次数和金额。

• 市场洞察与创新：终端数据分析可以为市场洞察提供有力支持，帮助企业了解市场趋势和消费者反馈，从而推动创新和调整战略。

3. 烟草终端价值体系构建

构建烟草终端的价值体系是确保终端能够在市场中发挥有效作用的关键。这个体系应该涵盖从产品、服务、消费者体验到品牌形象等多个方面。进行体系建设时，可以关注以下几方面。

(1) 多维产品策略：提供丰富的产品选择，包括不同品牌、口味、型号等，满足不同消费者群体的需求。

(2) 品质与可靠性：保证烟草产品的品质和可靠性，以建立消费者对产品的信任和忠诚。

(3) 个性化体验：提供个性化的购物体验，通过个性化推荐、定制化服务等满足消费者的个人喜好。

(4) 创新与独特性：不断推出创新的产品和服务，以及与众不同的终端体验，增加消费者的兴趣和好奇心。

(5) 购物环境：创造舒适、时尚、吸引人的购物环境，提高终端的吸引力和消费者体验。

(6) 数字化技术：引入数字技术，提供在线购物、移动支付、虚拟试验等数字化体验，满足当代消费者的便利需求。

(7) 服务质量：提供高水准的客户服务，包括专业的咨询、问题解决和售后支持。

(8) 社交互动：通过社交媒体等与消费者互动，增加他们的参与感和忠诚度。

(9) 健康与社会责任：在终端上传递有关烟草健康风险的信息，体现企业的社会责任。

(10) 品牌塑造与宣传：在终端中传达品牌的价值观、故事和形象，增强品牌在消费者心中的认知度和情感。

(11) 数据驱动决策：基于大数据分析消费者行为和市场趋势，制定决策，不断优化终端策略。

(12) 可持续发展：关注可持续发展，如环保包装、资源节约等，体现企业的环保和社会责任。

(13) 法规遵守：确保终端建设和运营在法规范围内，保障企业的合规经营。

综合来看，烟草终端的价值体系应该是一个多维度的、以消费者为中心的系统，涵盖了产品、服务、购物体验、品牌传播等多个方面。通过构建完善的价值体系，烟草企业能够提供更优质的终端体验，提高市场竞争力，赢得消费者的认可和忠诚度。

4. 数字化时代下的终端建设

随着时代的进步、数字化时代的到来，人类生活的质量得到了大幅提升，使得人类生活朝个性化和智能化的方向进化。数字化时代使得我们的生活更加便利、快捷、高效。

同样，数字化运营的趋势在烟草终端建设中具有巨大的影响，可以提升消费者体验、优化运营流程、增强数据分析能力等。通过将数字化策略与烟草终端建设融合，可以更好地满足当今消费者的期望，提高市场竞争力，并在数字化时代中保持领先地位。利用数字化技术进行烟草终端建设，可以有效实现以下功能。

(1) 建设数字化平台：创建一个数字化平台，整合线上线下销售渠道，为消费者提供多样的购买选择。数字化平台包括电子商务网站、移动应用程序等。

(2) 移动支付和电子钱包：支持移动支付和电子钱包等数字支付方式，提供便捷的支付体验，增加购物便利性。

(3) 虚拟试验和增强现实：利用虚拟试验和增强现实技术，让消费者可以在终端上模拟体验不同烟草产品，更好地了解产品特点。

(4) 个性化推荐系统：基于消费者的购买历史和偏好，开发个性化推荐系统，向他们推荐适合的产品，提高购买转化率。

(5) 数据分析与市场洞察：收集和分析消费者行为数据、消费者对产品和服务的反应，以及洞察市场趋势，从而调整终端策略。

(6) 社交媒体整合：将社交媒体与终端建设整合，允许消费者在终端上分享购买体验、评论产品，增加社交互动。

(7) 在线客服与互动：提供在线客服渠道，使消费者能够随时咨询和获取帮助，增加与消费者的互动机会。

(8) 电子会员卡与积分：发展电子会员卡和积分制度，鼓励消费者在终端上注册并购买，积累积分并获得相应优惠。

(9) 供应链数字化：将供应链各个环节数字化，实现库存管理、订单处理、物流跟踪等自动化，提高运营效率。

(10) 数据安全与隐私保护：在数字化运营中，确保消费者数据的安全和隐私保护，遵守相关法规，增强消费者信任感。

综合来看，烟草终端的价值在于通过数字化、个性化和智能化的方式，使烟草工业更精细化、商业更具竞争力、市场更有活力。这不仅提高了烟草企业的效率和盈利能力，也使消费者得到了更好的购物体验，构建了一个共赢的生态系统。

参考文献

[1] 王万勋．卷烟市场的外延与内涵 [M]. 北京：经济管理出版社，2014.

[2] 董建江．变革时代 —— 当代中国烟草变革与发展 [M]. 合肥：合肥工业大学出版社，2016.

[3] 陈拙，陈贝瑀．我国烟草专卖制度的缺陷与改革思路 [J]. 中国经贸导刊(中)，2020(04)：45-47.

[4] 赵敬良．卷烟经营与商品知识 [M]. 哈尔滨：黑龙江科学技术出版社，1993.

[5] 冯朝．对烟草商业企业推进现代零售终端建设的思考 [J]. 现代商业，2018(08)：125-126.

[6] 刘佳．烟草专卖新型数字化监管平台探索与研究 [J]. 商业观察，2023，9(05)：30-32.

第二章

02 烟草产业及新消费下的高质量发展

我国是烟草种植和消费大国，烟草产业也是我国社会主义经济的重要组成部分。中国烟草总公司 1982 年挂牌成立以来，在党的指导下，国家整体经济快速发展，经济体制改革不断深入。1997 年《中华人民共和国烟草专卖法实施条例》的正式颁布，标志着我国烟草行业正式进入了全面的专卖垄断经营管理阶段，即实施“统一领导、垂直管理、专卖专营”的管理体制。在专卖体制下，行业工业产值和工商税利等各项指标得到了增长，为国家财政收入增长提供了保障，为国民经济的快速发展做出了巨大贡献。

近些年来，我国政府已经对诸多国有企业和国家完全垄断行业进行了体制改革，但烟草行业仍是目前计划经济体制下的“政企合一”的企业。党的十九大报告提出要建设和不断完善现代化经济体系，着力构建市场机制有效、宏观调控有度的经济体制。我国已经进入社会主义经济发展新阶段，整个社会的经济结构都在发生巨大变革，烟草行业的变革和发展也是势在必行的。目前，我国烟草行业仍按照国有企业的管理模式进行监管。既然是企业，就要受市场调节，就要受价值规律制约。而从国际烟草行业发展的轨迹以及控烟运动不断高涨的发展趋势来看，未来烟草的发展方向会受到越来越多的规制，这个规制不仅仅是来自烟草行业外部，也来自行业内部，不仅仅表现在制度和体制层面，更多的是从法律和政府管理层面切入。

为了有效适应这些变化，我国烟草行业近年来做了一些变革，发生了一些重要事件：一是工业和商业企业分立，缓解地区封锁；二是工业生产和企业联合重组，整合资源提升效率；三是按客户订单组织货源，适度面向市场，发挥市场对生产和经营的调整作用……这些重要事件本质上都是对烟草行业无限制的发展进行规制，也是烟草行业自我规制的重要手段，对我国烟草行业的发展有着重大影响。

随着人民生活水平不断提升，人们越来越关注健康权益问题，但是与之相对应的是我国的烟草制品产量不断增加，吸烟人数也在不断增长，吸烟带来的健康问题（如心脑血管疾病、癌症、糖尿病、肺部疾患和其他慢性非传染性疾病等）逐渐受到社会各界的关注。2012 年，我国政府制定并公布了《中国烟草控制规划（2012—2015 年）》，全面开启控烟各项工作。与此同时，烟草国际市场竞争更加激烈，加热不燃烧烟、电子烟的全球风靡，加之国内对电子烟的严格的准入管控，恰恰说明目前烟草市场竞争的激烈程度。纵观全球市场，除去我国，绝大部分卷烟市场实际上已经被菲莫国际烟草公司、英美烟草公司、日本烟草公司和帝国烟草公司占领。

烟草行业未来的发展不可能是畅通无阻的。不可否认，烟草专卖制度在我国发挥过并且仍在发挥重要的作用，特别是在打击制假售假违法行为和不断提高卷烟产品质量方面，全国统一的专卖垄断经营能在短时间内取得良好的效果，同时，完全的专卖垄断经营也给我国的财政税收提供了重要保障。随着社会的不断进步和全球经济一体化的发展，我国现行的烟草专卖制度也逐渐暴露出它的缺点，如何更好地实现对烟草行业的规制，是我国政府亟须思考和应对的问题。

纵观烟草行业的历史沿革和国外烟草行业的规制经验，结合我国目前经济社会发展的实际情况和烟草行业在我国国民经济中的地位，对烟草行业未来的规制需要从内到外，多管齐下。而如何理顺政府和市场的关系则是烟草行业未来改革需要关注的重点问题。要不断深化市场改革，充分发挥市场优化资源配置的作用，这是未来对烟草行业进行规制的重要依据。

本章对中国烟草40余年的产业发展历程进行了梳理，并深入分析了国外烟草的复杂环境，试图通过对烟草行业规制的综合分析，找到未来烟草行业发展的方向。

本章涉及的概念有“专卖”“规制”。

《经济法词典》中对“专卖”一词是这样解释的：指国家以法律的形式把某种商品规定为专卖品，并对其生产、分配和销售实行国家垄断，统一管理。本质上讲，专卖是一种国家垄断的经济行为。本书所指的“专卖”不同于西方国家的“专卖”，主要区别是一个是国家行为，一个是少数行业寡头联合分配市场的行为。本书对“专卖”一词采取的是基本定义法，即国家对烟草行业实施统一管理、统一经营、完全封闭市场的行为，是国家利用行政权力，对涉及国家重要经济命脉或是具有重要影响的行业进行统一的管控的行为。

“规制”一词是指规范和管制。规制有广义和狭义之分，广义的规制是指能够规范、管制某项事物的所有法律、规章、制度和规范性文件，也包括管理、规范某项事物所采取的措施，运用的方式和方法。狭义的规制就是指国家权力机关制定的具有强制约束力的法律和规章。

本章所论及的烟草行业的规制是指广义的规制。笔者从规制的广义含义角度出发，根据烟草行业的特殊属性，对烟草行业的规制进行了大致分类：

第一个层面的规制是广义法律规制，是指国家权力机关（主要是全国人大及其常委会、地方人大及其常委会）和国家行政机关（主要是国务院、国务院各部委、各级政府及政府组成部门）制定的规范烟草行业的一系列法律、规章、制度等，同时也包括烟草行业行政管理机关制定的规范行业内部的规章、制度、规定、办法、细则等。除此之外，还包括控制烟草行业发展的一系列法律、法规、规章和制度等。

第二个层面的规制是指政府对烟草行业的监督管理规制，实际上是政府为了实现对烟草行业的管控而采取的方式和措施，本文主要从政府的经济性规制和社会性规制两个方面进行论述。

第三个层面的规制是烟草行业自我管控、自我规范发展的规制。烟草行业建立的一系列自我规范经营和管理的制度，自我管控和规范的具有约束力的行业规定，都是烟草行业自我规制的范畴。

2.1 国内烟草产业发展历程及特点

2.1.1 烟草的起源

烟草在植物分类上属于茄科（Solanaceae）烟草属（*Nicotiana*），原产地是美洲，它是印第安人种植和使用的一种植物。早期印第安人栽培的烟草是黄花烟草，这种植物叶片小、烟味粗糙、刺激性大。美国弗吉尼亚人约翰·罗尔夫在弗吉尼亚开始种植普通烟草，它比黄花烟草产量高、香味好，刺激性不大，此后，普通烟草就逐渐地代替了黄花烟草，并在世界各地传播开来。这种植物生长在不同的生态环境下，采用不同的栽培方法和不同的调制方法，又形成了许多的栽培类型，如烤烟、白肋烟、香料烟、各种用途的雪茄烟等。

考古学家在墨西哥恰帕斯州（Chiapas）帕伦克（Palenque）建于公元432年的神殿里发现人类使用烟草的最早证据，玛雅人在举行祭祀典礼时，以管吹烟和吸烟的浮雕，是现今发现的人类使用烟草的最早证据。另一证据是考古学家在美国亚利桑那州（Arizona）北部印第安人居住过的洞穴中，发现遗留的烟草和烟斗中吸剩的烟丝。据考证，这些遗物的年代大约为公元650年。1492年10月，当意大利探险家哥伦布（Cristoforo Colombo）到达美洲新大陆时发现当地人在吸烟，这说明在此之前，烟草已是美洲的一种土特产并被印第安人广泛应用。

关于“tobacco”的由来，有的人说，当哥伦布到达新大陆委内瑞拉附近的多巴哥岛（Tobago）时，看到当地人用玉米苞叶卷着烟叶吸烟，就叫这种烟叶为“tobago”；也有人说，当他们到达萨尔瓦多时，看到当地人用烟管在吸烟，当地人称这种烟管为“tobago”。后来烟草的英文“tobacco”，以及中国古书上的“淡芭菰”“淡肉果”等均由“tobago”而来。

随着航海与交通的发展，烟草逐渐传到世界各地。1558年，航海去美洲的水手把烟草种子带回葡萄牙，次年传到西班牙。1560年法国驻葡萄牙大使尼可特（Nicot）将烟草带到法国，并宣传是一种药用植物，在庭院作为观赏植物来试种。法国女王嘉瑟琳就称烟草为尼可特草，以后烟草的属名*Nicotiana*和烟草中含的尼古丁（nicotine）即由该词而来。1561年烟草由葡萄牙传入意大利，1565年霍金斯（Hawkins）第一个从佛罗里达将烟草种子带回英国。1585年英国人从美洲带回烟草和烟斗，于是斗烟从英国逐渐传至欧洲大陆，随后吸烟风气开始盛行于西欧各国。1753年植物学家林奈（Linnaeus）把烟草属的学名定为*Nicotiana*。

烟草传入非洲也是在西班牙和葡萄牙掠夺殖民地时，是于公元15—16世纪传入的。Mochonzie（1957）等人认为，开始传入非洲的是黄花烟草，但范围较小，主要供当地消费。在19世纪英国侵入非洲后才大量输入烤烟，烟草约在1560年传入东非，约在1652年传入南非，传入西非可能还早一些，传入津巴布韦、赞比亚等中非的主要产烟国家约在东非之后。

大洋洲本来就有烟草，但这些烟草只是烟草属中的几个种，如香甜烟草和其他几种野生烟草，是作为观赏植物而种植的。大洋洲过去曾是英国的殖民地，现在种植的普通烟草可能是由欧洲传入的。

烟草传入亚洲是在16世纪后半叶，一般是从西班牙和葡萄牙传入的。1565年传入菲律宾，1599年传入印度，1600年传入日本，1616年传入朝鲜。

烟草传入中国已有400多年历史，初入中国，本是作为药品使用，时间大约是在明朝万历年间（1573—1620年）。明末名医张介宾（1563—1640年）所著《景岳全书》记载：“此物（指烟草）自古未闻也，近自明万历时始出于闽广之间，自后吴楚皆种植之矣。”方以智所著《物理小识》记载：“万历末，有携（淡巴菰）至漳泉者，马氏造之曰淡肉果，渐传至九边，皆衔长管而火点吞吐之，有醉仆者。”《泉州府志》记载：“薰种（指烟草）来自海外，名淡芭菰，叶大如芋，叶即烟也，辟瘴疠，安溪出者胜于漳浦石码。”厉鹗所著《樊谢山房集》记述，烟草由菲律宾传到闽广，再到江浙、两湖，而后传到西南各地。明崇祯帝曾下令禁止种植烟草和吸烟，但是不久因为军中病寒不治，只能解禁。后金时期的辽东地区，禁烟也都以失败告终，结果反而是烟草更加盛行，逐渐蔓延。

近代的考古发现则另有一种说法。1980年广西博物馆考察队队员郑超雄在发掘广西合浦县明代废瓷窑时挖掘出 3 件瓷烟斗和 1 个做瓷器用的压槌。压槌背上刻有“嘉靖二十八年四月二十四日造”字样。这是中国考古第一次发现烟具，并有确切的年代记载。发掘者认为：烟草是在明代嘉靖年间（1522—1567 年）由葡萄牙传入中国的，比万历年间要早 50 多年，并与葡萄牙早期侵略中国沿海的时间相一致。

烟草传入中国的途径可能有 4 条：一是由航海水手将种子从菲律宾等地带到福建，由福建传到其他各地区，大约在 1563—1640 年间；二是由印度尼西亚或越南传入广东，再传到各省，大约在 1620—1627 年间；三是由日本传入朝鲜，再传到中国东北等地，大约在 1616—1617 年间；四是由葡萄牙传到广西再传入其他各省，大约在 1522—1566 年间。

最先传入中国的都是晾晒烟，烤烟传入中国的时间较晚。1890 年美商老晋隆洋行开始贩运纸烟来中国推销。英美烟草公司在中国上海、青岛、哈尔滨、汉口等地建立卷烟厂，同时国内民族卷烟工业也在兴起，开创了中国卷烟工业的新时代。为了适应卷烟工业对烟草原料的需要，开始引进烤烟品种。1900 年首先在台湾地区试种，1910 年在山东省威海试种，1913 年在安徽省凤阳县刘府镇等先后试种成功，1921 年辽宁省凤城、吉林省延边引种成功。1937—1940 年间，四川、云南、贵州等省相继试种成功并推广开来。虽然烤烟在中国种植时间不长，但由于人们吸用和卷烟工业对原料的需要，烤烟生产发展迅速。目前，中国烤烟种植的面积和总产量均居世界首位。

黄花烟可能是由俄罗斯传入中国的，约有 200 年的历史。最早是在陕西省北部、湖北省和四川省的高海拔山地种植，之后逐渐扩展到甘肃、新疆、内蒙古、黑龙江等边远省（区），多为生产者自己吸用，规模不大。

香料烟于 20 世纪 50 年代引种，首先在浙江省新昌县试种成功，目前已在浙江、新疆、云南等地规模种植，并形成香料烟生产基地。白肋烟于 20 世纪 60 年代引进，在湖北省建始县试种成功，现在鄂西、川东、云南宾川等地的白肋烟种植已形成规模。这两种类型烟草对中国卷烟工业混合型卷烟产品的开发起到了重要作用。

我国烟草行业真正意义上的起点是在 19 世纪，民族烟草产业的兴起源自手工卷烟，确切地说是在夹缝中求生存，是在与外资企业不断争夺国内卷烟市场的斗争中发展壮大的。1899 年，旅居宜昌的三位商人筹资，以股份制的形式创办了我国最早的民族资本卷烟厂 —— 宜昌茂大卷烟制造所；1902 年，北洋大臣兼直隶总督袁世凯在天津以股份制的形式招股开办北洋烟草公司，北京工艺局创办者黄思永投资 8000 两白银与直隶农务局组成“官商合办”的北洋烟草公司；1905 年，广东简氏兄弟在香港创办了中国首家私营烟草企业 —— 广东南洋烟草公司，后更名为广东南洋兄弟烟草公司，在 1925 年后，南洋烟草公司的规模不断扩大，逐步成为中国最大的民族卷烟企业。

2.1.2　烟草栽培种的起源

美洲的印第安人是烟草栽培种的驯化者，这是可以肯定的。但是这个事实还不足以说明烟草原产于美洲新大陆，这就必须追根溯源。烟草的栽培种是由哪些野生种演化而来的呢？

栽培种，通常专指普通烟草和黄花烟草的种。其他的种，虽然有被栽培的，例如香花烟草（翼香烟草）作为观赏植物而广泛栽培植于庭园中，但为便于区别，统称之为野生种。

关于栽培种的起源问题，曾经有许多植物学家进行了深入的研究，他们利用细胞遗传学的分析技术，广泛地研究了烟草属的野生种以及普通烟草、黄花烟草的近缘种的亲缘关系。近年来还利用生物化学的方法进一步研究栽培种的起源。

关于普通烟草的起源，最早提出的是克劳森，他认为普通烟草起源于具有 12 对染色体的野生种的天然杂交后代，经自然加倍后形成的异源双二倍体。现在栽培的各种类型的普通烟草，就是由它衍生而来的。此后，克劳森和古德斯皮得等人用细胞遗传学的分析技术证明烟草属中有一个组（*tomentosa* 组）中的 *N.otophora*、*N.tomentosa*、*N.tomentosiformis* 的染色体与普通烟草的染色体组（$n = 12$）几乎是同源的，而普通烟草的 S 染色体组（$n = 12$）与烟草属中碧冬烟亚属（*Petunioides*）的 *Alatae* 组里的 *N.sylvestris* 的染色体（$n = 12$）也几乎是同源的。一些研究者在研究减数分裂染色体配对时，证实了这点。但是在 *tomentosa* 组内哪一个种是普通烟草的亲缘种呢？学者们却有不同的看法。古德斯皮得以 *N.otophora* 与 *N.sylvestris* 的现代的地理分布为主要根据，认为这两个野生种交错分布于安第斯山东部的萨尔他区域内，并且到现在这些地区还能发现自生自灭的普通烟草，因此推断普通烟草起源于 *N.otophora* 与 *N.sylvestris* 的天然杂交，通过自然加倍而形成。他用这两个种进行正反杂交，其雌雄配子体都是高度能育的。而美国的格斯特尔，主要从细胞遗传学的角度证明普通烟草应起源于 *N.sylvestris* 和 *N.tomentosiformis*，虽然这两个种的现代地理分布是分割的，而且它们的四倍体雌雄配子都是高度不育的，但是它们的花器构造比 *N.sylvestris***N.otophora* 的后代更相似于普通烟草。更主要的是，把这些杂种材料分别与普通烟草回交，从它们的六倍体中看到 *N.tomentosiformis* 的染色体组比 *N.otophora* 的染色体组与普通烟草的染色体组更能配对。格斯特尔的推断得到细胞学和生物化学上的观察结果的支持。近年来，生物化学工作者用蛋白质的电泳层析法和不同的酶谱图式进行烟草属物种的细胞遗传学的研究，最近已分析了 61 个种的叶片、根系和种子的提取物，最常用的是过氧化物酶和醋酶的同工酶，除了极少数例外，每一个物种都有一个特有的酶区带图式。希恩的研究发现，*N.sylvestris***N.tomentosiformis* 的酶区带图式比 *N.sylvestris***N.otophora* 更相似于普通烟草的酶区带图式，这一结果支持了格斯特尔的推断。最近对烟草属各物种的异染色质的定位观察，也支持格斯特尔的推断。

由上述事实证明，普通烟草起源于 *N.sylvestris***N.tomentosiformis* 杂种后代，经自然加倍而形成。因此，构成普通烟草染色体的两个基组一个来自 *N.sylvestris*，另一个来自 *N.tomentosiformis*。

为了更进一步证实普通烟草的起源，有学者用萘骈乙烷处理第一代发芽种子的方法，创造了 *N.sylvestris***N.tomentosiformis* 的双二倍体人工合成的烟草，甚至经过仔细的研究也不能把它们从形态上与普通烟草区别开来。这不但有力地证明了普通烟草的起源，也生动地说明了植物学工作者用自己的双手重演了几万年以前自然界发生的历史事实。

普通烟草的起源中心位于阿根廷和玻利维亚一带，在这些地带形成了一个初级基因中心和最早的栽培中心。康姆斯把这些地区出现的不同类型的普通烟草划分为六个亚种，有灌木烟草、巴西烟草、哈瓦那烟草、大叶烟草等。

2.1.3 新中国成立到中国烟草总公司成立的发展历程

1949 年新中国成立后，内蒙古和东北三省成了最先开始实施区域性烟草专卖管理的排头兵，其他地区也通过各种方式，逐步扩大国营烟草企业的规模，实行国家统一管理。直到 1957 年底，全国共有 108 家烟草企业（生产和销售）基本完成了社会主义改造。但到了“文革”期间，烟草企业被作为“修正主义产物”遭到批判，中国烟草工业公司被撤销，卷烟工业企业和烟叶收购部门全部被下放到地方，由省、市、县分头管理，全国烟草行业出现了管理混乱、盲目发展、产销失调、质量下降、效益降低的严重局面。

面对国内烟草市场环境混乱、低效率、质量差的情况，为了维护消费者利益，保障国家财政收入，我国政府适时选择了全国统一的烟草专卖制度对烟草行业进行管理，这在今天看来有着非常重要的现实意义。计划经济体制下，烟草行业分割管理、多头管理、市场供求关系失衡、资源浪费、效率低下问题成为国家实施烟草专卖制度的理由和依据。到了 1977 年，全国计划内卷烟企业共 70 余家，而计划外的卷烟厂家则达到 120 余家，这些计划外的厂家与计划内的卷烟厂家争夺资源，严重冲击了市场秩序，于是我国于同年印发了《关于批转轻工部、财政部、商业部、供销合作总社整顿计划外卷烟厂的报告的通知》（国发〔1977〕155 号），全面开展清理整顿计划外卷烟生产厂家工作。1981 年，国务院正式批准烟草行业实行国家专营。1982 年 1 月，中国烟草总公司正式成立，随后各省级烟草公司也相继组建。

2.1.4 中国烟草企业四十余年发展

1983 年 9 月 23 日，国务院正式颁布《烟草专卖条例》。1984 年 1 月国家烟草专卖局成立，同年 9 月 10 日发布了《烟草专卖条例实施细则》，标志着我国烟草专卖制度正式确立。随着社会的不断发展进步以及烟草行业兼并重组不断推进，为了增强《烟草专卖条例实施细则》的法律效力和权威，1991 年 6 月 29 日，《中华人民共和国烟草专卖法》经第七届全国人大常委会第二十次会议审议通过，并以第 46 号主席令的方式正式公布。1992 年 1 月 1 日，《中华人民共和国烟草专卖法》正式实施，成为中国历史上第一部烟草专卖法规。此外，根据社会实际发展状况，作为最高烟草专卖行政管理机关的国家烟草专卖局还相继发布了一系列规章制度。为了更好地贯彻落实国家烟草专卖法律法规，部分省级人民代表大会以及省级人民政府根据《中华人民共和国烟草专卖法》和《中华人民共和国烟草专卖法实施条例》的主要条款制定了具体的烟草专卖管理规定。至此，我国初步形成了较为完善的烟草专卖法律法规体系。

中国烟草工业企业要想更好地成长，就必须从各方面吸取经验教训，最基本的经验教训就是由自身的成长发展经历带来的。中国烟草工业企业从成立起至今大致可分为以下三个阶段。

1. 改革整顿、放权让利阶段（1982—1991 年）

在 20 世纪 80 年代初期，由于“文化大革命”期间撤销了中国烟草工业公司，将烟草企业全部下放给了地方，我国烟草行业面临着“多头领导、管理分散、产销失衡、市场秩序混乱、效率低下”的窘迫局面。据统计，当时的计划外卷烟厂达到了 300 多家，整个卷烟生产的治理和效益都出现了大幅度下滑，整个烟草行业亟须整顿。为此，国家于 1982 年成立了中国烟草总公司，负责领导全国烟草行业的发展。次年，为了整顿和规范全国烟草行业，国务院向全国发布了《烟草专卖条例》。在 1984 年 1 月，国家又设立了国家烟草专卖局，并在 1991 年 6 月 29 日通过并颁布了《中华人民共和国烟草专卖法》。这些机构的设立和相关法律法规的出台，标志着我国的烟草行业开始步入了法治的、正规的轨道，确立了“统一领导、垂直管理、专卖专营”烟草专卖管理体制，对我国烟草行业发展产生了深远影响。专卖专营的实行降低了整个烟草行业的竞争程度，一定程度上保护了当时稚嫩的烟草企业，为烟草企业的改革和发展赢得了更多时间。

在这一时期，除了对烟草行业进行统一整顿之外，跟随着国有企业改革的步伐，烟草企业也在一定程度上进行了“放开搞活、放权让利”的改革。烟草企业不再是国家的一个生产单位，而是开始被赋予了一定程度的自主生产经营权。根据当时的国有企业改革方案，在卷烟工业企业内部也实行了所谓的“厂长负责制”改革。在 1985 年之前，这种“厂长负责制”还不能说是真正的“厂长负责制”，实际上是“党委领导下的厂长负责制”，这就导致了“多头领导、互相扯皮”的局面，影响了这一改革绩效的发挥。直到 1985 年，这一局面才有所改观，卷烟工业企业的党委不再对企业的经营管理进行干预，而被限定在了对企业的思想政治发挥领导作用。这一举措，使得厂长真正成为卷烟工业企业的负责人，树立起了厂长的绝对权威地位。但是，这一简单的改革也引发了新的问题，由于企业内的监督约束机制缺乏，厂长的权力很难被制约，一定程度上造成了内部人员控制问题。

当然，与“厂长负责制”一同进行的还有对地方政府的“让利”，这一改革举措使地方政府获得了高额的税收收入，有效地激励了地方政府的逐利行为 —— 不断投资设立新的卷烟厂。根据相关数据显示，中国卷烟工业企业在 1982 年只有 192 家，而到了 1991 年达到了 351 家，增加了 159 家，如图 2-1 所示。

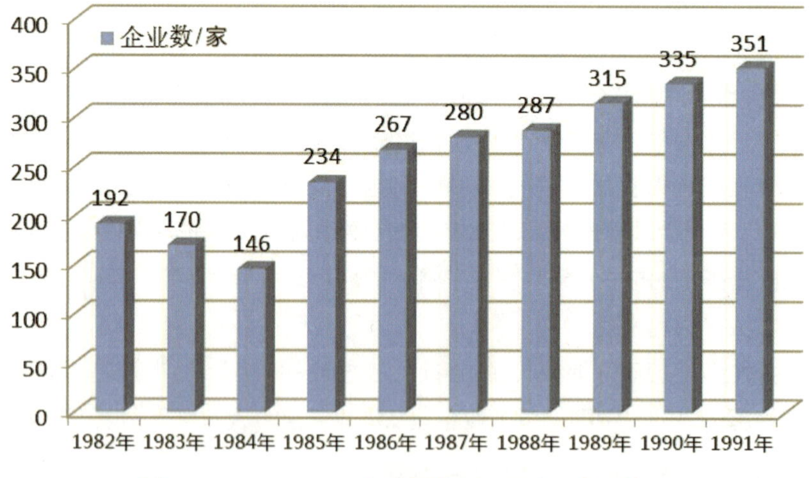

图 2-1　1982—1991 年中国卷烟工业企业发展情况

随着卷烟工业企业在全国“遍地开花”，卷烟的生产数量也取得了大幅增长。1982 年，我国的卷烟产量只有 1911.8 万箱，而到了 1991 年，达到了 4133 万箱，如图 2-2 所示。

与此同时，政府从烟草行业的发展中获得了大量的税收收入，这也成为地方政府争相竞争的直接动因。根据相关数据统计，烟草行业在 1982 年为政府上缴利税仅为 68.3 亿元，而到了 1991 年，上缴的利税达到了 278.2 亿元，增长了 3 倍多，十年累计上缴利税 1647.8 亿元，如图 2-3 所示。

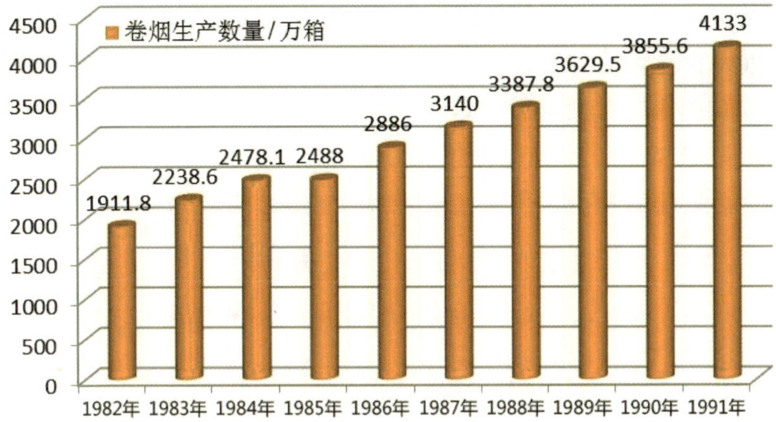

图 2-2　1982—1991 年我国卷烟生产数量

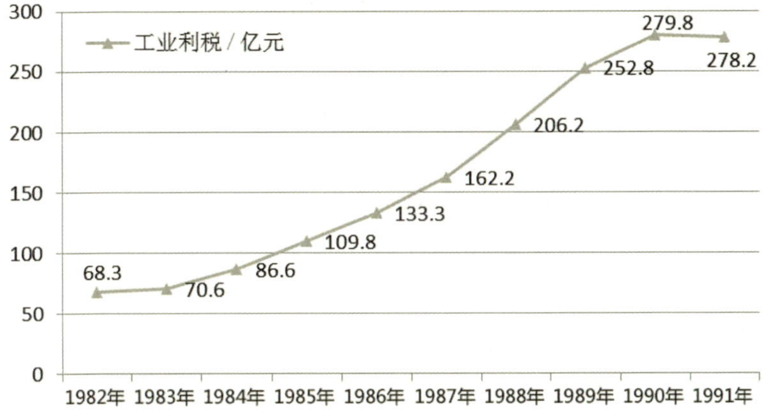

图 2-3　1982—1991 年烟草行业上缴利税情况

在取得这些成绩的同时，烟草企业的经营理念逐渐发生了转变。卷烟工业企业不能再被动地等待国家的生产指标，而是要开始学着对企业内的产、供、销、人、财、物进行市场化运作。虽然这一阶段卷烟工业企业还采取相对初级的市场化运作方式，但是部分卷烟工业企业已经开始实行了类似目标管理和质量管理体系的措施，这与计划经济时期的经营运作方式有着明确的区别，对于我国烟草行业的改革和长远发展具有重要的意义。

但是，也应该看到这一阶段的改革具有很大的局限性。在 20 世纪 80 年代初期，我国的烟草行业处于需求大于供给的状态，因此，在 20 世纪 80 年代中期以前，我国烟草行业基本上不存在烟草销售不出去的情况，绝大部分卷烟工业企业都是盈利的。而到了 20 世纪 80 年代中后期，随着一大批卷烟工业企业的出现，烟草行业的这种需求大于供给的状况逆转了，转而出现了“供大于求”的情况。再加上当时的卷烟工业企业市场经营能力还很弱，1989—1991 年，卷烟工业企业出现了大面积的亏损，许多的地方卷烟工业企业上缴的利税也出现了大幅度的下滑，整个行业的发展面临严峻的考验。对此，国家在全行业实行了“限产压库”，通过行政干预的手段形成了“稍紧平衡”的政策，这才在一定程度上扭转了利税负增长的局面。

从上面的描述我们可以看出，虽然这一阶段卷烟工业企业在数量上、产量上和工业利税方面都取得了较大的成绩,卷烟工业企业的经营能力也得到了一定的提升,但是由于缺乏经验,卷烟工业企业的发展带有很大的盲目性,如地方政府为了追求较高的税收收入,在没有考虑到市场需求的情况下就进行了大规模的投资,导致烟草行业出现了供过于求的局面,进而导致整个行业的大面积亏损。企业的竞争意识、营销能力、品牌竞争能力等方面还比较薄弱,这种“散、乱、弱”的局面亟须得到改观。这些都为后来烟草行业实行兼并重组、集团化经营埋下了伏笔。

2. 兼并重组、集团化经营阶段(1992—2001 年)

鉴于 20 世纪 80 年代末和 20 世纪 90 年代初期出现的问题,国家对大量的中小卷烟工业企业进行了兼并重组,并试行了集团化运作。

中小卷烟厂不仅生产效率普遍低下,而且很多存在非法超产、扰乱市场秩序的现象,导致很难对它们进行监管和控制。从全国层面来看,那些亏损的卷烟工业企业绝大部分都是中小卷烟工业企业,这些中小卷烟工业企业很多都是地方政府片面追求利税收入的产物,对这些企业进行兼并重组就成了必然。在 1993 年,国家对卷烟工业企业进行了大规模的“手术”,一年内将我国的卷烟工业企业从原来的 351 家直接减少到了 212 家,139 家卷烟工业企业被迫关停并转。这一举措在一定程度上规范了烟草行业的运行,也提高了整个烟草行业的资源整合效率。但是,即使是这样,我国的烟草行业的经济效益并没有得到彻底的改观。据统计,在 1996 年,我国还有将近 55% 的烟草企业处于亏损状态,并且按省份统计来看,全国有 12 个省份卷烟工业企业总体上是处于亏损的。这使国家意识到,我国的卷烟工业企业数目还是太多了,部分卷烟工业企业不法经营现象依然存在,对卷烟工业企业的进一步兼并重组势在必行。

经过研究,国家决定在烟草行业实行集团化经营。1993 年,国家烟草专卖局下发了《关于组建烟草企业集团的意见(试行)》。这一举措标志着我国烟草行业的集团化经营拉开了序幕。组建烟草企业集团有利于迅速形成大规模的企业,整合大、中、小型卷烟工业企业的资源,并发挥协同优势。另外,试行集团化经营之后,国家对卷烟工业企业的控制力加强了,有利于国家烟草专卖局和国家烟草总公司对整个行业实行“统一领导、垂直管理、垄断经营”的经营管理体制。为了实行这一举措,国家先后批准组建了上海、济南等地的 15 家地区性烟草集团。这些地区性烟草集团的建立基本上奠定了后来的烟草行业竞争格局。

实行集团化经营以后,接下来就是如何对烟草集团进行经营和管理。跟随着国有企业改革的步伐,现代企业管理制度被引入了烟草集团。1998 年,国家烟草专卖局下发了《关于进行现代企业制度试点的通知》,决定在烟草企业内部建立现代企业制度试点,并选择了遵义卷烟厂和常德卷烟等 10 家卷烟工业企业作为首批试点的单位。这些卷烟厂先后遵照《中华人民共和国公司法》建立了现代企业制度。后来,其他卷烟工业企业也逐步开始了现代企业制度改革,在企业内部建立起了现代企业制度。

在这次兼并重组、集团化经营的改革过程中,一批具备地方影响力的卷烟工业企业开始形成。卷烟工业企业的整体实力得到了大幅度的增强,市场化经营和品牌化经营也取得了较大进步。尤其是在这个时期,省内的竞争异常激烈,省内的卷烟工业企业基本上按照适者生存的规则进行了重新“洗牌”,一批具有一定影响力的品牌生存下来了,并且得到了壮大;而另一批弱势品牌则在大浪淘汰过程中退出了历史的舞台。省内的竞争，让各大卷烟工业企业着实地感受到了市场经济中优胜劣汰的压力，企业开始注重培育自身的核心竞争能力。另外，烟草企业的整体技术能力也得到了较大幅度的提升，部分卷烟工业企业掌握了卷烟生产的关键技术，这对我国烟草行业的发展具有重要的意义。

不过，也应该看到这一时期的改革并没有真正建立起现代企业制度，许多卷烟工业企业虽然进行了现代企业制度改革，但是很多都是表面化、形式化的，现代企业制度的真正绩效并没有被释放出来。并且，集团内部的企业管理实质上是相对松散的，集团对旗下的卷烟工业企业控制力度并不是很强，部分卷烟工业企业违规超产、瞒报虚报等不合理现象时有发生。

这一时期的卷烟市场也是处于一种“地方割据”的状态，即省内的竞争相对激烈，但是全国性的统一竞争市场并未形成。虽然国家烟草总公司不止一次强调了建立全国性的统一市场的重要性，但是跨省之间的交易主要还是通过全国性的交易会来促进。可是这样的交易规模偏小，远远没有达到全国统一市场的要求。到了 2002 年，省际的交易量也只有 917 万箱 ，占全国总产量的 26.1%。全国性的竞争缺失，导致了地方卷烟工业企业还是处于相对低端的竞争状态，企业能力的提升速度缓慢。

另外，这一阶段卷烟工业企业实行了比较激进的发展战略 —— 多元化发展战略。由于当时国际寡头烟草公司大多实行了多元化发展战略，普遍认为烟草行业未来的发展方向是多元化发展。受这股国际潮流的影响，国家烟草总公司提出要求，指出要在搞好主业的基础上积极发展多元化业务。在这一指导思想的鼓励下，各大卷烟工业企业开始投身于多元化经营的热潮，截止到 1998 年，全国卷烟工业企业总计投资成立了 1000 多家不同行业的企业，投资总额达 246 亿元。但是，这些多元化经营大部分是不成功的，绝大部分处于亏损状态，总体的利润率不到 0.93%。这种背离主业，发展不相关多元业务的战略使得卷烟工业企业分散了注意力，一定程度上阻碍了卷烟工业企业的成长，成为后来改革中的阻力。

另一个突出的问题是，这个时期实行工商一体，烟草集团既管生产又管销售，形成了比较顽固的地方市场割据格局。这种情形的存在，不仅阻碍了全国统一性市场的建立，也使各省之间的卷烟工业企业“各自为政”的现象较为突出。这就为后来实行的工商分离改革提供了现实依据。

3. 工商分离、专业化发展阶段（2002—2011 年）

全国性的竞争市场难以构建，烟草企业处于一种相对封闭的市场竞争环境下，难以适应现代市场经济发展的要求。特别是 2001 年我国加入世界贸易组织以来，国内企业的竞争意识得到加强，关注我国烟草行业发展的专家和学者们逐步认识到，工商一体的经营体制阻碍卷烟市场竞争。国家局在 2002 年公布了一项调研结果，有超过 54% 的经营者认为，烟草行业当时最为突出的问题就是地区封锁。为此，国家局决定实行工商分离，其主要目的就是要破除卷烟市场地区封锁，构建全国性竞争市场，推动烟草企业从省内竞争向全国性竞争转变。

工商分离将烟草企业划分为了卷烟工业企业和商业企业。卷烟工业企业主要负责卷烟的生产经营，是市场的竞争主体；而商业企业则被赋予了销售的职能，即为分销机构。2003 年 3 月 4 日，国家局首先批准了安徽省实行工商分离的改革，4 月 4 日，国家局又批准了广东省进行工商分离的改革，5 月 3 日，湖南省也进行了工商分离的改革。随后，各大烟草企业均实行了类似的改革，到了

2004 年 10 月 23 日，这一改革就已经全部完成，用时不足两年，足见当时政府改革决心之大、速度之快。另外，所有县级公司法人资格被逐步取消，仅 2006 年就取消县级公司法人资格 225 家，到了 2009 年，初步形成了省级工业公司 18 家和卷烟工业企业 31 家的格局。这种工商分离的改革使得商业企业——省烟草公司不再有对本省内的卷烟工业企业产品的销售任务，这就把卷烟工业企业推向了全国竞争。据统计，2008 年，全国跨省的卷烟交易量达到了 2094 万箱，占当年国内总销售量的 47.96%。全国性的卷烟市场初步构建。

与此同时，这一阶段开始明确了卷烟工业企业的发展战略——专业化战略。由于受上一阶段多元化经营的影响，卷烟工业企业的主业受到了一定程度的冲击。于是，国家烟草专卖局在 2003 年明确提出要做精做强主业的要求，各大卷烟工业企业将多元化的资产进行了清理，重新回到了专业化发展战略的轨道上。专业化的发展有利于卷烟工业企业集中力量培育企业能力，促进企业更好更快地发展。

在品牌建设方面，卷烟工业企业在这一阶段取得了较大的成就。2003 年，整个行业的品牌数目多而不强。当时，全国的烟草行业的品牌数目多达 1049 个，分为 3053 个不同的规格，全国最大的单品牌年产销量不到 100 万箱，仅中华品牌的卷烟销售额超过了 100 亿元。而到了 2010 年年底，超过 100 万箱的卷烟品牌达到了 13 个，其中，有 6 个品牌的产销量超过了 200 万箱。从品牌的销售额来看，总共有 15 个品牌的销售额超过了 200 亿元，其中，中华品牌的销售额最高，达到了 760 亿元，而云烟、白沙、利群、芙蓉王、红塔山 5 个品牌的销售额超过了 400 亿元。到了 2011 年，整个烟草行业的 28 个重点品牌总共实现了 3233.4 万箱的销售量，占整个行业当年总销售量的 66.9%；2012 年，全国 27 个重点品牌的销售量占全国总销售量的比重更是达到了 71.42%。重点品牌的培育和发展呈现良好态势。

在卷烟生产规模上，2011 年，18 家省级中烟工业公司中，云南中烟生产规模最大，产量为 770.5 万箱，占全国总产量的 15.89%，其次是中烟实业，产量为 432.51 万箱，湖南中烟产销量排第三。18 家省级中烟工业公司销售规模如图 2-4 所示。全国具有法人资格的卷烟工业企业数量由 2001 年的 143 家减少到了 2011 年的 30 家，平均每家企业卷烟生产规模从 24 万箱增加到了 161 万箱。

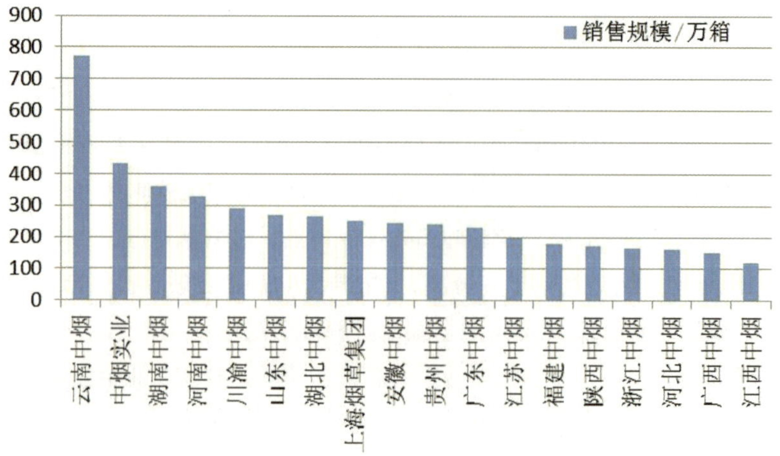

图 2-4　2011 年 18 家省级烟草工业公司的产品销售规模情况

在产品结构方面，一至五类卷烟分别占 13.40%、6.30%、38.86%、28.43% 和 13.01%，如图 2-5 所示。从产品定位和技术风格来看，全国的高档烟、高端卷烟、高价位卷烟市场保持稳定、快速增长的势头。低焦油市场发展迅速发展，成为行业流行趋势。功能化的产品日渐普及，产品的定位与卖点日渐清晰。年轻风格的产品与日俱增，对新兴消费者的争夺不断升级。

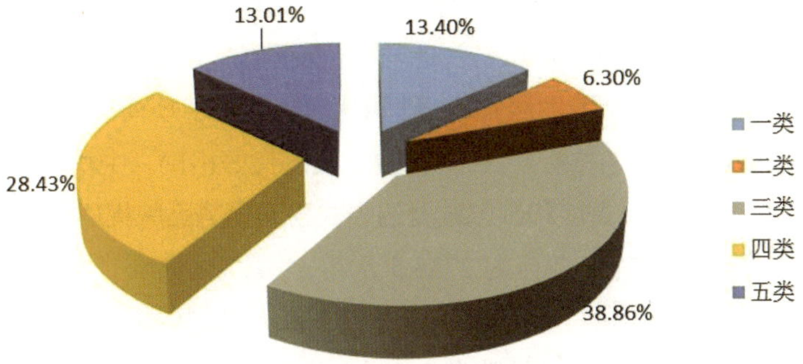

图 2-5　2011 年烟草行业产品结构分布

4. 品类创新、高质量发展阶段（2012 年至今）

到了 2012 年，我国卷烟品牌发展进入了新的时期，分为两个阶段，第一阶段为 2012 年至 2017 年，为创新阶段；第二个阶段为 2017 年至今，中国卷烟品牌进入了高质量发展期。

在第一个阶段，烟草行业的发展环境、条件、内涵发生深刻变化，原来卷烟品牌做大做强的方式难以为继，更深层次的品牌整合难度明显增大，品牌扩张逐步放缓，消费需求更加多元化，品牌发展从“纵向扩量”转向“横向增类”。

为此，行业从品牌、品类两方面谋划推动卷烟结构稳步提升，对卷烟品牌进行分类指导，推动中、高端卷烟规格比重不断提升；同时，加强品类构建与创新，顺势而为发展和规范细支烟、短支烟、中支烟，积极研发有效满足个性化、多样化消费需求的特色产品。

在该时期，以“细、中、短”为代表的创新产品异军突起，通过更好地适应需求、引导消费助力保持行业经济运行平稳发展。卷烟品牌也借助“细、中、短”创新产品对自身形象进行再塑造。中华的中支烟、南京的细支烟、黄金叶的短支烟都成为各自新的特色招牌及重要增长点。如 2014 年春节正式上市的钻石（荷花）成为这个时期品牌创新发展的范例之一，荷花系列产品立足高端引领，风格特色鲜明，发展迅速而稳健。

截止到“十二五”规划收官之年，即 2015 年，“卷烟上水平”的品牌发展目标“461”超额完成，“532”取得重大进展。销量最高的品牌为双喜 · 红双喜，年商业销量达到 411 万箱，距离“500 万箱”的目标差距为 89 万箱。销量超过 300 万箱的有双喜 · 红双喜、云烟 2 个品牌，实现 200 万箱以上的有双喜 · 红双喜、云烟、红塔山、白沙、利群 5 个品牌。销售收入超过 1000 亿元的有云烟、利群、芙蓉王和中华 4 个品牌，超过 600 亿元的有双喜 · 红双喜、云烟、利群、芙蓉王、南京、黄鹤楼、玉溪、中华 8 个品牌。换言之，虽然“532”的目标没有完全达成，但更为关键的“461”目标全都实现了。

到了第二个阶段，卷烟品牌发展由“增量共享”进入“存量分割”的态势更加明显，中国卷烟品牌进入高质量发展期。

2019 年，行业提出着力建设重点突出、集中度高的品牌发展体系，切实有效地推进卷烟品牌高质量发展，并提出了培育 10 多个规模大、价值高、竞争力强的全国性知名卷烟品牌，即“136”“345”品牌发展目标。在品牌规模上，要在中高端卷烟年销量中形成 1 个超过 350 万箱、3 个超过 200 万箱、6 个超过 100 万箱的品牌规模引领集群；在品牌效益上，要形成 3 个年批发销售额超过 1500 亿元、4 个超过 1000 亿元、5 个超过 600 亿元的品牌效益引领集群。这中间蕴含着两个重要变化：一是品牌效益最高目标从 1000 亿元变成了 1500 亿元，品牌数量目标由 1 个发展为 3 个；二是品牌效益目标“底座”由以前的 400 亿元拉升到 600 亿元，这与行业发展方向、消费升级方向是吻合的。

近年来，“136”“345”潜力品牌发展集群已基本形成，彰显了规模和效益的引领作用，基本形成了以品牌引领技术进步、促进结构提升、带动行业发展的良好格局。中华、利群、云烟、芙蓉王、黄鹤楼、南京等一批个性鲜明、高美誉度和高忠诚度的中式卷烟优势品牌集群逐渐形成。

截至 2022 年，一、二类烟销量合计为 2738.5 万箱，一、二类烟合计销量前十品牌总规模为 1822.76 万元，占比为 66.6%，有 12 个品牌年销量超过 100 万箱，其中，利群为唯一一个一、二类总销量超过 300 万箱的品牌，超过 200 万箱的有 2 个，分别是黄鹤楼、芙蓉王，过百万箱的则有南京、云烟、双喜 · 红双喜、玉溪、中华、贵烟、黄山、黄金叶、七匹狼这 9 个品牌。

在品牌效益上，2022 年共有 11 个品牌年批发销售额超过 600 亿元，其中，超过 1000 亿元的有 6 个（分别是中华、利群、云烟、黄鹤楼、芙蓉王、南京），600 亿元至 1000 亿元之间的有 5 个（分别是双喜 · 红双喜、黄金叶、玉溪、黄山、贵烟）。

目前跻身行业“136”品牌规模引领集群之列和行业“345”品牌效益引领集群之列，实现“双占位”目标的品牌有 11 个，近年来新增了双喜 · 红双喜和黄山，“136”“345”品牌竞争趋于白热化。

2022 年，31 个重点品牌累计销售为 4499.1 万箱，市场份额为 92.9%，相比 2012 年 79% 的占比，增加了 13.9 个百分点；商业销售额为 17579.69 亿元，占全国商业销售额的 96.3%，相比 2012 年销售额增长了 2/3，成为落实行业高质量发展的绝对主力。

随着烟草行业增长动能迅速转换，由规模扩张驱动转化为结构效益驱动，重点品牌之间也出现了分化。其中，中华、利群、黄鹤楼等一批结构高、效益好、创新能力强的品牌表现出色，“护城河”进一步筑牢品牌。大重九、和天下、天叶、1916 等高价位卷烟系列产品稳步成长，带动烟草行业中高端卷烟市场份额不断提升。荷花、宽窄、冬虫夏草等一批富有活力的高结构子品牌异军突起，为品牌发展不断注入新动能。

在所有重点品牌中，有 22 个品牌实现了销量增长，其中冬虫夏草、天子、牡丹、真龙等重点品牌销量增长较快，增量超百万箱的品牌有利群、黄金叶；截止到 2022 年，销量超过 300 万箱的有云烟、双喜 · 红双喜、利群 3 个品牌，销量超过 200 万箱的有 10 个品牌。

在效益上，共有 6 个重点品牌商业销售额超过 1000 亿元，其中，中华品牌在近十年均保持销售额第一，成为唯一一个超 1500 亿元的品牌，其余超 1000 亿元的品牌分别是利群、云烟、黄鹤楼、芙蓉王。此外，共有 8 个品牌商业销售额超过 500 亿元。2012—2022 年全国商业销量变化趋势、单箱金额变化趋势分别如图 2-6 和图 2-7 所示。

总体来看，这一阶段的改革促进了我国卷烟工业企业的大力发展，在企业资源、知识、能力、战略、治理、文化、营销、品牌等方面取得了实质性的进展，为我国卷烟工业企业未来的进一步发展奠定了良好的基础。但是，也应该看到，我国的烟草企业目前还基本处于“温室培养”状态，跨国成长还处于较为初级的阶段，在国际市场上的份额只有 1.4%，如何进一步推动我国卷烟工业企业发展，充分利用国内国外“两种资源”和“两个市场”是摆在我们面前的一个重要课题。

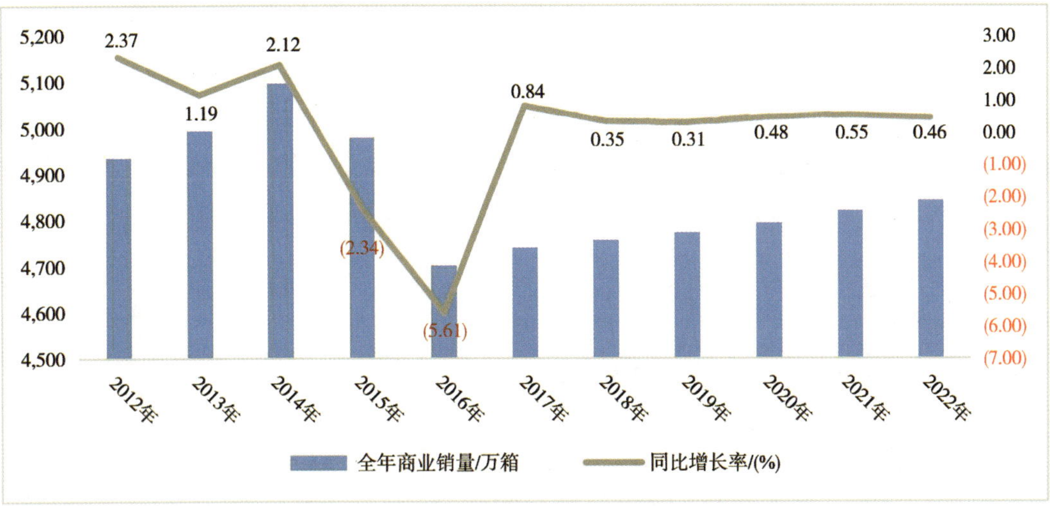

图 2-6　2012—2022 年全国商业销量变化趋势

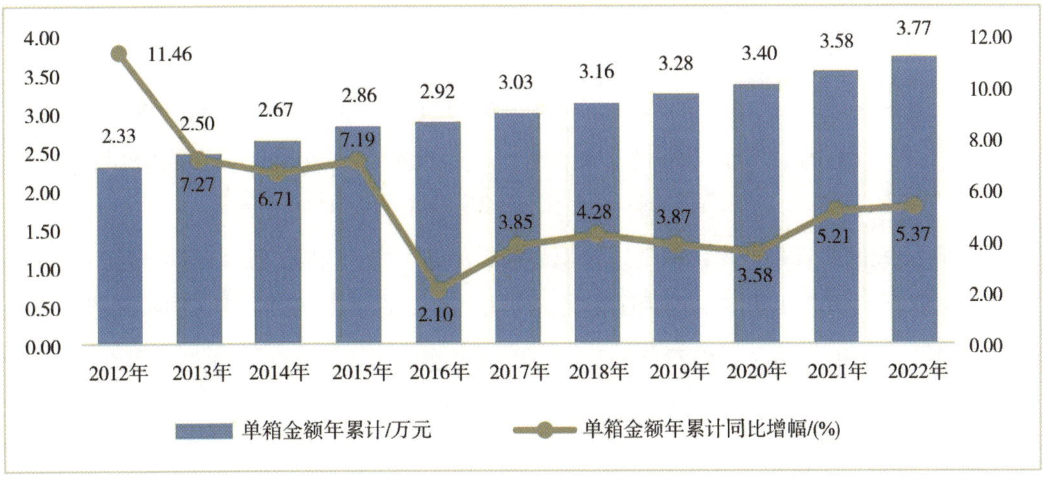

图 2-7　2012—2022 年单箱金额变化趋势

2.2　国外四大烟草集团的跨国成长路径分析与启示

当前，世界烟草行业经历过多次兼并重组，出现了集中化趋势，产业集中度不断提高，菲莫国际、英美烟草、日本烟草、帝国烟草四大烟草集团占据除中国市场之外的 50% 以上的全球市场份额，在 180 多个国家和地区都开展有业务。这四大烟草集团的跨国成长取得了巨大成功，考察其跨国成长历程，并深入对比分析其跨国成长的成功因素，对我国烟草企业的跨国成长具有重要的启示。因此，本节将视野由国内转向国外，对四大烟草集团的跨国成长路径进行分析并找出其对中国烟草工业企业跨国发展的启示。

2.2.1 菲莫国际的跨国成长路径分析与启示

菲莫国际公司(Philip Morris International Inc.,简称 PMI)是目前全球第一大跨国烟草公司(注:除中国烟草总公司之外),其总部设在纽约。在 2012 年的“世界 500 强”中排名第 355 位,营业收入达到 310.97 亿美元,利润达到 85.91 亿美元。菲莫国际自 2008 年正式从奥驰亚集团剥离出来独立运营,并且近年来全面开拓美国市场以外的国际烟草市场,在亚洲、东欧、非洲等一些国家和地区取得了巨大成功,其以万宝路为核心品牌的优势得以在国际市场上彰显。(见图 2-8)。

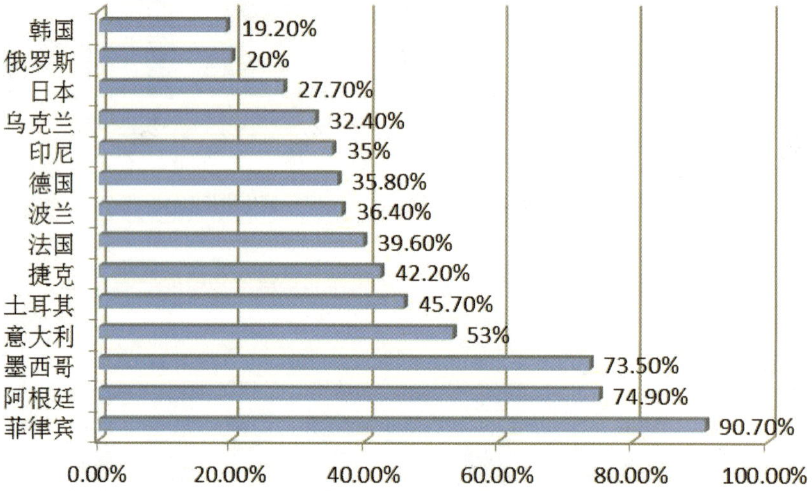

图 2-8 菲莫国际 2012 年在部分国家或地区卷烟市场占有率

菲莫国际公司的前身是一家伦敦的进口和销售雪茄的小商店,由菲利浦 · 莫瑞斯(Philip Morris)于 1847 年创立,于 1902 年正式走出英国市场,向国际化发展迈进,并于当年在美国投资开办了代理店。经过 100 多年的不断发展壮大,逐步从一个英国不起眼的本土小企业发展到世界烟草巨头。通过不断扩大国际市场,在 20 世纪 90 年代其核心品牌万宝路成为世界上销量第一的卷烟,并且经过一系列的兼并和重组,菲莫国际公司成为世界上头号烟草企业。那么,究竟是什么因素促使菲莫国际走出国门,向世界烟草市场进军的呢?其发展模式对我国烟草企业跨国成长又有何启示?这需要我们对其跨国成长路径进行深入分析,总结其跨国发展模式,并以此为我国烟草企业提供借鉴。根据本书的理论,本节选取菲莫国际几个具有特色的方面进行分析,主要包括其成长方向、企业治理、品牌、营销四个方面。

菲莫国际最开始的发展战略可以总结为“小步快跑,争做国内一流企业”。为了达到这一战略目标,菲利浦 · 莫瑞斯在 1854 年将自己的小商店向上游进行了扩张,开始建立了属于自己的卷烟加工作坊,并生产出了自己的手工卷烟, 实现了企业自身能力的一次飞跃。紧接着,菲利浦 · 莫瑞斯进一步将自己的卷烟推向整个英国市场,并在英国取得了巨大的成功,其公司成为英国知名的卷烟企业。1894 年,债权人威廉 · 柯蒂斯 · 汤姆森获得了菲利浦 · 莫瑞斯有限责任公司的大部分股份,并且加强了对政府的公关,其公司成功于 1901 年成为英国王室指定的烟草供应商。至此,菲莫国际完成了其在国内的资源整合，并且具备了相当大的实力，成为名副其实的、具有强大竞争力的烟草企业，开始了跨国成长历程。菲莫国际的跨国成长方向经历了“专业化 — 多元化 — 专业化”的发展转变。

1902 年至 1956 年，菲莫国际的跨国成长实行专业化战略，将公司的业务紧紧地限制在烟草行业之内。跨国发展初期，菲莫国际的发展重心在于将企业做大做强，实现对国际烟草市场的抢占和争夺，因此，专业化是其发展的核心所在。在国内，菲莫国际通过扩大发行股票和债券，筹集了大量的资金，收购和兼并了大量的卷烟工业企业，并且开设了许多新的工厂，扩大了生产经营规模；在国外，菲莫国际通过协议许可的方式进行了一系列的收购和兼并，重点开拓了北美洲、南美洲、澳大利亚、欧洲的烟草市场，其产品已经销售到了 140 个国家和地区。

1957 年至 2008 年，菲莫国际实行了其多元化的发展战略。1957 年，菲莫国际收购了威斯康星州的一家造纸厂，开始涉足造纸业，这也标志着菲莫国际多元化发展的开端。但是，早期的多元化发展大部分涉足相关产业，实行的是相关多元化，目的是增强对卷烟生产的控制力。但是，到了 1965 年，菲莫国际成立了专门的产业部门来负责非烟业务，加快了向非相关产业的扩张。1969 年，菲莫国际收购了米勒啤酒 53% 的股份，完成了对其的控制，并于第二年收购了剩余的股份，成为米勒啤酒的唯一股东。1978 年，菲莫国际决定向碳酸饮料进军，收购了当时世界上第三大碳酸饮料制造商 —— 七喜公司 97% 的股份。之后又通过一系列的并购扩张进入了食品行业。2008 年，奥驰亚集团（注：菲莫国际在 2002 年正式更名为奥驰亚集团）决定重新回归主业，将菲莫国际从集团中剥离出来，成为专注于烟草行业的公司，这也意味着菲莫国际重新实行了专业化发展战略。

从菲莫国际的跨国成长路径可以看出，烟草企业应坚持专业化跨国成长方向。主要是基于：

（1）专业化成长方向能够将烟草企业的有限资源集中在一个点上，有利于培育和发展核心品牌，进而形成可持续竞争力，这对于跨国经营的企业来讲尤其重要；

（2）专业化成长方向能够避免多元化成长战略带来的负面影响，如菲莫国际在第二阶段的多元化方向就引致了问题的发生，这也是菲莫国际最终要从奥驰亚集团独立出来的重要原因；

（3）专业化的成长方向能够适应国际禁烟运动的背景，从而保障烟草企业能够在国际市场上灵活面对各种禁烟法规，实现企业的可持续成长。

这就启示我们，我国的烟草企业“走出去”的发展方向也有可能是专业化发展。

菲莫国际之所以能够在国际市场上叱咤风云，屹立在国际烟草市场上经久不衰，很大的原因就在于其强大的品牌力量。众所周知，菲莫国际拥有全世界第一大卷烟品牌 —— 万宝路，它的销量比位居其后的两大烟草公司的销量总和还要多，这得益于菲莫国际长期的品牌培育和建设。从其跨国发展历程来看，菲莫国际的品牌化战略大致经历了如下几个阶段。

在其实行跨国成长战略之前，菲莫国际就非常注重其品牌建设，在 1901 年，成为英国王室的指定烟草供应商，足见其品牌的强大。这一阶段实现了其品牌在国内享有较高的知名度，为后来的跨国发展打下了坚实的基础。凭借在国内较高的声誉，菲莫国际选择了文化相近的美国作为向国际市场扩张的首选目标，并且取得了巨大的成功。

20 世纪 60 年代，菲莫国际创新性地推出了有滤嘴的万宝路卷烟，这一品牌一推向市场就获得了广大吸烟爱好者的青睐，并且逐步占据了美国的大部分卷烟市场份额。这一阶段，菲莫国际实行的是单一的品牌战略，通过重点培育和发展万宝路这一品牌，形成品牌优势。万宝路这一菲莫国际的核心品牌在 2010 年的销量达到了 594.8 万箱，在菲莫国际总发货量中的比重超过了 1/3。万宝路 41% 的销量是在欧盟市场上实现的，25% 的销量在东欧、中东与非洲地区实现，21% 的销量在亚洲实现，13% 的销量在拉丁美洲实现，如图 2-9 所示。

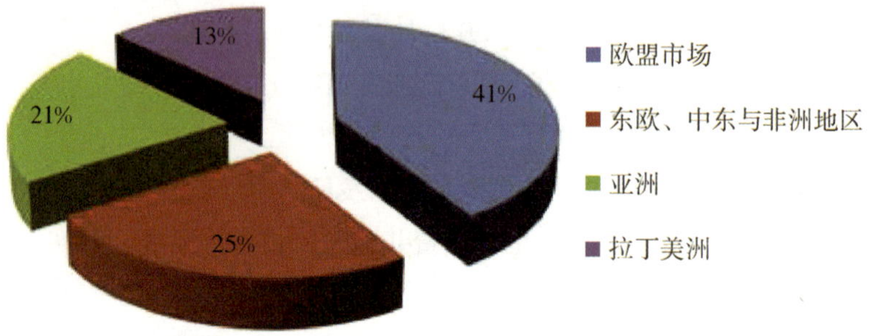

图 2-9　万宝路在国际市场上的销售情况

在万宝路这一品牌取得成功的同时，菲莫国际也实行了多元化品牌战略。除了万宝路这一核心品牌之外，菲莫国际还拥有 L&M、Chesterfield、百乐门、云雀、细长弗吉尼亚等关键品牌，在全球的 15 个顶尖卷烟品牌中，菲莫国际占据了其中的 7 个，这些品牌共同在国际市场上（除中国和美国之外）达到了 27.6% 的份额。这些品牌有的是菲莫国际自身培育的，有的是通过并购获得的，共同支撑了菲莫国际这个大型跨国烟草集团在国际市场上强势的领先地位。

菲莫国际能够一路从一个小商店发展到现在的烟草企业巨头，其优质的品牌资源发挥了不可磨灭的作用。特别是其培育和发展的万宝路品牌，已经享誉全球，成为菲莫国际跨国经营的强大动力。这就启示我国烟草企业，必须培育和发展自身品牌，只有有了获得国际认可的品牌资源才能够真正地实现对海外的扩张，才能真正在国际烟草市场上立于不败之地。目前，可以考虑从两个方面来加强我国烟草企业的品牌资源建设：一方面是通过培育和壮大现有的知名品牌，扩大其国际知名度；另一方面是通过收购国际知名品牌，通过借助国际知名品牌的影响力来实现跨国成长。

在全球禁烟运动日趋严峻的影响下，如何通过选择恰当的方法谨慎地进行卷烟品牌的营销传播是跨国发展中的一个非常重要的问题。总体来看，菲莫国际的主要营销手段包括三个方面，即广告、赞助和促销。

一是广告。《烟草控制框架公约》在烟草企业做广告方面进行了严格的规定，这些规定包括：禁止向未成年人做广告，禁止进行大多数形式的户外传播，禁止在包装上使用卡通画，禁止销售带有香烟品牌名称或广告的衣服、鞋帽等。

（1）杂志广告。《烟草控制框架公约》没有明确限制在杂志上做香烟广告的禁令，但是菲莫国际严格遵守了不向未成年人做广告的规定，主动减少了杂志广告的数量。这些行为包括：1996 年承诺严格遵守“未成年人阅读标准”，并在 2000 年不再在杂志的封底做香烟广告，在 1998 年至 2002 年期间，总共削减了超过80%的杂志广告经费。

（2）零售终端广告。为了树立良好的品牌形象，菲莫国际于1998年启动了一项“零售商领袖”计划，参与这项计划的零售商可以获得公司提供的许多好处，如每销售一条香烟可以得到90美分的奖励等。目前，参与这一计划的零售商超过了7.5万家。但是，参与这项计划的零售商必须严格遵守和解协议的广告限制条款，这些条款包括：设置在户外的广告牌不超过14平方英尺（1平方英尺≈0.09平方米），菲莫国际的香烟广告必须摆放在香烟货架之上或者附近，不得向未成年人销售香烟等。

（3）直邮。《烟草控制框架公约》只规定了不能向未成年人通过直邮的方式进行营销，但是菲莫国际严格将其直邮的对象限制在21岁以上。并且，在1995年，菲莫国际决定停止通过直邮的方式进行销售，仅仅通过直邮向21岁以上的吸烟者寄送一些促销赠品和折扣券。

二是赞助。《烟草控制框架公约》明确规定，烟草企业每一年只能赞助举办一次以香烟品牌冠名的赞助活动。另外，如果这些活动有较大比例的未成年人参与，如音乐会、竞技比赛等，烟草企业则不得赞助。菲莫国际严格遵守了这一规定，并于2006年12月1日自愿放弃了通过赞助汽车比赛来营销香烟的活动。

三是促销。菲莫国际通过多种不同形式的活动进行促销，如早餐会、温泉日、古董鉴赏会等，并以香烟品牌冠名。但是，菲莫国际在进行这些活动的同时，严格对活动参与者的年龄进行了审查，未超过21岁的人员不得参与活动。这一系列举措得到了社会的高度认可，提升了菲莫国际的品牌形象，为菲莫国际在国际市场上进行业务拓展建立了良好的声誉，有力地促进了其跨国成长。

由于《烟草控制框架公约》的影响和各国禁烟运动的不断加强，烟草企业必须遵循这一社会的规定，否则有被驱逐出国际市场的危险。从菲莫国际的营销手段来看，其非常注重遵守《烟草控制框架公约》，并时刻注重社会影响，在国际社会上建立了一种负责任的公司形象。这种负责任的营销方式，恰好是菲莫国际营销的高明之处。通过正面宣传禁烟行为，不仅为菲莫国际减少了许多跨国经营的阻力，也给其烟草品牌树立了良好的国际形象，这也是菲莫国际能够蝉联第一大烟草企业的重要原因。这就是说，我国的烟草企业要“走出去”，必须采取合适的营销手段，要能够通过各种渠道，树立自身的烟草品牌形象，只有这样才能有利于我国烟草企业长远的跨国发展。

2.2.2 英美烟草的跨国成长路径分析与启示

英美烟草公司（British American Tobacco，简称BAT）创立于1902年，总部设在英国的伦敦，目前是世界上仅次于菲莫国际的第二大烟草集团。英美烟草公司的诞生其实是当时世界上两大烟草制造商——帝国烟草公司和美国烟草公司为了避免恶性竞争，实现利益最大化的结果。英美烟草曾在20世纪60至70年代坐上了世界头号烟草集团的位置，但是在20世纪80年代被菲莫国际所赶超，后来一直居于世界第二的位置。英美烟草的旗下拥有包括555（State Express 555）、登喜路、好彩和健牌（Kent）等全世界知名品牌，在2012年的“世界500强”排名中，英美烟草排在了第445位。2012年全年，英美烟草实现了1388万箱的卷烟销售量，其中四个“全球驱动品牌”销量增长到了464万箱，比上年增长了3%。全年的销售收入达到了458.7亿英镑（约合727.5亿美元），利润达到了54.1亿英镑（约合85.8亿美元），其年末的资产总额达到了273.3亿英镑（约合433.4亿美元）。

英美烟草在世界多个国家的卷烟市场上都占有很大的市场份额，2012 年在部分国家或地区的卷烟市场占有率如表 2-1 所示。

表 2-1 英美烟草 2012 年在部分国家或地区卷烟市场占有率

国家或地区	卷烟市场占有率
智利	92.50%
委内瑞拉	92.10%
南非	85.30%
丹麦	79.70%
巴西	74.90%
巴基斯坦	64.20%
马来西亚	62.60%
罗马尼亚	52.20%
越南	29.10%
波兰	28.60%
俄罗斯	20.60%
德国	19.70%
乌克兰	16.60%
韩国	13.50%
日本	12%

英美烟草长期以来对世界烟草产业具有重要的影响，它的许多战略举措对于世界烟草产业的发展具有一定的风向标意义。英美烟草集团自成立开始就致力于拓展海外市场业务，经过多年的跨国发展，其业务已经遍布了 180 多个国家或地区。考察英美烟草跨国成长路径对于我国烟草企业跨国发展具有重要的意义。根据英美烟草的实际情况，结合本书的理论，本部分着重分析英美烟草并购、资源和品牌管理三个方面对其跨国成长的影响。

英美烟草公司在成立伊始就致力于向全球市场扩张，其采取的扩张模式主要是并购，通过收购当地的烟草企业实现公司的当地化生产。从 1914 年到现在，英美烟草进行了大量并购活动，其中主要大型并购活动如表 2-2 所示。

表 2-2 英美烟草公司在国际市场上的主要大型并购活动

时间	英美烟草公司的主要大型并购活动
1914—2000 年	并购巴西烟草公司、Ardath Tobacco 公司的海外业务、乐富门国际烟草公司
2003 年	并购意大利国家烟草专卖公司(ETI)、塞尔维亚的 Duvanska Industrija Vranje 卷烟厂、秘鲁 Tabacalera Nacional 烟草公司
2004 年	并购美国雷诺烟草公司
2008 年	并购土耳其国有烟草公司、丹麦斯堪的纳维亚烟草公司
2009 年	并购 Bentoel Internasional Investama Tbk(印尼第四大烟草制造商)
2012 年	并购 CN LIMITED 电子烟公司

这些并购活动的成功使得英美烟草公司在国际烟草市场上的发展取得了巨大成功。通过开展有效的并购以及更加深层次的战略性重组，提升了英美烟草的国际竞争力。能够通过并购战略来推进英美烟草的国际化进程主要是由于:

(1)英美烟草战略部署的周密，英美烟草采取的并购并不是随意性的，而是带有很强的战略性意图，进行的每一次战略并购都是经过精心策划的;

(2)英美烟草每一次并购成功都能够促使英美烟草在当地市场上迅速取得市场份额，这与其当地化生产能力的培育是密不可分的;

(3)并购能够使得英美烟草节约许多跨国发展的成本，实现低成本、高效率的海外扩张。

正是基于这些原因，英美烟草在能够进行并购的目标市场，大多采取并购的形式来打入目标市场。

跨国成长模式有出口、国外建厂、并购等方式，但是要真正进入国外市场，并迅速在当地市场站稳脚跟，则并不是那么简单。英美烟草的跨国发展道路启示我们，烟草企业“走出去”的一种重要方式——并购能够实现快速推进烟草企业跨国成长。因此，我国烟草企业除了在国外设厂之外，还可以考虑并购当地烟草企业来实现跨国成长。但是，这种并购选择必须经过精细而周密的计划，确保每一次并购行为都能够促进卷烟工业企业在当地市场上取得成功。这就要求我国烟草企业需要在企业跨国成长战略中找准方向，并通过合适的并购来实现。

英美烟草通过自身培育和海外并购拥有了 300 多个卷烟品牌，如何对这些品牌进行有效管理是其国际化进程中的重要一环。英美烟草将其所有品牌进行了分类管理，主要分为:全球核心品牌，包括 Dunhill、Lucky Strike、Kent 等;国际性品牌，包括 555、Kool、Viceroy 等;剩下的归为地域性品牌，如与中国合作的君子竹、黑猫等。对于这三类品牌的管理，英美烟草遵循的原则是“保持和壮大核心品牌，国际性品牌与地域性品牌适当结合”。在具体的品牌营销管理中，逐步引导地域性品牌消费者向国际性品牌消费者转变，再引导国际性品牌消费者向核心品牌消费者转变，具体如图 2-10 所示。

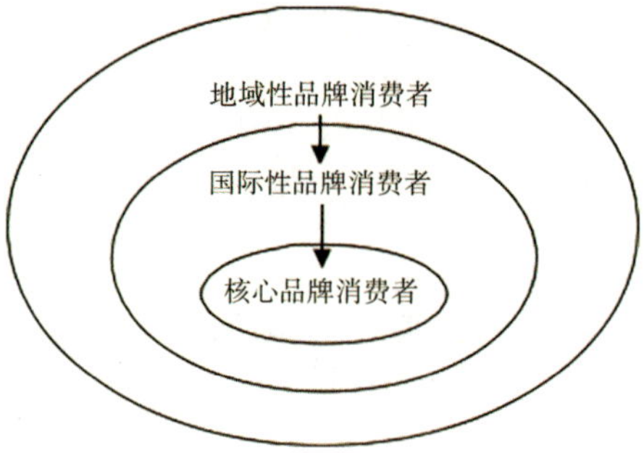

图 2-10　英美烟草的品牌管理

品牌管理是烟草企业跨国发展过程中必须要面对的问题，通过对英美烟草公司品牌管理的考察，我们得出有所侧重的品牌管理是烟草企业跨国经营成功的重要保障。这样的品牌管理模式，可以使得英美烟草的品牌集中度不断得到提高，并且国际性品牌和核心品牌能够不断地得到世界各地消费者的认可，从而通过品牌营销促进英美烟草在国际市场的扩张。对于我国烟草企业来说，要实现跨国成长必须加大对国内的知名品牌的培育力度，使之成为国际性品牌，并且通过并购在国际上具有一定影响力的品牌来迅速确定烟草企业跨国发展的核心品牌资源。通过加强对品牌的管理，进一步推动烟草企业跨国成长。

英美烟草在跨国成长中所依靠的特色资源重点包括两个大的方面，一是优质的人力资源，二是稳定的烟叶资源。这两个方面的资源为英美烟草的跨国成长提供了重要保障。

优质的人力资源。英美烟草公司员工的素质也和其生产的产品一样优秀，这些高素质的人力资源是英美烟草在进行国际化扩张中的重要基石，特别是在推广策略和分销渠道上极具创造力和想象力。之所以能够形成一支这样的员工队伍，主要是基于以下几个原因：一是在人才选拔上“不拘一格降人才”，英美烟草公司的员工来自全球各地，只要能够达到英美烟草公司的要求，无论来自哪个国家，无论肤色、种族、性别等，都能够受到英美烟草公司的重用；二是在员工培训上不断下功夫，使每一个员工不仅对英美烟草公司内部的业务了如指掌，而且具备一定的业外知识，能够适应国际烟草产业的发展变化；三是在公司领导层的更替上非常慎重，尽量确保每一个提拔的员工都是特别优秀的。通过这些举措，英美烟草的员工都是国际化人才，能够在国际市场上对烟草产业的发展变化做出迅速的反应和调整。

稳定的烟叶资源。这是英美烟草的一大特色，其生产的卷烟所需的烟叶 70% 左右由自身提供，只有 30% 左右通过国际采购来满足。为了保障自身烟叶资源的供给能力，英美烟草公司与世界各地的 25 万户烟农建立了长期而稳定的关系，并且为烟农在烟叶的种植、培育、收获、技术等方面都提供非常到位的支持。目前，英美烟草在全球 20 多个国家或地区都有烟叶种植项目，并且继续拓展新兴市场的烟农和供应商。这些举措一方面保障了英美烟草生产的原材料稳定，另一方面也能够在较大程度上保障烟叶资源的质量，从而能够向国际市场提供高品质的香烟。

对于我国烟草企业来说，要实现跨国成长必须在这两项资源上花大力气、下大功夫，从而奠定我国烟草企业“走出去”的基石。对于人力资源来说，一方面必须加快引进国际化经营人才，从国内和国外“不拘一格降人才”，完成人才的储备工作；另一方面，必须进一步锻炼好已有的队伍，加强培训和学习，提升员工的整体素质。对于烟叶资源来说，虽然我国卷烟工业企业已经建立了相关烟叶生产基地，但是必须同时考虑提高烟叶资源的稳定性，特别是优质品牌卷烟的烟叶供应。另外，为了进入国际市场，我国的卷烟工业企业需要考虑在国外建立或并购相关烟叶基地。

2.2.3　日本烟草的跨国成长路径分析与启示

日本烟草公司(Japan Tobacco Inc.，简称 JT)是仅次于菲莫国际和英美烟草的世界第三大跨国烟草公司。在 2013 年的“世界 500 强”排名位列第 459 位，实现营业收入 255.32 亿美元，实现利润 41.38 亿美元。日本烟草公司有着深远的发展历史，自《烟叶专卖法》(1898 年)颁布以来，日本政府开始对烟叶实行专卖。1904 年，日本大藏省成立日本烟草专卖公社。专卖公社是日本以国家出资设立的法人企业。随后，日本改组成立日本烟盐专卖公司(JTSPC)，它成为 20 世纪 70 年代日本经济高速增长时期日本政府唯一指定的烟草生产供应商，日本在这一时期对烟草实行的是垄断经营。至 20 世纪 80 年代，日本政府开始对烟草进口的限制进行放松，并于 20 世纪 80 年代中期正式对烟草专卖制度进行取消。至此，日本烟草专卖局改组为日本烟草股份有限公司，于 1985 年 4 月 1 日正式成立，其总部设在东京。公司股份中的 1/3 上市流通，其余 2/3 由政府所有。20 世纪 90 年代以后，世界一度出现了高涨的反烟运动，日本烟草业受到了很大的冲击，为了维持公司经营和长远发展，日本烟草选择进行多元化的发展道路，逐渐进入食品、医药等行业，但烟草行业始终是日本烟草公司的主业。与此同时，日本烟草公司加快了自身海外的发展。日本烟草公司于 1999 年 5 月斥资 78 亿美元率先收购雷诺烟草公司的国际业务，开始走上跨国发展的道路。此后，日本烟草公司以雷诺烟草公司国际业务为基础，开始加快跨国业务发展的步伐，成功从本土烟草制造企业变成国际跨国烟草公司。日本烟草公司为进一步提高自己在国际烟草市场上的份额，于 2007 年斥资 147 亿美元对英国最大的烟草制造商加莱赫(Gallaher)烟草公司进行收购，为日本烟草公司成为世界第三大跨国烟草公司奠定了坚实的基础。(见表 2-3)

表 2-3　日本烟草公司卷烟销售量 / 万箱

	2011 年	2012 年	增长率 /（%）
日本	216.8	234.2	8.0
独联体国家	395.6	394.8	-0.2
西欧和南欧	121.6	125.4	3.1
北欧和中欧	98.2	99.8	1.6
其他国家和地区	236	253	7.2
总计	1068.2	1107.2	3.7

2012 年，日本烟草公司走出大地震的阴影，卷烟销量开始恢复增长。在国际业务市场上，日本烟草开始向非卷烟类烟草制品市场扩张，先后对格里森(Gryson)公司、纳哈拉

(Nakhla) 公司进行收购，并取得显著成效。日本烟草公司市场覆盖 120 多个国家或地区，国际市场占有率为 10% 左右，拥有云斯顿(Winston)、柔和七星(Mevius) 和骆驼(Camel) 三个世界顶级卷烟品牌。日本烟草公司在日本市场的占有率为 75% 左右，柔和七星的市场占有率超过 30%。(见图 2-11)

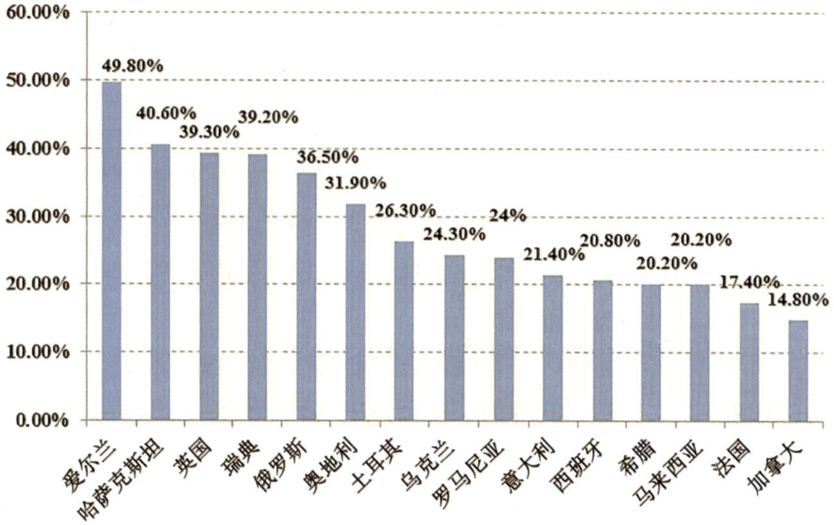

图 2-11　日本烟草 2012 年在部分国家或地区卷烟市场占有率

日本烟草公司成功实现了“由内而外”的转型，通过自身经营、管理等方面的不断提高和外部的战略并购，成为世界第三大跨国烟草公司。根据本书理论，本部分从日本烟草公司的成长模式、品牌与公司治理三个方面分析日本烟草公司的跨国成长道路。

日本烟草的跨国成长模式主要是海外并购重组。由于美国和欧共体在 20 世纪 80 年代对日本经济进行压制，日本不得已取消烟草专卖，开始了改革扩张的道路。1999 年之前，日本烟草主要的跨国成长模式是对外贸易和海外投资，但是此后，日本烟草开始新一轮的海外并购活动，其业务得到迅猛发展。

日本烟草海外并购战略实施的第一步是对雷诺烟草公司进行收购。日本烟草公司于 1999 年斥资 78 亿美元对美国第二大烟草制造商雷诺烟草公司的国际业务进行收购，开始其海外跨国发展的第一步。通过这次并购，日本烟草海外卷烟的销售量开始迅速增加，市场覆盖全球 120 多个国家和地区。

日本烟草公司海外并购的第二步是主要对加莱赫烟草公司进行收购。日本烟草于 2007 年斥资 147 亿美元对英国的全球第五大烟草公司加莱赫烟草公司进行并购，该公司 1857 年成立于爱尔兰，并购之前是世界第五大烟草公司。加莱赫公司的成长也是通过并购完成的，曾斥资对俄罗斯 LD 卷烟厂、西班牙 CITA 烟草集团进行收购，业务遍及全球 70 多个国家和地区。通过这次并购，日本烟草的产销规模逼近英美烟草公司，年销量达到 6000 亿支。在并购战略实施之前，日本烟草公司在国内只有 10 家卷烟厂，在国外只有不到 20 家生产厂。但是并购以后，日本烟草公司销售的卷烟品牌迅速增加至 117 个，包括云斯顿、柔和七星、沙龙(Salem) 和骆驼等旗舰品牌，其中柔和七星更是仅次于万宝路的全球第二大卷烟品牌，约为万宝路销量的 1/4。2009 年 6 月，日本烟草还对崔比克烟叶贸易公司进行收购，提高了公司在国际卷烟市场的地位。

日本烟草公司海外并购的第三步是向非卷烟类烟草制品市场扩张，实行全系列烟草制品发展战略。日本烟草公司 2012 年从大地震中恢复以后，开始新一轮海外并购，主要针对非卷烟类烟草制品公司进行并购。日本烟草公司 2012 年先后对比利时 Gryson 公司和埃及 Nakhla 公司进行并购，前者主要业务是生产手卷烟产品，后者主要是水烟生产企业。经过并购，日本烟草公司业绩取得了显著的成效。2012 年日本烟草公司在国内和国际市场上的卷烟总销量达到 1107.2 万箱，相比 2011 年增长 3.6%，其国际业务实现不含税的销售额达 126.2 亿元，相比 2011 年增长 12.6%，税后净利润 48.3 亿元，增长率更是超过了 20%。海外并购战略的实施，不仅帮助日本烟草扩大了业务范围，取得了显著的业绩，还使其成为世界上一流的烟草跨国公司。

从日本烟草公司的成长历程来看，日本烟草公司从 20 世纪 90 年代后期就开始实施跨国发展战略，不断斥资向海外进行并购扩张。从 1999 年斥资 78 亿美元对美国第二大烟草制造商雷诺烟草公司的国际业务进行收购，再到 2007 年对加莱赫烟草公司进行收购，业务遍布全球 126 个国家，在业务发展方面取得了重大突破，逐步从国内生产的烟草企业成为世界第三大跨国烟草公司。当时日本烟草公司产品的出口受到国外的限制，致使日本烟草找到了转型突破的出口，其目标直指国际成熟的烟草公司。通过对雷诺和加莱赫烟草等国际烟草巨头相关业务的收购，日本烟草公司形成了成熟的国际业务体系，直接跳过缓慢发展阶段，一跃成为国际烟草巨头。

日本烟草公司多年来都一直致力于国际化品牌的打造，其拥有的卷烟品牌资源接近 100 个，通过对雷诺公司的收购，拥有旗下云斯顿、骆驼和沙龙三个全球畅销品牌资源。日本烟草的品牌宣言是“我们能够打造出受顾客信任和尊重的品牌，旨在成为全球性的品牌公司。”日本烟草将公司的产品分为普通品牌和全球旗舰品牌。全球旗舰品牌是日本烟草公司业绩增长的主要推手。柔和七星、云斯顿、骆驼、沙龙等构成了公司的全球旗舰品牌，并以此来实现向全球进行扩张的目的。柔和七星是日本烟草公司的固有品牌，而另外三个旗舰品牌是公司通过并购雷诺公司而获得的。对这些品牌资源的技术灌入和再加工，使产品的质量得到了进一步提升，全球旗舰品牌的销售占公司总销量的一半以上，是日本烟草公司国际业务的主要增长动力。

从日本烟草公司 2012 年的销售业绩来看，国内和国际市场上的卷烟总销量达到 1107.2 万箱，相比 2011 年增长 3.6%，其中，日本以外的卷烟销量为 873 万箱，相比 2011 年增长 2.5%，占比达 78.8%，海外业务成为公司的主要利润来源点。日本烟草 8 个全球旗舰品牌销量达到 537.6 万箱，同比增长 4.8%，占外销总量的 61.5%，占总销量的 48.6%。其中，云斯顿销量达到 278.8 万箱，骆驼销量达到 81.4 万箱。

日本烟草公司的全球旗舰品牌的定位和销售的地区不同。品牌定位包括次名优卷烟和名优卷烟。云斯顿、Glamour 是主要次名优卷烟，其销量主要分布在中东地区。柔和七星、沙龙和骆驼属于名优卷烟，柔和七星和沙龙主要向亚洲出售，而骆驼主要在西欧销售。

日本烟草公司推出的全球旗舰品牌是其迅速发展的主要推动力。在跨国成长进程中，日本烟草重点培育了以柔和七星、骆驼、云斯顿等为主的八大全球旗舰品牌。这些品牌除了柔和七星是日本烟草公司的固有品牌，其他都是“外来货”。公司拥有的良好技术，并对名优品牌资源实施产品定位计划，最终使日本烟草的全球旗舰品牌每年的销售量占总销售量的比重都在 50% 左右，更是占海外销售总量的 75% 以上。全球旗舰品牌销售主要遍布亚洲、欧洲、美洲、独联体等国家。

2.2.4 帝国烟草的跨国成长路径分析与启示

帝国烟草公司(Imperial Tobacco Group Plc) 是除中国烟草总公司以外，仅次于菲莫国际、英美烟草和日本烟草的世界第四大跨国烟草公司。在 2012 年的“世界 500 强” 排名位列第 452 位，实现营业收入 243.79 亿美元，实现利润 28.83 亿美元。

帝国烟草公司有着悠久的发展历史，于 1901 年 10 月 10 日成立，其主要目的是对抗美国烟草对英国市场的威胁，允许本国经营状况良好的公司加入。由于美英两个国家在烟草市场的激烈竞争，最终双方达成协议，通过共同出资注册成立英美烟草公司，由双方各自负责两国的海外烟草业务，而英美烟草的大部分股份由帝国烟草掌握。因此，帝国烟草公司的出现就直接使其成为跨国烟草公司。

1973 年，帝国烟草出售持有英美烟草的全部股份，英美烟草公司至此脱离帝国烟草公司。1985 年，汉森集团成功收购帝国烟草，并对其旗下的业务全部进行接管，帝国烟草经过重组，产能提高 3 倍，品牌骤减 60%，并于 20 世纪 90 年代，帝国烟草开始了自己在国际市场上的扩张之路。帝国烟草的快速发展主要由于公司的并购战略。1996 年，帝国烟草与汉森集团分离，开始进行独立的烟草制造，同年在伦敦证券交易所上市，成为英国最大的烟草制造商。帝国烟草公司于 1997 年成功收购世界第一大卷烟纸厂 Rizla，于 1998 年收购荷兰的 Van Nelle Tabak 公司，于 2000 年对比利时 Baelen 集团进行收购。2002 年 5 月，帝国烟草成功上演“以小吃大” 的经典案例，以 52.21 亿欧元的价格收购德国利是美烟草公司。

利是美烟草公司规模当时远远大于帝国烟草公司，是当时仅次于英美烟草、菲莫国际和日本烟草的世界第四大烟草巨头。通过这一收购，帝国烟草一跃成为世界第四大烟草巨头，拥有威斯和大卫杜夫等世界知名品牌。通过并购，帝国烟草公司的全球工厂数量从 13 家变为 37 家，海外业务规模得到飞速扩张，并最终成为世界第四大跨国烟草巨头。2008 年帝国烟草对欧洲第三大烟草公司阿塔迪斯公司进行收购，国际市场由原来的 130 多个迅速上升为 160 多个，雪茄烟在欧洲的市场业务开始飞速增长。(见图 2-12)

与其他烟草巨头不同，帝国烟草是一家业务单一的纯粹烟草公司。其业务主要就是卷烟的生产和销售。其拥有 47 个烟草制造商，员工接近 4 万人，在全世界 160 多个国家和地区销售产品。帝国烟草一直坚持发展全系列烟草，不仅注重品牌的营销，还注重供应链的管理和相关成本的控制。公司现拥有大卫杜夫、高卢金丝和威斯等四个核心战略品牌。帝国烟草公司，在英国主要销售的品牌是 Lambert&Butler、JPS，在澳大利亚的主导品牌是 Escort，另外其在非洲拥有 Bastos、Hamilton 等品牌。帝国烟草 2012 年全年销售收入 335.6 亿美元，实现净利润 23 亿美元，利润略有下降。

帝国烟草公司是典型的“全面烟草” 公司，通过实施并购、“全面烟草” 战略和多元化的产品营销策略，最终成为全世界第四大烟草跨国公司。根据本书理论，本部分从帝国烟草公司的成长方向、产品营销两个方面分析帝国烟草公司的跨国成长道路。

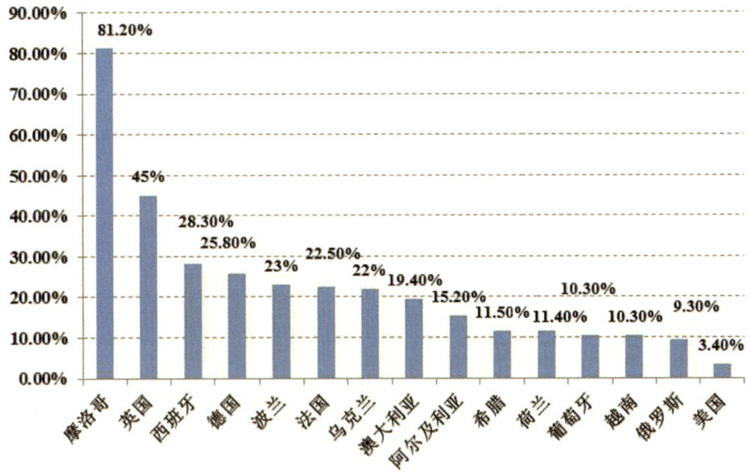

图 2-12　帝国烟草 2012 年在部分国家或地区卷烟市场占有率

帝国烟草的跨国成长方向主要是实行“全面烟草”战略下的并购重组。帝国烟草公司是典型的通过兼并重组而迅速发展的公司。1985 年汉森集团带给帝国烟草诸多好处，包括产能提高、市场份额提高等。但自 1996 年开始，帝国烟草公司脱离汉森集团。至此，帝国烟草便大刀阔斧地开始了自身的海外并购。从 1997 年至 2008 年，帝国烟草几乎每年都有大型并购事件，如表 2-4 所示。通过不断并购国际烟草公司，帝国烟草市场范围提高到全球 160 多个国家和地区，公司的品牌几乎涵盖所有烟草品牌。从帝国烟草的成长轨迹来看，尤其是帝国烟草脱离汉森集团之后，并购成为帝国烟草提升业绩、逐渐壮大的主要动力，为其成为全球第四大跨国烟草公司奠定了基础。

表 2-4　帝国烟草 1997—2008 年的主要并购活动

时间	帝国烟草主要并购活动
1997 年	收购当时世界第一大卷烟纸厂 Rizla
1998 年	收购荷兰主要卷烟制造企业 Van Nelle Tabak
1999 年	收购澳大利亚和新西兰的斗烟、卷烟和卷烟纸业务
2000 年	收购比利时最大的卷烟集团 Baelen，收购英国自动销售机经销商 Mayfair Vending
2001 年	收购 Tobaccor 公司
2002 年	收购德国利是美烟草公司
2004 年	收购加拿大 CTC 公司的过滤嘴业务和资产
2005 年	以 600 万英镑收购瑞典鼻烟公司 Skruf 43% 的股权
2006 年	收购挪威 Gunnar 公司
2007 年	4 月收购美国第四大烟草公司共和品牌公司
2008 年	2 月收购西班牙最大卷烟经销商 Logista 公司，5 月收购 Lignum 公司，10 月收购阿塔迪斯公司

面临国际烟草行业外部多变的复杂环境，帝国烟草在公司的跨国成长过程中实施了与其他几大烟草跨国巨头不同的战略——“全面烟草”战略，也即专业化的跨国成长战略。从帝国烟草的并购轨迹来看，公司的收购集中于与烟草相关的产品或产业的公司，产品覆盖全部烟草产品系列，并通过并购不断延伸公司的业务范围。公司旗下的产品除包括卷烟外，还涉及切烟丝、雪茄、鼻烟等，通过“全面烟草”战略来满足不同层面消费者的广泛需求，并根据消费者的需要来调整产品的结构。“全面烟草”这一战略的实施，目标清晰，而且实施得也比较成功。

从帝国烟草脱离汉森集团后，1997—2008 年，除 2003 年没有发生并购行为，帝国烟草每年都要斥资进行海外并购。这些并购行为无疑是在公司“全面烟草”的战略框架下进行的，帝国烟草走出了一条与其他跨国烟草巨头不同的道路，并没有实行多元化的发展，其业务都是在烟草产品范围内的。通过并购，帝国烟草公司的业务范围遍布全球 160 多个国家或地区，比日本烟草在全世界的覆盖面还要广。同时，帝国烟草还通过并购行为针对新兴市场寻求发展机会，其 Fine 和 Excellence 品牌在非洲取得了成功，领导西非的低价卷烟市场。帝国烟草同时对本国的市场份额也牢牢控制和加强，L&B 连续六年成为英国最畅销的卷烟。“全面烟草”战略可以说是帝国烟草公司的标签，也是其发展成功的关键因素。

2.3　云南烟草发展历程

云南烟草行业是云南 GDP 的主要增长点，1990 年以来，在全省新增的国民生产总值中，烟草产业的贡献率约占 40%。全省“两烟”税利从 1981 年的 5.65 亿元、1985 年的 45.9 亿元增加到 1995 年的 348 亿元，1998 年高达 380 亿元，对全省财政收入的贡献率高达 80% 左右，2006 年达到 505 亿元，2007 年突破 600 亿元，2011 年烟草产业工商税利突破 1000 亿元，2012 年达到 1267.89 亿元，烟草行业成为支撑和带动云南经济增长的重要力量。此外，烟草行业是云南财政的主要来源，随着“两烟”生产的高效益发展，“两烟”收入在云南省财政收入中所占的比重由 1978 年以前的微乎其微，到 1980 年的 32%，可谓举足轻重，1981 年比重更高达 63%，标志着“两烟”已名副其实地成为云南的经济支柱。

2.3.1　民国时期萌芽起步(1914—1949 年)

1914 年，云贵总督唐继尧责成云南省实业公司引进美国烟草种子和调制栽培技术，在昆明、玉溪、通海试种。1932 年 11 月，经民国政府实业部批准后云南加大了烤烟引种和栽培调制技术的研究和应用。1939 年，云南省政府在全省推广种植新品种烟草。1940 年 4 月，成立云南改良烟草推广处。1941 年 3 月 1 日，成立云南省烟草改进所。1942 年 4 月，云南省政府投资新建云南纸烟厂。同年 10 月，云南省政府主席龙云发布训令，由省财政厅拨专款用于引种和推广，选定品种为美国烟种“金元”(Gold Dollar)，由云南省烟草改进所负责指导，选定昆明县长坡为育种场和试验场(民间严禁擅自留种)，富民县为推广试验区。云南省烟草改进所在昆明北郊沙坝营开办烟草技术人员培训班，招收初级农校和初中毕业生进行 15 个月的专业技术培训，共办 3 期，培训学员 280 人，同时从山东、河南等地招雇擅长烤烟的熟练技工并分配到各推广区，帮助烟农建盖烤房，传授栽培和烘烤技术。掌握了烤烟栽培调制技术的烟农，种烟积极性高，种植区域和种植面积迅速扩大。1944年，省财政厅拨款引进新的美烟良种，经试种和比较，烟草改进所确定淘汰“金元”品种，而以“大金元”（特400号和特401号）代替。“大金元”烟种较适应云南独特的自然环境，烟叶所含成分和内在质量均达到了当时中国烟叶的较高水平。用“大金元”烟叶加工的卷烟焦油量低、色泽好，符合多数消费者的品味，为后来云南成为全国烟草大省和重要烟叶生产基地奠定了基础。

云南烤烟从1914年引入试种到1939年推广种植，种植区域逐年扩大，由1942年的3个烤烟推广区发展到1948年的72个种烟县，面积由1942年的2000亩(1亩=666.67平方米)发展到1948年的30万亩。由于种烟县数量的增加和种烟面积的不断扩大，影响了粮食生产，因此，至1949年又将种烟县压缩到45个，种烟面积降到了3.9万亩，占当时全国面积的4.27%，当年产烟叶2135吨，占全国产量的4.9%。1940年至1949年间，全省烟叶累计种植47.8万亩，总产量1.63万吨。经过多年努力，1947年云南烟草在全国打开销路，其中以云南纸烟厂出产的重九牌香烟（后改名大重九）最负盛名。

2.3.2 低谷阶段初步发展(1949—1979年)

新中国成立后，云南烟草生产得到进一步发展。1953年，在河南许昌召开的全国烟草工作会议上，云南烟叶被西德、苏联、日本、法国等外国商人和国内代表评为国产烤烟中的极品，其中玉溪江川的烟叶以108分（高出早已名满天下的豫烟8分）的最高分取得了“中国烤烟质量第一”，成为云南烟草史上的里程碑。从此，玉溪烟草声名远播，玉溪“云烟之乡”因此得名。1954年，云南省烟草科学研究所成立，该所配合省农业厅经作处开办培训班，向全省推广烤烟种植技术。

1956年，云南烤烟总产量为5.73万吨，为1949年的27倍，上等烟占11.6%(9级标准中1～3级为上等烟)，云南烟叶除满足省内需要外还调供全国100多个卷烟厂并有少量出口，中华、熊猫等名牌卷烟也使用云南烟叶，云南烟叶市场占有率不断提高。

1958年，玉溪卷烟厂第一包红塔山香烟下线。玉溪卷烟厂与由亚细亚烟草公司演变而来的昆明卷烟厂，共同支撑起云南烟草产业。

1958年以后，全国烟叶短缺，受重产轻质的影响，云南烟草走了一条盲目增加叶数，提高烟叶产量的路子，烤烟生产上品种多、杂、乱。盲目增加种植密度，多施氮素化肥，多留杈，多留叶，使烟叶品质急剧下降。

1965年至1977年，由于多种原因，云南省烟叶产量质量波动较大，种植面积和烟叶收购量多年在5.33万公顷和11万吨左右，是云南烟草产业发展的低谷时期。

2.3.3 支柱产业迅猛发展(1979—1995年)

十一届三中全会后，针对云南的土壤、气候等自然条件适宜种植烟草的省情，省委省政府提出大力发展烟草产业，推出一系列强力扶持措施，烟草产业逐步成长为云南省第一大优势产业。

(1)抓住机遇，确立方向。

1981年10月6日，省政府根据国务院《批转轻工业部关于实行烟草专营的报告的通知》精神，成立筹备工作组，着手成立烟草公司。

1982 年 3 月 27 日，云南省烟草公司成立，负责对全省烟草系统的产供销、人财物等实行集中统一管理。公司在国家计划指导下，组织全省烟叶的复烤、分配、调拨、出口和卷烟生产、调拨批发等业务。

1983 年 11 月 2 日，云南省烟草专卖局成立，与省烟草公司“一套机构、两块牌子”，负责烟草专营专卖工作。

1983 年 11 月 15 日召开的省长办公会议，决定将“两烟”的发展作为云南经济发展的第一战略重点，把烟草行业的设备引进和技术改造列入全省重点。

1984 年完成了云南省“两烟”20 年发展规划，预想到 2000 年，以改变产品结构，提高产品质量和安全性，降低原材料消耗，提高经济效益为中心，从原料生产开始，进行全行业的技术改造。技术改造和技术目标，一是 1985 年技术引进和技术改造全面铺开，重点在昆明和玉溪两个烟厂突破；二是到 1990 年全面技术改造基本完成，全省有一半地区的烟草生产能力达到国际 20 世纪 70 年代的水平；三是到 2000 年行业科技水平基本上达到发达国家 20 世纪 80 年代的水平，实现产量翻一番，经济效益翻两番的目标。

(2) 繁育良种，提高技术。

省烟草公司成立以后，总结历史经验，提出了“优质、适产、高效”的指导思想，选育和推广了红花大金元和斯佩特 G-28 品种，加大了良种繁育技术的研究和应用，实现了全省烟叶种植良种化和统一供种；采取“优质适产”的方针，采用规范化栽培烤烟方式，总结出一套适合云南烤烟的栽培技术——“三化(良种化、区域化、规范化)、两膜(薄膜凸架育苗、地膜覆盖栽培)、一袋(营养袋假植排苗)、双配套(烟肥配套、烟水配套)”。同时在烤烟优质适产示范区统一推广选用优质品种，培育壮苗，适时移栽、合理密植、科学施肥，加强田间管理、认真封顶打杈，及时防治病虫害，科学烘烤、分级扎把等六项技术措施。

1985 年 12 月 24 日，全省烤烟工作会议要求根据“调整布局，合理种植，猛攻质量，提高效益”的方针，大力推广玉溪、通海的种植经验，在统一技术措施要求的前提下，充分调动烟厂、烟草公司、科技部门、农业部门等方面的积极性，与烟农签订科技联产承包合同，帮助农民科学种烟；组织科技攻关，建立科技网络，大力推广科技成果，继续办好综合实验示范区。

1987 年 9 月 9 日召开的全省水浇地烟经验交流现场会议推广小型水利建设，抗旱栽烟，提高质量，增加产量。

以上措施的采取和种植技术的普及，标志着云南烤烟种植向科学、规范的方向发展，保证了云烟的质量。

(3) 开创先河，引进设备。

1984 年，昆明烟厂从英国迪更生公司引进年产 40 万箱制丝线一条，开创了行业先河。

1985 年，云南烟草公司组织各烟厂签订了总价值近 5000 万美元的烟机订货合同，以引进英制 MK9-5U 卷接机组、意大利 GD 公司产 X4 型和萨西伯公司产 6000 型包装机为主，这批设备于 1986 年到货投产。

1985 年，玉溪、曲靖、楚雄、昭通 4 家卷烟厂对制丝线进行改造。经过反复比较，玉溪卷烟厂率先引进了豪尼公司制丝线。

先进技术设备的引进，提高了产品质量和档次，降低了原材料消耗，增强了产品竞争能力，出口创汇扩大，经济效益得到较大提高，把云南烟草人的思想观念推进了一步，为云南后来更大规模地引进设备，并在卷烟设备和技术方面保持全国优势地位奠定了基础。

1987 年，昆明、玉溪、曲靖、楚雄、昭通 5 家烟厂在上级有关部门的支持下，又陆续引进了具有当时国际先进水平的卷烟设备。

1990 —1995 年，云南省共投入技改资金 100 多亿元，全省卷烟工业固定资产净值从 1990 年的 11.63 亿元增加到 1995 年的 68.73 亿元，先后引进制丝线 17 条，5000 支 / 分以上的卷接设备、300 包 / 分以上的包装设备 300 台（套），全省卷烟工业设备达到 20 世纪 80 年代末、90 年代初国际先进水平。

(4) 审时度势，改制重组。

1986 年 10 月 28 日，玉溪卷烟厂、玉溪地区烟草公司、玉溪地区烟草专卖局合并，实行“三合一”的烟草管理体制，对“农、工、商”和“产、供、销”实行一体化经营，改变了过去种植、加工、销售脱节的分散管理状况，从组织上把产、供、销有机地连接起来，实现“规划统一制定，工作统一安排，生活待遇同等对待”，极大地解放了生产力，创全国卷烟行业管理体制先例，并提出“第一车间”理念。

1992 年 11 月 27 日，省政府下发《关于建立云南省卷烟烤烟批发市场的通知》，批准组建全国第一个“两烟”交易市场——云南卷烟烤烟批发市场。“两烟”交易市场的组建，对于云南省烟草行业尽快适应社会主义市场经济经营机制，调整优化产品结构，提高产品质量和竞争能力有重要作用。

1995 年 7 月 17 日，经国家烟草专卖局、云南省政府批准，玉溪卷烟厂改制组建为玉溪红塔烟草（集团）有限责任公司，组建云南红塔集团，以玉溪红塔烟草（集团）有限责任公司为核心企业，吸收曲靖、红河、大理卷烟厂和曲靖地区、红河州、大理州烟草公司为云南红塔集团成员。

艰苦努力，换来丰硕成果。20 世纪 80 年代末，中国高档香烟迎来第一轮升级的一个重大事件：红塔山在全国范围内开创了 10 元高档价位，标志着云南烟草品牌的升级。其间，云南烟草占据全国 13 种名优烟的 9 席，开创了“云产卷烟一统天下”的历史时期。“七五”至“八五”期间(1986—1995 年）是云南烟草的辉煌时期，云南卷烟在产量、质量、品牌、市场销售等方面均取得长足进步，跃居全国首位，云南烟草的发展达到了鼎盛，卷烟产量占全国总量的比重提高到 19.55%，税利则占到全国的 49%。

2.3.4 调整提高、蓄势待发(1995－2005 年)

1995 年，极品云烟、黄山烟引发了国烟高端品牌之战，其直接结果是“云产卷烟一统天下”的局面被打破，中国烟草进入了高端品牌群雄并起、逐鹿中原的“战国时期”。全省烟草工商税利从 1998 年的 380.4 亿元下降到 1999 年的 343 亿元、2000 年的 342 亿元。红塔山香烟的年销量从近 90 万箱骤减到 31.5 万箱。由于国家对烟草行业实行“双控”政策，一些省区对云烟进行封锁，“假、私、非、超”四种烟泛滥，云南烟草出现需求不旺、销售不畅、库存增加、价格下滑、效益下降的局面，烟草行业遇到前所未有的困难，云烟发展走入低潮。云南烟草行业在困境中不断研究，不断寻找对策，按照进一步调整、巩固、提高的原则，齐心协力、奋力拼搏、共渡难关，提出了云南烟草“三年再创新辉煌”的目标。

(1)稳定规模，调整政策。

1995 年 12 月 25 日，全省烟草工作会议指出：一是要客观地、实事求是地总结“八五”期间，特别是 1995 年省烟草工作的成绩和经验；二是要进一步提高对烟草支柱产业在省国民经济、社会发展中的地位和作用的认识，增强使命感、责任感；三是要进一步明确“九五”期间和 1996 年的目标、任务和实现目标的有利条件；四是要冷静分析云南“两烟”面临的新形势和自身存在的问题，增强危机感、责任感；五是要进一步完善烟叶生产各项政策，进一步稳定烟农人心，为促进 1996 年的烟叶生产和稳定发展创造条件；六是要进一步完善、保证省“两烟”巩固提高、稳定发展的各项措施；七是要进一步树立全局观念，为正确处理烟草生产、收购、经营、管理和计划等矛盾奠定思想基础；八是要进一步统一各级政府、各部门和烟草企业的思想、意志，成为确保烟草这一支柱产业巩固提高而奋斗的合力。

1998 年 1 月 1 日，省政府印发的《云南省 1997 年烤烟生产收购及 1998 年初步安排意见》指出，1997 年，全省烟叶种植面积在利益驱动下盲目扩大，全省烤烟种植面积发展到 720 万亩，收购量高达 105.7 万吨，超计划收购 30 万吨，创历史最高纪录，导致烤烟生产出现严重失控，造成烟叶产品商品率低、积压滞销库存量大，导致了生产与市场需求严重脱节。1998 年的烟叶生产必须以市场为导向，通过调整政策、调整布局、提高质量，下决心把面积压下来、把质量搞上去，实现烤烟生产的“两个根本性转变”。

1998 年 4 月 15 日，省委、省政府要求对烟草企业的对外投资项目进行清理整顿，强化管理，切实加快投融资体制改革步伐，认为发展烟草要克服“三个盲目，一个低下”，一是盲目发展烤烟，二是盲目上规模，三是盲目搞投资，四是生产技术管理水平低下；要坚持“四条原则”，一是市场导向原则，二是科技兴烟原则，三是以质取胜原则，四是效益为中心原则。

1998 年 5 月，云南采取“双控”措施稳定规模，调整布局，依靠科技进步提质增效。在生产布局上，稳定老烟区，开发文山、思茅、临沧等新烟区；在种植上推行以烟为主的耕作轮种制；在品种布局上全面实行一乡一品或一站一品；在科技方面，广泛推广漂浮育苗、平衡施肥等适用技术；大力加强烟叶基础设施建设，全面提升烟叶生产整体水平和烟叶质量，巩固云南烟草产业优势地位。

1999 年，省政府召开打假打私电视电话会议，部署开展打击“假、私、非、超”四种烟和卷烟市场的清理工作。12 月 28 日，省政府发布《关于禁止生产、销售、运输假、私、非、超卷烟的通告》。

2000 年 1 月 30 日，全省烟草工作会议强调要认真学习领会上级部门对烟草工作的重要批示：“总量控制，调整结构，打击假冒伪劣是这些年行之有效的措施，要坚持不能动摇。”省政府有关领导强调了五点意见：一是增强忧患意识，深刻认识“两烟”在我省经济社会发展中的重要地位；二是要毫不动摇地坚持烤烟“双控”；三是抓好专卖管理，净化“两烟”市场；四是进一步强化卷烟销售；五是处理好烟草管理体制改革问题。

(2)深化改革，推动重组。

2002 年，国家烟草专卖局批复同意红河州烟草专卖局、云南省烟草红河州公司与红河卷烟厂分开，红河州烟草专卖局、云南省烟草红河州公司实行“一套机构、两块牌子”合署办公，红河卷烟厂按独立的工业企业建制运行。

2003 年，改革烟草工商管理体制，云南烟草实行工商分设，成立云南中烟工业公司，整合资源，整合品牌。云南中烟工业公司负责生产经营，云南省烟草公司负责烤烟的生产经营和省内卷烟的销售和专卖。

2004 年，玉溪红塔集团、昆明卷烟厂、红河卷烟厂、曲靖卷烟厂、大理卷烟厂、楚雄卷烟厂、昭通卷烟厂、春城卷烟厂、会泽卷烟厂等 9 家卷烟企业相继实行兼并联合重组的企业改革。春城卷烟厂并入昆明卷烟厂，曲靖卷烟厂兼并会泽卷烟厂，玉溪红塔集团按母分公司机制，实现与楚雄卷烟厂、大理卷烟厂产供销、人财物的一体化整合。云南 9 家烟草企业整合成 4 家，完成了具有划时代意义的“9 变 4”重组整合。

2004 年的烟草工作座谈会上，省委、省政府提出了通过 3 年努力，使云南的烟草再上一个新台阶，到 2007 年云南“两烟”税利达到 500 亿元的奋斗目标。

2005 年 2 月 28 日，昭通卷烟厂并入红河卷烟厂，组成红河卷烟总厂。

2005 年 11 月 8 日，原昆明卷烟厂与曲靖卷烟厂实现联合重组，组成红云烟草（集团）有限责任公司。红云集团的成立使云南卷烟企业实现了“4 变 3”的重组整合。

2.3.5　优化创新、整合发展（2005—2014 年）

（1）走向联合，共同发展。

2006 年，全省“两烟”税利达到 505 亿元，提前一年完成了省政府提出的三年再上新台阶的目标。

2007 年 5 月，红河卷烟总厂成功改制为红河烟草（集团）有限责任公司。至此，云南三大烟草企业完成公司制改革，形成“红塔、红云、红河‘三红’”鼎立的发展态势。

2007 年全省烟草工作座谈会指出，2007 年红河烟草集团正式成立，标志着云南所有卷烟工业企业初步建立现代企业制度。云南省卷烟品牌全国产量达到 800 万箱，其中省内生产卷烟 569 万箱；云南省卷烟的标志性品牌“红塔山”产销量突破 100 万箱，超过历史最好水平；云烟实现了产销量突破 100 万箱和税利突破 100 亿元的“双百”目标。大品牌培育取得显著成绩，云南卷烟品牌数量缩减为 17 个，玉溪、云烟、红塔山、红河、红梅、红山茶 6 大重点品牌的产销量占全省总产销量的 89%；平均单箱税利由近 5000 元提高到近 8000 元。红塔、红云、红河三大集团总体竞争实力显著增强，形成了协调发展的良好局面。全省烤烟收购量从 2000 年的 1262 万担（1 担 = 50 千克）增加到 1505 万担，约占全国烟叶产量的 40%，烟农收入达 89.4 亿元。全省烟叶收购总值达 91 亿元，超过历史最高水平。烟草税利突破 600 亿元，云南烟草实现跨越式发展。

2008 年 11 月，红云红河重组成功，红云红河集团公司成立。云南烟草工业进入了“3 并 2”阶段，至此，云南烟草形成了红云红河集团、红塔集团两家竞争的格局。

（2）优化结构，自主创新。

2009 年，全省烟叶产量达 90.8 万吨，占中国烟叶产量的 36%，占全球烟叶产量的 16.4%。出口烟叶 7.3 万吨，占中国烟叶出口总量的一半以上。省委、省政府居安思危，提出云南烟叶的未来发展将坚持走绿色生态特色优质烟叶开发之路，深入推进现代烟草农业建设，大力实施科技兴烟战略，着力加强国际技术交流，扎实推进全等级出口项目合作，着力提升烟叶质量，努力打造国际一流的国际优质烟叶品牌。

2011 年 8 月 8 日，云南烟草“十二五”规划专题座谈会议强调，“十二五”期间，云南烟草要坚持夯实优质原料基础，坚持调优卷烟品牌结构，坚持增强自主创新能力，坚持开创综合利用新领域，在着力提升发展质量和内涵的基础上，努力开辟云南烟草绿色生态健康发展的新途径，不断巩固提升竞争优势。一要以提升质量和内涵为重点，实现云南烟草的科学发展。二要坚持大局观念，坚持加大投入，坚持创新发展，坚持优化结构，坚持科技支撑，坚持工作带动，加快现代烟草农业建设，全面总结推广现代烟草农业建设经验，助推全省农业产业化发展。三要优化品牌结构，培育高端中的尖端，推动云南卷烟发展再上新水平。四要加强加快“走出去”步伐，拓展云南烟草发展空间。五要以烟草庄园建设为抓手，打造云南特色烟草文化。把烟、酒、茶、玉等云南特色优势产品结合起来，打造一批高标准、高水平的烟草庄园，使烟草庄园真正成为了解世界烟草发展的窗口，宣传云南优势卷烟品牌的阵地，领略云南民族文化的会所，推进云南高端旅游发展的基地。要更加注重经济发展的协调性，加快推进能源、生物、矿产、旅游等优势特色产业和战略性新兴产业的发展，逐渐降低烟草在全省经济中的比重。要在推进烟草产品减害降焦方面主动作为、率先突破，减少吸烟对健康的危害。要着力提高烟草综合开发利用水平，不断拓展烟草发展的新境界。要深度挖掘云南烟草在绿色、生态、健康等方面的文化内涵，努力探索一条绿色安全发展之路。

2012 年 1 月 9 日，全省烟草工作座谈会议总结，2011 年烟草产业工商税利突破 1000 亿元，为全省经济社会又好又快发展、实现“十二五”良好开局做出突出贡献。针对 2012 年和之后一段时期的烟草工作任务，会议要求：一要自加发展压力，着力推动目标任务再上台阶；二要优化品种结构，着力推动烟叶生产再上台阶；三要提升品牌排位，着力推动卷烟生产再上台阶；四要加强境外实体运作，着力推动国际市场再上台阶；五要强化自主创新，着力推动科技进步再上台阶；六要做大非烟产业，着力推动辐射带动再上台阶。全省烟草系统要全力以赴抓目标落实，推动烟草经济发展上新台阶；加大力度抓资金投入，推动烟叶生产和现代烟草农业建设上新台阶；坚持不懈抓关键环节，推动品牌发展上新台阶；积极努力抓指标计划，争取国家政策支持上新台阶；齐心协力抓工作配合，推动工商协同上新台阶，切实增强忧患意识和赶超意识，不断创新发展理念与模式，把云南烟草发展推向新的高度，为云南经济社会科学发展、和谐发展、跨越发展做出更大的贡献。

2012 年 12 月 4 日，第 300 万箱云烟在红云红河烟草（集团）昆明卷烟厂生产线下线，标志着云烟品牌年产量突破 300 万箱、年税利突破 440 亿元，开启了中式卷烟大品牌可持续发展的新篇章。

(3) 提升内涵多元发展。

2013 年 2 月 1 日，全省烟草系统工作座谈会召开，会议要求，云南烟草系统要继续保持奋发有为的精神状态，勇于担当，勇于超越，切实抓好现代烟草农业基地建设，加大投入做好水源工程建设等工程，打牢现代烟草农业发展基础；统筹安排好优化结构和特色烟叶开发，深入推进烟草庄园及新烟区建设等工作，全面提升烟叶工作水平；加快推进玉溪（庄园）、云烟（大重九）等高端品牌的市场拓展，精心培育大品牌，加速推进云产卷烟重点骨干品牌抢占发展制高点，促进全省经济持续健康较快发展。

(4) 两统一、两整合。

2013 年 10 月 24 日，云南中烟工业有限责任公司“两统一、两整合”工作座谈会在北京召开。

根据国家局、总公司关于云南中烟“两统一、两整合”的批复，云南中烟将开展“两统一、两整合”工作，统一管理所属红塔烟草（集团）有限责任公司、红云红河烟草（集团）有限责任公司的市场营销、产品研发业务，整合卷烟品牌，整合公司本部及所属“两红”集团现有多元化经营企业和股权，进一步优化资源配置，实现企业持续健康平稳发展。

云南中烟以“营销统一、研发统一，品牌整合、多元化业务整合”为标志，开始了深化改革的新一轮大动作。

“两统一”：一是统一营销，着力构建国内、国际两大营销体系。在国内市场方面，按照“云南中烟一盘棋”的要求，整合营销资源，合力拓展国内市场。在国际市场方面，瞄准国际大品牌，集中资源，统一品牌、统一体系、统一网络，提升对国际市场的主导权和掌控能力，努力打造具有国际竞争力的知名品牌。二是统一研发，从根本上改变现有的“一院两中心”分散研发的科研格局，推进技术创新、资源合理流动、交叉融合、互补集成。

“两整合”：一是整合品牌资源，坚持“用好增量、盘活存量”，重点向内寻找空间、挖掘潜力，由规模效益型向结构效益型转变。进一步明确云烟、红塔山、玉溪、红河四大品牌的发展定位，继续推进其他品牌向四大品牌集中。二是整合多元化业务，探索更高层次、更大范围的多元化投资体制改革，构建良好的融资平台，增强融资能力，提高投资质量与效益，增强自我滚动发展能力，最大限度地实现国有资产保值增值，同时为地方经济发展做出更大的贡献。

云南中烟“两统一、两整合”：2014 年 2 月 11 日，云南中烟营销中心正式挂牌成立；同年 3 月，云南中烟工业有限责任公司技术中心成立，集合了原红云红河集团技术中心、红塔集团技术中心、云南烟草科学研究院三家的科研力量。

新机构的技术与营销合力，精准把握市场需求并做出快速响应，先后推出了 400 元 / 条、150 元 / 条、130 元 / 条三个传统主流价位的云烟（印象烟庄）、云烟（云龙）、红塔山（传奇）等新产品；并推出细支新兴品类，先后推出零售价 30 ~ 35 元 / 包的云烟（软印象烟庄）、云烟（神秘花园细支）等新规格。

从云南中烟产销数量来看，2014 年全年，云南中烟实现了产品结构的稳步提升、税利的平稳增长，四大重点品牌整合进一步推进。

2.3.6 品牌整合、合力图强(2014 年至今)

进行结构提升，烟草品牌首先应该从产品战略方面入手，努力优化产品结构，明晰产品战略地位，集中资源提升品牌结构。开展“两统一、两整合”工作以来，云南中烟进行了品牌战略调整，开启了改革创新发展之路。

1)2014 年：调整品牌整合发展思路，做精主导规格

(1) 要按照行业“品牌要做大、规格要做精、价格要上扬”的要求，围绕品牌发展目标，立足于“用

好增量、盘活存量”，把品牌发展的重点聚焦于玉溪、云烟、红塔山三大品牌，加大规格整合力度。在保持市场相对稳定的基础上，有计划、有步骤地对其他品牌进行战略性收缩或转换。

⑵ 整体发展上实施以中高档次为重点的差异化、梯次化发展战略；适应国家局建立完善品牌规格创新淘汰机制、打造重点规格的要求，对区域性、特色性规格予以适度发展；准确把握低价位卷烟消费升级、高价位卷烟理性回归趋势，围绕重点努力打造规模大、品质优、效益好的中端卷烟品牌。

⑶ 在文化方面，首次提出了要求大力宣贯“合和”文化体系。宣贯云南中烟“合和”文化体系，并用实际成效推动“两统一、两整合”改革。同时强化广大干部职工“合力图强、和谐致远”的核心理念，使“合和”文化成为推动各项工作特别是“两统一、两整合”改革工作的融合剂和推进剂。

2）2015 年：产品整合初见成效

完善价格链条，缩小单品牌价格跨度，确立各价位段的主导规格、潜力规格和整合规格，加大品牌整合力度，减少云产卷烟品牌的相互冲突。2015 年，整合了 18 个规模较小、价位上与主导规格有冲突和重叠的产品。聚焦主导规格，将低三类烟、四五类以及小规模区域性规格，向非低类、高三类规格转换，将中高端产品向主干规格、高端规格归并。逐步提高品牌规格的集中度，减少品牌培育的资源消耗，努力打造定位明确、层次清晰、集中度高、竞争力强、占有率高的云南卷烟品牌体系。

3)2016 年：通过改革驱动战略，不断做强烟草主业

以改革驱动发展，加快培育新的发展动能，增强持续增长动力，不断释放改革红利。在规模效益上，继续扩大玉溪、云烟、红塔山三大重点品牌在全国市场的产销规模，发挥其他区域性品牌的优势，打造中国烟草规模价值兼具的卷烟品牌集群。在品牌定位上：玉溪走价值提升的发展道路，致力于发展成为行业高档烟领先品牌；云烟走价值提升和规模扩大并重的发展道路，致力于发展成为行业规模最大、效益较高的中高档卷烟领军品牌；红塔山走结构提升的发展道路，致力于发展成为行业中档烟主流品牌。在产品结构上：加大中高端卷烟发展力度，提高一、二类销量占比，逐步改善云产三类及以下基座过大的问题。

4)2017 年：首次提出了“4 + X”多品牌发展体系战略

要正确处理好效益增长与品牌发展的关系，正确平衡好短期增长与长期发展的关系。一切以品牌为出发点，一切围绕品牌干，一切围绕品牌转。要牢固树立品牌理念，着力做大云烟、做精玉溪、做强红塔山、做稳红河，构建以云烟、玉溪、红塔山、红河四大品牌为核心，多个创新型、区域性品牌为支撑的“4 + X”云产卷烟品牌体系，通过核心品牌引领发展、辅助品牌巩固核心地位，不断增强云产卷烟品牌整体竞争力，从根本上带动品牌健康成长、良性发展。

5)2018 年：抓住一个根本，再造品牌形象

优化完善品牌规划。力争通过产品线“瘦身健体”、推陈出新，优化产品组合，盘活品规资源，多点支撑推动品牌发展，实现四大品牌“独树成林、枝繁叶茂”，通过“四轮驱动”推动品牌由大变强。

针对主干规格、潜力规格，制定不同品规策略。持续推进主销产品升级优化及维护，通过产品提质改造或置换，促进其形象和价值加快回升；提出研销一体化策略，要求研发贴近市场，精准研发新品规格，顺应消费者对吸食口味和包装审美的变化趋势，从经典产品升级创新、细分品类延伸创新两个方向，促进产品升级迭代。

不断强化品类特点。推进爆珠等新品类与粗、细、中、短及标准支型叠加组合，提升产品优越性与独特性。2018 年全年，共上市销售云烟(细支珍品)、云烟(细支云龙)、玉溪(中支阿诗玛)、玉溪(108)、红塔山(新时代)、红河(A7)等 16 个新产品。

2.4　新消费背景下烟草产业的高质量发展

随着中国经济的快速发展，新消费概念逐渐崛起，人们健康意识的增强、国家的调控及人们生活观念的转变导致烟草企业发展受限。在这个背景下，卷烟作为一种消费品也面临着新的挑战和机遇。如何在新消费背景下顺应国家政策、市场发展，实现烟草行业的高质量发展，是值得烟草行业思考的问题。

2.4.1　烟草企业发展面临的困境

1. 国家和地方禁烟政策的影响

现如今，国家在重视发展经济的同时开始关注国民的健康问题，为了提高国民健康水平，维护生活环境，国家专门针对国民吸烟乱象制定了禁烟政策，禁止国民在一些公共场合吸烟，并制定了相关的处罚体制，要求地方政府全面落实禁烟政策，已经有大部分城市和地区深度落实禁烟体制，积极打造无烟生活环境。而禁烟体制的提出和落实，在很大程度上减少了吸烟人群基数，降低了吸烟人群吸烟频次，导致烟草市场销售额明显降低。

2. 社会公众健康意识的转变

当前，随着人们生活品质的不断提高，人们在追求物质条件的同时，开始关注自身健康，很多人已经形成正确的养生意识。吸烟对人体肺部等的各项机能造成的健康损害较大，很多人开始意识到吸烟的危害性，并逐渐参与到戒烟、禁烟的行列中，社会上掀起了一阵禁烟热潮。人们思想观念的转变，导致烟草行业发展陷入困境。

3. 国际大环境的宏观调控

国际一体化发展形势十分显著，国家开始在经济发展领域重视宏观调控政策的制定与落实，而烟草行业原本具有国家专卖属性，在今后的国际市场大环境下，能否一直延续此种属性进行经营和发展是未知的。所以，无论是从国内市场层面还是从国际烟草市场层面考虑，烟草企业都必须意识到改革的重要性，并根据自身实际发展需求，重新调整发展定位，重新进行市场定位，从而实现稳定发展。

2.4.2　新形势下烟草行业的发展要求

1. 多管齐下，积极研发可替代新产品

国家提出禁烟政策的主要原因是烟草中含有大量的有害物质，对人体健康造成不利影响。

如果烟草企业能够有效解决这一问题，研制出健康的烟草产品，那么必定会在烟草市场中占据重要地位。因此，烟草企业应重视研发新型产品，通过引进先进的降焦技术，控制烟草中有害物质指标，减少烟草对人体的危害。同时，烟草企业可以制造在口感、气味、健康方面符合人们需求的电子烟。此外，烟草企业需要打开市场发展思路，在传统烟草生产的基础上合理融入药理技术，将烟草与中药有效结合，生产并制造药烟，这样既能满足人们日常吸烟需求，保证烟草健康品质，又能够有效缓解一些特殊人群的病痛，实现休闲与治疗的双重作用，从而获得更多的客户资源。

2. 把握市场动态，制定针对性发展策略

烟草企业为了在新形势下获得长远发展，需要把握好市场动态，制定有效的发展策略，从而保证自身在安全、有序的环境下正常经营和运行，保证自身经济利益良好。首先，烟草企业需要充分掌握当前烟草市场发展情况，委派内部人员进行专业、全面的市场调查，掌握当地吸烟人群数量以及更多烟草产品的市场销售情况。其次，做好吸烟人群消费水平及吸烟需求的调查工作，了解吸烟人群的基本需求，以便有针对性地调整发展策略。同时，烟草企业应最大限度地开发烟草市场，深度发掘烟草企业潜在的发展机遇。结合调查的数据，深度分析烟草市场未来的发展趋势，并根据实际情况制定详细、全面且具有执行性的发展策略，确保农村经济在烟草行业的支撑下持续、稳定向前发展。

3. 精细管理，完善烟草企业文化建设

任何企业都需要有良好的企业文化作为支撑，在完善的企业文化下，企业发展能够更加高效、高质。因此，烟草企业为了适应新时期市场环境，必须重视企业文化建设。首先，企业需要针对自身的未来发展趋势，制定有效的人才管理体制，优化企业内部运行环境，确保企业各项工作的运行环境安全有效。其次，企业应加强内部人员素质培训，定期组织培训讲座，向内部员工渗透国家在烟草行业方面提出的一些法规和政策，促使内部员工深入了解当前烟草市场发展趋势，并根据实际情况，做好自身所负责的工作。

4. 深化改革，进一步加强人才队伍建设

烟草企业必须重视人才队伍建设，只有这样，才能够保证在未来的烟草市场发展中拥有强大的人才动力支撑。因此，烟草企业应重视内部人才的引进与完善，引进具有新思想、新理念的优秀员工，从而为企业内部更新发展策略提供重要思想支撑。同时，企业应重点关注人才市场发展动向，了解当前烟草专业人员职业发展需求，并根据具体情况，更新人才考核与评估体制，为高素质人员提供良好的职业发展空间，全面优化烟草企业发展，实现农村经济水平的整体提升。

参考文献

[1] 本刊编辑．烟草的起源及其传说[J]．广西烟草，2015(02):65.

[2] 黄兴奇．云南作物种质资源（食用菌篇、桑树篇、烟草篇、茶叶篇）[M]．昆明：云南科技出版社，2007.

[3] 王伯毅,李莲芬．烟草的起源与演化 [J]. 烟草科技,1981(02):1-4.

[4] 胡安源．专卖视野下中国烟草产业发展研究 [M]. 济南:山东人民出版社,2016.

[5] 王伟．以资源为基础的中国烟草工业企业跨国成长研究 [D]. 湘潭:湘潭大学,2015.

[6] 刘为新．新形势下烟草企业思政工作如何创新发展 [J]. 企业改革与管理,2016(23):163-165.

[7] 王晓园,王茜茜．新形势下烟草企业发展战略探析 [J]. 商,2015(40):105.

第三章
卷烟销售市场变化因素

在新的历史方位上，我国经济实现了由高速增长向高质量发展的转变。卷烟市场在我国发展迅速，烟草行业成为国内极具活力的一个细分市场。

循道而行，方能致远。烟草行业是国民经济的重要组成部分，行业发展形势与宏观经济形势密切相关。我国作为一个负责任的大国，历来重视烟草的生产和专卖管理。自2005年世界卫生大会正式批准《烟草控制框架公约》（以下简称《公约》）后，我国开展了一系列履行《公约》的积极行动。《公约》在减少烟草需求的价格和税收措施中指出以下两点。第一，各缔约国采取的税收措施等是减少各阶层人群特别是青少年烟草消费的有效和重要手段。第二，在不损害各缔约方决定和制定其税收政策的主权时，每一缔约方宜考虑其有关烟草控制的国家卫生目标，并酌情采取或维持包括以下方面的措施：对烟草制品实施税收政策并在适宜时实施价格政策，以促进旨在减少烟草消费的卫生目标的实现；酌情禁止或限制向国际旅行者销售和（或）由其进口免除国内税和关税的烟草制品。各缔约方应根据第21条在向缔约方会议提交的定期报告中提供烟草制品税率及烟草消费趋势。

近年来，中国政府通过税收和价格措施平抑了因人口出生高峰和吸烟高发年龄段形成的卷烟消费高峰，使经济增长、居民消费水平提高和贫困人口减少等因素导致的卷烟消费需求增大降低到较低水平。研究表明，导致中国烟草消费需求与税收、价格同时增加的因素来自多个方面，这是中国对烟草消费进行控制所必须经历的过程。中国虽然出现卷烟消费需求的持续增加，但所反映出的卷烟消费需求更接近实际情况。提高烟草税收和卷烟价格是控制烟草需求的重要措施，但其效果因受多种非价格因素影响而发生变化。面对中国庞大的卷烟消费需求和诸多与其相伴的社会、经济问题，要对烟草消费进行有效控制，将是一项长期、复杂而又十分艰巨的系统工程。对此，我们必须采取积极、严谨的科学态度，对包括税收、价格在内的一系列减少烟草需求的措施进行深入细致的研究，才能为中国政府提供符合国情，并能有效控制中国烟草消费需求的战略选择。

2018年以来，国家局党组深刻认识到我国经济已转向高质量发展阶段的重大判断，牢牢把握“三新一高”战略导向，以新理念引领新发展，用新思路寻找新出路，不断转观念、转方式、增动能，切实把新发展理念转化为谋划发展的具体思路、落实发展任务的工作举措、推动科学发展的实际成效。本章结合国内的实际情况，从市场层面出发，分析了近年影响卷烟销售的因素变化，为烟草企业的发展提供理论支撑和指导。

3.1 影响卷烟市场发生变化的宏观环境

3.1.1 烟草相关政策导向影响

党的十六届三中全会通过了《中共中央关于完善社会主义市场经济体制若干问题的决定》（以下简称《决定》），明确提出社会主义市场经济体制初步建立这个总体论断，强调要加快推进和完善垄断行业改革，要引入竞争机制。虽然《决定》中没有直接提及烟草产业，但中央对垄断产业改革的方向是明确的。2005年，国务院在下发的《国务院关于2005年深化经济体制改革的意见》中，指出2005年为改革年，明确提出要完善烟草产业管理体制。十七大报告也明确指出：要深化垄断行业改革，引入竞争机制，加强政府监管和社会监督。可见，烟草产业发展所面临的宏观经济环境已发生了深刻的变化，顺应市场取向改革的大背景，走市场化改革道路，努力提高烟草产业市场化水平，发挥市场配置资源的作用，已是大势所趋。

随着我国改革开放的深入发展、社会主义市场经济体制的逐步完善，烟草产业原有管理体制的一些缺陷和矛盾日益显现。烟草是国家限制发展的特殊商品，国家对其实行严格的计划管理，实行垄断经营是完全有必要的，但过强的行政干预，包括地方政府的干预、地方封锁的干扰和产业行政垄断叠加在一起，致使进行有效竞争的市场环境难以形成，严重阻碍市场对资源配置作用的发挥。

在中国没有成为世界贸易组织的正式成员及中国政府奉行“产业政策指导下的市场经济”和“渐进市场化”改革战略的客观背景下，烟草产业可以通过“国家垄断”并设置较多的政策壁垒把国外烟草商拒之门外，从而有效地回避那些具有强大竞争力的跨国公司对国内市场的挤占。“入世”后，中国烟草产业面临高额关税的大幅减让，非关税壁垒的逐步取消和 2004 年 1 月零售市场率先开放等新的国际环境，同时世界经济一体化和控烟运动高涨，加速了跨国烟草公司全球性扩张，中国烟草市场与世界烟草市场将逐步融合。对于长期处于专卖体制的支持和保护之中的中国烟草产业而言，影响其发展甚至生存的问题正在迅速增加，中国烟草产业呈现专卖体制渐趋式微、国际竞争压力逐步增强、主要产品竞争日趋激烈等主要发展趋势。提高中国烟草产业竞争力的唯一途径就是顺应市场，引入市场竞争机制，按照市场经济的方式来运作和管理，促进产业升级，迎接国际挑战。

烟草行业有三个主要特点。

第一，烟草本身是会致成瘾的嗜好品，消费弹性极小，重烟瘾者对它的消费量是递增的，这就决定了烟草的高附加值性：价格远高于其价值。

第二，烟草对吸食者的健康具有一定的危害性，但是它的危害在短期内并不明显，所以不能像管制毒品一样禁止它。同时对吸食者而言，它又是生活必需品，因此对于烟草的生产与销售，国家一方面要保障烟草的正常供给，满足消费者的正常需要，另一方面又要限制它的盲目发展；既要控制其供给量又要保证其质量，从而尽可能地减少其对吸食者的危害，实现对消费者的健康和安全的保障。

第三，烟草的生产技术不太复杂、容易制售，而且成本低、利润高。如果放任自流，定会造成市场上的竞相争夺，形成生产经营无度、社会秩序混乱的局面。此时就需要国家作为公共利益的体现者和维护者，从全社会的共同利益目标考虑，从源头上有效控制烟草的质量和数量，较好地保障消费者的健康与安全。

对于烟草产业而言，当前亟待解决的重大问题是：提高效率，增强活力，应对更加激烈、更加开放的市场竞争。因此，根本出路还是在于改革，要通过不断深化改革，解决束缚产业发展的规制性障碍，改善和提高资源配置效率。烟草产业改革面向市场，目的就是要放松产业规制，提高烟草产业市场化水平，提高企业适应市场的能力，推进烟草产业不断升级，紧紧围绕“完善体制机制，优化资源配置，增强竞争实力，全面提升水平”的主要任务，推动烟草产业持续、稳定、协调、健康发展。

中国烟草行业的政策导向是指国家对烟草行业的法律、法规、政策和制度，以及其他政策性文件，这些都是中国烟草行业发展的支撑和约束力。

从近几年来看，中国烟草行业实施的政策导向集中在以下几个方面：

(1)政策制定提升了消费者对卷烟品牌和品质的认知。由于政府实施了多项烟草行业政策，消费者对卷烟品牌和品质的认知度和意识也得到了提升，消费者的品牌和品质选择变得更加清晰，从而影响了卷烟销售市场。

(2)政策加强了烟草行业的监管力度和质量安全，政策在强化了烟草行业的责任意识的同时也提升了卷烟企业品牌影响力，即在实施了技术改造和结构调整政策，提升了烟草行业企业的技术水平和生产能力的同时，也使得烟草行业企业的品牌影响力有所提高，确保了消费者的权益，拉动了卷烟销售市场的变化。

(3)政策拉动新市场细分需求，推动了卷烟销售市场变化。政府大力推广各大城市公共场所禁烟，提出了多种禁烟政策，提高了全民烟草健康意识，使消费者更倾向于购买高品质、低焦低害的卷烟产品，从而推动了卷烟销售新品类市场的变化。

(4)政策改变了消费者的购买行为，拉动了卷烟销售市场的变化。实施的限制地方保护政策，限制了地方烟草行业企业的规模扩张，提高了其他烟草企业的竞争力，使消费者在市场上对卷烟产品的选择性更高。

(5)政策推动烟草行业绿色发展，拉动了卷烟销售市场的变化。政府实施的环境保护和减碳降碳政策，推动了烟草行业绿色发展，从而使得烟草行业企业更加注重环境保护，也使得消费者认识到烟草行业企业的社会责任感更强，从而拉动了卷烟市场的变化。

(6)政府实施了价格改革政策，促进了烟草行业价格的市场化运营，提高了零售户对卷烟销售的积极性，使整个烟草行业销售市场更有活力。

上述政策导向的实施，在影响卷烟销售市场的同时，也给烟草行业发展带来了积极的影响。

3.1.2　人口与经济对卷烟市场的影响

中国的大量人口使中国成为全球最大的烟草市场。根据国家烟草信息中心数据，2022 年中国卷烟销售金额规模达 1.82 万亿元，同比增长 5.86%，已连续 6 年持续同比增长，而 2022 年中国的烟民人数已达到 3.5 亿人，位居全球第一，约占中国总人口的 1/4，这在很大程度上推动了中国卷烟市场的发展。但从我国的宏观政策上来看，人口老龄化时期是提高消费以及优化产业结构、转变目前我国所存在的经济方法的关键时期。

同时，中国经济的高速发展也对中国卷烟市场产生了重大影响。随着中国经济的发展，中国消费者的收入水平也在不断提高，消费者对卷烟的需求也在增加。而随着我国人口结构的不断改变，将给社会经济带来十分严重的影响。截至目前，我国劳动力已经出现了人口老龄化现象，在未来的一段时间内，新年轻劳动力数量将不断减少，人口性别差距也会存在巨大的失衡，空巢家庭比例不断提高，在传统家庭模式之下，养老更加困难。在人口数目方面，儿童的人口数量以及老年人的人口数量将持续增加，但是处于生育旺盛的女性人数相应减少。

虽然未来几年我国的经济增长速度仍然比较快，但由于经济转型期增速换挡以及逆全球化趋势等因素的影响，我国居民的收入水平和消费倾向都不可避免地会受到影响。

收入不同导致边际消费倾向不同，贫富差距扩大也会降低全社会的平均消费倾向。参考全球发达经济体的发展过程不难发现，贫富差距扩大是国家经济发展中难以挣脱的桎梏。而随着城镇化、工业化进程放缓，我国城乡收入差距收窄对收入分配公平性的拉动正不断减弱。此外，金融和IT行业等快速发展，也会进一步加剧我国的贫富差距。

居民收入增速放缓和贫富差距扩大会降低居民的消费倾向，而这两点与人口老龄化的加快也有一定的关联。

就居民收入增速的放缓来看，一方面是由于我国人口老龄化问题日益严重，能够参与社会劳动的人口数量逐年减少，进而使得经济增速减缓；另一方面，我国的基本养老金承担压力比较大，中国社科院世界社保研究中心发布的《中国养老金精算报告2019—2050》预测，我国城镇职工基本养老保险基金的累计结余在2035年或将耗尽，而这也导致了消费增长的前景堪忧。

从贫富差距扩大方面来看，人口老龄化加剧会带来更严重的收入分配不均，使得我国的贫富差距问题愈加突出。

中国人口的变化对中国卷烟市场产生的重要影响主要体现在以下几个方面。

(1)人口数量的变化对卷烟市场的影响。中国是全球较大的人口国家，根据国家统计局的数据，2000年以来老龄化趋势日趋明显，引起了国内学者的高度关注。2022年底，中国常住人口约为14.12亿人，虽然常住人口数量有所减少，但是烟民人数相对2021年有所增长。人口数量的变化对卷烟市场会产生重要的影响。随着烟民人数的增加，卷烟市场的潜力也在不断扩大。根据卷烟行业的市场分析，卷烟市场的需求主要来源于年龄在18岁到60岁之间的成年人口。由于中国人口中成年人口的数量庞大，因此卷烟市场的潜力也非常巨大。

(2)年龄结构的变化对卷烟市场的影响。随着中国人口的老龄化，年龄结构的变化也对卷烟市场产生了影响。老年人口和年轻人口对卷烟市场的需求不同，这也导致卷烟市场需求的变化。随着老年人口的增加，烟草企业需要开发出更适合老年人口消费的产品，例如低焦油、低尼古丁的卷烟产品；同时，对于年轻人口，烟草企业需要开发出更符合其口味和健康需求的产品，例如烟草加工中应用天然植物提取物等。

(3)健康意识的变化对卷烟市场的影响。随着人们健康意识的提高，卷烟市场的需求也发生了变化。越来越多的人意识到吸烟对健康的危害，因此对高焦油、高尼古丁的卷烟产品的需求逐渐下降。这也促使卷烟企业加强技术研发，开发出更健康、环保的卷烟产品，以适应消费者需求的变化。

是需求拉动经济增长，还是供给拉动经济增长，是经济学领域一个存在争议的话题。在现实生活中，烟草行业的发展离不开供给与需求的双重作用，需求拉动供给，同时供给也创造需求，这两者缺一不可。纵观世界各国的烟草行业发展史，有通过增加政府支出刺激需求促进经济增长的，也有通过推行税制改革、放松管制、削减福利开支等措施刺激供给，帮助本国经济走出滞胀困境的。

其实，无论政府出台何种经济政策，采取何种干预措施，都不会影响供给与需求的总量，影响的只是供给与需求的结构而已。在中国烟草行业，专家认为影响经济增长的持续性与效率的因素有两个，一是居民消费，二是投资率。为了扩大居民消费，降低经济发展对投资需求的依赖，我国政府在“十四五”规划建议中提出了双循环发展战略，而后，在2020年底的中共中央政治局会议上又提出了需求侧改革，为未来几年的经济发展指明了方向。

中国经济的变化对中国卷烟市场产生的重要作用主要体现在以下几个方面。

(1) 中国经济发展带动了卷烟市场的消费支出增长。随着人们收入水平的提高，消费者对卷烟的需求也增加了，对卷烟市场的消费支出也增加了。根据国家统计局的数据，2022年中国社会消费品零售总额为44万亿元，比上年下降0.2%，占2022年中国经济总量的比重达到36.4%，这一数据表明中国消费能力持续改善，从而会继续推动卷烟市场的发展。

(2) 中国经济发展优化了卷烟市场的投资环境。由于改革开放的持续发展，中国的投资环境有了显著的改善，卷烟行业也受到了极大的影响。首先，改革开放政策出台，扩大了卷烟行业的投资空间，为企业投资提供了有利的环境。其次，改革开放使得卷烟行业的市场竞争更加激烈，激发了企业的创新活力，这对卷烟行业的发展也是至关重要的。

(3) 中国经济发展推动了卷烟行业的技术升级。中国政府鼓励企业投资信息化和技术升级，这有助于提高企业的生产效率，提高产品质量，满足市场需求，提高企业的竞争力。

(4) 中国经济发展促进了卷烟行业的产业升级。随着经济的发展，中国政府出台了一系列产业升级政策，以支持卷烟行业的发展，推动企业采用新技术、新工艺、新材料，以期实现企业的可持续发展。总之，中国经济发展的变化对中国卷烟市场的发展产生了极大的影响，促进了卷烟市场的消费增长，改善了投资环境，推动了技术升级和产业升级，为中国卷烟市场的发展提供了重要的支持。

3.1.3　市场投放与商业的影响

(一) 市场投放对卷烟销售市场的影响

卷烟市场投放是各地市烟草专卖局的一项重要任务，因为它直接关系到卷烟销售额的大小。

(1) 各地市烟草专卖局的市场投放策略一般包括以下几个方面。

①销售计划：各地市烟草专卖局制定的销售计划是市场投放策略的核心。销售计划是根据卷烟品牌、销售区域、季节性销售等因素进行制定的。这样可以更好地满足当地市场的需求，提高销售额。

②库存管理：库存管理是市场投放策略中的另一个关键因素。各地市烟草专卖局通过对库存进行精准管理，保证了货源的充足和稳定。这有助于满足市场的需求，避免因库存不足而影响销售额。

③定向投放：各地市烟草专卖局还会根据当地市场的需求进行定向投放。这样可以更好地满足消费者的需求，提高销售额。定向投放还可以减少库存压力，避免因库存过高而影响销售额。

(2) 各地市烟草专卖局市场投放策略的改变主要受到多种因素的影响。以下是一些常见影响因素。

①政策因素是影响市场投放策略的一个重要因素。中国政府对卷烟销售实行的价格管制和税收政策,会对各地市烟草专卖局的市场投放策略产生重大影响。政策的变化会导致销售额的波动,从而影响市场投放策略的制定。

②市场需求是市场投放策略制定的重要依据。当地市场的需求量、品种、销售渠道等因素,都会对市场投放策略产生影响。当地市场的需求量大,市场投放量也会相应增加。

③货源的配给量和分配方式也是一个重要的环节。不同的卷烟生产企业会有不同的产能和生产能力,因此其配给量也会有所不同。此外,货源的分配方式也可能因地而异,例如在一些市场中,烟草专卖局可能会采取以数量为限制的分配方式,而在一些市场中则可能采取以金额为限制的分配方式。这些决策都会对当地卷烟销售市场产生影响。

(3)市场投放策略对卷烟市场的影响主要包括以下几个方面。

①影响烟草企业利润。各地市烟草专卖局的货源投放策略直接关系到其销售利润的高低。如果货源投放过多,供过于求,可能导致价格下降,从而影响烟草行业的利润。如果货源投放不足,供不应求,可能导致供应紧张,从而影响市场的稳定性和顾客的满意度,进而影响利润。

②影响卷烟产品的销售量和销售额。各地市烟草专卖局的市场投放策略直接影响到卷烟产品的销售量和销售额。货源投放过多可能导致产品积压、滞销,影响销售量和销售额。货源投放不足可能导致供应紧张,影响销售量和销售额。在一些市场中,专卖局可能会采取以数量为限制的分配方式,也就是说,每个零售点只能获得固定数量的卷烟货源,这将直接影响到当地卷烟销售商的销售量和盈利能力。例如,如果一个零售点只能获得有限的货源供应,那么其销售量也会受到限制。因此,各地市烟草专卖局需要根据市场需求和销售情况来合理安排市场投放策略。

③影响卷烟产品的价格。各地市烟草专卖局的货源投放策略还会影响卷烟产品的价格。如果货源投放过多,可能导致卷烟产品的价格下降。如果货源投放不足,可能导致卷烟产品的价格上涨。因此,各地市烟草专卖局需要根据市场需求和销售情况来合理安排市场投放策略,以控制卷烟产品的价格波动。

④影响烟民购买行为。各地市烟草专卖局的市场投放策略也会直接影响到烟民的购买行为。如果货源投放过多,可能导致价格下降,从而吸引更多的消费者购买。

⑤影响卷烟市场的竞争格局。在某些地区,烟草专卖局可能会向零售户配给不同的货源,这就意味着当地的卷烟市场上将会出现多个品牌的卷烟产品。不同品牌的卷烟产品在性质、品质、价格等方面都可能存在差异,因此也会面临不同程度的市场竞争。

(4)各地市烟草专卖局还会采取一些措施来加强卷烟货源的投放,进一步促进卷烟销售市场的发展。这些措施主要包括以下方面。

①推广高端卷烟品牌:各地市烟草专卖局将高端卷烟品牌作为重点推广对象,通过提高品牌知名度和口碑,吸引更多消费者选择这些高端卷烟产品。这不仅能够提高卷烟销售市场的整体水平,还能够提高当地卷烟品牌形象和市场地位。

②增加卷烟品种:为了满足消费者不同的需求,各地市烟草专卖局不断增加卷烟品种,推出更

多口味、更多规格的卷烟产品。这样可以满足消费者不同的消费需求，提高卷烟销售市场的竞争力。

③强化渠道建设：各地市烟草专卖局加强了对各类卷烟销售渠道的管理和建设，包括专卖店、超市、便利店等，通过对渠道的规范化管理和优化布局，提高卷烟产品的销售效率和市场覆盖率，增加销售额。

④优化供应链管理：各地市烟草专卖局通过优化供应链管理，提高卷烟产品的生产和配送效率，确保卷烟货源的稳定性和充足性，以满足市场需求。

这些措施的实施，对于各地市烟草专卖局来说具有重要的意义。一方面，这些措施有助于完成各地市烟草专卖局在卷烟销售市场的计划目标并增强其管控能力，进一步完成国家烟草专卖局下达的年度计划和任务目标；另一方面，这些措施也能够满足消费者的不同需求，提高卷烟销售市场的整体水平，促进卷烟行业的发展。

（二）商业对卷烟销售市场的影响

商业对卷烟销售市场的影响具体体现为地方保护政策对卷烟销售市场的影响。中国卷烟行业是一个庞大的行业，其规模和利润空间极为巨大，然而，由于其对社会健康的负面影响和税收逃避等问题，国家政府逐渐加强了对卷烟行业的管控，通过加大烟草税收、提高烟草价格等方式来控制卷烟销售。面对国家政策的压力，一些地方政府开始采取各种措施来保护当地的卷烟企业，比如政策支持、土地配套等方面。这些政策的实施对于卷烟产品的市场表现产生了一定的影响。

地方保护政策对卷烟市场表现的影响主要表现在以下几个方面。

(1) 价格竞争。地方保护政策的实施为当地卷烟企业提供了一定的有利条件，使得这些企业能够在价格上更具竞争力。由于地方保护政策的实施，当地的卷烟企业往往能够快速且大范围针对中、低档价类的卷烟（三类、四类）进行铺货，从而占领市场份额。这种价格竞争对于其他卷烟企业来说是一种巨大的挑战，也对整个卷烟市场的价格格局产生了一定的影响。

(2) 品牌形象。地方保护政策的实施使得当地卷烟企业能够获得更多的政策支持，有利于这些企业在品牌建设方面进行投入，从而提升其品牌形象和知名度。这些企业能够在当地市场上占据更大的份额，建立更加稳定和广泛的消费者群体关系。这也为当地卷烟企业的产品差异化和品牌溢价提供了可能性，从而提升了产品的附加值和利润空间。

(3) 市场份额。地方保护政策的实施对于当地卷烟企业来说是一种有利的政策支持，使得这些企业能够更好地开展生产和销售工作。这些企业可以通过提供更好的产品和服务，吸引更多的消费者，并在当地市场上占据更大的份额。然而，这也意味着其他企业的卷烟产品在当地市场上的竞争压力会变得更大，甚至可能会被挤出市场。

(4) 市场稳定性。地方保护政策的实施会促进当地卷烟企业的发展和壮大，提高当地经济的发展水平。然而，这也可能会导致卷烟市场的稳定性受到一定的影响。在一些地区，当地政府对卷烟企业的保护力度过大，导致当地卷烟市场过于集中化，卷烟企业之间的竞争不充分，从而影响了卷烟市场的正常运行。

(5) 监管问题。地方保护政策的实施给卷烟市场的监管也带来了一定的问题。由于地方政府的支持，当地卷烟企业可能会放松对产品质量和营销活动的监管，从而导致产品质量不达标、虚假宣传等问题。这也会对消费者的权益造成一定的损害，从而影响卷烟市场的健康发展。

因此，地方保护政策对卷烟产品市场表现产生了一定的影响。在一定程度上，地方保护政策可以提高当地卷烟企业的竞争力和市场份额，促进当地经济的发展。然而，这种政策也可能会导致卷烟市场的不公平竞争、品牌形象下降、监管问题等。

3.2 与卷烟市场有直接关系的维度分析

3.2.1 近年消费变化趋势概述

烟草制品是一种具有个人嗜好性的大众化的日常消费品，按照经济学的一般原理，其需求取决于消费这种产品的收益和成本的比较。如果收益成本差扩大，需求将会增加；如果收益成本差减少，需求将会下降。对消费者个人而言，烟草消费的收益主要体现为吸烟获得满足感，而成本主要体现为购买时付出金钱和吸烟对健康造成损害。从决定烟草需求的收益及成本两方面的变化情况来看，随着居民健康意识的增强和烟草税收的不断增加，吸烟的成本将趋于上升。

在目前的国内外大环境下，形成强大的国内市场是构建新发展格局的重要支撑，而关于扩大消费，中央经济工作会议做出了有序取消一些行政性限制消费购买的规定、完善职业技术教育体系、合理增加公共消费、大力发展数字经济等一系列部署。通过对 2020 年国内宏观经济相关数据的分析可以发现，我国当前的消费主要表现为四个特点：

(1) 经济增长的内生动能开始恢复。受新冠肺炎疫情对全球经济的影响，我国经济的内生动力减弱。2020 年上半年，我国国内最终消费恢复明显弱于固定资产投资和出口，同时民间投资占比较高的制造业投资恢复缓慢，各方面需求恢复仍不平衡，经济增长的内生动力仍待修复。但 2020 年下半年的数据显示，需求恢复逐步趋于平衡，并且有望进一步加快。

(2) 疫情对消费场景的限制有所减弱。受疫情影响，线下接触式消费受到明显冲击，“宅经济”带动新型消费模式加快发展。2020 年，全国网上零售额比上年增长 10.9%。其中，实物商品网上零售额增长 14.8%，明显高于同期社会消费品零售总额；实物商品网上零售额占社会消费品零售总额的比重为 24.9%。

随着疫情逐步得到控制，居民生活秩序恢复，线下消费明显复苏。 2020 年，限额以上超市商品零售额比上年增长 3.1%，增速比前三季度加快 0.2 个百分点；百货店、专业店和专卖店商品零售额降幅分别比前三季度收窄 6.8 个、3.8 个和 5.4 个百分点。可见，疫情对消费场景的限制已经有所减弱。

(3) 国内消费结构呈现出极大分化。国家统计局公布的数据显示，国内的消费结构呈现出比较大的分化。疫情初期，基本生活类及医药类商品消费快速增长。而疫情得到有效控制后，升级类商品消费需求持续释放。2020 年，办公用品类、体育娱乐用品类、化妆品类和通信器材类等消费升级类商品零售额增速明显高于商品零售平均水平。其中，第四季度限额以上单位体育娱乐用品类、金银珠宝类、化妆品类和通信器材类商品零售额同比分别增长 11.9%、17.3%、21.2% 和 26.0%。

(4) 城镇储户储蓄倾向未见回落。2019 年底，我国城镇居民可支配收入储蓄占比为 45.7%，

2020年第四季度这一数据提升至51.4%。出现这一现象是因为受到疫情冲击的影响，需要警惕其是否会给我国经济发展带来中长期影响。

近年来，中国消费者的消费变化已经成为国内外研究和关注的热点。随着经济增长的放缓，中国消费者习惯已经发生了很大的变化，从消费习惯到消费观念乃至消费决策，都有所变化。本部分从消费习惯变化、消费决策变化、消费观念变化、消费者行为变化、品牌认知变化五个方面，分析中国消费者近年来的消费变化趋势。

第一，消费习惯变化。随着社会经济的发展，中国消费者的消费习惯也发生了显著的变化。例如，消费者更加追求品质、购买更高档的产品，讲究品牌，更多地购买自己喜欢的品牌；此外，消费者也更加注重环保，偏好环保型和可再利用的产品；消费者也越来越注重健康，更加偏爱健康型的产品，更主动参与健康管理。

第二，消费决策变化。消费者的消费决策也发生了很大变化。消费者更加注重价格和性价比，更加看重性能和口碑，也更加关注品牌形象和品牌号召力。而且，消费者也更加重视产品的安全性，更加注重质量，同时更加重视产品的售后服务。

第三，消费观念变化。我国消费需求市场的发展已经迈入新阶段，市场规模不断扩大，结构不断优化，模式也实现了创新，对我国经济发展产生了间接的推动作用。但由于各地区的政策不同，城乡差异较大，我国消费需求市场的扩大面临着很多问题。参考凯恩斯的边际消费倾向递减理论可知，在居民的收入水平上升的过程中，平均消费倾向有下滑的趋势。随着社会发展，消费者对消费的观念也发生了很大变化，消费者更加注重消费的意义，更加强调消费的责任，也更加关注消费的社会价值，更加追求消费的舒适感。此外，消费者更加重视消费的合理性，更加注重节俭，更加挑剔，更加重视消费的有效性。

第四，消费者行为变化。消费者行为也发生了很大变化，消费者更多地选择网络购物，利用移动互联网进行消费，利用社交媒体进行消费决策和交流，更加积极参与社交活动，也更加积极参与慈善活动。

第五，品牌认知变化。消费者对品牌的认知也发生了很大变化，消费者更加重视品牌形象和品牌力量，更加重视品牌与消费者的关系，更加重视品牌的社会责任，也更加关注品牌的文化内容。

总结起来，中国消费者近年来的消费变化趋势是，消费习惯变化，更加追求品质、购买更高档的产品，讲究品牌、环保、健康；消费决策变化，更加注重价格和性价比、性能和口碑、品牌形象和品牌号召力、安全性和质量、售后服务；消费观念变化，更加注重消费的意义、责任、社会价值、舒适感和合理性；消费者行为变化，更多地选择网络购物、利用移动互联网和社交媒体进行消费决策和交流，参与社交活动和慈善活动；品牌认知变化，更加重视品牌形象、品牌力量、品牌与消费者的关系、品牌社会责任和品牌文化内容。

3.2.2　卷烟消费趋势变化

（一）卷烟消费趋势变化概述

近年来，中国卷烟消费市场发生了巨大变化，卷烟行业发展迅猛，消费者的选择也更加多样化。

不同于过去的单一消费模式，卷烟消费已经发生了巨大的变化，在今天的消费市场，卷烟的消费结构也发生了变化。按价格划分的卷烟产品类型如图 3-1 所示。

类型	价位	等级
一类	不含税调拨价为100元/条及以上	高档
二类	不含税调拨价为70元/条（含）～100元/条	
三类	不含税调拨价为30元/条（含）～70元/条	中档
四类	不含税调拨价为16.5元/条（含）～30元/条	低档
五类	不含税调拨价为16.5元/条以下	

图 3-1　我国卷烟产品类型（按价格划分）

首先，近年来中国卷烟消费市场的整体表现十分强劲。据统计，2022 年主要市场卷烟销售额相较于 2021 年增长了 5.86%，2021 年烟草行业工商利税的总额约为 13581 亿元，较 2020 年增长了 778 亿元。从行业分布来看，2022 年烟酒类零售总额为 5046 亿元，同比增长 2.3%，占全国社会消费品零售总额的 1.15%，是全国综合消费的一大组成部分。

其次，近年来中国卷烟消费市场的消费结构发生了变化。以高档卷烟（一、二类卷烟）为例，其在中国市场的消费占比越来越高，2022 年中国高档卷烟销量占比达到 56.55%，较上年增长了 5.21%。消费者越来越倾向于支付更多的费用购买更高档的卷烟，以满足自身的消费需求。

此外，近年来中国卷烟消费市场受到了网络零售的影响。随着互联网技术和新媒体平台的发展，网络营销推广市场也迅速发展，网络营销推广渠道已经成为引导消费者进行新产品体验，吸引消费者购买卷烟的首选渠道，并且网络营销推广渠道使得消费者流量也在不断增加。

最后，中国卷烟消费市场的消费模式在不断改变。近年来，越来越多的消费者开始购买新型的卷烟，如电子烟、无烟烟草制品等，这些新型烟草和特殊口味（外香型）卷烟产品的消费量在不断增加。根据《2021 电子烟产业蓝皮书》数据显示，2021 年，中国电子烟消费人群规模在 770 万人左右，中国电子烟行业的市场规模达到了 197 亿元，同比增长 36%，但是由于《国家烟草专卖局关于加强电子烟监管有关事项的通知》文件的出台，使得中国口味性电子烟消费者无法在本地购买口味性电子烟，因此不同口味风格的传统卷烟未来会在一定程度上填补上述口味性电子烟带来的空缺需求市场。

总的来说，中国卷烟消费市场的变化趋势是多方面的，消费者的选择也更加多样化。过去的单一消费模式已经不再适用，消费者的消费需求不断发生变化，消费者对卷烟的要求也越来越高，消费模式也发生了变化。同时，更加多样化的卷烟产品零售市场的发展也为消费者提供了更多的选择，特殊口味（外香型）卷烟的消费也在不断增加，中国卷烟消费市场的变化趋势仍在不断发展。

（二）我国烟草市场存在的问题汇总

1. 造假现象猖獗

由于烟草制品占地面积小，又不像食品有鲜明的保质期，只要保存得当，其保质期很长，能达到几年的时间，再加上我国吸烟者众多，因此在烟草市场上，尤其是高档卷烟的制假售假现象非常猖獗，屡禁不止。

2. 走私屡禁不绝

虽然我国海关监管较严，但走私者总能利用监管的薄弱环节，通过海路、陆路，甚至是航空将走私烟草运往中国。

3. 烟草违法调度情况比较严重

在烟草市场上专门有一批人，游走于全国各地，寻找不同地区同种品牌烟草的差价，然后在不同的地区逃过监管部门的视线从事调度，从中获利。他们人为炒作，使烟草制品的价格虚高，扰乱了我国烟草市场的正常秩序。

4. 个别烟草生产企业在国家计划外生产搞“体外循环”

个别烟草生产企业将其产品以较低的价格暗中出售给商家，既逃避了国家税收，又使部分人员获得了较高的利润。此行为逃避了国家监管，扰乱了正常的市场秩序。

5. 消费者在购买到假烟后，很难得到索赔

消费者在购买烟草制品时，很少向对方索要发票，缺少购买的证据，并且烟草制品极易消耗，在消费后很难取证。消费者在购买到假烟后，因为缺少证据往往很难得到索赔。

3.2.3　零售终端市场波动的原因分析

中国卷烟零售终端市场是指以零售终端店为主的卷烟销售市场，是卷烟行业的重要组成部分。近年来，随着政策限制和经济变化，中国卷烟零售终端市场的销量波动性很大，让这一行业受到很大的影响。以下就中国卷烟零售终端市场销量波动的原因进行分析。

第一，政策因素是导致中国卷烟零售终端市场销量波动的重要原因。在近年来，政府出台的禁烟令，使烟草零售店的盈利能力受到了严格的限制，烟草行业的经营和发展受到了很大的影响，这就导致了中国卷烟零售终端市场销量的波动。例如，在 2015 年，《北京市控制吸烟条例》正式施行，随后部分地区纷纷出台各自的控烟政策文件，如 2022 年 10 月，上海市人大常委会已通过《上海市公共场所控制吸烟条例》修正案，即日起正式施行。这些控烟政策要求在公共场所禁止吸烟，这使得卷烟行业的增长受到了很大的影响，导致中国卷烟零售终端市场的销量下降。

第二，经济因素也是导致中国卷烟零售终端市场销量波动的重要原因。随着经济的发展，消费者的收入水平在不断提高，消费者的支出能力也在不断提高。这就导致了消费者对更昂贵的卷烟的需求量不断增加，从而使中国高档卷烟零售终端市场的销售额和销量不断增加。另外，随着经济的发展，烟草行业的投资也在不断增加，为烟草行业提供了良好的发展环境，也推动了中国卷烟零售终端市场的销量增加。

第三，社会文化因素也是导致中国卷烟零售终端市场销量波动的重要原因。随着社会的发展，人们的价值观也在不断发生变化，越来越多的人开始重视健康和环保，越来越多的人把健康放在首位，这就导致了越来越多的人开始戒烟，从而使中国卷烟零售终端市场的销量出现波动。此外，随着社会发展，社会文化多元化，消费者的消费习惯也在发生变化，这就导致了中国卷烟零售终端市

场销量的不断变化。

综上所述，政策因素、经济因素和社会文化因素是导致中国卷烟零售终端市场销量波动的重要原因。如果要稳定卷烟行业的发展，政府和企业应该共同努力，积极应对这些因素，制定出更有效的政策和策略，提高卷烟行业的经济效益，促进行业的健康发展。

3.2.4 卷烟消费群体及消费方式的变化

近年来，中国卷烟消费群体和消费方式均有了较大的变化，而这种变化也影响了卷烟市场的发展。

首先，中国卷烟消费群体发生了变化。

(1) 消费群体的变化。近年来，中国卷烟消费群体的变化趋势是日益年轻化。据《柳叶刀》2019年的研究，我国15岁及以上人群吸烟率为26.6%，男性吸烟率高达50.5%。中国女性吸烟率和15～24岁青少年吸烟率均呈现上升趋势。尤其是近几年，随着卷烟市场的加快发展，中国消费者的消费流向也向年轻人转移。根据报告显示，中国卷烟消费群体中，20岁以下所占的比例从2010年的3.3%上升到2017年的5.5%，30岁以下所占的比例从2010年的17.6%上升到2017年的23.4%，年轻消费者的比重提高，虽然我国不断地出台控烟政策，我国人群吸烟率也呈现下降趋势，但是吸烟行为仍然处于较高水平，尤其是电子烟在年轻人中的使用比例较高。

(2) 消费结构的变化。 随着消费群体的年轻化，中国卷烟消费结构也有了变化。目前，中国卷烟消费结构中，高档卷烟（一、二类卷烟）比例在不断攀升，从2017年的37.2%上升到2022年的56.55%，而低档卷烟（四、五类卷烟）比例则在不断下降，从2017年的19.71%下降到2022年的2.9%。这表明，随着消费者的收入水平的提高，中国卷烟消费群体的消费结构也在向高档卷烟倾斜。

其次，随着中国卷烟市场的激烈竞争，消费者对卷烟消费方式的要求也越来越高。从消费者的角度看，他们更倾向于购买更多品牌的卷烟，而不是一个品牌。因此他们对产品的包装、形状、香味等方面的要求变得更加苛刻，这就意味着产品的质量变得更加重要。产品的质量要达到消费者的期望，就要求公司不断改进产品，提高产品的质量。此外，在近年来，消费者更倾向于购买新奇、高端的新品类卷烟，而不是老旧、低端的常规卷烟。为了满足消费者的需求，公司需要不断开发新型、高端的新品类卷烟，以满足消费者的需求，保证企业税利。

总之，近年来中国卷烟消费群体及消费方式的变化与卷烟市场的变化息息相关。消费者对更多品牌、更高端的卷烟的要求会带来卷烟市场的变化，使得公司必须不断改进产品、提高产品的质量，以满足消费者的需求，保持市场的竞争优势。

3.2.5 国际环境对中国市场的影响

近年来，国外跨国公司为了增强其市场竞争能力和扩大其在全球的市场份额，纷纷展开大规模的收购与重组。先是英美烟草公司于1999年收购了乐富门国际烟草公司，接着日本烟草公司于同年花费了78亿美元的“天价”收购了美国雷诺公司的海外烟草业务——这也是日本烟草企业有史以来最大规模的收购活动。2002 年，帝国烟草集团正式收购了当时产量规模居世界第四位的德国利是美烟草公司。经过这一轮兼并与重组，除中国之外的世界烟草市场基本为“四大烟草巨头”所把持和垄断。菲莫烟草公司、英美烟草公司、日本烟草公司、帝国烟草公司“四大烟草巨头”卷烟目前已占全球烟草 43.5% 的市场份额，而在中国以外的世界烟草市场上所占份额更高达 62.5%。虽然中国烟草市场由于有专卖制度的强力保护而免遭跨国烟草公司的鲸吞蚕食，但事实上，各大跨国烟草公司早在几年前就加快了对中国市场的渗透步伐。如纷纷在韩国、印尼、越南等中国周边国家投资建厂，在中国国内进行深入细致的市场调查，通过赞助冠名活动，无偿或低价向大型商场、酒吧、歌厅等派送卷烟产品等进行宣传。与此同时，各大跨国烟草公司还不遗余力地拓展在中国的合资与合作项目，如英美烟草公司加紧在云南、贵州、湖北建立烟叶基地，在资金和业务方面加强对在山东的合资企业 —— 华英烟草公司的支持和控制，与广州卷烟一厂共同开发椰树牌卷烟，与中国烟草总公司、云南省烟草公司联合开发迅牌混合型卷烟。英美烟草公司还雄心勃勃地要在中国合资兴建亚洲一流的雪茄烟生产基地。不仅英美烟草公司如此，其他几大跨国烟草公司近年来对中国市场的渗透也日渐深入。如全球第一大烟草商菲莫烟草公司与福建龙岩卷烟厂合资生产万宝路品牌卷烟，2005 年年底开始生产，在第一年内的产量超过 20 亿支。可以说，这些犹如冰山之一角，形形色色的渗透和入侵大都是隐蔽的，在将来才能逐渐看清楚它们的力量。在今天的中国，虽然通过合法渠道进口的外国卷烟为数极少，但万宝路、555 等外国卷烟的品牌知名度和在市场上的实际占有率，事实上是大多数的单一国产卷烟品牌都无法达到的。

纵观大国崛起历程可以发现，凡是大国崛起，必然实现了以国内循环为主体，国内与国际双循环相互促进。中国作为世界第二大经济体，要借鉴美国、英国等成熟的大型经济体的烟草发展模式与经验，充分发挥国内卷烟市场的优势，形成双循环新发展格局。

3.3　产品市场表现因素研究

在进行卷烟产品竞争力分析时，除了按照卷烟产品的产量销量来进行竞争分析外，还有两个重要的维度可以较好地衡量卷烟产品的竞争力水平。第一是纵向的产品结构维度，即从五类卷烟产品到一类卷烟产品之间的竞争力研究，以及中国顶级、最具竞争力的卷烟产品和品牌情况；第二是每类产品市场内部不同品牌之间卷烟产品的竞争力研究，以及不同地域市场中不同卷烟品牌之间的竞争力研究，这实质上是细分市场后的产品竞争力研究，从而区分不同品牌在不同市场之间的品牌价值和竞争力。

3.3.1　卷烟产品与区域环境的适应性

目前中国卷烟市场是一个竞争激烈的市场，区域消费者的口味和偏好、相关产品的竞争以及当前的区域政策都会影响卷烟产品的发展。因此非地产卷烟产品需要不断地创新和改进产品，以适应当地市场环境，提高产品市场表现力。为了研究卷烟产品如何与当地市场环境相适应问题，将从政策符合、品牌建设、产品创新、营销策略等方面进行分析。

1. 政策符合

卷烟产品需要与各地烟草专卖局的政策相适应，以满足政策的要求和规定。例如需要了解当地烟草专卖局的价格政策，同时结合竞争产品的情况，对新开发产品制定合理的定价策略，以确保产品的市场竞争力和盈利能力。

2. 品牌建设

卷烟产品本身是同质性较高的产品，不同烟草产品之间的本质差别不大时，其差异性主要体现在两个方面：一方面是在卷烟产品实体上，主要表现在卷烟的吸味、烟叶风格、卷烟质量、危害性程度等方面；另一方面主要体现在卷烟的品牌价值所赋予的内涵上，表现在品牌的知名度和美誉度，产品整体的文化价值内涵，产品的社会认可度和社会交往价值等方面。

卷烟产品的差异性是卷烟产品得以立足和发展的基础，因此要想树立中国卷烟产品的知名品牌，打造中国卷烟产品的核心竞争力，必须从卷烟产品上述两方面的差异性入手，从实体和品牌两个层次打造我国卷烟产品的核心竞争力。

(1) 提高卷烟产品自身的质量。要提高卷烟产品自身质量，首先，要提高上游烟叶产品质量，只有把烟叶质量放在中心位置，大力推广先进技术，开发特色优质的烟叶产品，优化烟叶产品结构，促进烟叶内在化学成分协调等，才能从源头提高我国卷烟产品的质量和塑造卷烟产品的差异性。其次，要努力降低卷烟产品的危害性。面对世界卷烟产品的低焦油、低危害的发展趋势，必须在烟叶生产、香料添加、生产工艺等方面入手，切实降低我国卷烟产品的焦油含量和危害性。不断提升和发展降低焦油含量和卷烟危害性的技术手段，广泛推广应用，努力在低焦油、低危害性卷烟产品方面形成标志性的品牌和标志性的产品。最后，要不断完善和严格管控卷烟生产的工艺流程和生产流程，建立和完善产品标准体系，强化同类同种产品的同质性，建立和完善卷烟产品生产的质量控制体系和质量保障体系，充分运用已有的技术条件和设备条件，提升我国卷烟产品的质量。

(2) 提升卷烟产品的品牌竞争力。首先要加强已有知名卷烟品牌和产品建设。卷烟制造企业要明确自身定位，突出品牌发展的重点，制订明确的品牌建设规划，以品牌带动卷烟产品竞争力的提升，同时还要完善知名品牌卷烟产品种类的建设，在市场细分的过程中，突出品牌的风格与特色，从而形成属于自身的独特的差异性。还要切实保证知名品牌卷烟产品的质量，提高知名品牌的可信度。其次，要强化品牌整合，做强、做大知名品牌。对于卷烟品牌要采取支持知名品牌发展，优化行业资源配置的策略，使资源更多地向优势品牌集中，从而促进优势的卷烟品牌做大、做强。最后，要以优势品牌为依托，积极开拓国际市场，探索品牌发展国际化大道路。以少数重点的目标市场为突破口，集中推出优势卷烟品牌和卷烟产品，推动我国优势卷烟产品和品牌走向世界。

品牌建设是卷烟企业提高产品市场表现的重要手段之一。在当地市场环境中，卷烟企业应根据不同市场需求，打造不同的品牌形象和产品特色。例如，在一些高端市场中，卷烟企业可以打造高端品牌，通过高品质和高附加值的产品特色，吸引高端消费者的关注和认可。而在一些中低端市场中，卷烟企业可以打造价格适中的品牌，通过适中价格和高性价比的产品特色，吸引低收入消费者的关注。同时品牌建设的成功，需要卷烟企业根据当地市场环境，深入了解消费者需求和偏好，并结合当地文化和市场特点，精心打造品牌形象和产品特色。

3. 产品创新

产品创新是卷烟企业提高产品市场表现力的关键因素之一。在当地市场环境中，卷烟企业需要根据消费者需求和市场特点，不断地改进和创新产品。例如，根据消费者健康意识的提高和烟草管制政策的要求，卷烟企业可以研发低焦油、低烟气、低危害的健康型卷烟产品，以适应当地市场环境的变化。此外，卷烟企业还可以根据消费者口味和偏好，创新口感和烟味，推出新品类、新口味的卷烟产品，以满足不同消费者的需求和偏好。

4. 营销策略

实施营销策略是卷烟企业提高产品市场表现的另一个重要手段。

在传统的观念下，卷烟产品常常是供不应求的，不存在市场营销的问题。但事实上，在我国卷烟制造行业“总量平衡”的宏观调控政策下，卷烟产品的供求结构性矛盾十分突出。在当地市场环境中，卷烟企业需要采取不同的营销策略，以适应不同市场需求和消费者偏好。例如，在一些高端市场中，卷烟企业可以采用高端营销策略，通过高档礼盒、限量版等高附加值的方式，吸引高端消费者的关注和购买。而在一些低端市场中，卷烟企业可以采用促销和折扣等营销策略，以低价和高性价比的产品特色，吸引低收入消费者的关注和购买。另外，随着移动互联网和社交媒体的普及，卷烟企业可以采用数字化营销策略，通过社交媒体等渠道，进行营销推广，与消费者互动交流，增强品牌影响力和产品认知度。

除了以上四个方面，还需要注重服务质量和渠道管理，提高客户满意度和销售网络覆盖率，以进一步提高产品市场表现力。例如，可以通过在销售网点设置售后服务中心、提供送货上门等服务方式，提高客户满意度和品牌忠诚度。同时，还需要加强渠道管理，建立合理的销售网络，确保产品能够覆盖到更广泛的消费者群体。此外，卷烟企业还可以通过区域合作和市场联合等方式，提高销售渠道的覆盖范围和效益。

3.3.2　产品市场表现影响因素的确定及归纳

中国卷烟产品市场是一个非常复杂的系统，受到众多因素的影响。这些因素可以归纳为政策、价格、技术、销售渠道、消费者行为、社会文化等。下面将从这些方面具体分析中国卷烟市场的影响因素。

(1) 政策因素：政策是影响中国卷烟产品市场表现的重要因素。政府和相关行政部门发布的法规、政策及有关税收都会对市场表现产生重要影响。在中国，政府鼓励消费者购买低危害卷烟，并劝阻消费者戒烟，同时出台了相关政策，以提高消费者对低危害、新品类卷烟的购买倾向，降低消费者的吸烟量。同时，烟草商业公司也会根据实际情况推出相关地方保护政策，以推动本地经济发展和维持地方财政收入,因此政策因素在一定程度上会对中国卷烟产品表现造成影响。

(2)价格因素:价格是影响中国卷烟产品市场表现的重要因素。如果卷烟价格过高,或出现涨价等情况,消费者将会减少购买,从而影响市场表现。同时,价格也会受到政府税收、技术改进等因素的影响,从而影响市场表现。

(3)技术因素:技术创新是实现卷烟产品档次提升的原动力,是打造卷烟产品竞争力的核心和基础。由于我国烟草行业长期处于计划经济模式下,并且运营相对封闭,因此行业内配置资源的市场机制相对有限,卷烟制造企业之间竞争的压力不大,优胜劣汰机制几乎不发挥作用,进而卷烟制造企业通过研发实现技术创新的动力严重不足,在技术创新和产品研发上的投入相对不足。在这种情况下,必须发挥国家行业主管部门的调节作用,推动和促进烟草行业的技术创新,从而打造我国卷烟产品的核心竞争力。

(4)销售渠道因素:销售渠道也是影响中国卷烟产品市场表现的重要因素。如果渠道不畅,将会影响消费者的购买欲望,从而影响市场表现。此外,渠道的模式也会影响市场表现,例如,网络营销推广模式的影响比实体店营销推广模式的影响更大。

(5)消费者行为因素:消费者行为是影响中国卷烟产品市场表现的重要因素。消费者在购买卷烟时,会考虑价格、品牌、质量等因素,而这些因素会影响市场表现。

(6)社会文化因素:社会文化是影响中国卷烟产品市场表现的重要因素。随着社会文化的发展,消费者的价值观和消费习惯也会发生变化,从而影响市场表现。

综上所述,政策、价格、技术、销售渠道、消费者行为、社会文化等因素都会对中国卷烟产品市场表现产生重要影响。

3.3.3 各类因素的影响力度分析

从上述可知,影响卷烟产品市场表现的主要因素为政策、价格、技术、销售渠道、消费者行为、社会文化六个方面,其影响力度大小排序为政策(决定性因素)> 价格 = 技术 = 销售渠道(重要因素)> 消费者行为 = 社会文化(次重要因素),以上影响力排序的原因分析如下。

(1)政策:政策直接决定了卷烟产品市场的表现。政府的税收、补贴、健康政策等,以及各地商业公司根据实际情况推出的相关地方保护政策、一省一策等都会影响卷烟市场的发展。对卷烟的税收政策是政府最常用的政策之一,它通过提高卷烟的价格以限制消费者的消费,使消费者减少或放弃购买卷烟;此外,政府还对卷烟的广告也有限制,通过政府规定的法律法规来限制卷烟的广告,以减少烟民的数量;商业公司地方保护政策会影响全国性卷烟产品的可持续发展,因此认为政策是影响卷烟产品市场表现的决定性因素。

(2)价格:价格是影响消费行为的关键因素,价格的上涨或下调会直接影响消费者是否继续购买卷烟,以及消费者购买哪种卷烟,因此认为价格是影响卷烟产品市场表现的重要因素。

(3)技术:烟草原辅料技术和工艺技术可以改变卷烟产品的性能,改善卷烟质量,降低卷烟产品的成本,缩短产品开发周期,提高卷烟生产能力,这些都会影响卷烟产品的市场表现;卷烟包装技术不仅可以提高卷烟档次,传播社会文化,增强消费群体认同感,还能延长卷烟的保质期,从而更好地保护卷烟的品质,因此认为技术是影响卷烟产品市场表现的重要因素。

(4) 销售渠道:销售渠道是企业将产品带入市场的窗口,当销售渠道能够实现覆盖面广、销售成本低、传播效果好等目标时,可以有效提升卷烟产品的市场表现,因此认为销售渠道是影响卷烟产品市场表现的重要因素。

(5) 消费者行为:消费者行为受多种因素影响,包括价格、品牌、质量、服务、广告等。消费者行为的表现形式如下。①价格敏感性,消费者对卷烟产品价格的敏感性越强,则卷烟产品的价格越低;消费者对卷烟产品价格的敏感性越低,则卷烟产品的价格越高。②消费偏好,如果消费者偏爱某种卷烟,则这种卷烟的销售量会更高;如果消费者不喜欢某种卷烟,则这种卷烟的销售量会更低。③消费潮流,如果消费者认为某种卷烟很时尚,则这种卷烟的销售量会更高;如果消费者认为某种卷烟不时尚,则这种卷烟的销售量会更低。因此认为消费者行为是影响卷烟产品市场表现的次重要因素。

(6) 社会文化:卷烟乃至烟草产品,都与社会文化息息相关,文化氛围的变化会影响消费者的消费选择,从而影响卷烟市场的表现。其中社会文化可以从以下几个方面进行分析。①文化认知:卷烟的社会文化影响力主要来自消费者对卷烟的认知和理解,消费者对卷烟的文化认知可以直接影响市场需求和品牌口碑。②社会影响力:卷烟的社会文化影响力还受到其所处的社会环境的影响,如政府的监管以及社会对产品的评价。③品牌形象:卷烟的品牌形象也可以影响其社会文化影响力,如品牌塑造的态度、价值观等,会直接影响消费者的购买行为。④消费场景:卷烟的消费场景也是影响其社会文化影响力的重要因素,消费者在不同的场景下对卷烟的认知和需求也会有所不同,这也会影响市场表现。因此认为社会文化是影响卷烟产品市场表现的次重要因素。

参考文献

[1] 中华人民共和国国家统计局．中国统计年鉴 2007[M]. 北京:中国统计出版社,2007.

[2]《中共中央关于完善社会主义市场经济体制若干问题的决定》学习问答 [J]. 时事报告,2003(11):15-25.

[3] 国务院．国务院关于 2005 年深化经济体制改革的意见 [EB/OL].(2005-04-04). https://www.gov.cn/xxgk/pub/govpublic/mrlm/200803/t20080328_32716.html.

[4] 张艳．放松规制 —— 中国烟草产业改革的市场化取向 [M]. 合肥:合肥工业大学出版社,2008.

第四章
销量趋势分析综述

4.1 非烟草行业销量趋势分析综述

4.1.1 非烟草行业销量趋势分析部分研究概述

对于非烟草行业的销量趋势分析，已经有众多学者做过类似的研究，涉及多种不同的行业，包括汽车、服装零售、能源零售、线上农产品销售、外贸电商、餐饮、手机、药品零售等。

网络技术的快速发展和互联网的普及，颠覆了消费者获取信息的传统方式，使得消费者更加青睐从互联网上搜索相关数据和信息，互联网成为用户获取资料和信息最快捷的途径之一。根据中国互联网信息中心的统计数据显示，截止到 2013 年底，80% 左右的网民使用搜索引擎获取相关信息。数以亿计的网络搜索数据记录了搜索关注与需求，反映了市场主体的行为趋势与规律，为研究社会经济行为提供了必要的数据基础。下面以汽车、电商、零售行业等为例进行综述分析。

1. 汽车行业

2014 年河南大学的崔东佳利用网络搜索数据对汽车的销量进行预测。他认为消费者在购买汽车的过程中，首先会有需求准备期，在需求准备的这段时间内，消费者会根据自身的喜好、汽车的价格和性能，以及自身的经济状况来获取购买汽车的潜在相关信息。他通过消费者在互联网搜索相关信息而留下来的记录，从我国汽车的低、中、高端市场分别选取了奇瑞、大众、宝马三个品牌的汽车作为研究对象，以消费者购买汽车的行为过程为出发点，建立相关理论框架模型，揭示了网络搜索数据与汽车销量之间的相关关系，分别通过百度搜索引擎搜索与奇瑞、大众及宝马三个品牌汽车相关的关键词，采用综合赋权和错位逐步合成方法对搜索到的关键词进行合成，得出相应的网络搜索指数，然后利用网络搜索指数与相应的品牌汽车历史销量数据建立回归预测模型，进而进行协整分析和格兰杰因果关系检验。分析与检验结果表明，相比传统的汽车销量预测方法，该方法具有很高的预测精度（处于低端市场的奇瑞汽车拟合度相对较差，拟合度为 70.0%，预测的平均绝对误差值为 8.51%；处于中端市场的大众汽车的拟合效果远高于奇瑞汽车的拟合效果，拟合度为 95.2%，平均绝对误差值为 4.85%；而处于高端市场的宝马汽车的拟合度在三个品牌汽车中为最优，拟合度为 97.7%，预测效果也最佳，平均绝对误差值仅为 2.78%），预测效果也随着汽车品牌档次的提高而提高。但是利用网络搜索数据的经济社会相关性预测研究在内在机理、关键词选取和合成方法、信息有效性甄别方面还存在一定的不足。

2014 年华中师范大学的赵颖对我国的汽车销量预测模型也进行了研究。她通过分析影响我国汽车销量的主要因素，利用格兰杰因果关系检验了这些因素与汽车销量之间的因果关系，进一步进行灰色关联度检验，利用主成分回归方法建立了我国汽车销量的预测回归模型，并且利用模型，结合当时我国汽车市场情况，提出相关对策和建议。

2016 年东华大学的王旭天以 BP 神经网络技术为主线，结合 ARIMA 模型和主成分分析，分别对汽车的月度销量和年度销量进行预测。在汽车月度销量预测问题中，分别使用了 ARIMA 模型和 BP 神经网络单独进行了预测。针对月度数据具有的周期波动特点，对 ARIMA 模型采用具有季节调整的形式。结果显示，这两种模型均具有良好的预测精度。为进一步提高预测效果，根据预测误差平方和最小的原则将两种模型进行组合，构建新的组合预测模型，结果表明组合模型的预测效果优于单一的预测模型。在汽车年度销量预测问题中，采用了GDP、城镇居民人均可支配收入、民用汽车拥有量、公路里程、交通工具类居民消费价格指数、钢材产量、橡胶轮胎外胎产量和经济活动人口等八项经济指标对汽车销量进行预测。运用灰色理论分析得到选用的指标和汽车销量的关联度，其中橡胶轮胎外胎产量和钢材产量与汽车销量的关联度最高。将这八项指标标准化后作为BP神经网络的输入值对销量进行预测，预测结果的平均相对误差为2.34%。针对指标中可能存在的信息冗余，采用了主成分分析方法对输入数据进行降维处理。结果显示，主成分BP神经网络预测的平均相对误差为1.71%，比BP神经网络的有所降低。

2017年合肥工业大学的章旭基于时间序列分析对汽车销量进行预测，他提出一种基于网络大数据和传统统计学时间序列分析的考虑品牌情感的汽车销量预测BOAR模型。对于单一品牌，在考虑该品牌不同时间历史销量的基础上，结合在用户在线评论中挖掘的用户情感值进行汽车销量预测。对多个汽车品牌的实验表明，综合历史同期销量、前期销量和品牌情感的BOAR模型平均预测误差为5.93%，比自回归模型降低8.59个百分点，BOAR模型可以准确预测单一汽车品牌的销量，具有更好的稳定性。与此同时，他还意识到BOAR模型及传统的时间序列分析模型都存在以下问题：(1)汽车销量影响因素众多，不同品牌的汽车销量的影响因素本身可能也是不一致的，对于不同的汽车品牌采用一致的影响因素作为预测的解释变量是不合理的；(2)需要事先假定影响因素和销量之间呈线性关系，对于高度非线性的关系难以准确用数学模型拟合。因此进一步提出一种通用的销量预测MISF模型，基于MARS变量选择过程和BP神经网络相结合的方式预测单一汽车品牌的月度销量。实验结果表明MISF模型的预测误差平均为4.04%，比BOAR模型的预测误差进一步降低。这也验证了变量选择和神经网络在汽车销量预测研究中具有重要作用。

2017年天津大学的林梅霞对过去10年商用车市场较全面的数据进行分析，探讨了中国商用车整体市场、中重卡市场的发展现状及发展趋势，并从宏观经济及政策因素的角度进行分析。然后，通过预测指标体系的构建，确定了商用车市场的五个主要影响因子，包括GDP、社会消费品零售总额、固定资产投资总额、煤炭需求量、钢铁产量。最后，引入Gompertz模型及岭回归模型对中重卡市场保有量进行预测，并通过历史数值进行实证分析，确保了模型的科学合理性，提高了预测的准确度。

2018年电子科技大学的曹永立也对汽车销量进行了预测，他的分析方法与崔东佳的类似，都是基于网络搜索数据、评价数据与汽车销量之间的关系，建立预测模型对汽车销量进行预测。2021年长春大学的苑鑫艺也用了类似的思路和方法对我国新能源汽车的销量进行预测研究。

2. 电商行业

2016年河北工业大学的和述群认为随着线上涉农产品交易数据规模的激增，传统浅层模型的预测性能已无法满足当前线上交易数据的处理需求，深度学习理论作为模式识别和机器学习领域最新的研究成果，强大的模型构建和特征表示能力在图像和语音处理等技术领域的大规模数据处理能力方面有卓越的表现。他从农产品线上交易原始历史数据出发，以影响农产品线上销量的九大因素为基础建立评价指标，将销量分成四个等级。首先，采用深度学习(deep learning)算法中的自编码器(autoencoder)提出一种基于深度学习的线上农产品销量预测模型——皇冠模型(imperial crown model，简称ICM)，该模型采用两层自编码网络提取样本特征生成新的特征向量，利用带标签样本集训练分类器对无标签训练样本进行分类，利用BP微调整个网络参数得到使损失函数值达到最小的最优参数，实现线上农产品销量的动态分类预测。其次，针对交易数据具有快速、多样化增长特点及销量影响因素与销量等级间的模糊对应关系，采用基于模糊隶属度的数据预处理技术优化深度学习算法，加入具有稀疏性限制的自编码方法，提出了一种带有模糊隶属度的深度学习销量预测模型——超皇冠模型(super imperial crown model，简称SICM)。该模型在使用模糊隶属度处理销量影响因素与销量等级间权值关系的基础上，使用稀疏自编码网络自适应提取样本特征，销量等级分类预测采用softmax分类器，采用BP微调以达到参数最优化。最后，利用收集到的交易数据应用R软件对两个模型进行仿真并对比分析两大模型的综合预测性能。结果表明，该研究方法针对当前线上农产品交易数据特点能够实现实时、准确的动态销量分类预测，有效克服因信息失衡引起的供需不平衡现状，并且对深度学习在电子商务交易领域的研究有促进作用。

2019年大连海事大学的由梦璐在深入学习了国内外情感分析理论及其主要研究成果的基础之上，以某电商平台关于手机的交易数据作为研究用实验数据，将情感分析作用于商品的不同属性，开展了基于网购评论信息情感倾向性分析的在线商品销售量预测模型研究，主要研究如下：

(1)提出了一种基于融合词性的BiLSTM-CRF模型的商品显式特征提取方法。该方法首先对基于词语的评论句和基于词性的评论句独立进行建模，分别使用BiLSTM网络学习评论信息的长期依赖关系，然后将词语与词性的特征进行融合，并将融合后的语义特征接入全连接网络，最后将全连接网络输出的结果作为CRF网络的输入，经过CRF层的训练得出带有特征标注的文本序列。利用该方法，完成了对商品显式特征的提取并取得了较好的实验验证效果。

(2)提出了一种基于上下文得分的线上商品隐式特征提取方法。该方法首先构建共现矩阵确定候选隐式特征词，然后求出其与上下文中特征词的相似度，最后综合计算候选特征词得分来提取商品隐式特征。通过实验验证，证明了利用该方法可实现对商品隐式特征进行有效提取。

(3)根据提取出的含有特征及观点的评论句，首先利用情感词典判断含有商品特征的评论句的情感倾向值并据此构建初始训练集，然后通过分类器结合训练方法判断其余含有商品特征评论句的情感倾向，最后根据构建的特征词典得到每个特征簇的情感倾向。该方法不仅解决了传统分类算法需要进行大量人工数据集标注问题，同时在实验验证中取得了较好的实验效果。

(4)在上述研究成果基础上，构建线上商品销售量预测模型。通过计算每个影响因素的影响权重来选择权重大的因素，然后结合得到的评论文本中商品特征的情感倾向值来构建BP神经网络模型。通过对手机销量预测的实验验证，证明了该方法的有效性。

2019年北京交通大学的张悦以外贸电商选品为研究对象，从评论情感分析和商品销量预测两方面出发，提出了一个基于评论情感分析和销量预测的外贸电商选品方案。首先，基于对评论情感分析的外贸电商选品目标的理解，确定需要采集的字段，即主流外贸电商网站上的在线评论和部分商品信息；进行文本预处理和情感词典的构建，再按照先后顺序分别针对商品品类和商品属性进行情感分析。其次，基于对销量预测的外贸电商选品目标的理解，确定需要采集的字段，即主流外贸电商网站上的商品信息；进行数据预处理，通过描述性和相关性分析，确定影响销量的因素；构建 ARIMA-BP 神经网络组合预测模型进行销量预测，将销量预测结果对选品的影响进行分析和评估。最后，以中华文化英文商店为例，运用 Python 工具，分别从评论情感分析和销量预测两个方面为其选择适合销售的商品。论文从评论情感分析和销量预测两个方面出发，提出了针对外贸电商选品的方案，丰富了外贸电商选品理论、方法和技术，帮助中华文化英文商店选品，同时为其他外贸电商选品提供借鉴。

2019 年北京工业大学的王曼基于网络抓取方法从某电子商务网站收集了 3327 条手机信息，选取包括销量、价格、品牌、内存、操作系统等影响手机销量的 32 个关键因素，首先对数据进行预处理，并用 Boruta 算法和 LASSO 方法进行初步的变量筛选，剔除掉对模型贡献率小的因素，以降低模型的复杂度，最终筛选出 21 个变量进行下一步的分析。而后对训练集数据建立预测模型，主要采用的模型是支持向量回归模型、BP 神经网络回归模型和随机森林回归模型，经过反复调整参数，达到各个模型的最佳拟合效果。为评价模型性能的优劣，使用五折交叉验证方法对比三种模型的预测效果，结果显示随机森林回归模型效果最好，性能最优。最后使用测试集数据对三种回归模型进行预测误差检验，对比各个精度评价指标。

3. 零售行业

2016 年华中科技大学的马春来采用计算机技术根据历史销量对新品手机销量进行预测，建立了销量预测系统。系统将历史销量数据按品牌、档位、制式等属性分类，并根据时间序列预测模型 ARIMA 和 Holt-Winters 来建立手机销量预测模型。系统采用 B/S 架构，前台使用 JSP + JS 实现交互页面，并采用 Echarts 实现图形化，采用 Java EE（现更名为 Jakarta EE）实现系统完整业务处理，并使用 MySQL 作为数据库进行数据管理和持久化。系统的核心是对历史数据进行分析，建立预测模型，并采用 R 语言实现预测算法。系统分为历史数据导入及查询模块、创建预测机型模块、机型属性分析模块、历史容量分析模块、历史容量预测模块、品牌占有率分析模块、机型占有率预测模块、预测结果展示模块等主要功能模块。使用 SpringMVC + Mybatis 来简化系统开发，在机型属性分析中调用爬虫技术来获取相关数据信息，将预测过程中产生的预测数据保存，汇总所有预测数据得到最终预测结果并导出结果。系统通过时间序列预测算法对新上市机型销量进行预测，所得预测结果为供应链备料提供参考，从而使供应链的管理更加有效合理。

2017 年山东大学的游小林基于客户行为对能源零售销量进行预测，引入细粒度的客户消费行为作为重要的分析依据，从客户行为上理解各影响因素对销量的影响，提出了基于客户行为分析的销量预测框架。通过聚合碎片化的客户行为数据，分析了代表性群体客户的购买行为与零售销量之间的内在关联性，既考虑了个体间消费习惯的差异性，又归纳出群体客户行为模式的一致性，同时为管理人员提供了可解释的依据。根据不同类型客户群体的数量分布规律，对群体客户行为进行预测，并进一步作为客户行为特征进行销量预测。针对能源零售管理模式，设计了三种零售销量预测：单站短期预测、单站长期预测与多站联合预测。基于销量的时间序列得到周期性特征，基于客户消费行为进行分析得到客户行为特征。单站预测使用单站相关特征，多站联合预测基于站间相关性筛选得到其他站与单站相关的特征，对单站预测特征集合进行扩展，实现联合预测，并采用包裹式特征筛选和预测模型进行销量预测。选用两个真实的油品交易数据集，从两个方面对预测方法进行验证，一方面对比了融入不同形式的客户行为特征对预测准确度的影响，另一方面对比了使用不同预测模型对预测准确度的影响，并评估预测模型的适用性。实验结果表明基于客户行为的销量预测能够得到更好的预测结果。

2018 年北京交通大学的刘治以跨产业数据挖掘流程的方法论来指导预测任务，将以数据为核心的知识发现工具引入传统的需求预测中；不仅引进了数据挖掘的技术，更加重要也具有应用价值的是将数据挖掘的流程引入。从消费者购物行为和电商的网络营销出发，全面总结了影响销量预测的模式和影响因素，为数据挖掘模型的建立准备了全面的业务知识，也指导了数据挖掘过程中相关数据的获取和分析，这是以往大多数研究中缺失或薄弱的环节。采用因果预测的方法，建立随机森林、支持向量机、神经网络三个最常用的数据挖掘模型并进行预测，另外对比了经典的多元线性回归。采用十折交叉验证的方法评价模型的预测结果，发现在当前的数据集下，采用径向基核的支持向量机预测效果最佳，达到了 7% 的误差率，而且模型的泛化性能最稳定。多元线性回归的预测效果也很优秀，二者预测效果接近，表明当前业务场景下，影响因素对销量的影响模式以线性为主。

2020 年广东工业大学的万赛军通过研究认为，直至今日，许多小型商店的决策主对于商品销量采取的依然是人为观察、人为决策。对于将数据挖掘的预测方法应用在商品销量的企业，常用的预测方法是时间序列方法。但是该方法存在着一定的弊端，由于仅仅依赖时间特征并不会对数据进行特征提取，因此一定程度上造成数据中有大量的信息浪费，仍然有许多有价值的信息没有被挖掘到。而目前在数据挖掘竞赛中非常热门的像 XGBoost、LightGBM 算法则能很好地解决这一问题，充分挖掘数据中潜在的有价值的信息。只有准确的销量预测才能给决策主带来更好的决策，建立和客户良好的关系，而不准确的预测会造成畅销货品断货，滞销商品堆积，导致顾客流失，不利于商店企业的发展。针对如何构建更精准的预测模型，他使用基于决策树的集成模型对真实的商店历史销售数据进行研究，详细地对原始数据进行可视化分析探索，充分挖掘数据中有价值的信息，建立随机森林、XGBoost、LightGBM 等预测模型，分析各模型的特点，并逐一对比各单一模型的预测效果。为了使预测精度更加精准，在 stacking 的基础上对模型融合进行改进，经过实验验证，该方法行之有效。

4. 其他

销量趋势分析研究结果还可用于指导生产商库存策略。2022 年南京大学的潘碗碗认为快时尚产品有生命周期较短、需求的波动幅度大、单次生产不补货等特性，且生产商往往采取低库存策略，每个实体商店由于库存空间有限，产品品类繁多，也保持低库存水平，这样的生产及库存策略将会导致严重的需求截断问题，即有部分需求无法得到满足，这使得销量预测变得困难。因此她提出了考虑需求截断的快时尚产品销量预测研究，分为总销量预测和每期的销量预测研究。总销量预测中探究需求、库存、销量三者之间的关系模型，其中需求是通过线性回归预估的。由于库存的限制导致的需求截断，建立需求转化水平系数进行衡量，建立考虑需求截断的总销量预测模型。由于市场具有较强不确定性，期销量预测对企业及消费者同样重要，以支持企业的物流配送以及营销策略的制定，避免由于市场变化后期产生大量的库存积压。在总销量预测的基础上，构建基于巴斯模型的需求扩散模型以确定每期的需求比例，考虑到产品的异质性，将 *k* 均值算法用于产品聚类，使得每一类内的需求扩散趋势足够相似而类间具有明显差异性，这有助于更有效地利用历史数据；考虑到快时尚产品之间的相似性，将模糊分类方法用于产品分类，每期需求占比乘以总销量即得到期销量的预估。在实证分析部分使用来自新加坡某快时尚企业的真实数据测试了该模型，实验结果表明，在大多数情况下，该模型优于不考虑需求截断的模型预估效果。

其次，通过实际数据为参照，还可以对预测模型的精度进行判断。2019 年上海财经大学的李胜源通过使用百度搜索指数，以国内某大型上市服装零售企业为研究对象，分别建立未包含百度搜索指数与包含百度搜索指数的预测模型，并运用平均相对误差和胜率两个指标，将增加百度搜索指数预测模型的预测结果和未增加百度搜索指数的原始预测结果进行综合评价，验证了增加百度搜索指数的预测模型精度有一定程度的提高。

可以看出，非烟草行业已将销量趋势分析作为行业发展、商业决策的重要手段，而网络搜索数据已成为研究这些经济行为的必要数据基础。同时，相关的预测技术及算法模型，譬如 BP 神经网络、随机森林、ARIMA 模型、主成分分析、BOAR 模型、MISF 模型，以及数据挖掘竞赛中非常热门的像 XGBoost、LightGBM 算法等预测模型也被组合应用于各行业的销量预测中，更广泛地用于指导商业决策、产品策略等。

4.1.2 非烟草行业销量趋势相关理论方法

部分与本书中重点运用的卷烟销量预测相同的理论方法将在 5.2 节进行介绍，此处就不再具体讲述。本部分主要介绍一些其他相关的研究理论及方法供参考。

1. 网络消费者行为

在网络购物环境下，消费者可以便捷、低成本地通过网络掌握各方面信息，选择其他商家的转化成本比在传统市场上低得多。因此有必要对网络消费者行为进行研究。只有了解网络消费者的动机和行为特征，把握影响消费者购买决策行为的因素，企业才能制定有针对性的营销策略，以最大限度地满足消费者，赢得顾客信任，在与对手的竞争中取胜。

消费者的购物行为可以被视为一个黑箱，在消费者自身需求、商家营销和外部环境的刺激下，消费者做出购买决策。无论是实体商店还是网络商家，如果想要吸引并激励消费者在自己的店铺完成购买决定，实现销售的目的，首先都必须了解目标消费者的特征。

消费者的购买活动表面上只是顾客为了获得商品，向商家付出货币进行交换，但是实际上消费者的行为包含着很多经济行为、生理行为和心理行为。除了受自身产生的需要驱动，还受商家、社交、天气、社会等环境因素的影响，是一个复杂的系统。研究人员基于“经济人”的假设提出了一些购物决策模型，来描述消费者的购物行为。其中，最主要的模型有三个：Nicosia 模型、Howard-Sheth 模型和 EBM 模型。后来的一些研究者致力于用数学模型来研究消费者的行为，力图在严格的假定下对消费者的行为做出精确的解释和预测。从消费者行为的角度来看，网络购物的消费行为和普通消费行为的阶段是一样的,用普通消费者行为模型来描述网络购物消费者行为是可以的。目前这几种消费者行为模型中,在现在消费者驱动的商业背景下, EBM 模型对消费行为的描述最为完整。包括以下五个阶段。

1)需求认知

消费决策过程通常起始于消费者发现了一个需要解决的消费问题,是一种由于某种缺乏而力求获得满足的心理倾向,进而引发个体行为。

2)信息搜索

需求被唤起后,消费者开始收集信息、了解行情。主要通过两个渠道:消费者自己的记忆中有关商品的知识经验;外部环境中寻找相关信息。

3)选择性评价

消费者对于购买的商品有一定的期望,但也存在一些约束。为了使得自己的需求和购买能力匹配,就要对搜索得到的信息进行比较,从中选出满意的商家和商品。

4)购买

意愿确认后,执行购买行为,填写个人信息,选择合适的支付方式。

5)购后评价

消费者收到商品后,会评估商品是否满足自己预期的需求,对自己的购买选择进行检查和反省,判断本次购买决策的准确性。不同的购后评价,将对消费者日后的购物决策产生不同的影响。

从销量的角度观察消费者行为,一个经典的理论模型就是"销售漏斗",即在达成购买行为的过程中销售机会在下降,如果用图形来表示,形状像一个漏斗,如图 4-1 所示。从"销售漏斗"的角度自然而然就引入了"转化率"的概念,也就是各个阶段之间的转化百分比。商家从整个消费行为转化的角度,借鉴了这个概念,销量 = 浏览量 × 转化率。浏览量反映了企业与外部需求的交互结果,转化率反映了企业将消费意愿转化为购买行为的能力。通过观察这三个指标之间的关系,可以对目前电商企业的各个运营环节和整体运营环境的状态有更多认识。

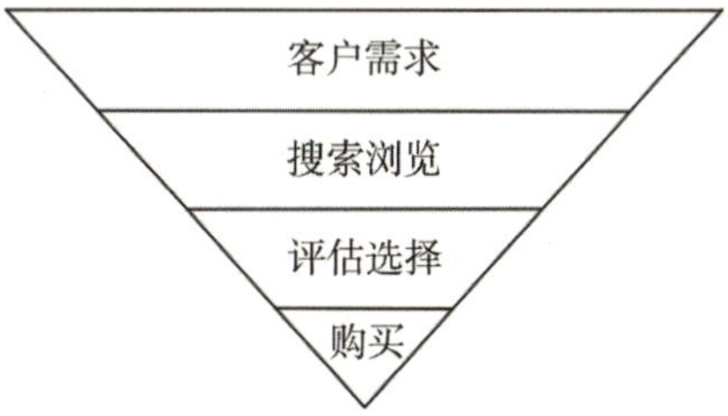

图 4-1 消费者行为中的"销售漏斗"

2. 搜索指数合成

根据国内外基于网络搜索数据的经济社会相关性研究文献得出,搜索指数的合成过程主要分为两个方面,即确定相关系数和合成搜索指数。

(1)相关系数计算。

采用时差相关分析方法计算领先阶数和相关性,时差相关分析方法是以一个重要且能够敏感反映当前经济活动的经济指标作为基准指标，利用相关系数验证经济时间序列先行、一致或滞后关系的一种常用方法，时差相关系数的数学原理如下。

设 $\boldsymbol{Y}=\{Y_1,Y_2,Y_3,\cdots,Y_n\}$ 为研究数据，$\boldsymbol{X}=\{X_1,X_2,X_3,\cdots,X_n\}$ 为待选指标，r_t 为时差相关系数，则：

$$r_t=\frac{\sum_{i=1}^{n}\left(X_{i-t}-\bar{X}\right)\left(Y_i-\bar{Y}\right)}{\sqrt{\sum_{i=1}^{n}\left(X_{i-t}-\bar{X}\right)^2\sum_{i=1}^{n}\left(Y_i-\bar{Y}\right)^2}}$$

$$t=\pm1,\pm2,\pm3,\cdots,\pm T$$

在 2014 年河南大学的崔东佳利用网络搜索数据对汽车的销量进行预测的研究中，上述公式中各变量代表的含义为：r_t 表示时差为 t 的相关系数，$\boldsymbol{Y}$ 表示品牌汽车月销量数据，$\bar{Y}$ 为均值；$\boldsymbol{X}$ 表示关键词搜索的月搜索量数据，$\bar{X}$ 为均值；t 为 $\boldsymbol{X}$ 领先的阶数，相关系数最大的时差阶数即为领先阶数，这一相关系数即为二者之间的相关性。

（2）网络搜索指数合成。

网络搜索指数合成内容主要包括计算时差相关系数、确定领先阶数和逐步合成等，其合成步骤如下所示：

①确定数据滞后期，然后根据滞后期依次递减的顺序计算每个关键词和研究数据之间的时差相关系数，确定领先阶数下的相关系数；

②将每个关键词按照领先阶数与研究数据进行错位对齐，根据时差相关系数的大小确定其权重大小，并选出时差相关系数最大的关键词数据作为基准指数；

③将按照领先阶数错位对齐后的关键词序列进行整合，计算上一步选出的基准指数与研究数据之间的时差相关系数，记为 W_1，并在错位对齐后的原始关键词序列上各自对应加上相应的基准指数，之后再分别计算与研究数据之间的时差相关系数，再次选出最大的时差相关系数，记为 W_2；

④判断 $\Delta W=W_2-W_1$ 是否等于零，如果 ΔW 大于零，则将 W_2 代替 W_1，之后重复上一步的工作；如果 ΔW 等于零，这表明，加入新的关键词数据不再增加关键词与研究数据之间的拟合度，网络搜索指数合成过程结束。

整个合成过程如图 4-2 所示。

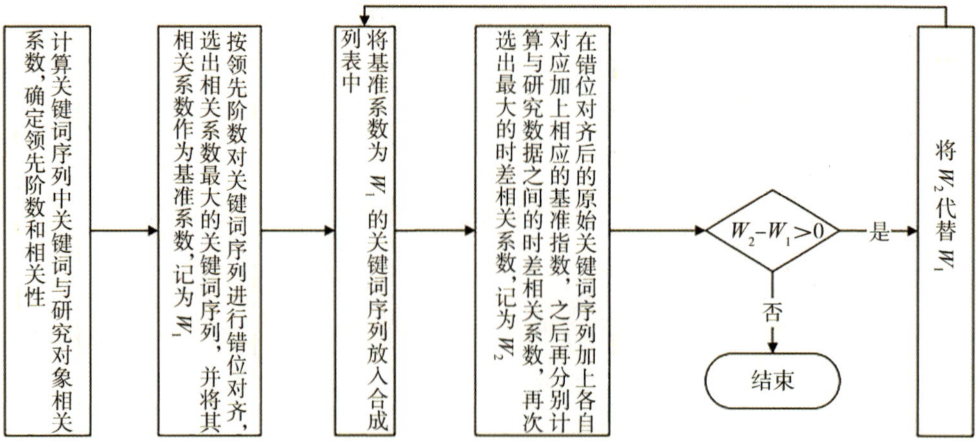

图 4-2　网络搜索数据合成过程图

3. 灰色系统预测法

灰色系统理论以“部分信息已知，部分信息未知”的“小样本”“贫信息”系统为研究对象，主要通过对“部分”已知信息的生成、开发，提取有价值的信息，实现对系统运行行为、演化规律的正确描述和有效监控。灰色系统分析方法主要是根据具体灰色系统的行为特征数据，充分利用数量不多的数据和信息寻求相关因素自身与各因素之间的数学关系，即建立相应的数学模型。

灰色系统理论的微分方程型模型称为 GM 模型。G(grey)表示灰色，M(model)表示模型。GM(1, N) 表示含有 N 个变量的一阶的微分方程型模型。

灰色预测是建立在灰色系统理论基础上的预测方法，是利用模型对系统的特征值的变化规律进行估计预测，也可以对特征值的异常值出现的时刻进行估计计算，以及对特定时区内的特征值在未来时间的分布情况进行估计预测等。

灰色预测是灰色系统理论的重要内容之一，是基于 GM(1，1) 的预测模型，主要有以下几种类型：

(1) 数列灰预测，是指对系统内的变量在未来某个时刻的特征值进行预测，例如预测某地的粮食产量到 2025 年是多少，一是需要明确未来的时间，二是估计这个时刻的粮食产量是多少。数列预测是“定时求量”。这种预测的特点是根据系统内变量现在的特征值（比如人口、客运量、销售量等），预测在未来某时间点的特征值。

(2) 灾变灰预测，指的是对某个异常值可能出现在哪个时间点，或者某个特定时刻是否会发生某种灾变等进行的预测。灾变灰预测是“定量求时”。这种预测是根据现在异常值发生的时间，来预测未来异常值出现的时刻，而不是预测异常值的大小。

(3) 季节灾变灰预测，是一种特殊的灾变预测，行为特征值的异常值会出现在每一年的特定的时间段，可以用作洪水、干旱以及农业灾害等方面的预测，提醒我们做好预防工作，减少经济损失。

(4) 拓扑灰预测，是对一段时间内系统行为特征值波形变化的预测研究。代数与拓扑是数学的两个主要分支，拓扑的内涵来源于几何学。拓扑预测是对一组没有变化规律的数据进行整体预测。所以，拓扑预测的模型是一个 GM 模型群，其中每个模型都对应一个阈值。模型与前面说的灾变、季节灾变模型是相似的，都是通过阈值，根据时间序列进行预测。主要应用于气象、工程等方面的预测。

(5) 系统灰预测，不同于上面的几种预测方法，它是对系统总体的一个预测研究。

4. 格兰杰因果关系检验

计量经济模型的建立过程，本质上是用回归分析工具处理一个经济变量对其他经济变量的依存性问题，但这并不是暗示这个经济变量与其他经济变量间必然存在着因果关系。

假设两个变量，比如说国内生产总值 GDP 和广义货币供给量 M，各自都有滞后的分量 GDP(−1)，GDP(−2)，…；M(−1)，M(−2)，…。显然这两个变量都存在着相互影响的关系。但是现在的问题是：究竟是 M 引起 GDP 的变化，还是 GDP 引起 M 的变化，或者两者间相互影响都存在反馈，即 M 引起 GDP 的变化，同时 GDP 也引起 M 的变化。不管是从理论还是从实践方面来回答这些问题，都是一件非常烦琐的事情。但我们可以简单地理解为，这些问题的实质是当两个变量间存在先后关系的时候，是否能够从统计意义上检验出它们之间的因果性，即从统计意义上讲究竟 GDP 是 M 的因，还是 M 是 GDP 的因，或者 M 和 GDP 互为因果，这实际上就是著名的"先有鸡还是先有蛋"的问题。

格兰杰因果关系检验前，假定被解释变量和解释变量每一个变量的预测信息全部包含在这些变量的时间序列中，之后的所有检验都是以这个假定为前提的。检验要求估计如下回归：

$$y_t = \sum_{i=1}^{q} a_i x_{t-i} + \sum_{j=1}^{q} \beta_j y_{t-j} + u_{1t} \tag{4-1}$$

$$x_t = \sum_{i=1}^{s} \lambda_i x_{t-i} + \sum_{j=1}^{s} \delta_j y_{t-j} + u_{2t} \tag{4-2}$$

白噪音和假定为不相关的。

对式(4-1)而言，其零假设为 $H_0: a_1 = a_2 = \cdots = a_q = 0$。

对式(4-2)而言，其零假设为 $H_0: \delta_1 = \delta_2 = \cdots = \delta_s = 0$。

现在分四种情况讨论：

(1)x 是引起 y 变化的原因，即存在由 x 到 y 的单向因果性。若式(4-1)中滞后的 x 的系数估计值在统计上整体显著不为零，同时式(4-2)中滞后的 y 的系数估计值在统计上整体显著为零，则称 x 是引起 y 变化的原因。

(2)y 是引起 x 变化的原因，即存在从 y 到 x 的单向因果性。若式(4-2)中滞后的 y 的系数估计值在统计上整体显著不为零，同时式(4-1)中滞后的 x 的系数估计值在统计上整体显著为零，则称 y 是引起 x 变化的原因。

(3)x 和 y 互为因果关系，即存在从 x 到 y 的单向因果性，同时也存在从 y 到 x 的单向因果性。若式(4-1)中滞后的 x 的系数估计值在统计上整体显著不为零，同时式(4-2)中滞后的 y 的系数估计值在统计上整体显著不为零，则称 x 和 y 间存在反馈关系，或者双向因果性。

(4)x 和 y 是独立的，或 x 与 y 间不存在因果性。若式(4-1)中滞后的 x 的系数估计值在统计上整体显著为零，同时式(4-2)中滞后的 y 的系数估计值在统计上整体显著为零，则称 x 与 y 间不存在因果关系。

一般地，如果变量 x 是变量 y 的(格兰杰)原因，则 x 的变化应先于 y 的变化。因此，在做 y 对其他变量(包括自身的过去值)的回归时，如果把 x 的过去或滞后值包括进来能显著地改进对 y 的预测，我们就可以说 x 是 y 的(格兰杰)原因。类似地，定义 y 是 x 的(格兰杰)原因。

为了检验 x 是引起 y 的原因，格兰杰因果关系检验步骤如下：

(1)将当前的 y 对所有的 y 的滞后项以及别的变量(如果有的话)做回归，即 y 对 y 的滞后项 y_{t-1}，y_{t-2}，…，y_{t-q} 及其他变量的回归，但在这一回归中没有把滞后项 x 包括进来，这是一个受约束的回归。然后从此回归得到受约束的残差平方和 $\mathrm{RSS_R}$。

(2)做含有滞后项 x 的回归，即在前面的回归式中加进滞后项 x，这是一个无约束回归方程，由此得到无约束回归的残差平方和 $\mathrm{RSS_{UR}}$。

(3)零假设是 $H_0: a_1 = a_2 = \cdots = a_q = 0$，也就是说滞后项 x 不属于这个回归。

(4)为了检验上面的，用 F 检验，即 $F = \dfrac{(\mathrm{RSS_R} - \mathrm{RSS_{UR}})/q}{\mathrm{RSS_{UR}}/(n-k)}$。

(5)如果我们在已经选好的显著性水平下,计算得到的 F 值大于临界 F_a 值,则拒绝零假设,这就说明滞后的 x 项属于这个回归,从而可以说明 x 是 y 的原因。

(6)同理,为了检验 y 是否是 x 的原因,可以将变量 y 与 x 相互替换位置,重复上面的步骤即可。

5. BOAR 模型

在线商品评论数据的快速增长为了解普通消费者的观点提供了一个很好的契机,有很多专家学者开始研究在线评论数据中隐藏的价值。先前研究表明在评论文本中产品被提及的次数以及这些数据中所蕴含的情感倾向对预测产品的销量有明显的效果,尤其是类似汽车、住房等需要顾客投入时间和精力的高度介入产品,在线评论数据中的情感倾向对销量预测的效果更加显著。

鉴于以上原因,章旭(2017)在研究时对汽车领域不同品牌的在线口碑评论情感倾向进行分类和量化,并将品牌情感作为影响汽车销量的重要因素用于预测汽车销量。用 ω_t 表示第 t 个月汽车品牌口碑情感值,$t=1,2,\cdots,N$。ω_t 是不可直接观测的变量,需要从评论文本中去挖掘。

因此引入汽车品牌口碑情感,得到考虑品牌情感的自回归分布滞后预测模型(记为 BOAR 模型):

$$y_t=\sum_{k=1}^{r}\lambda_k y_{t-12\times k}+\sum_{i=1}^{p}\phi_i y_{t-i}+\sum_{j=1}^{q}p_j\omega_{t-j}+\phi_0+\varepsilon_t$$

其中,y_t 为第 t 期销量;ϕ_0 为常数项;λ_k、ϕ_i 和 p_j 为用最小二乘回归得到的模型参数;ε_t 为第 t 期的误差项。

6. MISF 模型

综合考虑多种因素对汽车销量的影响,章旭(2017)提出一种多变量智能预测模型(MISF 模型)。模型的大致预测逻辑为:首先需要确定 m 个影响汽车销量变化的因素,通过变量选择方法从中选择一个影响因素子集作为模型的有效输入变量,再根据给定的 n 个观测样本训练模型,最后将测试集运用于训练后的模型得出预测结果。通过比较预测值和真实值之间的差异评价预测模型的优劣。(见图 4-3)

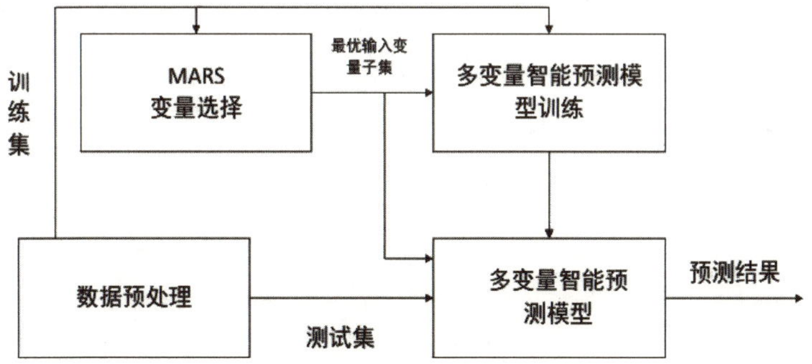

图 4-3 MISF 模型训练逻辑图

MISF 模型由 3 个模块组成,包括数据准备和预处理(DPP)模块、基于 MARS 的变量选择(MARSVS)模块和多变量智能预测器(MIF)模块。DPP 模块从汽车工业协会发布的汽车品牌销售月度数据中提取过去产品的销售数据以及众多的汽车销售可能的影响因素，然后预处理这些数据进行开发和验证 MISF 模型。MARSVS 模块从给定的候选输入变量中选择最优输入变量子集，剔除冗余的和不相关的输入变量。MARSVS 模块选定的输入变量子集用于建立所选输入变量和汽车品牌销售量之间模型的预测器 MIF。最后，利用得到的预测器 MIF 预测未来若干期的汽车销量。

7. Gompertz 模型

英国的一位统计学家和数学家 Gompertz，在研究技术的发展时，在修正指数曲线的基础上提出一种成长曲线 —— Gompertz 曲线。该曲线多用于新产品的研制、发展、成熟和衰退分析，较适用于处在成熟期的商品的预测，以得出市场需求和销售的饱和量。Gompertz 模型简称为 G 曲线，可表示为：

$$y_t = ke^{-be^{-at}}$$

其中，k 为生长曲线的上极限值，也称为饱和值，a、b 为待估参数，t 是时间变量。参数 a 决定曲线的位置，参数 b 决定渐近线的斜率。曲线拐点为（$\ln b/a$, k/a）。G 曲线的被解释变量在区间（$-\infty$, $+\infty$）上均递增，且被解释变量的范围均为（0, k）。G 曲线无对称中心。这些参数是用来描述商品生命周期在增长后期阶段的具体规律的，G 曲线的区间增量可以达到它在增长前期的几倍。

对 G 曲线进行 k 值估计，在 k 值给定后，将上式两侧同时除以 k 得：

$$y_t / k = e^{-be^{-at}}$$

对上式取倒数，并同时在两侧取自然对数，得：

$$\ln\left(\frac{k}{y_t}\right) = be^{-at}$$

再次取自然对数得：

$$\ln\left(\ln\left(\frac{k}{y_t}\right)\right) = \ln b - at$$

令 $Y = \ln\left(\ln\left(\frac{k}{y_t}\right)\right)$，$B = \ln b$，则有 $Y = B - at + u_t$，其中，B、a 是待估参数，u_t 表示随机误差项。因此 G 曲线是 Y 和时间变量 t 之间关系的曲线，G 曲线模型构建如图 4-4 所示。

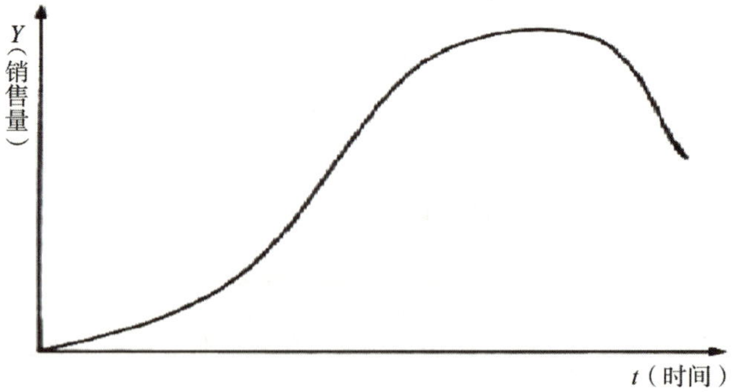

图 4-4　G 曲线

(1) 在选择应用 G 曲线时，需考虑历史数据对数一阶差的比率是否大致相等。一组统计数据对数一阶差的比率大致相等，就可以选 G 曲线进行预测。该曲线纵坐标以对数表示时，其第一阶差的环比系数是常数，多适用于那种取对数后的增长速度近似等比递减的情况的预测。

(2)运用 G 曲线工具进行预测时，应根据历史资料来建立数学模型，并确定其模型中的参数值。首先要采集数据资料，采集时要注意以下方面：数据真实有效，采集时间间隔相等且连续，数据数量以 3 个为 1 组，数据排序必须以 0 开始。

(3)G 曲线可描述商品寿命曲线演变规律的部分范围。要想模型的运用获得期望的效果，首先必须准确获得模型发展曲线的有效区间，利用这个模型可较准确描述产品的部分发展规律，其通常更适用于成长期和衰退期的产品，可以对产品成长期和市场容量做较大范围的描述，由此可获得产品成长后的变化趋势以及部分产品衰退期后的变化方向，进而分析预测较合理的产品未来的销售趋势，这就为及时改变运营方式以提前应对市场变化提供了参考数据。

8. 巴斯模型

巴斯模型最早是在 1969 年由 Frank M.Bass 提出，主要是对创新产品的扩散趋势及其扩散理论进行研究，后期众多学者又针对巴斯模型不断进行改进，使其在各种类型的产品中具有更广泛的适用性。巴斯模型的基本假设以及模型原理如下：巴斯模型假设市场是由两类消费者构成的，一类是创新型消费者，此类消费者往往是主动选择产品的人群，另一类是模仿型消费者，此类消费者会受到已购买产品消费者行为的影响产生模仿行为；并假设在产品整个生命周期内，潜在的需求量不变。基于这些假设构建模型，T 时刻尚未购买产品而未来购买产品的可能性与之前购买产品的消费者量呈线性关系。

$$\frac{f(T)}{1-f(T)}=P(T)=P+\frac{q}{m}Y(T)=p+qF(T)$$

其中，$f(T)$ 为 T 时刻发生初次购买的可能性，模型中的三个参数 m、p、q 分别代表着产品生命周期中的潜在需求量、创新因子、模仿因子。

$$F(T)=\int_0^t f(t)\mathrm{d}t,\quad F(0)=0$$

$$Y(T)=\int_0^t S(t)\mathrm{d}t=m\int_0^t f(t)\mathrm{d}t=mF(T)$$

$Y(T)$ 为 T 时刻之前的总销量，由此推出 T 时刻的销量：

$$S(T)=mf(T)=P(T)\left[m-Y(T)\right]=\left(p+q\frac{\int_0^T f(t)\mathrm{d}t}{m}\right)\left(m-\int_0^T S(t)\mathrm{d}t\right)$$

想要计算 $f(T)$，则需要根据 $f(T)=p+(p-q)F-qF^2$ 解出以下非线性微分方程：

$$dT=\frac{dF}{p+(p-q)F-qF^2}$$

解得：

$$F=\frac{q-pe^{-(T+C)(p+q)}}{q(1+e^{-(T+C)(p+q)})}$$

根据 $F(0)=0$ 可计算得到微分常数：

$$-C=\frac{\ln\left(\frac{q}{p}\right)}{p+q}$$

于是有：

$$F(T)=\frac{1-e^{-(p+q)T}}{\frac{q}{p}e^{-(p+q)T}+1}$$

则 T 时刻的累计需求量为：

$$Y(T)=mF(T)=\frac{m\left(1-e^{-(p+q)T}\right)}{\frac{q}{p}e^{-(p+q)T}+1}$$

继而可得：

$$f(T)=\left(\frac{(p+q)^2}{p}\right)\left[\frac{e^{-(p+q)T}}{\left(\frac{q}{p}e^{-(p+q)T}+1\right)^2}\right]$$

可得 T 时刻的需求量：

$$S(T)=\frac{m(p+q)^2}{p}\left[\frac{e^{-(p+q)T}}{\left(\frac{q}{p}e^{-(p+q)T}+1\right)^2}\right]$$

上述推导是巴斯模型的一般情况推导过程，后来很多学者在这个基础模型上做了一些改进，不在此赘述。根据 $S(T)$ 求导令其为零，可求得需求量达到最大值的时刻。

通过文献的历史研究结果可以得到，多数产品的模仿因子系数大于创新因子系数，需求会随着时间先增大后减小，符合对一般产品的生命周期趋势预期；若创新因子系数大于模仿因子系数，则需求会随着时间逐渐减小。具体如图 4-5 所示。

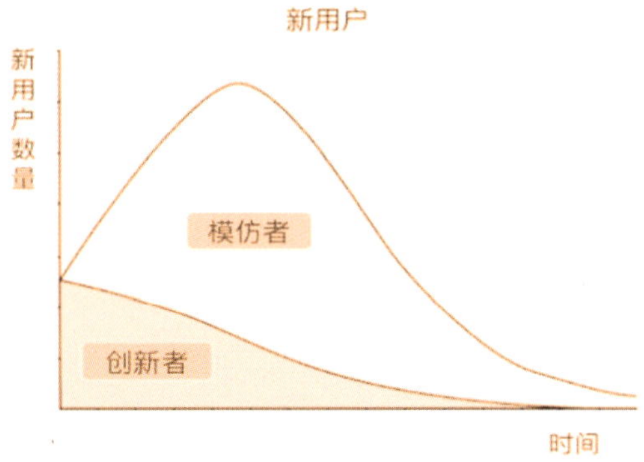

图 4-5 巴斯模型用户扩散示例

9. 深度学习理论

随着人们对机器学习的不断研究，神经网络也越来越受关注，但这种方法仍然需要大量的标签数据及经验设置相关参数。作为机器学习最具创新性的方法之一，深度学习算法是一种非监督学习算法，通过模拟人脑的多层感知结构来学习数据特征，其在大量非标签数据中自适应提取相应的特征表达用于分类的应用，是近几年国内外研究和探讨的一个热点，其在泛化性能和噪声处理方面有明显的优势，在图像、文本、语言等非结构化数据的处理方面体现了极为卓越的性能，目前已逐渐被国内外知名大学和信息科学研究权威机构作为 21 世纪数据挖掘和人工智能战略发展方向。深度学习算法现在已经在语音识别、手写识别、医学诊断、图像处理等方面具有出色的表现。与传统的数据驱动模型相比，深度神经网络能够包含更丰富的信息和更强的改善表示能力的性能，且因隐变量模型，使其能够描述高度相关的过程变量；同时深度神经网络的半监督学习模式将过程数据利用率达到最大化，该模型在处理大规模数据时具有卓越性能。

1) 自编码器

自编码器(autoencoder，简称 AE)是 Rumelhart 在 1986 年提出来的，是深度学习的一种具有快速学习能力的方法，其主要目的是学习一个给定的数据集的压缩、分布式的特征表达，其本质是运用人工神经网络(ANN)的层次结构特点，利用逐层贪心无监督预训练和系统性参数优化的方法从高维复杂输入数据中提取分层特征，并得到原始数据的分布式特征表示的深度学习神经网络结构，对处理大型高维数据表现出较高的效率。一个简单的 AE 含编码器、解码器和隐层(又称隐含层)三部分，其与传统神经网络直接运用学习结果预测最大的不同在于自编码网络仅关注隐层权重参数，并不执行分类操作。假设输入一个无类别标签的训练数据样本 $\boldsymbol{v}$，编码器则是 $\boldsymbol{v}$ 到隐层 $\boldsymbol{h}$ 的映射。通过公式将 $\boldsymbol{v}$ 变换为激活后的 $\boldsymbol{h}$，$\boldsymbol{v}$ 与 $\boldsymbol{h}$ 满足式(4-3)：

$$\boldsymbol{h}=\boldsymbol{f}_{\theta}(\boldsymbol{v})=S_f\left(\boldsymbol{W}^{\mathrm{T}}\boldsymbol{v}+\boldsymbol{b}_n\right) \tag{4-3}$$

其中，S_f 是一个非线性激活函数，一般采用逻辑函数 sigmoid 函数，是生物学中常见的 S 型的函数，也称为 S 型生长曲线，其定义式为：

$$S(z)=\frac{1}{1+\mathrm{e}^{-z}} \tag{4-4}$$

$\boldsymbol{\theta}=\{\boldsymbol{W},\boldsymbol{b}\}$ 为参数集合。$\boldsymbol{h}$ 经反向编码将输入值 $\boldsymbol{v}$ 重构表示为 $\boldsymbol{y}$，$\boldsymbol{h}$ 与 $\boldsymbol{y}$ 满足式(4-5)：

$$y=g(h)=s_g\left(W^1 h+b\right) \tag{4-5}$$

$\theta^1=\{W^1, b^1\}$ 为参数集合，s_g 为解码器的激活函数，通常选取式(4-4)。式(4-3)、式(4-5)中参数 W^1 与 W^T 的关系为 $W^1=W^T$，通过不断优化更新 θ 和 θ^1 得到最小化重构误差 JAE。JAE 定义为：

$$\mathrm{JAE}=\sum\nolimits_{v\in V} L(v, y)$$

其中，V 为输入数据集，L 为重构误差函数，L 表达式为：

$$L(v, y)=\|v-y\|^2$$

2）稀疏自编码器

1996 年由 Olshausen 和 Field 提出稀疏编码(sparse coding)，表明哺乳动物初级视觉皮层的简单细胞在感受视野内从外部输入信号中学习更高层次的表示形式的能力。稀疏自编码器(sparse autoencoder，简称 SAE）是 Bengio 等在 2007 年提出来的，它的实现要求隐层上神经元激活度满足一定的稀疏性。稀疏自编码器能够利用非监督方式学习得到数据特征的简明表达，降低分类任务的复杂度，提高分类精度。

自编码器的学习是利用简单的恒等函数达到对原始数据的完美重构，而对于复杂数据结构则需要学习到复杂的非线性函数，由于自编码器无法满足复杂数据结构需要学习到的复杂的非线性函数的需求，因此采用稀疏编码实现更好的特征学习，有效提高模型的鲁棒性。稀疏自编码是在自编码器的基础上根据人工神经网络的结构特点加入稀疏性限制达到使用最少的隐层单元数来表达输入特征的目的，即隐层节点大部分时间处于抑制状态，只有少数时间处于激活状态，因此当隐层单元数目较多时仍然能够发现输入向量的结构特征。稀疏自编码方法是一种无监督学习方法，其主要目的是将输入向量 X 使用一组完备的基向量 ϕ_i 进行线性表示。

$$X=\sum\nolimits_{i=1}^{k}\alpha_i\phi_i \quad (i=1,2,\ \cdots, k(k\text{ 为输入节点个数}),\ \alpha_i\text{ 为线性表示相关系数})$$

隐层单元 J 的平均激活值为：

$$\hat{\rho}_J=\frac{1}{m}\sum\nolimits_{i=1}^{m}\left[a_j^{(2)}\left(x^i\right)\right]$$

其中，$i=1,2,\ \cdots, m$(m 为输入节点个数，$m=k$)；$a_j^{(2)}(x^i)$ 代表当输入为 x 时隐层单元激活量。

设置稀疏性参数为 ρ(通常情况下将其设置为一个接近于 0 的较小的数值，例如 $\rho=0.05$)，令 $\hat{\rho}_J=\rho$，将隐层神经元的活跃度均控制在 ρ 附近，为实现这一目的需要一个额外的惩罚因子来控制优化目标函数，惩罚那些 $\hat{\rho}_J$ 和 ρ 有显著不同的情况，从而达到隐层神经元的平均活跃度被控制在一个较小的范围内的目的。

惩罚因子采用相对熵 KL 的表达形式：

$$\mathrm{KL}\left(\rho\,\|\,\hat{\rho}_J\right)=\rho\log\frac{\rho}{\hat{\rho}_J}+(1-\rho)\log\frac{1-\rho}{1-\hat{\rho}_J}$$

稀疏自编码网络的整体代价函数为：

$$J_{\mathrm{spare}}(W, b)=J(W, b)+\mu\sum\nolimits_{j=1}^{S_2}\mathrm{KL}\left(\rho\,\|\,\hat{\rho}_J\right)$$

其中，μ 为惩罚系数，μ 越大，惩罚力度越大，结果越稀疏。

$J(\boldsymbol{W},\boldsymbol{b})$为全局损失函数，$\lambda$用来控制公式第二部分的重要性，防止产生过拟合。

$$J(\boldsymbol{W},\boldsymbol{b})=\left[\frac{1}{m}\sum_{i=1}^{m}J\left(\boldsymbol{W},\boldsymbol{b};\boldsymbol{x}^{i},\boldsymbol{y}^{i}\right)\right]+\frac{\lambda}{2}\sum_{l=1}^{n_l-1}\sum_{i=1}^{S_l}\sum_{j=1}^{S_l+1}\left(\boldsymbol{W}_{ji}^{l}\right)^{2}$$

$J(\boldsymbol{W},\boldsymbol{b};\boldsymbol{x}^{i},\boldsymbol{y}^{i})$为单元损失函数：

$$J\left(\boldsymbol{W},\boldsymbol{b};\boldsymbol{x}^{i},\boldsymbol{y}^{i}\right)=\frac{1}{2}\|\boldsymbol{h}-\boldsymbol{y}\|^{2}$$

根据式(4-6)得到输出误差：

$$\boldsymbol{\delta}_{i}^{(3)}=\frac{\partial}{\partial \boldsymbol{r}_{i}^{(3)}}\frac{1}{2}\|\boldsymbol{h}-\boldsymbol{y}\|^{2}=-\left(\boldsymbol{y}_{i}-\boldsymbol{a}_{i}^{(3)}\right)f'\left(\boldsymbol{r}_{i}^{(3)}\right)$$

$\boldsymbol{\delta}_{i}^{(3)}$表示输出层误差，$\boldsymbol{a}_{i}^{(3)}$为激活函数，

$$\boldsymbol{r}_{i}^{(3)}=\boldsymbol{W}_{i}^{(2)}\boldsymbol{a}_{i}^{(2)}+\boldsymbol{b}^{(2)}$$

由此得到隐层单元的误差为：

$$\boldsymbol{\delta}_{i}^{(2)}=\left(\left(\sum_{j=1}^{S_2}\boldsymbol{W}_{ji}^{(2)}\boldsymbol{\delta}_{j}^{(3)}\right)+\mu\left(\frac{-\rho}{\hat{\rho}_J}+\frac{1-\rho}{1-\hat{\rho}_J}\right)\right)f'\left(\boldsymbol{r}_{i}^{(2)}\right)$$

SAE采用Hinton基于深信度网络(deep belief nets，简称DBN)提出的在非监督数据上建立多层神经网络的一个有效方法——非监督贪婪逐层训练算法，是目前训练深度网络较为先进的一种方法。其主要思想是将各个单层单独训练可以获得相对准确的初始权重系数，从而得到最终的深度网络权重系数，通过微调能达到更好的效果，使各层的参数达到全局最优，避免陷入局部最优。

综上所述，数据驱动在信息科学领域有着不可忽视的地位，基于数据驱动的深度学习算法将更大限度地发挥在数据挖掘中的优势。但是，设备故障症状与故障原因间的信息存在模糊对应关系，会引起一定范围的误差，因此在数据预处理过程中引入模糊隶属度至关重要。

4.1.3　非烟草行业销量趋势分析总结

烟草行业之外的商品销售更多受市场需求的调节，有明确的市场经济供需特征，因此在数据来源方面也更为广泛，实体与线上均可作为其数据来源渠道，分析维度也集中在销售金额、销售时间、销售数量、用户特征等，随着消费市场及消费群体的变化，越来越多的耐用品也引入了科学的分析方法对销量进行预测分析和判断。

运用多种统计分析方法对不同的商品进行销量趋势分析，通过对过去销售数据的分析，可以发现销售的周期性、季节性等规律，从而预测未来的销售情况。这有助于企业做出合理的生产计划和销售策略，提前做好准备，避免库存积压或供应不足的问题。销量趋势分析可以帮助企业了解产品在市场上的表现如何，是否存在销售增长或下降的趋势。通过对销售数据的分析，可以发现产品的热销时期和低迷时期，从而及时调整市场策略，提高产品的竞争力。

除此之外，销量趋势分析可以帮助企业发现销售问题和机会。如果销售呈现下降趋势，可能是产品质量、市场竞争或营销策略等方面存在问题，需要及时解决。而如果销售呈现增长趋势，可能是产品受欢迎度提高或市场需求增加等原因，企业可以进一步加大投入，扩大市场份额。

通过销量趋势分析,还可以了解企业在市场上的份额和竞争力。如果销售呈现增长趋势,说明企业在市场上的份额正在增加,竞争力较强;而如果销售呈现下降趋势,说明企业在市场上的份额正在减少,竞争力较弱。这有助于企业评估自身的市场地位,制定相应的竞争策略。

总之,销量趋势分析对企业的发展和经营决策具有重要意义,可以帮助企业预测未来销售情况,了解产品市场表现,发现销售问题和机会,以及评估市场份额和竞争力。

4.2 烟草行业销量趋势分析综述

4.2.1 烟草行业销量趋势概述

烟草行业是一个历史悠久的行业,也是一个非常庞大的行业。在过去的几十年里,烟草行业一直是备受关注的行业之一。然而,随着人们对健康的关注度不断提高,烟草行业的销量也开始出现下降趋势。

首先,随着人们对健康的关注度不断提高,越来越多的人开始意识到吸烟对健康的危害,这导致了烟草行业的销量开始出现下降趋势。统计数据显示,全球吸烟人口已经从 20 世纪 80 年代的 40% 下降到了 20% 左右。余晓晓(2021)认为烟草行业供给侧的准确预测可指导卷烟的生产销售计划,为社会带来更多的经济效益,但现有的烟草供给侧预测方法精度有待提高。为获得适用这类问题的高精度预测法,余晓晓对支持向量回归(support vector regression, SVR)模型进行果蝇优化算法(fruit fly optimization algorithm, FOA)的寻参优化,并结合奇异谱分析(singular spectrum analysis, SSA)与长短期记忆(long short-term memory, LSTM)网络构建了 SSA-LSTM-SVR 混合预测模型,最后对短期卷烟销量与烟用白卡纸价格的预测问题进行了研究分析。

其次,烟草行业的销量下降也与政府对烟草行业的监管加强有关。越来越多的国家开始实施各种各样的措施来限制烟草行业的销售和消费。例如,一些国家实施了高额的烟草税,以鼓励人们减少吸烟。另外,一些国家也开始禁止在公共场所吸烟,这也对烟草行业的销量产生了影响。

此外,随着科技的不断发展,电子烟等新型烟草产品的出现也对传统烟草行业的销量产生了影响。电子烟等新型烟草产品的出现,使得一些人开始转向使用这些产品,而不是传统的香烟。这也导致了传统烟草行业的销量下降。

总的来说,烟草行业的销量呈现出下降的趋势,这主要是由人们对健康的关注度不断提高,政府对烟草行业的监管加强,以及新型烟草产品的出现等因素所致。未来,随着人们对健康的关注度不断提高,烟草行业的销量可能会继续下降。

4.2.2 卷烟销量趋势分析主要理论方法

1. 烟草行业预测的研究现状

现有文献对于卷烟的预测研究,按预测的对象一般将其分为两类。一类是对卷烟的技术性指标进行分析预测,包括卷烟焦油含量、烟草常规成分、烟叶结构、烟叶品质、烟气等。另一类是对卷烟的需求进行预测分析，主要集中在不同价类消费群体的消费特征开展需求预测、消费行为预测、卷烟的价格预测、卷烟的税收调节预测、卷烟的市场容量预测、卷烟品牌化趋势预测等宏观预测，对于卷烟的销量、订单量、产量等微观预测较少。研究主体包括烟草商业公司、烟草工业公司及一些高等院校的相关课题研究组，但整体而言，对销量预测的研究相对较少，研究方法也相对有限。

烟草行业预测的研究现状涉及多个方面，主要归纳为以下几个方面。

(1) 市场需求预测：烟草行业的市场需求预测是研究的重点之一。研究者使用各种方法，如时间序列分析、回归分析、机器学习等，对消费者行为、经济环境、政策法规等因素进行分析，预测烟草产品的市场需求趋势，这些预测可以帮助企业做出生产计划、销售策略和市场定位等。

(2) 价格预测：烟草产品的价格预测是另一个关键的研究方向。研究者通过对市场供需关系、成本结构、竞争状况等因素的研究，使用经济模型或统计方法来预测烟草产品的价格变动趋势，这些预测可以帮助企业制定产品的定价策略和市场竞争策略，以此提高产品的市场竞争力。

(3) 消费者行为预测：受经济发展趋势的影响，消费者行为也在发生变化，烟草消费者行为越来越受到行业的高度重视，通过研究消费者的偏好、购买决策、吸烟行为等方面的因素，利用调查、实验或模型建立来预测消费者行为的变化以更好地把握行为特征与变化，能够帮助企业了解消费者需求，优化产品设计和市场营销推广策略。

(4) 政策预测：对烟草行业相关政策的研究与预测。研究者通过对国家政策、法规变化，国际贸易形势等因素的研究，预测烟草行业的政策走向。这些预测可以帮助企业及时调整经营策略，应对政策风险。

(5) 产量预测：对卷烟产品的生产量进行预测与评估。研究者通过对烟草种植面积、种植技术、气候条件等因素的研究，预测烟草原料的产量与质量，帮助企业合理安排生产计划，提高生产效率。

(6) 健康影响预测：部分研究者也关注烟草产品对健康的影响，他们通过流行病学研究、统计模型等方法，预测吸烟与各类疾病（如肺癌、心脏病等）之间的关系，评估吸烟对公共卫生的影响。这些预测可以为政府制定烟草控制政策提供科学依据。

目前，烟草行业预测的研究主要依靠统计分析、经济模型、市场调研等方法。随着大数据和人工智能技术的发展，烟草行业预测的研究也逐渐向数据驱动的预测模型转变，提高了预测的准确性和可靠性。此外，研究者还关注烟草行业的可持续发展和健康影响等方面，为行业的未来发展提供科学依据。

需要注意的是，烟草行业预测的研究是一个不断发展的领域，研究方法和技术不断更新和改进。因此，需要研究者们持续关注最新的研究成果和方法，以提高预测准确性和实用性。

2. 卷烟销量预测方法的研究现状

与其他商品不同的是，我国烟草行业的生产和销售一直处于计划经济体制的范畴，在很大程度上受计划影响，市场化因素影响较小，这也是造成卷烟销量预测工作很少被涉及的主要原因，也使得我国的卷烟销量预测研究工作一直处于初级的探索阶段。

但是，随着中国烟草工商分离的逐步实施、各工业企业对品牌培育工作的重视，国内卷烟市场的竞争也逐步呈现，销售市场的各级壁垒逐渐被打破，产品研发和产品营销工作的竞争也越发激烈，这也让一些工业公司、商业公司或学者开始重视卷烟销量的预测问题，一些课题类的研究开始增多。

国内烟草的销售遍布全国各个地方，其庞大的销售网络系统是其他行业或企业无法做到的，因而只有烟草系统能够有足够的能力构建出一套完整的数据系统，覆盖城市和乡村，做到每日更新。为了更好地反映市场需求、了解市场变化，烟草行业对卷烟需求预测慢慢重视，主要预测维度大概分为三类：从预测的时间维度上看，分为年度销量预测、季度销量预测、月度销量预测甚至每日销量预测；从预测的范围来看，可以分为全国市场销量预测、区域市场销量预测、省级市场销量预测、市级市场销量预测；从预测产品来看，可以分为单一品牌销量预测、分价类销量预测、分品规销量预测及分品类销量预测几种。不同的预测维度和预测内容选择的方法都不一样，这也给研究者更多的尝试空间和机会。

卷烟销量预测是指通过分析历史销售数据和相关因素，预测未来一段时间内卷烟的销售量。对烟草销量进行预测时，选择预测方法较为重要，它跟预测对象、预测范围以及采集数据的样本量都有很大关系。目前国内学者在预测方法选择方面也有一些研究方法和研究成果，将多种方法用于卷烟销量预测，包括统计方法，如回归分析、时间序列方法、机器学习法、大数据分析及多种方法的结合等。

统计方法是最常用的卷烟销量预测方法之一。它基于历史销售数据，通过建立数学模型来预测未来销售量。常用的统计方法包括回归分析、时间序列方法等。回归分析可以通过建立销售量与各种因素（如市场规模、价格、广告投入或促销、季节性等）之间的关系模型，来预测未来销售量。

时间序列方法是一种专门用于处理时间序列数据的预测方法。它基于时间序列数据的特点，用于分析历史销售数据的趋势、季节性和周期性等特征，来建立预测模型。常用的时间序列方法包括移动平均法、指数平滑法、ARIMA 模型等。移动平均法通过计算一定时间段内的平均值来预测未来销售量。指数平滑法则是通过对历史数据进行加权平均来预测未来销售量。ARIMA 模型是一种常用的时间序列模型，它可以捕捉时间序列数据的趋势、季节性和随机性，从而进行准确的预测。

近年来，随着机器学习技术的发展，研究者开始探索将机器学习方法应用于卷烟销量预测。它基于大量的历史销售数据和相关因素，通过训练模型来预测未来销售量，常用的机器学习方法包括线性回归、决策树、随机森林、神经网络、支持向量机等。通过算法进行模型训练和预测，机器学习方法可以更好地捕捉销量数据中的非线性关系和复杂模式，其优势在于可以处理大量的数据和复杂的关系，但需要大量的数据和计算资源来进行训练和预测，提高预测准确性。

随着大数据的普及与应用，研究者们开始利用大数据分析技术来进行卷烟销量预测。通过分析海量的销售数据、市场数据、消费者数据等，可以发现潜在的销售趋势、消费者行为等信息，从而进行销量预测和市场趋势分析。

为了提高预测准确性，一些研究者尝试将多种方法结合起来进行卷烟销量预测，例如，结合时间序列方法和机器学习方法、时间序列方法和神经网络、灰色系统和马尔可夫模型、时间序列方法与多元回归分析等，将它们的优势互补，提高预测的精度和稳定性。

需要注意的是，卷烟销量预测是一个复杂的问题，受到多种因素的影响，如市场竞争、消费者偏好、政策法规等，因此，研究者们需要不断改进和创新预测方法，结合实际情况和领域知识，以提高卷烟销量预测的准确性和实用性。

3. 卷烟销量趋势预测的主要研究方法、工具及内容

预测理论发展至今，已经产生很多研究成果，具体运用的方法就有 100 多种。在国际上，研究学者和专家们通过多年的思索和整理，归纳出预测方法的两大类别：定性与定量预测。

定性预测是指预测分析者以自身经验和长期从事相关研究和学习得到的判断能力，以历史材料、观测现象等相关资料为基础，对所研究的行业、事物等各种对象的性质进行分析和判断，通过不同的形式，汇总、综合、总结各个方面的意见后，对特定事物进行预测。该方法主要适用于研究对象的数据（包括历史和现实）的预测，并且很难用于定量分析。这种分析方法因不能准确地反映数据的真实性而存在较大的弊端，因此它在实际中的应用具有一定的局限性，分析与预测的准确性还需提高。

定量预测通过收集整理对研究对象有帮助的历史数据、发展数据等相关度较高的数据，建立相关的数学模型，充分运用数据的信息，对事物进行预测。由于定量预测是建立数学模型或统计模型，利用该模型对历史数据进行拟合，反映系统运行的规律性，并使事情在未来的发展趋势中，因此在整个预测期内，该系统运行与建立的模型没有大的结构变化是预测成功的一个先决条件。经调查，国外着力在神经网络、时间序列、马尔可夫模型和组合预测等方面开展研究，其中，博克斯和詹金斯主要围绕短期预测，数学模型主要是三大类，即移动平均（MA）模型、自回归（AR）模型以及自回归移动平均（ARMA）模型；其他比较重要的还有人工神经网络，它是 J. M. Bates 和 C. W. J. Granger 从神经系统和人脑的某些特征中提取出来的；组合预测，就是将不同的单个预测模型的信息综合利用起来，实现 $1+1>2$ 的效果，最大可能地使预测的精确度提高。由于预测效果高度准确，20 世纪 70 年代以来，组合预测研究理论的运用和方法的研究就不断被开拓和发展开来，众多的学者深入研究，试图把不同的预测方法进行结合和运用，规避单个预测方法的缺陷。通过两两组合，即定性预测和定量预测、定性预测和定性预测、定量预测和定量预测重组预测，互相查漏补缺，充分使用信息资料，如此，便能更全面、更综合、更科学地预测和预判事物的发展方向和发展趋势，也得益于此，组合预测模型被广泛运用和广泛研究。

国内预测理论发展也非常迅速，概括起来主要包括两个，即组合预测以及灰色预测，其中，灰色预测是对灰色系统做出的预测。

组合预测：英文名称为 ensemble forecasting，在国内也被人们叫作综合预测，是指把不同的预测模型进行组合，然后再综合运用不同预测方法所提供的信息内容，以适当的加权平均形式最终求得组合预测模型。该模型求解意在找到尽可能使组合模型预测精确度达到最高的状态。

国内对预测研究进行了一系列探索，唐小我的研究成果是证明了非负权重最优组合预测的权重存在且唯一；陈华友的研究成果是提出了新的优性组合预测、预测方法优超和冗余度概念；陈华友、刘春林的主要成果是提出了基于 L_1 范数的加权几何平均的组合预测模型；杨桂元的研究成果是在冗余方法和优性组合预测方法的基础上，确定了冗余方法的几个问题。组合预测模型克服了

单一模型的局限性，有效地汇总和集中了更多更广的有效的信息和内容。

实际上，在拥有大样本、大量完整统计数据的情况下，统计回归的预测方法有很大的优势，数据量少就难以找出统计规律。在获得数据量有限的情况下，灰色模型、人工神经网络模型、聚类模型等方法比较适用。

1）时间序列

时间序列主要用于分析和预测时间序列数据的趋势、季节性和周期性。它可以帮助我们理解时间序列数据的变化规律，并提供有关未来趋势的预测。

时间序列统计分析的主要步骤包括：

（1）数据收集，时间序列数据通常按照一定时间间隔收集，如收集每天、每月或每年的数据。

（2）数据可视化，通过绘制时间序列图，可以直观地观察数据的趋势和季节性。

（3）数据平稳性检验，对于时间序列分析，平稳性是一个重要的假设。通过统计检验方法，如单位根检验（ADF 检验）或 KPSS 检验，可以检验时间序列数据是否平稳。

（4）季节性分解：如果时间序列数据存在季节性，可以使用季节性分解方法，如移动平均法或 X-11 法，将时间序列数据分解为趋势、季节性和随机成分。

（5）模型拟合：根据时间序列数据的特点，选择合适的模型进行拟合。常用的时间序列模型包括 ARIMA 模型、季节性 ARIMA 模型（SARIMA 模型）、指数平滑模型等。

（6）模型诊断：对拟合的模型进行诊断，检验模型的残差是否符合模型假设，如白噪声检验。

（7）模型预测：使用拟合好的模型进行未来趋势的预测。可以使用模型的参数估计值和历史数据进行预测，也可以使用模型的预测误差进行预测。

时间序列统计分析可以应用于各种领域，如经济学、金融学、气象学等，用于如股票价格、销售量、气温等具有时间序列特征的数据分析和预测。常见的时间序列模型和方法包括：

①自回归移动平均（ARMA）模型：ARMA 模型是一种常用的线性时间序列模型，它结合了自回归（AR）和移动平均（MA）的特性，用于描述时间序列数据的自相关和滞后误差。

②差分自回归移动平均（ARIMA）模型：ARIMA 模型是一种单变量时间序列模型，在 ARMA 模型的基础上引入了差分操作，用于处理非平稳时间序列数据。ARIMA 模型可以通过差分操作将非平稳时间序列转化为平稳时间序列，然后再应用 ARMA 模型进行建模和预测。

③季节性差分自回归移动平均（SARIMA）模型：SARIMA 模型是在 ARIMA 模型的基础上考虑了季节性因素的影响，适用于具有明显季节性变化的时间序列数据。

④自回归条件异方差（ARCH）模型：ARCH 模型是一种用于描述时间序列数据方差变化的模型，它假设方差是过去观测值的函数，并且可以通过最小化残差平方来估计模型参数。

⑤广义自回归条件异方差（GARCH）模型：GARCH 模型是在 ARCH 模型的基础上引入了移动平均项，用于描述时间序列数据方差的长期依赖性和短期波动性。

⑥隐马尔可夫（HMM）模型：HMM 模型是一种用于描述具有隐含状态的时间序列数据的模型，它假设观测数据是由一个隐藏的马尔可夫链生成的，并且可以通过观测数据来推断隐藏状态序列。其难点是从可观察的参数中确定该过程的隐含参数，然后利用这些参数来做进一步的分析，例

如模式识别。

⑦神经网络模型：神经网络模型可以用于建模和预测时间序列数据，如循环神经网络(RNN)和长短期记忆(LSTM)网络等。这些模型可以通过学习时间序列数据的历史信息来预测未来的数据。

⑧ VAR 模型(vector autoregression model)：一种多变量时间序列模型。它假设各个变量之间存在相互影响，可以通过向量自回归建模来捕捉这种关系。VAR 模型的核心思想是每个变量的当前值可以由过去若干期的该变量和其他变量的值线性组合得到，也就是说假设每个变量的当前值与过去若干期的所有变量值相关，并且每个变量的当前值也受到自身过去若干期的值的影响。VAR 模型可以用于预测和解释多个相关变量之间的动态关系。

⑨季节指数预测法：是一种较为简单且易操作的预测方法。它基于历史数据对未来某一季节性变动趋势进行预测，基于季节性变动的周期性特征，通过计算季节指数来预测未来的值。

季节指数是指某一季节相对于平均水平的相对指标，通常以 100 为基准。季节指数的计算可以通过以下步骤进行。

(1) 收集历史数据：收集过去几个季节的相关数据，包括季节性变动的数值。

(2) 计算平均值：计算每个季节的平均值，作为基准值。

(3) 计算季节指数：将每个季节的数值除以对应季节的平均值，并乘以 100，得到季节指数。

(4) 预测未来值：根据季节指数的趋势，可以预测未来季节性变动的趋势。

基本思想是：先计算出相应时间序列的季节指数，再利用季节指数预测未来某个季度(或月份)的需求。计算公式如下：

$$\text{预测值} = \text{年销售量} \times (1 + \text{增长率})/4 \times \text{季节指数}$$

$$\hat{X} = Y_{t-1}(1+k)/4\times a$$

Y_{t-1} 为预测值前一年的年度销量数据，k 为历年的年度平均增长率，a = 历年对应各季度的平均销量 / 历年所有季度的总平均销量。

季节指数预测法能够考虑到季节性变动的周期性特征，适用于具有明显季节性变动的数据。然而，该方法对历史数据的依赖性较强，如果历史数据的季节性变动不稳定或受到其他因素的干扰，预测结果可能不准确。因此，在使用季节指数预测法时，需要谨慎选择合适的历史数据，并结合其他预测方法进行综合分析。

这些时间序列模型在不同的应用领域和数据特征下具有各自的优势和适用性，选择合适的时间序列模型需要考虑数据的特征、模型的假设和参数估计等因素。

【相关应用案例】

基于时间序列与多元线性回归综合模型的农村卷烟销量预测。

李莹(2015)针对烟草当时面临的新形势与新问题，为有效提高我国烟草的竞争力，减少外国卷烟对我国烟草市场格局带来的影响，从农村卷烟销售市场入手进行研究探索。目的是提高预测准确性，增强对未来的预见性，使得按客户订单组织货源工作的各个环节得到优化，从而提高整体的竞争力。

从卷烟销量预测入手，以降低企业的库存成本，更加合理安排生产计划为主要研究目的，鉴于农村市场在整体行业中易被忽视却又不能忽视的现状，再结合我国烟草本身的区域性，将云南省农村卷烟销量作为研究对象。

文中首先综述了不同方法在销量预测上的应用及卷烟销量影响因素的研究现状，其次分析、对比不同的预测方法，确定了课题的研究路线及选择预测卷烟销量的指标；再次将不能直接应用的数据进行处理；最后利用所得数据分别进行时间序列分析及多元回归分析，选取适当方法建立季节时间序列模型和多元线性回归模型，并利用两个模型的预测值再进行建模，得出季节时间序列与多元线性回归的综合模型。

该综合模型既考虑了内部前期数据的影响，也考虑了外部宏观因素的影响，并在理论模型中验证了影响因素的变动对因变量的影响是随着前期因变量的数值大小而变动的。综合模型在云南省农村卷烟销量预测上的效果较时间序列模型、多元线性回归模型更好。

卷烟商业销量预测方法的研究——时间序列和神经网络。

沈秋云(2020)在综合分析卷烟不同端口的销量数据特征及原因之后，结合现在烟草行业竞争与销售现状发现，目前多数与卷烟销量有关的研究基本都围绕商业销量进行预测，因此，其研究课题选择的仍是卷烟商业销量的预测。课题针对现有的相关研究及企业正在使用的商业销量预测方法建立了一套卷烟销量预测方法评价体系，对现有的预测方法进行评分后，发现预测方法仍有改进的空间。在此基础上提出了一种新的卷烟商业销量预测方法。这种预测方法将卷烟在各个时间段的销量视为时间序列，并使用移动窗口法(moving window)将其转换为监督学习的输入和输出。随后，从MLP(多层感知器)、RNN(循环神经网络)和LSTM(长短期记忆)三种神经网络中选择一种，并对激活函数、优化算法及超参数设置进行有针对性的调整。接着，在实验中不断优化网络结构以获得更好的预测效果。通过比较不同场合下各网络的预测效果，探索上述三种网络的选取规则后发现：MLP适用于销量变化周期性比较明显，且企业愿意花费额外人力调试窗口大小的卷烟，而预测不具有上述特性的卷烟时，则需要使用另两种网络。预测周销量时，选择RNN误差更小；预测月销量时，使用LSTM误差更小。最后，使用建立的评价体系对其进行评分，并将评分结果与现有的预测方法及人工预测对比后，发现该方法的最终得分高于他人的预测方法，能更好地适应本研究的目标。

季节性ARIMA模型在企业销售量预测中的应用——以卷烟销售为例。

程幸福等(2016)通过研究分析发现卷烟销售量受到很多方面因素的影响，如该市的卷烟市场、经济水平、季节、人口数量、政策等，卷烟季度销售量呈现二重趋势的规律性变化，其特点是观察值排列顺序的重要性和前后观察值及其同期比之间的相关性，即预测点与其相距较近的观察点的相关性较强，而与其相距较远的观察点相关性较弱。二重趋势预测通常的方法有线性回归、神经网络、时间序列等。对于单一变量随机时序的预测，ARMA方法是公认的最好的预测方法。

孟玲清等人把季节性ARIMA模型应用于对某地区一口井的地下水埋深的预测；何建先对数据取自然对数以减小数据方差的变化，再用季节性ARIMA模型模拟并预报网络流量；罗艳辉等人基于ARMA模型建立卷烟月度预测模型，用计划评审技术(PERT)得到月预测经验期望值，最后设定加权系数得到月预测销售量。

Prophet-VAR组合优化模型在高值卷烟销量预测中的应用。

康静、姚春玲(2023)针对高值卷烟销量时间序列的非平稳性、趋势性、周期性和节假日性等特点，同时考虑到高值卷烟销量受行业政策的影响，结合Prophet模型、VAR模型和单箱结构因子法，构建了Prophet-VAR组合优化模型。选用2011—2021年全国高值卷烟销量数据分析检验Prophet-VAR组合优化模型，结果表明，单独Prophet模型和单独VAR模型的预测精度分别是87.97%和84.30%，Prophet-VAR组合优化模型的预测误差值约为4%，精度接近96%，比单一模型的预测效果提高了约10个百分点。考虑单箱结构等行业政策因素的影响，运用单箱结构因子法对预测结果进行优化，使得预测精度达到了98.75%。因此，优化后的组合模型较单一的模型能更好地表现高值卷烟销量时间序列的变化趋势，给出更好的预测结果。

基于混频模型的中部某省卷烟销量趋势预测。

石涛等(2021)针对MIDAS模型的特性，可以充分利用高频数据中的信息，避免由于数据处理过程中人为处理而导致的数据信息虚增与丢失，在一定程度上可以提高宏观模型估计有效性和预测的准确性。基于2008—2019年中部某省卷烟销量数据，对该省卷烟销量进行样本内和样本外预测，探索混频模型对卷烟销量预测的适用性。研究发现：饮料烟酒类商品零售价格指数、全社会消费品零售总额、工业增加值增长率等宏观经济变量是预测卷烟销量的有效先行指标。同时，MIDAS模型在卷烟销量的样本内和样本外预测都具有较好的精度，预测的准确性和时效性强。因此，可以利用月度宏观经济变量对季度卷烟销量进行预测，为卷烟工商企业制定相关销售政策提供实证依据。

基于乘法模型的内蒙古乌兰察布市卷烟总销量预测研究。

张素平(2012)认为乌兰察布市烟草公司卷烟需求预测仅是对历史数据的简单平均或加权平均，这样得出的预测数据往往与市场真实需求有一定距离。因此研究探讨运用乘法模型对乌兰察布市未来的卷烟销售总量进行预测，以寻求一种符合乌兰察布市的卷烟市场需求预测方法，为制定正确的营销策略提供依据，推动卷烟市场营销“上水平”。

乘法模型是时间序列分解模型的一种，属于定量预测方法。它将历史数据分解为4类变动因素，即长期趋势T、季节变动S、周期变动C和不规则变动I，并假定4类因素对现象发展的影响是相互的，以长期趋势成分的绝对量为基础，其余成分均以相对量表示，组合确定预测模型为：$Y_t = T_t \times S_t \times C_t \times I_t$。该研究以乌兰察布市2007—2011年的卷烟销售数据为依据，进行散点图分析，判断出乌兰察布市卷烟销售变化的总体趋势，并建立乘法模型，对乌兰察布市未来5年的卷烟销售量进行预测。

结果表明：乘法模型是基于历史销售数据，构造需求量与其相关因素之间的函数关系，然后再通过函数计算预测期的需求量的定性预测，在原理与算法上更具客观性，而且文章探讨应用Excel工具表对模型进行构建，使计算过程更加简便、准确，具有一定的推广应用价值。乌兰察布市卷烟销量将保持稳定增长，且增长幅度控制在合理的范围之内，为乌兰察布市今后的卷烟经营工作提供可参考的依据。

引入虚拟变量的时间序列分解法在卷烟销量预测中的应用。

罗彪、闫维维、万亮(2012)认为时间序列分解法将序列分解为趋势变动、季节变动、周期变动和不规则变动,能够很好地对时间序列进行预测,但时间序列分解法在分析季节性变动因素时,主要针对阳历时间进行分析,无法体现出中国农历节日(如中秋节、春节)的消费特色,无法准确预测节日性的销量增长,而这些特定节日本身对卷烟销量产生重要影响。为解决这一问题,在时间序列分解法的基础上,引入虚拟变量,把对卷烟销量有着重要影响的农历传统节日进行虚拟变量化,以更好地拟合卷烟销量变化趋势来提高预测的精度。

采用时间序列分解法,依据时间序列的长期特征和季节性特征可以对未来进行合理预测,但处理季节因素时,在我国会受到传统节日的影响。以时间序列分解法为基础,将中国传统节日设定为虚拟变量,构建基于时间序列分解法和虚拟变量的改进模型。通过虚拟变量估测传统节日对序列的影响,对传统方法进行适用性改进。在对某省卷烟 90 个月总销量预测的算例中,改进后的预测方法能够提高预测精度,有利于企业据此合理安排生产销售计划。

基于 PLS 及时间序列法的卷烟销量组合预测方法。

罗彪、闫维维、万亮(2012)认为,在拥有大样本,大量完整统计数据的情况下,选择统计回归的预测方法有很大的优势。在获得数据量有限的情况下,特别是所建模型中各影响因素之间存在多重共线性时,偏最小二乘法(PLS)能够有效解决这些问题。但关于卷烟销量预测的研究往往只从以上所述一点出发去探究卷烟销量预测方法,由于不能兼顾不同研究方法的侧重点,因此预测精度高低不一。本研究基于这一思想,为确保在更大程度上保证预测结果的准确性,首先采用 Holter-Winter 季节乘积模型、时间序列分解法、偏最小二乘法(PLS)。三种预测模型对某省及 17 个地市 2012 年预期卷烟销售量进行预测。在得到三种预测方法相应的预测值之后,再运用组合模型方法,对三种模型的预测结果进行优化,更进一步提高预测精度。实证结果显示,本组合预测方法更进一步提高了预测精度,同时对卷烟销量预测实际工作具有借鉴意义。预测方法的选择与预测的对象、范围以及拥有的数据量有很大关系。

黄鹤楼卷烟品牌销量预测分析及应用。

李洪涛、王军、梁志钢(2023)对黄鹤楼卷烟品牌的销量进行预测分析研究,以适应市场化改革导向下的“以需定销、以销定产”新模式。结合烟草行业政策和企业业务需求,采用分层控制、逐步细化的预测框架,建立预测模型,为黄鹤楼品牌的销售和调拨工作模型化和数字化提供工具方法支撑。以黄鹤楼品牌工业销量为例,选用 2011—2021 年数据进行分析,建立 VAR 模型和 ARIMA 模型分别对行业工业销量和黄鹤楼品牌工业销量进行预测,相对误差控制在 2% 和 10% 左右,拟合效果较好。再结合实际销售情况,基于滚动逼近原则,对黄鹤楼品牌工业销量预测值进行修正,优化结果的预测精度达到 98% 以上,与实际销售数据基本吻合。因此,优化后预测模型能更好地表现黄鹤楼品牌工业销量时间序列的变化趋势，得到更精确的预测值。

铜川市卷烟需求集成预测。

王诗豪、张晓妮、张云、王开盛(2019)通过建立ARIMA、VAR、SVR以及习惯性消费下卷烟需求模型，分别对铜川市卷烟需求量进行了建模预测，基于集成方法的思想，将上述四个模型的预测结果进行集成分析。结果显示，集成预测模型对2017—2018年卷烟销量预测的相对误差绝对值控制在1%以内，平均相对误差绝对值控制在0.8%左右，预测结果显著优于单个模型，有效地提高了预测的精度。

2) 多元线性回归

多元线性回归是一种用于建立因变量与多个自变量之间关系的统计模型的方法。它假设因变量与自变量之间存在线性关系，并通过最小二乘法来估计模型参数。多元线性回归适用于分析横截面数据，即在同一时间点上收集的数据。

多元线性回归模型是一种用于预测因变量与多个自变量之间关系的统计模型。它假设因变量与自变量之间存在线性关系，并通过最小化残差平方和来估计模型参数。多元线性回归模型的数学表达式为：

$$Y = \beta_0 + \beta_1 X_1 + \beta_2 X_2 + \cdots + \beta_n X_n + \varepsilon$$

其中，Y表示因变量，$X_1, X_2, \cdot \cdots, X_n$表示自变量，$\beta_0, \beta_1, \beta_2, \cdots, \beta_n$表示模型的参数，$\varepsilon$ 表示误差项。

该模型的目标是找到最优的参数估计值，使得预测值与实际观测值之间的残差平方和最小化。这可以通过最小二乘法来实现，即通过最小化残差平方和来估计参数。

多元线性回归模型可以用于解决许多实际问题，例如预测房价、销售量、股票价格等。它可以帮助我们理解自变量对因变量的影响，并用于预测未来的观测值。

虽然多元线性回归和时间序列是两种不同的方法，但在某些情况下它们可以结合使用。例如，当我们希望分析因变量与多个自变量之间的关系，并考虑到时间的影响时，可以使用多元线性回归模型，并将时间作为一个自变量加入模型中。这样可以同时考虑自变量之间的关系和时间的影响。

对卷烟销量而言，影响卷烟销量的因素往往不止一个，而是若干因素综合作用的结果，比如人口数量、吸烟率、收入水平、消费结构、品牌进驻等。鉴于这一系列因素的影响，对销量的变化趋势进行研究时就需要采用受多因素影响的多元回归方法去预测。这种方法对于研究对象的考虑比较全面，比较接近现实，但是对于许多不可控因素作为自变量的情况不容易预测。另外，在选择变量时，要消除两两线性相关的变量，使之满足所需的条件，才能达到较好的预测结果。

【相关应用案例】

融合搜索指数的卷烟需求预测研究。

黄飞杰、张卫东、侯石鹏、宋红文、陶林(2022)在“总量控制、稍紧平衡”的行业背景下，为了解决实际需求与实际投放误差造成的结构性缺货问题，对搜索指数与卷烟历史销量的相关性进行了研究，筛选出与价位段销量相关性大的关键词搜索数据，构建了多元线性回归模型的数据输入。对比发现，加入搜索指数的预测模型，能够有效提升预测精度。通过对卷烟价位段需求展开精准预测，能指导厂商根据预测结果投放符合市场需求趋势的商品，减少结构性缺货的情况，同时开展品牌培育营销活动，有效提升商品销量和营销效果。

组合预测方法在云产卷烟需求预测中的应用研究。

2016 年，梁红梅从中国烟草发展历程入手，分析了国内外环境对中国烟草发展的影响，总结中国烟草面临的压力与挑战，以需求预测为落脚点，根据卷烟市场化取向改革措施，结合卷烟营销工作特点，对云产卷烟未来几年的需求进行预测，为云南中烟公司进行发展战略规划、目标决策制定和卷烟任务分配等发展方面提供有作用的信息资料和参考意见。

首先，文中阐述了预测理论知识概念、类别和作用，描述了国内外预测方法的发展和使用情况，进一步比较了不同预测方法模型的优缺点，并着重分析了所采用的模型——组合预测模型。其次，剖析了云产卷烟在国内卷烟市场的表现、竞争程度、品牌状态、一类和二类卷烟销售的态势等；分析了行业发展形势和市场化取向改革推进，总结得出卷烟需求预测工作实施势在必行，将成为未来卷烟营销工作的核心和重点。接下来，通过对重要性、经济性等多维度的分析找出影响云产卷烟预测的八个要素。结合客观条件，收集采用新华社云南分社、国家烟草专卖局一号工程系统、国家统计局以及其他参考资料中的数据，运用 SPSS 软件进行了逐步回归分析，将不符合检验的变量逐一剔除，得出与卷烟销售关系最紧密、关联度最高的三个要素，并使用多元回归模型对卷烟销售进行预测。由于该模型对卷烟政策因素、重大技改等客观影响反应不灵敏，而这些因素对卷烟销售极其重要，所以使得预测的结果带有一定的局限性。为此，又采用了二次指数平滑法，增加周期性波动、环境变化等客观情况，再次对卷烟销售进行预测，并对两种不同预测方法的结果进行比较，发现多元回归模型对历史数据信息运用充分，但缺少对环境、政策等客观因素的考虑；而二次指数平滑法能充分考虑客观影响，但对数据信息的使用又不如多元回归模型。综合两种方法的运用，就能互相弥补、规避缺陷，所以最终选用组合预测模型对卷烟销售进行预测，分析发现此方法的预测结果确实与未来销售趋势最贴近，预测精度也比较高，对今后的卷烟销售、产品规划等有很重要的参考价值。最后，通过分析未来国家政策方向、行业发展环境、云南卷烟发展前景、可能面临的机遇和挑战，参照预测结果数据，对卷烟营销情况做出预判，在市场运作、卷烟价值提升、资源优化、科技创新四个方面对云产卷烟发展提出建议和意见。

组合预测方法在卷烟销量中的应用研究。

丁子翔(2022)认为国家烟草专卖局提出卷烟营销市场化取向改革的工作要点，其核心任务之一就是探索科学准确的卷烟销量预测方法，提高预测精度，加强卷烟销量预测在烟草企业中的应用。为此，文章以卷烟销量预测为落脚点，通过对相关文献的整理，总结卷烟销量影响因素以及卷烟销量的预测方法，并以 Z 公司为例，做实证分析，为烟草企业卷烟生产的任务分配、计划决策等方面提供理论依据。首先，通过对国内外卷烟销量预测的相关文献进行梳理、分类和提炼，总结出卷烟销量影响因素有政治法律因素、经济因素、社会因素三个方面；并以Z公司为例，做实证分析，选取二次曲线回归法、三次指数平滑法、灰色预测法、逐步回归分析法，基于Z公司2011—2020年的卷烟销量数据，分别建立卷烟销量预测模型，接着运用百分比误差法、均方差倒数法、熵权法、Shapley值法对各单一预测模型进行组合，分别建立组合模型；然后，引入模型评价指标对各模型精度进行比较，得到以下结论：基于百分比误差法的组合模型与单一模型以及基于均方差倒数法、熵权法、Shapley值法的组合模型相比，预测值误差评价指标均有所降低。说明该方法预测精度最高，因此最终选取基于百分比误差法的组合模型应用于Z公司年销量和不同价类、规格的卷烟销量预测，经检验判断模型预测结果符合预计销售量。最后，对烟草企业分别从卷烟销量预测方法和卷烟销量影响因素这两个方面提出相应的建议。

2005年真龙系列卷烟销售预测与分析。

姜丽(2005)拟通过第一季度真龙系列卷烟销售情况，结合各种因素的影响，采用相关分析、趋势分析等方法预测全年销售情况；对品牌培养与发展进行分析，并提出参考建议。对真龙系列卷烟销量的预测是建立在基础条件（如经济环境、计划生产等）上的，对真龙一类烟的产品品质、市场价格等方面对销量的影响也做出了分析和预测。

毛正中、蒋家林等(1998)采用岭回归方法，估计出了我国城乡卷烟需求的价格弹性和收入弹性，表明了卷烟的一般消费品特征和吸烟的理性嗜好特征，并初步探讨了需求的变化趋势，为制定强有力的卫生经济政策提供了依据。

3）灰色系统理论

灰色系统理论是一种用于分析和预测具有不完全信息的系统的方法。1981年，中国控制论专家邓聚龙教授首次提出灰色系统的概念，后来又陆续发表了许多关于灰色系统的论文和专著，建立了灰色系统理论。自1982年以来，灰色系统理论在农业、工业、气象等领域得到成功应用，可解决存在未知因素的特殊领域内的问题，它广泛应用于农业、地质、气象等学科。

灰色系统理论认为，现实世界中的许多系统都存在着不完全的信息，既有确定性信息，又有随机性信息。这些系统通常具有不完全的数据，或者数据的质量不高，或者数据的数量不足。在这种情况下，传统的数学模型和方法往往无法有效地分析和预测系统的行为。

同时，该理论通过引入灰色数学模型，可以在存在不完全信息的情况下对系统进行分析和预测，它是一种将确定性信息和随机性信息相结合的数学模型，可以通过对已有数据的分析来估计系统的未知参数，并用于预测系统的未来行为。

灰色系统理论在许多领域都有广泛的应用，包括经济学、管理学、环境科学、工程学等。它可以用于预测经济指标、评估环境影响、优化生产过程等。总的来说，灰色系统理论是一种适用于不完全信息系统的分析和预测方法，可以帮助我们更好地理解和应对现实世界中的复杂问题。

灰色系统建模是一种系统分析和预测方法，它结合了确定性和随机性的特点，适用于在数据不完全、不确定或不可靠的情况下进行的建模和预测。

它的基本思想是将系统的发展过程分为确定性和随机性两个部分。确定性部分是指系统的内在规律和趋势，可以通过已知的数据和信息进行建模和预测；随机性部分是指系统的外部干扰和不确定因素，无法通过已知的数据和信息进行准确建模和预测。

建模的步骤包括：建立灰色模型、参数估计、模型检验和预测。建立灰色模型时，常用的方法和模型有灰色关联度分析、灰色驱动模型、灰色 Verhulst 模型等。参数估计是指通过已知的数据和信息，对模型中的参数进行估计和确定。模型检验是指对建立的模型进行验证和检验，评估模型的拟合程度和预测精度。预测是指利用建立的模型，对未来的发展趋势进行预测和分析。

灰色系统预测模型是一种基于灰色理论的预测模型，用于对未知数据进行预测。灰色系统预测模型主要适用于在数据量较小、数据质量较差、数据缺失或不完整的情况下进行预测。其基本原理是通过对数据序列进行灰色处理，将原始数据序列转化为灰色数列，然后建立灰色微分方程模型，通过对模型进行求解，得到未来的预测值。

灰色系统预测模型包括以下几个步骤：

(1) 数据序列的灰色处理：对原始数据序列进行累加生成新的序列，然后进行紧邻均值生成新的序列，最后进行紧邻比例生成新的序列。

(2) 建立灰色微分方程模型：根据灰色处理后的数据序列，建立灰色微分方程模型。

(3) 模型求解：通过对灰色微分方程模型进行求解，得到模型的参数。

(4) 模型检验：对模型进行检验，评估模型的拟合程度和预测精度。

(5) 模型预测：利用已建立的模型，对未来的数据进行预测。

因该预测模型具有简单、直观、易于理解和计算的特点，所以适用于各种类型的数据预测，但也对数据的质量和完整性要求较高。在实际应用中，可以根据具体情况选择合适的灰色系统预测模型，如灰色模型 GM(1,1)、灰色模型 GM(2,1) 等。

灰色系统建模的思想是直接将时间序列转化为微分方程，从而建立起抽象系统发展的动态模型，对于原始序列 $\boldsymbol{X}(t)$, $t=0,1,2,\cdots,n$，最常用的预测模型是 GM(1,1)：

$$\frac{\mathrm{d}X(t)}{\mathrm{d}t}+aX(t)=b \tag{4-7}$$

其中 a、b 为待定参数，并称参数 a 为发展系数，b 为灰色作用量。求解方程(4−7)，得到时间函数 $\boldsymbol{X}(t)$ 的模拟值：

$$\hat{X}(t)=\left[X(0)-\frac{b}{a}\right]\mathrm{e}^{-a}-\frac{b}{a} \qquad (t=1,2,\cdots,m) \tag{4-8}$$

我们称方程(4−8)为预测方程。根据方程(4−8)我们可以得到原始数据的模拟值($t\leqslant n$)及预测值($t>n$)。其中当 $0\leqslant t<n$ 时，$\hat{X}(t)$ 反映了原始数据的变化趋势；当 $t>n$ 时，$\hat{X}(t)$ 为预测值。

灰色系统建模在实际应用中广泛用于经济、环境、工程、管理等领域的预测和决策支持。它可以通过对不完全、不确定或不可靠的数据进行建模和预测，提供一种较为准确和可靠的分析方法。

【相关应用案例】

灰色模型 GM(2,1)在卷烟销量预测的应用。

陈磊、朱振宏、高逸芸(2020)为研究红塔集团卷烟销量变化趋势,通过运用灰色系统理论,以玉溪品牌卷烟2008年至2017年销量作为灰色数,将其变换为生成数,建立GM(2,1),给出二阶微分方程,并对微分方程中任意常数进行求解,确定微分方程通解,使卷烟销量的灰色信息白化,利用模型给出现实数据的生成规律。同时,根据模型对10年基础数据的真实值与模拟值进行了对比和检验,确定模型精度等级,并对2018年的卷烟销量进行预测,评估模型的实用性。检验结果显示,实际模型的残差检验、绝对关联度检验和均方差检验精度等级分别为三级、一级和一级,为合格模型,可以用于预测卷烟销量。预测结果显示,利用2008年至2017年玉溪品牌销量数据并使用GM(2,1)建模得到的2018年销量预测值为138.32万箱,而2018年的真实销量为140.77万箱,相对误差为1.74%,预测结果精度较高,因此使用GM(2,1)二阶模型研究短期内卷烟销量变化趋势有较高的实用价值。在实际应用上,文中GM(2,1)时间响应函数中任意常数的估计方法并不是最好的,更精确的任意常数的估计方法以及模型建立的基础数据取值的个数对模型精度的影响有待进一步研究。

卷烟销售预测模型初探。

岳阳(2012)通过对辽宁卷烟销量与人均消费水平的关系进行了分析,并运用灰色系统理论的GM预测模型得到了卷烟销售趋势的预测公式。尽管卷烟销售仍然贯彻执行"总量控制、稍紧平衡"的方针,但是通过公式计算出的结果可以在一定程度上提供一个总体发展趋势,为经营决策提供有价值的参考依据。在此基础上将科学把握市场需求,积极组织有效货源,优化调整销售结构,密切关注市场变化,努力保持价格稳定,卷烟市场的运行将会更加成熟,也为今后进行卷烟销售计划提供了参考依据。

刘红飞(2007)就卷烟消费量与广东省生产总值(GDP)建立一个双变量的灰色模型GM(1,2),以此来对广东省的卷烟消费需求增长趋势进行量化研究。由于GDP具有一定的独立性,因此先建立GDP的GM(1,1),然后在此基础上建立GDP和卷烟消费需求的GM(1,2),用灰色系统理论的预测方法进行预测。以2000—2005年广东卷烟消费量与GDP为基础数据,建立了广东卷烟消费需求增长的灰色模型GM(1,2),并对广东未来的卷烟消费需求进行了定量预测。这种方法在对长期销量预测方面的应用效果较好。

凌卫平、范丽红(2006)利用传统灰色模型找出烟草产量的变化趋势和马尔可夫链理论中可以反映随机因素影响程度的转移概率,很好地解决了既有趋势性又有较大波动性的数据序列的预测问题。

4)人工神经网络

人工神经网络(artificial neural networks, ANN)是受到生物神经系统启发而发展起来的一种计算模型。它由大量简单的处理单元(称为神经元)以及它们之间的连接组成。这些神经元以并行的方式工作,通过学习和调整连接权重来模拟人脑的信息处理过程。

人工神经网络的发展始于20世纪40年代，20世纪80年代中期以来，随着计算能力的提升和大数据的普及，人工神经网络以其独特的优点引起了人们的极大关注，才得到了广泛的应用和深入研究。人工神经网络在图像和语音识别、自然语言处理、机器翻译、推荐系统等领域取得了很大的成功。其训练过程通常通过反向传播算法(back propagation)来实现。该算法通过比较网络输出和期望输出之间的差异，并将误差反向传播到网络中的各个层次，以调整连接权重。这样，网络逐渐学习到输入和输出之间的关系，并能够基于未见过的数据进行预测和分类。

人工神经网络的基本思想是从仿生学的角度对人脑的神经系统进行模拟，使其具有人脑那样的感知、学习和推理等能力。对于控制界，人工神经网络的吸引力在于能够充分逼近复杂的非线性映射关系，学习与适应不确定系统的动态特性；所有定量或定性的信息都分布存储于网络的各个单元，所以有较强的鲁棒性和容错性；采用并行分布处理方法，使得进行快速大量运算成为可能。这些特点显示了人工神经网络在求解非线性和不确定性系统等控制问题上的巨大潜力。它的发展为解决复杂问题提供了一种新的方法，其本身具有自适应性、容错性和并行处理能力等优势，因此被广泛应用于各个领域，并成为人工智能研究的重要组成部分。人工神经网络的特点和优越性，主要表现在三个方面：

第一，具有自学习功能。例如实现图像识别时，只需要先把许多不同的图像样板和对应的识别的结果输入人工神经网络，网络就会通过自学习功能，慢慢学会识别类似的图像。自学习功能对于预测有特别重要的意义。预期未来的人工神经网络计算机将为人类提供经济预测、市场预测、效益预测，其应用前途是很远大的。

第二，具有联想存储功能。用人工神经网络的反馈网络就可以实现这种联想。

第三，具有高速寻找优化解的能力。寻找一个复杂问题的优化解，计算量往往很大，利用一个针对某问题而设计的反馈型人工神经网络，发挥计算机的高速运算能力，可能很快找到优化解。

基于其特点，它的应用价值包括但不限于以下几个方面。

(1)图像识别和计算机视觉：人工神经网络可以通过学习大量的图像数据来识别和分类图像，例如人脸识别、物体检测、图像分割等。这在安防监控、自动驾驶、医学影像分析等领域具有重要的应用价值。

(2)自然语言处理：人工神经网络可以通过学习大量的文本数据来理解和生成自然语言，例如机器翻译、情感分析、文本生成等。这在智能客服、智能助手、智能写作等领域具有重要的应用价值。

(3)预测和推荐系统：人工神经网络可以通过学习用户的历史行为和偏好来预测用户的未来行为和偏好，例如电商推荐、个性化广告、金融风险评估等。这在提高用户体验、提高销售额、降低风险等方面具有重要的应用价值。

(4)医学诊断和药物研发：人工神经网络可以通过学习大量的医学数据来辅助医生进行疾病诊断和治疗方案选择，例如肿瘤诊断、药物剂量优化等。这在提高医疗效果、降低医疗成本等方面具有重要的应用价值。

(5)金融市场预测和交易策略制定：人工神经网络可以通过学习历史的金融市场数据来预测未来的市场走势和制定交易策略，例如股票价格预测、量化交易等。这在提高投资收益、降低风险等方面具有重要的应用价值。

总的来说，人工神经网络的应用和价值非常广泛，可以帮助人们解决各种复杂的预测和决策问题，可以提高效率、降低成本、改善生活质量。

【相关应用案例】

基于人工神经网络的卷烟产品市场预测研究。

2018年，刘海涛结合我国卷烟消费占比及消费群体的消费特征，基于复杂多变的市场环境，以及烟草行业进行的市场化取向改革的核心内容之一——探索更科学的卷烟产品市场预测方法，提升预测质量，进行深入的研究。他认为，关于卷烟产品市场预测的前期研究考虑因素相对单一，不能有效反映不同类型因素变化对预测结果的影响，也不能对不同统计周期的数据进行统筹预测。在研究方法上主要以时间序列预测和回归预测为主，这些方法由于自身的局限性，在预测模型构造和实际预测效果上存在一些问题。针对上述问题，论文分析了影响卷烟产品市场预测的因素，将它们划分为计划因素、市场因素和状态因素三个类别，引入人工神经网络预测方法进行实证分析，并与传统预测方法的预测效果进行对比分析。结果显示，人工神经网络预测能很好地适应预测过程中动态环境下多样化、非线性因素的要求，既能克服现有预测方法的不足之处，提升预测科学性，又能够将计划因素、市场因素和状态因素进行综合分析，提升预测结果的准确性和可靠性。

卷烟销量预测模型研究。

席玮(2009)认为卷烟销量的预测研究对提高我国烟草行业的市场竞争力有重要意义和应用价值，根据我国烟草行业的特点选择人工神经网络方法建立了卷烟销量预测模型。首先综述了中国烟草专卖体制和烟草消费的特点，分析了影响卷烟需求和销量的主要因素；其次，根据影响卷烟销量的因素，选择预测卷烟销量的计算指标，通过指标聚类实现降维、灰色关联分析裁减指标，在此基础上建立了基于人工神经网络的卷烟销量预测模型；最后，应用此模型对安徽某地区卷烟月销量实施预测。预测结果显示，对非新年期间的月份预测效果很好，但对新年期间的月份预测结果偏差较大，为此根据新年期间卷烟销量数据的特点，采用求差的思想建立灰色模型，对这些月份进行预测，取得了较好的效果。由此可见，建立的基于人工神经网络的卷烟销量预测模型对非新年期间月份销量预测的效果较好，对新年期间月份的销量则需另外采用求差的思想建立灰色模型进行预测。

基于Levenberg-Marquardt算法改进BP神经网络的卷烟销量预测模型研究。

蒋兴恒、朱素蓉(2011)认为若能准确预测下月甚至更长时期的卷烟销量，则对进一步优化资源配置和提高经营管理水平等工作具有重要意义。针对一般时间序列分析方法中的不足，基于Levenberg-Marquardt算法改进的BP神经网络对2003—2010年月卷烟销售数据(取自安徽中烟工业公司生产经营汇总月报表)进行分析，建立卷烟销量预测模型，对销量进行预测；介绍说明改进的BP神经网络Levenberg-Marquardt算法原理，对卷烟销量数据进行归一化处理，建立卷烟销量人工神经网络模型，利用MATLAB软件对数据进行训练、仿真。对预测值的检验结果表明，所采用的预测模型收敛速度快、仿真程度高、检验误差较小，与实际销量进行对比分析，证明采用改进的BP神经网络预测结果准确。

卷烟销量组合预测模型研究。

吴明山、王冰、起亚宁、郑飘(2019)综合分析卷烟月度销量数据，为进一步提高卷烟月度销量预测精度，选择ARIMA模型、基于梯度下降算法的BP神经网络模型、基于Levenberg-Marquardt算法改进的BP神经网络模型等3种模型为单项预测模型，并利用BP神经网络对各单项预测模型进行动态加权，构建非线性组合模型对全国卷烟月度数据进行预测。首先，利用各单项预测方法对卷烟历史数据进行仿真拟合，并对2018年1—4月的销量进行预测；其次，构建非线性组合预测模型，对3个单项预测模型的拟合及预测结果进行动态加权，充分利用各个模型的优势，获取销量数据的各方面的信息。研究表明，相比于单项预测模型，组合预测模型误差绝对值均小于当月的日均销售量，预测误差更加均衡，结果更加平稳，适应性更强，更符合卷烟销售的实际情况。

GA-BP神经网络在卷烟销量预测中的应用。

付超达(2020)认为卷烟销售额的预测是非常复杂的非线性预测，它是对某一时间段内烟草需求所做出的预测，也是企业了解市场需求的一个重要的方式。神经网络算法因其较强的非线性表达能力，而使得它非常适合处理复杂的、不稳定的，以及具有一定随机特性的非线性时间序列预测难题。因此，文章对GA-BP(genetic algorithm-BP)神经网络在卷烟销量预测中的应用进行了相关研究，并进行优化。

首先从宏观层面分析了烟草销量预测模型的建立、预测流程以及预测模型的评价标准。通过对多隐层BP神经网络模型、广义回归神经网络模型以及遗传算法的研究，分别构建不同的卷烟销量预测模型，并进行优化比较。其中，针对原始销售数据的缺失问题，提出了权重平均填补法以完善销售数据，保证了销售数据的完整性。其次，针对神经网络模型的训练参数设定的不确定性和网络在训练过程中常出现的局部最优问题，实验中提出了自适应性的学习率设置方法，来优化多隐层BP神经网络，以提升模型预测的精度。同时，实验中还采用了遗传算法优化BP神经网络的初始化参数，构建GA-BP神经网络预测模型，实现对卷烟销量的预测。在实验仿真中，以什邡卷烟厂在2006年10月至2017年11月期间娇子(蓝)在德阳区域的销量为基础，利用神经网络相关算法实现了对卷烟销量的预测。实验证明基于GA-BP神经网络的卷烟销量模型，在训练过程中结合自适应学习率的设定方法，相比于BP神经网络和GRNN神经网络模型具有更高的训练效率，同时也提升了模型的预测精度，使得模型的预测平均绝对误差较低(为0.72)。实验证明，GA-BP神经网络可以很好地建立时间序列中不同销量值之间的非线性关系映射，同时基于遗传算法优化的神经网络模型具有很好的推广性。

神经网络在卷烟销量预测及营销策划中的应用。

2012年，关雷通过分析我国烟草经济的发展过程，发现市场对卷烟的需求程度大小决定着公司的决策方向，因此认为卷烟销量预测模型的研究是整顿烟草行业经济运营时刻的关键之所在。文章根据鄂尔多斯市烟草公司的历史数据建立卷烟销量预测模型，从而为该公司在决策上提供科学的依据。一方面，由于卷烟销量预测是一种时间序列的预测，首先介绍了时间序列预测的相关内容。传统的预测方法是不能很好地表达出卷烟销量的非线性特征的，考虑到神经网络能够很好地表现出事物的非线性特点，所以，又阐述了神经网络的相关理论，并且对该公司的客户在经营额度和营业量上，采用聚类思想进行了类别的合理划分。其次，为了能够很好地表现出卷烟销量在长期趋势和短期波动上的特点，根据时间序列和神经网络的理论知识，在BP神经网络的基础上建立了长期趋势模型TBP(trend back propagation)和短期周期模型PBP(period back propagation)。同理，在RBF(radial basis function)网络的基础上建立了TRBF(trend radial basis function)模型和PRBF(period radial basis function)模型。最后，进行了卷烟销量预测模型研究的探讨。另一方面，基于该公司的经营现状存在的问题和不足，根据该公司的历史数据和现状制订出了一套精准营销工作方案，并且在最后对研究的内容进行了总结和对下一步的工作内容进行了展望。

基于卷烟陈列识别和品牌文本表示的销量预测方法。

刘雁兵、肖骏、刘晓蓉、王义新、汪伟飞、吴凌翔等(2023)针对零售终端卷烟营销的实际场景需求，提出了基于卷烟陈列识别和品牌文本表示的销量预测方法。在样本选择阶段，建立零售终端运行质量评估体系，实现高质量样本点筛选。为准确预测产品销量，利用深度耦合网络和多元组排序学习算法高效准确地识别烟柜上各种卷烟的位置和规格信息，并由此绘制卷烟陈列价值图谱，构建双向编码器多层感知机预测卷烟销量。上述方法为分析卷烟规格、陈列位置与卷烟销量之间的关系，以及优化终端陈列和智能化管理提供理论和决策依据。

宋作玲(2007)分别运用回归模型、灰色模型、自适应二次指数平滑模型及移动平均模型等七种模型对卷烟配送中心的年订单量进行预测，并比较预测效果。在进行卷烟月订单量预测时，采用四层BP神经网络进行预测。同时，利用遗传算法优化神经网络的权值，解决神经网络权值搜索陷入局部最优的问题点。该方法加快了收敛速度，提高了网络的泛化能力。

李晓歌通过对大量的历史销售记录和与之相关的各种数据的分析，使用BP算法建立卷烟销售违规预测模型，对卷烟销售的违规行为进行预测，通过反复的实验确立较优的相关参数，并对实验结果进行了分析，为烟草专卖的检查工作提供了重要的科学依据。

仲东亭等结合实际提出了应根据季节设立各月销量增长的权重因子，并使用权重因子对月卷烟销量进行预测。使用一种最基本的用L-M法训练的BP网络模型，把实际误差看作一组序列，进行逼近模拟，作为一个单独量加入最终结果，提高了预测的精度。由此可见人工神经网络在卷烟销量预测中的运用已经趋于成熟。

5）随机森林模型

随机森林(random forest)是一种集成学习(ensemble learning)方法，是由Breiman和Cutler提出的一种基于分类树的、有监督的机器学习算法。它通过对大量分类树的汇总提高了模型的预测精度，是取代神经网络等传统机器学习方法的新的模型。随机森林的运算速度很快，在处理大数据时表现优异，它通过构建多个决策树模型并进行集成来预测。随机森林模型在机器学习和数据挖掘领域中被广泛应用，具有较高的准确性和鲁棒性。

随机森林模型的主要特点如下。

（1）集成学习：随机森林通过构建多个决策树模型并进行集成，从而提高预测的准确性和稳定性。每个决策树模型都是一个弱学习器，通过集成多个弱学习器可以得到一个强学习器。

（2）随机性：随机森林引入了随机性的元素，包括随机选择训练样本和随机选择特征。在构建每个决策树时，随机森林从原始训练集中有放回地随机选择一定数量的样本进行训练，这样可以减少过拟合的风险。同时，在每个节点上，随机森林只考虑一部分特征进行划分，这样可以增加模型的多样性。

（3）决策树：随机森林中的每个决策树都是一个分类器，通过对特征空间进行划分来预测。决策树的划分过程是通过选择最佳的特征和划分点来最大化信息增益或基尼系数等指标。随机森林中的决策树可以是分类树或回归树。

（4）预测：对于分类问题，随机森林通过投票的方式来进行预测，即每个决策树都对样本进行预测，最终选择得票最多的类别作为最终预测结果；对于回归问题，随机森林通过取平均值的方式来进行预测，即每个决策树都对样本进行预测，最终选择平均值作为最终预测结果。

同其他模型一样，随机森林可以解释若干自变量（X_1, X_2, $\cdots$, X_k）对因变量 Y 的作用。如果因变量 Y 有 n 个观测值，有 k 个自变量与之相关，在构建分类树的时候，随机森林会随机地在原数据中重新选择 n 个观测值，其中有的观测值被选择多次，有的没有被选到，这是 bootstrap 重新抽样的方法。同时，随机森林随机地从 k 个自变量中选择部分变量进行分类树节点的确定。这样，每次构建的分类树都可能不一样。一般情况下，随机森林随机地生成几百个至几千个分类树，然后选择重复程度最高的树作为最终结果。

随机森林模型具有以下优点。

（1）高准确性：随机森林模型通过集成多个决策树模型，可以有效地减少过拟合的风险，提高预测的准确性。

（2）鲁棒性：随机森林模型对于噪声和异常值具有较好的鲁棒性，可以处理各种类型的数据。

（3）可解释性：随机森林模型可以提供特征的重要性排序，可以帮助我们理解数据中的关键特征。

（4）并行化处理：随机森林模型的训练过程可以并行化处理，可以加快模型的训练速度。

总之，随机森林模型是一种强大的集成学习方法，适用于各种类型的数据和问题。它在实际中被广泛使用，包括分类、回归、特征选择等任务。

随机森林模型的预测步骤及方法如下。

（1）准备数据：需要准备用于训练随机森林模型的数据集。这包括特征数据和目标变量数据。

（2）随机采样：从数据集中随机选择一个样本集，样本集的大小与原始数据集相同，但是每个样本只被选择一次，这种采样方式被称为随机采样。

(3)加载模型：使用机器学习库(如 scikit-learn)加载已经训练好的随机森林模型。对待预测的数据进行与训练数据相同的特征工程处理。这包括数据清洗、特征选择、特征缩放等。

(4)构建和集成决策树：对于每个样本集，使用随机特征选择(random feature selection)的方法构建一个决策树。在构建决策树时，可以采用 CART(classification and regression trees)算法，即使用基尼系数(Gini coefficient)来进行特征选择和节点划分。对于每个构建好的决策树，将它们组成随机森林。可以通过计算每个样本在各个决策树中的分类结果的平均值或投票来进行分类。

(5)预测：使用加载的随机森林模型对特征工程处理后的数据进行预测。可以使用模型的 predict 方法进行预测。

(6)评估模型性能：使用交叉验证等方法评估随机森林模型的性能，并进行参数调优等操作，可以使用各种评估指标(如准确率、精确率、召回率等)来评估模型的性能。

需要注意的是，随机森林模型的预测方法与其他机器学习模型的预测方法类似，不同之处在于随机森林模型是由多个决策树组成的集成模型，预测结果是基于多个决策树的综合结果。因此，随机森林模型的预测结果更加稳定可靠。

【相关应用案例】

基于随机森林算法的卷烟销量预测及分析。

高洪利(2017)深入研究卷烟销量预测与实现精益管理的关系，提出卷烟销量预测是一种实现精益管理的有效技术手段。针对卷烟销量难以准确预测的问题，提出了一种基于随机森林模型的卷烟销量预测算法。通过分析得出卷烟销量的影响因素包括自身因素、宏观因素、突发因素和其他因素。在此基础上获得观测数据，对观测数据进行归一化和卡尔曼滤波处理，利用随机森林算法建立卷烟销量参数的回归预测模型，并提出了存在突发因素时的预测方法。利用 2011 年至 2015 年的北京市卷烟销售的实际数据，分别预测了《北京市控制吸烟条例》出台前和出台后的卷烟销量参数，验证了提出预测算法的有效性。依托预测结果，深入分析了《公共场所控制吸烟条例》对卷烟销量的影响，得出结论：相对于一类烟，《公共场所控制吸烟条例》对四类、五类烟的影响较小。

另外，随机森林模型可以考虑多个特征之间的相互作用，提高预测的准确性，因此还被广泛应用于医学、火灾、耕地、房地产等领域。例如通过收集房屋的各种特征，如面积、地理位置、房间数量等，建立一个随机森林模型来预测房价，可以通过训练数据集来学习特征与房价之间的关系，将模型用于预测新房屋的价格。

6)支持向量机(SVM)方法

支持向量机(support vector machine，SVM)是一种常用的机器学习方法，用于分类和回归问题。SVM 最早由 Vapnik 等人提出，它的背景可以追溯到统计学习理论和 Vapnik-Chervonenkis(VC)维度理论。SVM 通过在特征空间中找到一个最优的超平面，将不同类别的样本分隔开来，并尽可能地使不同类别的样本间隔最大化。

SVM 的实用价值在于其在处理高维数据和非线性问题时的优越性能。相比于其他分类器，

SVM 可以通过选择合适的核函数将数据映射到高维空间，从而更好地解决非线性问题。此外，SVM 还具有较好的泛化能力和鲁棒性，能够有效地处理小样本和噪声数据。SVM 在机器学习和数据挖掘领域具有广泛的应用价值，包括但不限于以下方面。

二分类问题：SVM 可以应用于二分类问题，如垃圾邮件过滤、文本分类、图像识别等。它能够处理高维数据，并具有较好的泛化能力和鲁棒性。

多分类问题：SVM 也可以扩展到多分类问题，通过一对多或一对一的策略进行分类。

支持向量回归：除了分类问题，SVM 还可以用于回归问题，通过寻找一个最优的超平面来拟合数据。

特征选择：SVM 可以通过支持向量的权重来进行特征选择，从而提高模型的解释性和泛化能力。

SVM 方法主要包括以下几个关键步骤。

(1) 数据准备：首先需要准备带有标签的训练数据集，其中每个样本都有对应的特征向量和类别标签。

(2) 特征选择和预处理：根据具体问题，选择合适的特征，并对数据进行预处理，包括数据清洗、特征提取和特征缩放，方法有归一化、标准化等，将原始数据转化为可用于训练的特征向量。

(3) 核函数选择：SVM 可以通过核函数将数据映射到高维特征空间中，从而使得非线性问题也能被线性分类器处理。常用的核函数包括线性核、多项式核和径向基函数(RBF) 核等。

(4) 模型训练：通过寻找最优的超平面，使得不同类别的样本间隔最大化。这可以通过求解一个凸优化问题来实现，常用的方法包括序列最小优化(SMO) 和梯度下降等。

(5) 模型评估：使用测试数据集对训练好的模型进行评估，使用评估指标(如准确率、精确率、召回率、F_1 值等) 对模型的性能进行评估，可以根据评估结果对模型进行调优或选择其他算法。

(6) 参数调优：根据评估结果，调整模型的参数，如正则化参数、核函数参数等，以提高模型的性能。

(7) 预测和应用：使用训练好的模型对新的未知样本进行分类或回归预测。

需要注意的是，SVM 方法在处理大规模数据集时可能会面临计算复杂度高的问题。为了解决这个问题，可以使用核函数的核技巧和优化算法(如 SMO 算法) 来加速计算过程。

常见的 SVM 方法包括以下几种。

(1) 线性 SVM：使用线性核函数，适用于线性可分的问题，通过寻找一个最优的超平面将样本分隔开来。

(2) 非线性 SVM：使用非线性核函数，如多项式核函数等，适用于非线性可分的问题，通过引入核函数将数据映射到高维特征空间中进行分类。

(3) 支持向量回归(SVR) ：用于回归问题，通过最小化预测值与实际值之间的误差来建立回归模型，将目标变量视为连续变量进行建模，寻找一个最优的超平面来拟合数据。

(4) 多分类 SVM：通过一对多或一对一的方法进行分类，将多分类问题转化为多个二分类问题进行处理。

在核函数选择时应选择合适的核函数对数据进行非线性映射，以提高分类性能；接下来进行参数调优，通过交叉验证等方法选择合适的参数，如惩罚参数、核函数参数等，以提高模型的泛化能力；通过选择合适的特征子集，可以提高 SVM 的性能和效率；对于样本不平衡的问题，可以采用加权 SVM 或调整类别权重等方法来处理。

SVM 方法的优点包括：能够处理高维数据，具有较好的泛化能力，对于小样本数据也能表现出较好的性能。然而，SVM 也有一些限制，如对大规模数据的处理效率较低，对参数的选择较为敏感等。因此，在应用 SVM 时需要根据具体问题进行合理的调参和优化。

总之，支持向量机是一种强大的机器学习方法，具有广泛的应用价值。它在分类和回归问题中表现出色，尤其适用于高维数据和非线性问题。通过选择合适的核函数和调整参数，SVM 可以得到较好的分类性能，并且具有较好的泛化能力和鲁棒性。

【相关应用案例】

一种基于支持向量机的卷烟销量预测方法。

2016 年，武牧、林慧苹、李素科、吴明治、王治国、吴高峰等为解决现有线性回归方法对市级卷烟销量预测效果不佳等问题，基于支持向量机设计并实现了一种市级卷烟销量预测方法。以湖南中烟工业有限责任公司卷烟销量为研究对象，将支持向量机方法应用到卷烟销量预测中，提出了基于 SVM 的卷烟销量预测混合方法 SHPM(SVM-based hybrid prediction method)。采用 SHPM 与线性回归方法、ARIMA 方法、SVM 方法进行了市级卷烟销量预测的对比实验，结果表明：将 SVM 方法应用到卷烟销量预测中是可行的。在市级卷烟销量预测上，SHPM 预测结果误差相比 SVM 方法降低 9.58%，比线性回归方法降低 11.83%，比 ARIMA 方法降低 45.79%。因此，SHPM 是一种有效的市级卷烟销量预测方法。

7) 马尔可夫模型

马尔可夫模型(Markov model)是一种基于概率的统计模型，用于描述随机过程中状态的转移规律。该模型最早由俄国数学家安德烈 · 马尔可夫在 20 世纪初提出，用于描述离散时间和离散状态的随机过程。马尔可夫模型假设当前状态只与前一状态有关，与更早的状态无关，即满足马尔可夫性质。

马尔可夫模型由状态空间、状态转移概率和初始状态概率组成。状态空间是指系统可能处于的一组状态的集合。状态转移概率描述了系统从一个状态转移到另一个状态的概率。初始状态概率描述了系统在初始时刻处于每个状态的概率。

根据其系统状态的可见性与系统的自主性，将其分为以下四种，如图 4-6 所示。

马尔可夫模型		
	系统状态是完全可见的	系统状态是部分可见的
系统是自主的	马尔可夫链	隐马尔可夫模型
系统是受控的	马尔可夫决策过程	部分可观测马尔可夫决策过程

图 4–6　马尔可夫模型分类

马尔可夫模型根据其连续性又可以分为离散和连续两种类型。离散马尔可夫模型适用于状态空间和时间都是离散的情况，例如天气预测中的天气状态（晴天、阴天、雨天）和每天的观测结果。连续马尔可夫模型适用于状态空间和时间都是连续的情况，例如股票价格的变化和物理系统的运动。

马尔可夫模型是一种统计模型，在语音识别、词性自动标注、音字转换、概率文法、序列分类等各个自然语言处理等应用领域被广泛应用。经过长期发展，尤其是在语音识别中的成功应用，使它成为一种通用的统计工具。它被认为是实现快速精确的语音识别系统的最成功的方法之一。

马尔可夫模型可以用于预测，根据已知的过去观测结果，推测未来的状态。马尔可夫模型可以通过状态转移概率和初始状态概率计算出给定观测结果的概率，从而进行预测。马尔可夫模型在许多领域具有广泛的应用价值，包括但不限于以下方面。

自然语言处理：马尔可夫模型可以用于文本生成、语音识别和机器翻译等任务，通过学习语言的转移规律来生成连续的文本或预测下一个词。

金融市场：马尔可夫模型可以应用于金融市场的预测和建模，如股票价格预测、市场波动分析等，通过学习历史数据的状态转移规律来预测未来的市场走势。

生物信息学：马尔可夫模型可以用于 DNA 序列分析、蛋白质结构预测等生物信息学任务，通过学习生物序列的状态转移规律来推断隐藏的生物信息。

机器人控制：马尔可夫模型可以应用于机器人路径规划和动作控制，通过学习环境的状态转移规律来制定最优的行动策略。

马尔可夫模型的方法步骤主要包括以下几个关键方面。

状态定义：首先需要定义系统或过程的状态集合，每个状态表示系统的一个特定状态或观测值。

转移概率估计：根据历史数据或领域知识，估计状态之间的转移概率，即从一个状态转移到另一个状态的概率。

初始状态概率估计：估计系统初始状态的概率分布，即系统在初始时刻处于每个状态的概率。

模型训练：通过最大似然估计等方法，利用历史数据估计模型的参数，包括转移概率和初始状态概率。

模型预测：利用训练好的模型，根据当前状态和已知的历史状态，预测未来状态的概率分布或最可能的状态。

马尔可夫模型可以用于状态预测，根据当前状态和已知的历史状态，预测未来状态的概率分布或最可能的状态。具体预测的过程包括以下方面。

确定初始状态:即系统在初始时刻的状态。

状态序列预测:根据已知的历史状态序列,预测未来一段时间内的状态序列。这可以通过维特比算法等动态规划方法实现。

下一个状态预测:根据当前状态,预测下一个状态的概率分布或最可能的状态。这可以通过计算状态转移概率和当前状态的条件概率来实现。

重复上述过程,直到预测的时刻。最终,可以得到系统在预测时刻的状态分布,从而进行相应的决策或规划。

马尔可夫模型的优点包括:简单且易于理解和实现,可以应用于多个领域和问题,能够处理序列数据和动态系统。然而,马尔可夫模型的发展也出现一些瓶颈,或者说有一些限制,如对马尔可夫性质的严格要求、对历史数据的依赖性;在应用马尔可夫模型之前需要确保它满足无记忆的性质;马尔可夫链收敛到静态分布的速度可能很慢;隐藏状态之间的关系不是非常明显和清晰;因为状态之间的方向问题,模型在使用时可能会出现无限循环等。因此,在应用马尔可夫模型时需要根据具体问题进行合理的建模和参数估计。

需要注意的是,马尔可夫模型的预测结果是基于历史数据的统计分析,因此对未来的预测并不是完全准确的。而预测的准确性取决于历史数据的质量和模型的合理性。此外,马尔可夫模型还有一些假设,如马尔可夫性质和状态转移概率的稳定性,这些假设在实际应用中需要满足或进行适当的修正。

【相关应用案例】

基于灰色－马尔可夫模型的卷烟需求预测。

随着市场经济的不断发展,卷烟经营和生产都越来越尊重市场,重视需求,要求更加贴近卷烟零售客户和消费者。因此,科学、准确的市场需求预测是卷烟经营工作的核心和基础。运用科学的方法,准确有效地分析卷烟市场的真正需求,预见其发展趋势,能够使经营者掌握市场供求变化的规律,为经营决策提供可靠的依据。针对卷烟需求趋势与波动并存的特点,利用灰色－马尔可夫模型,经过状态划分、构造状态转移矩阵、编制状态预测表、计算预测值等步骤,根据状态转移概率来推断卷烟需求的变化趋势,将预测结果与实际销量值进行对照,发现模型预测的精度较好,这也有助于对未来的卷烟需求进行准确有效的分析。

基于马尔可夫模型的中国高端卷烟产品销量预测研究。

梁武超、顾幼瑾、段宁东(2012)认为,近年来,中国卷烟的销量呈现动态增长的趋势,卷烟销量的增长率作为一个行为特征值,其变化趋势呈现动态增长变化过程的特性,马尔可夫理论强调系统将来状态与当前状态有关的性质,并且马尔可夫预测是根据系统状态之间的转移概率来预测系统未来的发展的,转移概率反映了各种随机因素的影响程度,反映了各状态之间的内在规律性。因此,高端卷烟产品销量预测可以采用马尔可夫理论和方法解决数据堆积的问题,提高预测的准确性,同时卷烟销量的预测研究对提高我国烟草行业的市场竞争力具有重要意义和应用价值。

2012 年，通过对全国调拨价每条 100 元以上的卷烟销量进行分析，预测出未来几年内其销量增长的趋势。依据历年销量的增长率的不同将其划分为不同的状态，计算出状态之间的转移概率矩阵，并构造出销量增长率的马尔可夫模型，求出其销量增长率的期望值，通过对比两年的实际销量值计算出其预测销量的误差，为卷烟销量的预测提供参考，同时此模型适用于中国中低端卷烟的销量预测，研究结果对于全国烟草行业的营销实践具有参考价值。

黑龙江烟草工业有限责任公司卷烟销量预测研究。

黄岚君(2018)通过全面分析中国烟草业多年来全面推进以客户订单为基准组织货源的工作流程，基于以销定产的思想，认为准确地预测销量，准确及时地反映烟草市场走势，能够为参与市场的生产者、营销方提供准确有效的决策参考依据，也已成为市场各方最为急迫的要求。通过分析影响黑龙江烟草工业有限责任公司销量的具体因素，分别使用灰色模型和马尔可夫模型对卷烟销量进行预测，得到结果，分析各自模型的特点及优劣后，又将灰色模型和马尔可夫模型有机地结合起来。利用各自的模型优势，先用灰色模型来预测卷烟销量的时间走势，随后对灰色产生的残差走势建立马尔可夫模型进行修正，从而使两者相结合建立更为精确的灰色－马尔可夫模型，对各自模型取长补短，进行优化。

对 2012—2015 年共 4 年来每月的销量数据进行分析测算，通过灰色模型及其相应的建模软件，对年销量样本数据进行分析、预测；对月销量样本数据应用马尔可夫模型、灰色模型进行分析、预测，发现灰色模型预测误差较大；最后通过将灰色模型的误差作为马尔可夫模型的区间划分依据，从而建立灰色－马尔可夫模型，对卷烟品类的季度销量进行预测，取得了更为精确的预测结果。

8) 移动平均法

移动平均法是一种常用的时间序列预测方法，它通过计算一定时间窗口内的观测值的平均值来预测未来的观测值。

移动平均法的步骤如下：

(1) 确定时间窗口的大小，即计算观测值的数量。

(2) 将时间窗口内的观测值相加，然后除以观测值的数量，得到平均值。

(3) 将时间窗口向前滑动一个观测值的间隔，重复步骤(2)，直到计算出所有需要预测的观测值的平均值。

移动平均法简单易懂，适用于平稳或趋势性较弱的时间序列数据。然而，它对于具有较强季节性或趋势性的数据，预测结果可能不准确。基于不同情况及数据特点，可以采用不同的平均法，移动平均法有几种常见的变体，包括简单移动平均法、加权移动平均法和指数移动平均法。每种变体都有不同的权重分配方式，可以根据具体情况选择使用。

简单移动平均(simple moving average, SMA)法是一种基本的时间序列预测方法。它通过计算一定时间窗口内的数据平均值来预测未来的值。简单移动平均法的原理非常简单，即预测值为选定的跨越期数 n 内所有实际观测销量的平均值。计算公式如下：

$$\hat{X}_{t+1} = \left(X_t + X_{t-1} + X_{t-2} + \cdots + X_{t-n+1}\right)/n$$

$\hat{X}$ 是 $t+1$ 时刻的预测值，n 是参考数据的跨越期数，$X_i(i = t-n+1,\ t-n+2,\ \cdots,\ t)$ 是 $t+1$ 时刻前 n 个时期的实际销量。

具体步骤如下：

(1) 确定时间窗口的大小，例如选择过去 5 个时间点的数据。

(2) 计算时间窗口内数据的平均值，作为预测值。

(3) 随着时间的推移，更新时间窗口内的数据，重新计算平均值，得到新的预测值。

简单移动平均法的优点是简单易懂，容易计算。然而，它对于突发性的变化或者趋势的变化反应较慢，因为它只考虑了过去一段时间内的平均值。

加权移动平均(weighted moving average，WMA)法是对简单移动平均法的改进。它引入了权重因子，对不同时间点的数据赋予不同的权重。加权移动平均法的基本计算公式为：

$$\hat{X}_t = W_i X_t + W_{i-1} X_{t-1} + \cdots + W_{i-n+1} X_{t-n+1}$$

X_t 为时间序列第 t 期观察值，W_i 为时间序列数据第 i 期权重，$\hat{X}_t$ 为 t 时刻的预测值。离预测月份越近、需求越相似的月份权重越大。权重的确定是个难点，一般根据销售经验确定。

具体步骤如下：

(1) 确定时间窗口的大小，例如选择过去 5 个时间点的数据。

(2) 为每个时间点分配一个权重因子，例如最近的时间点权重为 0.5，其余时间点权重为 0.1。

(3) 将每个时间点的数据与对应的权重因子相乘，求和得到预测值。

加权移动平均法可以更灵活地对不同时间点的数据进行加权处理，从而更好地反映数据的变化趋势。然而，它需要选择合适的权重因子，这可能需要一定的主观判断。

指数移动平均(exponential moving average，EMA)法是对加权移动平均法的改进。它引入了平滑因子，通过对过去的预测值进行加权平均来预测未来的值。具体步骤如下：

(1) 确定平滑因子，例如选择 0.5。

(2) 初始化第一个预测值为第一个观测值。

(3) 对于后续的时间点，通过将上一个预测值与当前观测值按照平滑因子进行加权平均，得到新的预测值。

指数移动平均法可以更好地适应数据的变化，对于突发性的变化或者趋势的变化能够更快地做出反应。然而，它对于过去的数据赋予的权重逐渐减小，可能会导致较早的数据对预测结果的影响较小。

另外，指数移动平均法和移动平均法都是计算平均值的方法，但是它们的应用场景和计算方式略有不同。

指数移动平均法是一种用于计算时间序列数据的平均值的方法，它将数据按照时间顺序进行加权平均。指数移动平均法常用于预测未来的趋势和周期性变化，是对一组时间序列数据进行某种意义上的平均值计算，并以此为依据进行预测。一次移动平均法只适用于下一步的预测，而不适用于以后若干步的预测，因此，一般采用二次移动平均法进行预测，或应用加权移动平均法，预测期数不宜过长。

它的计算公式为：

$$\hat{X}_{n+i} = a_n + b_n i$$

$$a_n = 2X_n^n - X_n''$$

$$b_n = \frac{2}{N-1}\left(X_n' - X_n''\right)$$

其中，$X_n' = \frac{1}{N}\sum_{i=0}^{n-1} X_{t-i}$ 为原始销量序列的一次移动平均值，$X_n'' = \frac{1}{N}\sum_{i=0}^{n-1} X_{t-i}''$ 为一次移动平均序列的二次移动平均值。

总之，移动平均法是一种用于分析平滑时间序列数据的方法，它通过计算一段时间内的平均值来减少数据的波动性。移动平均法常用于消除季节性和随机波动对数据的影响，从而更好地观察数据的长期趋势。它的计算公式为：

移动平均 =（最新数据 + 上一期数据 + 上上期数据 + …）/ 时间段长度

可以看出，指数移动平均法是一种更加综合考虑历史数据的方法，而移动平均法则是一种更加简单的平滑方法。在实际应用中，指数移动平均法常常用于预测未来的趋势和周期性变化，而移动平均法常常用于消除季节性和随机波动对数据的影响。

【相关应用案例】

抚顺市烟草公司卷烟销量预测研究。

关牧玫(2009)通过对抚顺市烟草市场进行充分分析后发现，抚顺市烟草公司在取得成绩的同时，也面临着如何准确预测卷烟需求的问题。卷烟属于贵重商品，尤其是一、二类卷烟产品，如果库存积压，将会占用大量资金；而如果货源不足，又不能及时满足市场要求。公司决策者已意识到，在市场竞争越来越激烈的大环境下，仅凭经验或靠“拍脑袋”来做决策的方式是行不通的，必须引入科学的预测方法才能保证需求预测的准确性。

具体思路：从消费者对卷烟数量的消费需要入手，通过对卷烟销售量进行分析，运用一定的数学模型对不同时段销售量进行预测，并结合抚顺市烟草公司实际，以期为公司管理者和决策者提供参考和建议。

在以往的预测过程中，特别是在地市级烟草商业公司的销量预测中，由于受到了预测人员个人能力、工作经验、职业素质、眼界视野以及预测方法过于简单等多方面的限制，预测工作很难真正做好。正是敏锐地意识到了这些不足，抚顺市烟草公司的管理者应对新形势，提出了要对公司需求预测机制——主要是预测方法进行改进的要求。基于以上原因，首先对抚顺市烟草公司现行的需求预测机制进行阐述分析，指出现行机制的不足，并分析了影响抚顺市卷烟销售的因素，将其按照年度和月度分为两大类。接下来，结合该公司的实际情况，提出了解决办法。研究先将卷烟需求进行了分类，即销量需求和结构(品类)需求。在具体的操作阶段，分别对销量和结构(品类)的数据进行分析，根据其特点，应用不同的预测方法给出预测模型进行相应的预测。最后，对预测结果进行修正和调整，给出分别适用于销量和结构(品类)需求预测的预测方法和模型，从而为抚顺市烟草公司的决策者提供一套行之有效的需求预测方法。

趋势比率模型在卷烟预测中的应用。

向美英、何利力(2011)以湖南烟草营销系统中的2004—2009年芙蓉王(蓝)品牌销售数据为例,建立趋势比率模型,并对这种模型进行研究。

时间序列法在卷烟销售预测工作中是运用得比较多的一种预测方法,具体方法有移动平均法、趋势外推法、指数平滑法、季节变动预测法等。传统的移动平均法和指数平滑法常出现滞后误差,季节变动预测法将影响时间序列的各个因素分解出来,单独地考虑每个因素的影响程度,特别是季节性影响程度。基于卷烟销售的时间序列具有整体趋势变动性和季节波动性的二重趋势变化特点,此时需要采用 Holt-Winters 模型或趋势比率模型进行预测。当选择了一种预测模型后,需要寻找出模型的最佳参数的估计值。最后还需对模型进行有效性检验,检验的标准就是利用这个模型对过去的历史数据进行拟合,分析新有的误差是否具有随机性,如果具有随机性,则说明模型有效,否则意味着有系统偏差,模型无效。在模型有效的情况下,才可以用此模型进行实际预测。鉴于此,采用趋势比率模型进行预测,对该预测模型设计了相应的算法,最后以实际数据为例验证了趋势比率模型预测方法的有效性和实用性。

9) 定性预测法

基于主观判断和个人意见的预测方法主要是定性的方法,一般包括业务主管人员预测法、销售人员综合意见预测法、消费者调查预测法、德尔菲法等。定性预测法由于其主观局限性,现在很少单独使用,通常和定量预测结合使用。

该方法的主要特点是基于个人主观判断和经验进行预测,与个体自身的知识阅历或想法有很大关系;在数据收集时也不需要额外的数据来源,以开放性数据为主;受个体主观判断的影响,预测结果可能存在个体差异和主观偏见,预测的可信度也就相对降低。

10) 预测小组审定法

预测小组审定法是一种预测未来事件或结果的方法,通常由专家或专业人士组成的小组进行审查和讨论。这种方法通常用于预测一些具有不确定性的事件,例如市场趋势、经济发展、科技创新等。基本原理是通过集思广益,汇集多个专家的意见和经验,以提高预测的准确性和可靠性。小组成员通常会根据自己的专业知识和经验,对预测事件进行分析和评估,并提出自己的预测结果。

在预测小组审定法中,小组成员之间会进行讨论和辩论,以达成共识或一致意见。这种方法可以避免个人主观偏见的影响,提高预测的客观性和可信度。它的优点是能够利用多个专家的知识和经验,提高预测的准确性和可靠性。同时,通过小组讨论和辩论,可以发现和纠正个人的错误观点,提高预测的质量。

然而,预测小组审定法也存在一些局限性。首先,小组成员的专业知识和经验可能存在差异,导致预测结果的偏差。其次,小组成员之间可能存在意见分歧,导致预测结果的不一致。最后,预测小组审定法需要耗费时间和资源,不适用于一些紧急和变化迅速的预测需求。

总的来说,预测小组审定法是一种通过集思广益,汇集多个专家的意见和经验,提高预测准确性和可靠性的方法。它可以应用于各种领域的预测需求，但需要注意其局限性和适用范围。它的基本模型为：

$$Y=x_1A+x_2B+x_3C$$

其中 Y 表示预测平均值，A、B、C 表示预测值，x_1、x_2、x_3 分别表示 A、B、C 出现的概率。

11）可拓聚类预测方法

可拓学的物元理论可以把多个环境变量综合起来作为一个物元进行分析，使结合多个环境变量进行预测成为可能。把不同经济环境下卷烟销售量的变化作为一种预测结果，用聚类预测方法进行预测。根据事物关于特征的量值来判断事物隶属于某集合的程度与可拓集合的基本思想是一致的，而关联函数则使聚类预测方法更为精细化。可拓聚类预测方法利用了关联函数可以取负值的特点，从而能全面地分析对象属于某集合的程度；同时，也有助于从变化的角度来分析变化中的事物。可拓聚类预测方法首先通过聚类分析划分集合的若干子集，构造它们的经典域物元和节域物元，并确定待测物元，然后根据关联函数值确定待测样本隶属于哪个子集，从而得到聚类预测结果。

沈航、邹平利用物元和可拓集合中的关联函数建立预测模型，结合多个环境变量进行预测，通过聚类分析得到预测结果，并在我国云南某地区卷烟销售量预测上取得良好的效果。但是这种方法只适用于长期销量（如年销售量）的预测，不适用于中短期销量（如月销量，季度销量）的预测。

12）其他预测方法

其他预测方法的相关应用如下。

【相关应用案例】

构建卷烟销售关键指标预测模型——基于 EViews 统计预测工具。

于得水(2015)通过查阅资料和运用头脑风暴法，初步得出对卷烟销量产生影响的宏观经济指标主要有国民生产总值、社会消费品零售总额、建筑业产值、人均可支配收入等四项。同时分析 2009—2014 年大连市卷烟销量增速与 GDP 增速，大连市卷烟销量增速与社会消费品零售总额增速，大连市卷烟销量增速与固定资产投资增速，大连市卷烟销量增速与人均可支配收入增速等的影响程度或影响关系发现，固定资产投资和社会消费品零售总额增长速度变化趋势与卷烟销量增长速度变化趋势呈现高度一致，因此，固定资产投资和社会消费品零售总额可以作为预测卷烟销量的预判指标，另外分析对卷烟销量、单条值、销售额等卷烟销售指标的影响程度。首先通过逐一分析 2009－2014 年宏观经济指标增长率变化趋势与卷烟销售关键指标增长率变化趋势的异同性，选取同向运动 80% 以上的指标作为变量，运用 EViews6.0 分析工具，构建卷烟销售指标预测模型。其次，结合 2015 年政府工作报告预期目标，预测 2015 年大连地区卷烟销售容量，结果表明，卷烟销量存在较大下行压力，单条值和销售额仍有一定上升空间。

基于 EViews 的卷烟销量预测模型研究。

杨林(2015)通过对 C 市烟草公司的烟草销售业务进行深入分析后发现，C 市烟草公司的整体市场销售表现较好，但也面对着准确预测卷烟需求的问题，对于价格偏贵的卷烟若出现库存积压，就会占用资金；但若卷烟量不够，就会出现供小于求。在研究过程中，结合C市烟草公司实际，根据消费者的需求，分析卷烟销售的数量，并对不同时段销售数量用数学模型进行预测，期望能够给公司的管理决策人员提供参考和建议。

对C市烟草公司目前需求预测机制的实际情况进行了研究，针对影响销量的因素进行分析总结，提出将这些影响因素加入多种销量预测模型中，应用SQL Server 2010软件设计了相应的数据库，通过EViews工具等对样本数据进行分析、预测，编制相应的程序对C市的卷烟销量进行预测计算。对预测结果的分析表明，这种销量预测方式重视分析销量数据以及影响销量的因素，在C市年度、月度销量及卷烟结构销量方面的计算得到了较好的结果，对预测C市烟草公司的销量工作起到了积极的推动作用。

基于系统动力学的卷烟销量预测。

谭建、陈青梅、林琳(2014)认为卷烟消费市场的影响因素众多，包括经济、人口、政策、社会等各类因素，这些因素相互制约又相互作用，形成一个系统，共同推动卷烟市场的发展。因此，卷烟消费市场是一个庞大而复杂的动态系统。文章通过系统动力学模型，从卷烟市场需求方面来研究贵州省的卷烟市场发展。

系统动力学了解系统动态特性的主要方法是回路分析法(即因果关系和反馈思想)。将卷烟市场看作一个经济系统，以卷烟需求为核心，运用系统动力学理论，通过分析卷烟需求特征及相关影响因素，建立卷烟需求系统动力学模型，并以贵州卷烟需求为例，对贵州烟民数量及卷烟销售量进行了分析预测。

卷烟销量预测方法比较。

刘鑫、杨丽华(2014)收集了某地区2006—2011年共计6年的卷烟销量数据，对每年12个月的数据进行统计分析，发现当月销量同比去年有趋势性的增长，而且每个月的卷烟销量有很强的趋势特征，与以下因素有关：节日和宏观经济环境。采用趋势外推法对每个月的销量进行预测，并结合季节指数和组合预测方法，对比分析这三种方法，结果为采用趋势外推法得出的销量预测结果更准确，误差最小，按权重的组合模型有待进一步的改进。

季节分解法在息烽县卷烟销量短期预测中的应用。

吕南、童岳嵩、张红梅(2012)认为，目前在对各类经济问题的预测研究中，热点问题是对商品进行销售预测。销售预测是指对未来特定时间内，全部产品或特定产品的销售数量与销售金额的估计。销售预测是在充分考虑未来各种影响因素的基础上，结合本企业的销售实绩，通过一定的分析方法提出切实可行的销售目标。通过销售预测，企业可以以销定产，根据销售预测资料，安排生产，避免产品积压。由此可见，准确、可靠的销售预测对企业营销计划制订和现金流正常运转等均具有十分重要的意义。以贵州省贵阳市息烽县卷烟月度销量为预测对象，运用季节分解法建立息烽县2011年卷烟月度销量的短期预测模型，与实际销量数据比较，预测结果显示出较高的应用价值。研究结果还表明：季节分解法具有较强的可操作性，运用该方法进行短期预测，预测结果将更为准确、有效。

另外，吴劲松(2023)通过对淮北烟草近年销售情况与数据的分析，研究了销售预测模型构建以及如何利用销售预测模型进行科学的库存管理问题。深入分析了淮北辖区卷烟零售市场的发展状况，并结合淮北烟草的历史销售数据，分析了影响卷烟销售的重要因素；运用多元回归模型构建了销售预测模型，并对该模型的预测效果进行了检验；在此基础上，结合公司运营实际情况及销售预测模型，提出了公司库存管理的新方案，并利用新的库存管理模式对公司未来的库存结构和效率进行预测，验证了新方法为企业维持适当的库存水平、提高运营效率、改善盈利水平提供了一条可行的途径。

4.2.3 小结

从《2021 年全球及中国卷烟产销量、主营企业经营现状及发展趋势分析》中可以得知：2021 年，印度尼西亚卷烟销量为 591.9 万箱，同比增长 7.0%；美国卷烟销量为 423.5 万箱，同比下降 4.9%；俄罗斯卷烟销量为 396.7 万箱，同比下降 3.5%；土耳其卷烟销量为 241.9 万箱，同比增长 5.0%；埃及卷烟销量为 224.7 万箱，同比增长 12.5%。

2021 年，美国卷烟销售额为 967.5 亿美元，同比增长 2.7%；印度尼西亚卷烟销售额为 332.2 亿美元，同比增长 24.8%；德国卷烟销售额为 271.2 亿美元，同比增长 3.8%；日本卷烟销售额为 235.6 亿美元，同比下降 0.3%；法国卷烟销售额为 209.2 亿美元，同比增长 6.3%。

2018 年以来，我国卷烟产量呈不断增长趋势。2020 年，中国卷烟产量为 23863.73 亿支，较上年增加 221.24 亿支，同比增长 0.94%；2021 年，中国卷烟产量为 24182.4 亿支，较上年增加 318.67 亿支，同比增长 1.34%。

卷烟市场发展面临一些深层次的挑战，比如，经济形势总体趋于复杂，卷烟消费出现新变化，控烟政策收紧趋严，新型烟草制品逐渐崛起等。卷烟市场未来发展仍具有良好机遇，支撑市场高质量发展的基础依然坚实。因此，趋势分析依然是一个全行业的热门课题，专家和研究者们不断向前探索，提升预测方法在实际应用中的价值。

参考文献

[1] 崔东佳．大数据时代背景下的品牌汽车销量预测的实证研究——以网络搜索数据为例 [D]．开封：河南大学，2014.

[2] 赵颖．基于回归分析的我国汽车销量预测模型研究 [D]．武汉：华中师范大学，2014.

[3] 王旭天．基于 BP 神经网络的我国汽车销量预测分析 [D]．上海：东华大学，2016.

[4] 章旭．基于时间序列分析的汽车销量预测研究 [D]．合肥：合肥工业大学，2017.

[5] 林梅霞．基于 Gompertz 和岭回归模型的中重卡销量预测与应用研究 [D]．天津：天津大学，2017.

[6] 曹永立．基于网络搜索数据的汽车销量预测方法研究 [D]．成都：电子科技大学，2018.

[7] 苑鑫艺．我国新能源汽车销量预测研究 [D]．长春：长春大学，2022.

[8] 和述群．基于模糊深度学习的线上农产品销量预测模型研究 [D]．天津：河北工业大学，2016.

[9] 由梦璐．基于情感计算的线上商品销量预测方法研究 [D]．大连：大连海事大学，2019.

[10] 张悦．基于评论情感分析和销量预测的外贸电商选品研究 [D]．北京：北京交通大学，2019.

[11] 王曼．基于数据挖掘的手机销量分析及预测 [D]. 北京：北京工业大学,2019.

[12] 马春来．手机销量预测系统的设计与实现 [D]. 武汉：华中科技大学,2016.

[13] 游小林．基于客户行为的能源零售销量预测 [D]. 济南：山东大学,2017.

[14] 刘治．基于数据挖掘的电商销量预测研究 [D]. 北京：北京交通大学,2018.

[15] 万赛军．基于树模型的商品销量预测研究 [D]. 广州：广东工业大学,2020.

[16] 潘碗碗．考虑需求截断的快时尚产品销量预测研究 [D]. 南京:南京大学,2022.

[17] 李胜源．基于百度指数的服装零售企业线下门店销量预测 [D]. 上海:上海财经大学,2019.

[18]BATES JM,GRANGER CWJ. The combination of forecasts[J]. Operational research quarterly,1969(4):451-468.

[19]LILIAN MM,DEREK WB,JAMES W.T.Review of guidelines for the use of combined forecasts[J].European journal of operational research,2000,120(1):190-204.

[20] 王伟民,汪沄,张国安．基于灰色马尔科夫模型的全国卷烟需求预测研究 [J]. 中国烟草学报,2009,15(6):66-69.

[21] 孟玲清,王晓雨,宋学娜．季节性时间序列建模与预测 [EB/OL].(2008-01-18).http://www.paper.edu.cn/releasepaper/content/200801-554.

[22] 何建．基于时间序列的网络流量分析与预测 [J]. 中国科技信息,2005,2(22):11+13.

[23] 罗艳辉,吕永贵,李彬．基于 ARMA 的混合卷烟销售预测模型 [J]. 计算机应用研究,2009,26(07):2664-2668.

[24] 席玮．卷烟销量预测模型研究 [D]. 合肥:合肥工业大学,2009.

[25] 王惠文,吴载斌,孟洁．偏最小二乘回归的线性与非线性方法 [M]. 北京:国防工业出版社,2006.

[26]WEI, WILLIAM WS.Time series analysis:univariate and multivariate methods[M]. NewYork:Addison-Wesley publishing company,1989.

[27] 毛正中,蒋家林,龚志平,等．影响我国卷烟需求的因素分析 [J]. 中国卫生资源,1998(04):154-156.

[28] 何盛明．财经大辞典 [M]. 北京:中国财政经济出版社,1990.

[29] 刘红飞．基于灰色系统理论的广东卷烟消费需求预测研究 [J]. 经济师,2007(01):273-274.

[30] 凌卫平,范丽红．灰色－马尔柯夫模型在云南烤烟产量预测中的应用 [J]. 商场现代化,2006(09):166.

[31] 孙富春,李莉,孙增圻．非线性系统神经网络自适应控制的发展现状及展望 [J]. 控制理论与应用,2005,22(2):254-260.

[32] 宋作玲．卷烟配送中心订单预测及系统实现 [D]. 济南：山东大学,2007.

[33] 李晓歌．基于 BP 网络的卷烟销售违规预测方法研究 [D]. 郑州：郑州大学,2005.

[34] 仲东亭,张玥.BP 神经网络对烟草销售量预测方法的改进研究 [J]. 工业技术经济,2007,26(9):115-118.

[35] 张延飞,颜七笙．马尔科夫方法修正的 SVM 模型在科技人才资源预测中的应用 [J]. 统计与决策,

2011(11):171-173.

[36] 王森，吴春明．烟草系统卷烟需求预测模型的探讨 [J]．现代机械，2007(2):4-6,9.

[37] 丁源，于波．Holt-Winters 模型在铁路货运量预测中的应用 [J]．铁道货运，2010,28(12):19-21.

[38] 张海涛．烟草行业卷烟需求预测模型构建及应用系统研究 —— 以某地级市烟草专卖公司为例 [D]．济南：山东大学，2010.

[39] 邢添威．零售药房的总销量预测与流动客户数量影响因素分析 —— 基于德国零售药房大数据 [D]．长春：吉林财经大学，2022.

[40] 沈航，邹平．可拓聚类预测方法预测卷烟销售量 [J]．昆明理工大学学报(理工版)，2006,31(3):95-98.

[41] 约翰·T. 门泽尔，卡罗尔·C. 贝恩斯多克．销售预测：方法系统管理 [M]．罗玉波，唐立杰，刘静，译．北京：人民邮电出版社，2004.

第五章
卷烟销量趋势分析

5.1 销量趋势分析入门

5.1.1 销量趋势分析相关工具

趋势分析是一个反复探索的过程，只有将分析工具提供的技术、实施经验与企业的业务逻辑、需求紧密结合，并在实施过程中不断地磨合，才能取得好的效果。下面简单介绍几种常用的数据挖掘预测建模工具。

1. SAS Enterprise Miner

Enterprise Miner(EM)是 SAS 推出的一个集成的数据挖掘系统，允许使用和比较不同的技术，同时还集成了复杂的数据库管理软件。它的运行方式是在一个工作空间(workspace)中按照一定的顺序添加各种可以实现不同功能的节点，然后对不同节点进行相应的设置，最后运行整个工作流程(workflow)，便可以得到相应的结果。

2. IBM SPSS Modeler

IBM SPSS Modeler 原名 Clementine，2009 年被 IBM 公司收购后对产品的性能和功能进行了大幅度改进和提升。它封装了先进的统计学和数据挖掘技术来获得预测知识，并将相应的决策方案部署到现有的业务系统和业务过程中，从而提高企业的效益。IBM SPSS Modeler 拥有直观的操作界面、自动化的数据准备和成熟的预测分析模型，结合商业技术可以快速建立预测性模型。

3. SQL Server

Microsoft 公司的 SQL Server 中集成了数据挖掘组件——Analysis Services，借助 SQL Server 的数据库管理功能，可以无缝地集成在 SQL Server 数据库中。在 SQL Server 2008 中提供了决策树算法、聚类分析算法、naive Bayes 算法、关联规则算法、时序算法、神经网络算法、线性回归算法等 9 种常用的数据挖掘算法。但是，预测建模的实现是基于 SQL Server 平台的，平台移植性相对较差。

4. Python

Python 是美国 Mathworks 公司开发的应用软件，具备强大的科学及工程计算能力，它不但具有以矩阵计算为基础的强大数学计算能力和分析功能，而且还具有丰富的可视化图形表现功能和方便的程序设计能力。Python 并不提供一个专门的数据挖掘环境，但它提供非常多的相关算法的实现函数，是学习和开发数据挖掘算法的很好选择。

5. Weka

Weka(Waikato environment for knowledge analysis)是一款知名度较高的开源机器学习和数据挖掘软件。高级用户可以通过 Java 编程和命令行来调用其分析组件。同时，Weka 也为普通用户提供了图形化界面，包括 Weka Knowledge Flow Environment 和 Weka Explorer，可以实现预处理、分类、聚类、关联规则、文本挖掘、可视化等。

6. KNIME

KNIME(Konstanz information miner)是基于 Java 开发的,可以扩展使用 Weka 中的挖掘算法。KNIME 采用类似数据流(dataflow)的方式来建立分析挖掘流程。挖掘流程由一系列功能节点组成,每个节点有输入、输出端口,用于接收数据或模型、导出结果。

7. RapidMiner

RapidMiner 提供图形化界面,采用类似 Windows 资源管理器中的树状结构来组织分析组件,树上每个节点表示不同的运算符(operator)。RapidMiner 中提供了大量的运算符,包括数据处理、变换、探索、建模、评估等各个环节。RapidMiner 是用 Java 开发的,基于 Weka 来构建,可以调用 Weka 中的各种分析组件。RapidMiner 有拓展的套件 Radoop,可以和 Hadoop 集成起来,在 Hadoop 集群上运行任务。

8. TipDM

TipDM 使用 Java 语言开发,能从各种数据源获取数据,建立多种数据挖掘模型。TipDM 已集成数十种预测算法和分析技术,基本覆盖了国外主流挖掘系统支持的算法。TipDM 支持数据挖掘流程所需的主要过程:数据探索(相关性分析、主成分分析、周期性分析)、数据预处理(属性选择、特征提取、坏数据处理、空值处理)、预测建模(参数设置、交叉验证、模型训练、模型验证、模型预测)、聚类分析、关联规则挖掘等。

5.1.2　本书应用的核心工具——Python

1. 发展历程

自 20 世纪 90 年代初 Python 语言诞生至今,它已被广泛应用于系统管理任务的处理和 Web 编程。

Python 的创始人为荷兰人吉多 · 范罗苏姆(Guido van Rossum)。1989 年圣诞节期间,在阿姆斯特丹, Guido 为了打发圣诞节的无趣,决心开发一个新的脚本解释程序,作为 ABC 语言的一种继承。之所以选中单词 Python(意为大蟒蛇)作为该编程语言的名字,是因为他是英国电视喜剧《蒙提 · 派森的飞行马戏团》(*Monty python's flying circus*)的爱好者。

ABC 是由 Guido 参加设计的一种教学语言。就 Guido 本人看来,ABC 这种语言非常优美和强大,是专门为非专业程序员设计的。但是 ABC 语言并没有成功,究其原因, Guido 认为是其非开放造成的。Guido 决心在 Python 中避免这一错误。同时,他还想实现在 ABC 语言设计中闪现过但未曾实现的东西。

就这样, Python 在 Guido 手中诞生了。可以说, Python 是从 ABC 发展而来的,主要受到了 Modula-3(另一种相当优美且强大的语言,为小型团体所设计)的影响,并且结合了 Unix shell 和 C 语言的习惯。

1995 年, Guido van Rossum 在弗吉尼亚州的国家创新研究公司(CNRI)继续他在 Python 上的工作,并在那里发布了其多个版本。

2000 年 5 月，Guido 和 Python 核心开发团队转到其他地方并组建了 BeOpen PythonLabs 团队。同年 10 月，BeOpen PythonLabs 团队转到 Digital Creations（现为 Zope Corporation）。

2001 年，Python 软件基金会（PSF）成立，这是一个致力于服务 Python 相关发展的非营利组织。Zope Corporation 是 PSF 的赞助成员。

自从 2004 年以后，Python 的使用率呈线性增长。Python 已经成为最受欢迎的程序设计语言之一。Python2 于 2000 年 10 月 16 日发布，稳定版本是 Python2.7。Python3 于 2008 年 12 月 3 日发布，不完全兼容 Python2。2011 年 1 月，Python 被 TIOBE 评为 2010 年年度语言。

由于 Python 语言的简洁性、易读性以及可扩展性，在国外用 Python 做科学计算的研究机构日益增多，一些知名大学已经采用 Python 来教授程序设计课程。例如卡内基梅隆大学的编程基础、麻省理工学院的计算机科学及编程导论就使用 Python 语言讲授。众多开源的科学计算软件包都提供了 Python 的调用接口，例如著名的计算机视觉库 OpenCV、三维可视化库 VTK、医学图像处理库 ITK。而 Python 专用的科学计算扩展库就更多了，例如如下 3 个十分经典的科学计算扩展库：NumPy、SciPy 和 matplotlib，它们分别为 Python 提供了快速数组处理、数值运算以及绘图功能。因此 Python 语言及其众多的扩展库所构成的开发环境十分适用于工程技术、科研人员处理实验数据、制作图表，甚至开发科学计算应用程序。2018 年 3 月，该语言作者在邮件列表上宣布 Python2.7 将于 2020 年 1 月 1 日终止支持。用户如果想要在这个日期之后继续得到与 Python2.7 有关的支持，则需要付费给商业供应商。

2. 语言特点

1）优点

（1）简单：Python 是一种代表简单主义思想的语言。阅读一个良好的 Python 程序就感觉像是在读英语一样，尽管它的要求非常严格。Python 的这种伪代码本质是它最大的优点之一。它使使用人员能够专注于解决问题而不是去搞明白语言本身。

（2）易学：Python 极其容易上手，因为 Python 有极其简单的说明文档。

（3）易读、易维护：风格清晰划一、强制缩进。

（4）速度较快：Python 的底层是用 C 语言写的，很多标准库和第三方库也都是用 C 语言写的，运行速度非常快。

（5）免费、开源：是 FLOSS（自由、开放源码软件）之一。简单地说，可以自由地发布这个软件的拷贝，阅读它的源代码，对它做改动，把它的一部分用于新的自由软件中。FLOSS 是基于一个团体分享知识的概念。

（6）高层语言：用 Python 语言编写程序的时候无须考虑诸如如何管理程序使用的内存一类的底层细节。

（7）可移植性：由于它的开源本质，Python 已经被移植在许多平台上（经过改动使它能够工作在不同平台上）。如果你小心地避免使用依赖于系统的特性，那么你的所有 Python 程序无须修改就可以在下述任何平台上面运行。这些平台包括 Linux、Windows、FreeBSD、Macintosh、Solaris、OS/2、

Amiga、AROS、AS/400、BeOS、OS/390、z/OS、Palm OS、QNX、VMS、Psion、VxWorks、PlayStation、Sharp Zaurus、Windows CE，甚至还有 Pocket PC、symbian 以及 Google 基于 Linux 开发的 Android 平台。

(8) 解释性：用编译性语言（比如 C 或 C++）写的程序可以从源文件（即 C 或 C++ 语言）转换到计算机使用的语言（二进制代码，即 0 和 1），这个过程通过编译器和不同的标记、选项完成。当运行程序的时候，连接转载器软件把程序从硬盘复制到内存中并且运行，而 Python 语言写的程序不需要编译成二进制代码，可以直接从源代码运行程序。在计算机内部，Python 解释器把源代码转换成称为字节码的中间形式，然后再把它翻译成计算机使用的机器语言并运行。事实上，由于不再需要担心如何编译程序、如何确保连接转载正确的库等，所有这一切使得使用 Python 更加简单。只需要把 Python 程序拷贝到另外一台计算机上，它就可以工作了，这也使得 Python 程序更加易于移植。

(9) 面向对象：Python 既支持面向过程的编程，也支持面向对象的编程。在面向过程的语言中，程序是由过程或仅仅是可重用代码的函数构建起来的。在面向对象的语言中，程序是由数据和功能组合而成的对象构建起来的。Python 是完全面向对象的语言，函数、模块、数字、字符串都是对象，并且完全支持继承、重载、派生、多继承，有益于增强源代码的复用性。Python 支持重载运算符和动态类型。相对于 Lisp 这种传统的函数式编程语言，Python 对函数式设计只提供了有限的支持，有两个标准库（functools，itertools）提供了 Haskell 和 Standard ML 中久经考验的函数式程序设计工具。

(10) 可扩展性：如果需要一段关键代码运行得更快或者希望某些算法不公开，可以把部分程序用 C 或 C++ 语言编写，然后在 Python 程序中使用它们，Python 本身被设计为可扩充的，并非所有的特性和功能都集成到语言核心。Python 提供了丰富的 API 和工具，以便程序员能够轻松地使用 C 语言、C++、Cython 来编写扩充模块。Python 编译器本身也可以被集成到其他需要脚本语言的程序内。因此，很多人还把 Python 作为一种“胶水语言”（glue language）使用，使用 Python 将其他语言编写的程序进行集成和封装。在 Google 内部的很多项目，例如 Google Engine 使用 C++ 编写性能要求极高的部分，然后用 Python 或 Java、Go 调用相应的模块。

(11) 丰富的库：Python 标准库确实很庞大。它可以帮助处理各种工作，包括正则表达式、文档生成、单元测试、线程、数据库、网页浏览器、CGI、FTP、电子邮件、XML、XML-RPC、HTML、WAV 文件、密码系统、GUI（图形用户界面）、Tk 和其他与系统有关的操作。只要安装了 Python，这些功能都是可用的。这被称作 Python 的“功能齐全”理念。除了标准库以外，还有许多其他高质量的库，如 wxPython、Twisted 和 Python 图像库等。

(12) 规范的代码：Python 采用强制缩进的方式使得代码具有较好的可读性。Python 的作者设计限制性很强的语法，使得不好的编程习惯（例如 if 语句的下一行不向右缩进）都不能通过编译，其中很重要的一项就是 Python 的缩进规则。一个和其他大多数语言（如 C 语言）的区别就是，一个模块的界限，完全是由每行的首字符在这一行的位置来决定（而 C 语言是用一对大括号“{}”（不含引号）来明确定出模块的边界，与字符的位置毫无关系）。通过强制程序员进行缩进（包括 if，for 和函数定义等所有需要使用模块的地方），Python 确实使得程序更加清晰和美观。

(13) 做科学计算优点多：说起科学计算，首先会被提到的可能是 MATLAB，除了 MATLAB 的一些专业性很强的工具箱还无法被替代之外,MATLAB 的大部分常用功能都可以在 Python 中找到相应的扩展库。和 MATLAB 相比,用 Python 做科学计算有如下优点:

首先, MATLAB 是一款商用软件,并且价格不菲,而 Python 完全免费,众多开源的科学计算库都提供了 Python 的调用接口。用户可以在任何计算机上免费安装 Python 及其绝大多数扩展库。

其次,与 MATLAB 相比, Python 是一门更易学、更严谨的程序设计语言。它能让用户编写出更易读、易维护的代码。

最后, MATLAB 主要专注于工程和科学计算,然而即使在计算领域,也经常会遇到文件管理、界面设计、网络通信等各种需求。而 Python 有着丰富的扩展库,可以轻易完成各种高级任务,开发者可以用 Python 实现完整应用程序所需的各种功能。

2)缺点

(1)运行速度慢:这里是指与 C 和 C++ 相比。Python 开发人员尽量避开不成熟或者不重要的优化。一些针对非重要部位的加快运行速度的补丁通常不会被合并到 Python 内,所以很多人认为 Python 运行很慢。不过,根据二八定律,大多数程序对速度要求不高。在某些对运行速度要求很高的情况下, Python 设计师倾向于使用 JIT 技术,或者使用 C/C++ 语言改写这部分程序。可用的 JIT 技术是 PyPy。

(2)单行语句和命令行输出问题:很多时候不能将程序连写成一行,如 import sys, for i in sys.path: print(i),而 Perl 和 AWK 就无此限制,可以较为方便地在 Shell 下完成简单程序,不需要如 Python 一样,必须将程序写入一个 .py 文件。

(3)给初学者带来困惑:语法独特,这也许不应该被称为局限,但是它用缩进来区分语句关系的方式还是给很多初学者带来了困惑。即便是很有经验的 Python 程序员,也可能陷入陷阱当中。

3. 基础语法

Python 的设计目标之一是让代码具备高度的可阅读性。它设计时尽量使用其他语言经常使用的标点符号和英文单词,让代码看起来整洁美观。它不像其他的静态语言(如 C、Pascal)那样需要重复书写声明语句,也不像它们的语法那样经常有特殊情况和意外。

Python 开发者有意让违反了缩进规则的程序不能通过编译,以此来强制程序员养成良好的编程习惯。并且 Python 语言利用缩进表示语句块的开始和退出(off-side 规则),而非使用花括号或者某种关键字。增加缩进表示语句块的开始,而减少缩进则表示语句块的退出。缩进成为语法的一部分。例如 if 语句: python3。

```
age = int(input(" 请输入你的年龄 :"))
if age<21:
print(" 你不能买酒。")
print(" 不过你能买口香糖。")
print(" 这句话在 if 语句块的外面。")
```

根据 PEP 的规定,必须使用 4 个空格来表示每级缩进。使用 Tab 字符和其他数目的空格虽然都可以编译通过,但不符合编码规范。支持 Tab 字符和其他数目的空格仅仅是为了兼容很旧的 Python 程序和某些有问题的编辑程序。

1)控制语句

if 语句,当条件成立时运行语句块;经常与 else, elif(相当于 else if)配合使用,称为 if-elif-else 语句。

for 语句,依次处理遍历列表、字符串、字典、集合等迭代器(容器)中的每个元素;有时和 else 连用,称为 for-else 语句。

while 语句,当条件为真时,循环运行语句块;有时和 else 配合使用,称为 while-else 语句。

try 语句,必须与 except 配合使用处理在程序运行中出现的异常情况,称为 try-except 语句;常与 else, finally 配合使用,称为 try-except-else 语句, try-except-finally 语句, try-except-else-finally 语句。

class 语句,用于定义类型。

def 语句,用于定义函数和类型的方法。

pass 语句,表示此行为空,不运行任何操作。

assert 语句,用于程序调试阶段时测试运行条件是否满足。

with 语句, Python2.6 以后定义的语法,在一个场景中运行语句块。比如,运行语句块前加密,然后在语句块运行退出后解密。

yield 语句,在迭代器函数内使用,用于返回一个元素。自从 Python2.5 版本以后,这个语句变成了一个运算符。

raise 语句,制造一个错误。

import 语句,导入一个模块或包。

from… import 语句,从包导入模块或从模块导入某个对象。

import… as 语句,将导入的对象赋值给一个变量。

in 语句,判断一个对象是否在一个字符串、列表、元组里。

2)表达式

Python 的表达式写法与 C、C++ 语言的类似。只是在某些写法上有所差别。

主要的算术运算符与 C、C++ 语言的类似。“+”“-”“×”“/”“//”“**”“~”“%”分别表示加法或者取正、减法或者取负、乘法、除法、整除、乘方、取补、取余。

Python 使用 and、or、not 表示逻辑运算。

is、is not 用于比较两个变量是否是同一个对象。in、not in 用于判断一个对象是否属于另外一个对象。

Python 支持“列表推导式”(list comprehension),比如计算 0～9 的平方和:

```
>>>sum(x*x for x in range(10))
285
```

Python 使用 lambda 表示匿名函数。匿名函数体只能是表达式。比如:

```
>>>add = lambda x,y:x + y
>>>add(3,2)
5
```

Python 使用 y if cond else x 表示条件表达式,意思是当 cond 为真时,表达式的值为 y,否则表达式的值为 x。它相当于 C++ 和 Java 里的 condy: x。

Python 区分列表(list)和元组(tuple)两种类型。list 的写法是［1,2,3］,而 tuple 的写法是(1,2,3)。可以改变 list 中的元素,而不能改变 tuple。在某些情况下, tuple 的括号可以省略。tuple 对于赋值语句有特殊的处理。因此,可以同时赋值给多个变量,比如:

```
>>>x,y = 1,2# 同时给 x,y 赋值,最终结果:x = 1,y = 2
```

特别地,可以使用以下这种形式来交换两个变量的值:

```
>>>x,y = y,x# 最终结果:y = 1,x = 2
```

Python 使用 '(单引号)和 "(双引号)来表示单行字符串,'''(三个连续单引号)和 """(三个连续双引号)两种符号作用相同,这一点与 Perl、Unix Shell 语言或者 Ruby、Groovy 等语言不一样。一般地,如果字符串中出现了双引号,就使用单引号来表示字符串;反之则使用双引号。如果都没有出现,就依个人喜好选择。出现在字符串中的 \(反斜杠)被解释为特殊字符,比如 \n 表示换行符。表达式前加 r 表示 Python 不解释字符串中出现的 \。这种写法通常用于编写正则表达式或者 Windows 文件路径。

Python 支持列表切割,可以取得完整列表的一部分。支持切割操作的类型有 str, bytes, list, tuple 等。它的语法是 ...［left:right］或者 ...［left:right:stride］。假定 nums 变量的值是［1,3,5,7,8,13,20］,那么下面几个语句为真:

nums［2:5］= =［5,7,8］从下标为 2 的元素切割到下标为 5 的元素,但不包含下标为 5 的元素。

nums［1:］= =［3,5,7,8,13,20］切割到最后一个元素。

nums［:-3］= =［1,3,5,7］从最开始的元素一直切割到倒数第 3 个元素。

nums［:］= =［1,3,5,7,8,13,20］返回所有元素。改变新的列表不会影响到 nums。

nums［1:5:2］= =［3,7］从下标为 1 的元素切割到下标为 5 的元素,且步长为 2。

3) 函数

Python 的函数支持递归、默认参数值、可变参数,但不支持函数重载。为了增强代码的可读性,可以在函数后书写“文档字符串”(documentation strings,或者简称 docstrings),用于解释函数的作用、参数的类型与意义、返回值类型与取值范围等。可以使用内置函数 help( )打印出函数的使用帮助。比如:

```
>>>def randint(a,b):
..."Return random integer in range[a,b],including both end points."...
>>>help(randint)
Help on function randintin module__main__:
randint(a,b)
Return random integer in range[a,b],including both end points.
```

4) 对象的方法

对象的方法是指绑定到对象的函数。调用对象方法的语法是 instance.method(arguments),它等价于调用 class.method(instance, arguments)。当定义对象方法时,必须显式地定义第一个参数,一般该参数名都使用 self,用于访问对象的内部数据。这里的 self 相当于 C++、Java 里面的 this 变量,还可以使用任何其他合法的参数名,比如 this 和 mine 等,self 与 C++、Java 里面的 this 不完全一样,它可以被看作是一个习惯性的用法,传入任何其他的合法名称都行,比如:

```
class Fish:
defeat(self,food):
if food is not None:
self.hungry = False

class User:
def_init_(myself,name):
myself.name = name

    # 构造 Fish 的实例:
    f = Fish( )
    # 以下两种调用形式是等价的:
    Fish.eat(f,"earthworm")
    f.eat("earthworm")
    u=User('username')
    print(u.name)
```

Python 认识一些以“_”开始并以“_”结束的特殊方法名,它们用于实现运算符重载和实现多种特殊功能,叫作魔法方法。

5)类型

Python 采用动态类型系统。在编译的时候, Python 不会检查对象是否拥有被调用的方法或者属性,而是直至运行时,才做出检查。所以操作对象时可能会抛出异常。不过,虽然 Python 采用动态类型系统,它同时也是强类型的。Python 禁止没有明确定义的操作,比如数字加字符串。

与其他面向对象的语言一样, Python 允许程序员定义类型。构造一个对象只需要像函数一样调用类型即可,比如,对于前面定义的 Fish 类型,使用 Fish( )。类型本身也是特殊类型 type 的对象(type 类型本身也是 type 对象),这种特殊的设计允许对类型进行反射编程。

Python 内置丰富的数据类型。与 Java、C++ 相比,这些数据类型有效地减少代码的长度。表 5-1 简要地描述了 Python 内置数据类型(适用于 Python3.x):

表 5-1 Python 内置数据类型

类型	描述	例子	备注
str(string/字符串)	一个由字符组成的不可更改的有序串行	"""Spanning multiple lines"""	在 Python3.x 里, 字符串由 Unicode 字符组成

续表

类型	描述	例子	备注
bytes（字节）	一个由字节组成的不可更改的有序串行	b'SomeASCII' b"SomeASCII"	在 Python2.x 里，bytes 为 str 的一种
list（列表）	可以包含多种类型的可改变的有序串行	[4.0，'string'，True]	无
tuple（元组）	可以包含多种类型的不可改变的有序串行	（4.0，'string'，True）	无
set，frozenset	与数学中集合的概念类似。无序的，每个元素都是唯一的	{4.0，'string'，True} frozenset（[4.0，'string'，True]）	无
dict（字典）	一个可改变的由键值对组成的无序串行	{'key1'：1.0，3：False}	无
int（整数）	精度不限的整数	42	无
float（浮点数）	精度与系统相关	3.1415927	无
complex	复数	3+2.7j	无
bool	逻辑值，只有两个值：真、假	True False	无
builtin_function_or_method	自带的函数，不可更改也不可增加	print input	无
type（类型）	显示某个值的类型，用 type（x）获得	type（1）->int type（'1'）->str	无
range	按顺序排列的数	range（10） ......list（range（10））->[0，1，2，3，4，5，6，7，8，9] range（1，10） ......list（range（1，10）->[1，2，3，4，5，6，7，8，9] range（1，10，2） ......list（range（1，10，2））->[1，3，5，7，9]	在 Python2.x 中，range 为 builtin_function_or_method，获得的数为 list

除了各种数据类型，Python 语言还用类型来表示函数、模块、类型本身、对象的方法、编译后的 Python 代码、运行时信息等。因此，Python 具备很强的动态性。

6）数学运算

Python 使用与 C、Java 类似的运算符，支持整数与浮点数的数学运算，同时还支持复数运算与无穷位数。

```
>>>import math
>>>print(math.sin(math.pi/2))
1.0
```

fractions 模块用于支持分数运算，decimal 模块用于支持高精度的浮点数运算。

Python 定义求余运行 a%b 的值处于区间 [0, b) 内，如果 b 是负数，区间变为(b,0]。这是一个很常见的定义方式。不过其实它依赖于整除的定义。为了让方程式 b*(a//b) + a%b = a 恒真，整除运行需要向负无穷小方向取值。比如 7//3 的结果是 2，而(−7)//3 的结果却是 −3。这个算法与其他很多编程语言不一样，需要注意，它们的整除运算会向 0 的方向取值。

Python 允许像数学的常用写法那样连着写两个比较运行符，比如 a<b<c 与 a<b and b<c 等价。C++ 的结果与 Python 不一样，首先它会先计算 a<b，根据两者的大小获得 0 或者 1，然后再与 c 进行比较。

4. 应用领域

1) Web 应用开发

Python 语言凭借自身具有的开源性、跨平台性等特点而在 Web 应用开发领域得到了重视和应用。WSGI 在 Python 的定义下成为标准应用接口，实现了以 Python 为基础的 Web 程序与 HTTP 服务器间的良好通信，其中涉及的 Web2py、Django 等则均为 Web 框架。这一优势可以方便程序员开发与管理复杂程序较高的 Web 程序。因此，应全面认识并高度重视这一问题。应用 Python 语言开发的框架并不少见，例如国外的 YouTube 网站、Google 搜索引擎以及国内的豆瓣网等。在很有代表性的 Web 框架中，应用最多的架构之一就是 Python 与 Django 相结合，能在短时间内为用户搭建其想要的 Web 服务。除此之外，Python 语言携带的丰富的数据库、网页模板等均是免费的，可以为 Web 开发提供帮助。

2) 网络爬虫

网络爬虫也就是利用自动化程序收集与处理想要的网络资源。爬虫的类型大体可分为两种，分别是聚焦爬虫与通用爬虫。其中聚焦爬虫的对象是主题，使用者要爬取一些固定类型的数据，运用网页分析法找到并剔除和主题无关的内容，保存相关信息并存储至 URL 池内备用，然后选择有效的搜索方法在池内选中 URL，等待后续的抓取操作，再次重复以上步骤。而通用爬虫则是平时所说的通用搜索引擎，可以根据关键字搜索，但是却不能查询某个特定的语义信息，只能实现数据的统一收集和存储。

3) 数据分析

信息技术的进步带动了 matplotlib、NumPy 等程序库的发展，同时也使 Python 语言在数据分析与计算领域得到了广泛应用。因为采用 C 语言设计程序底层时算法模式不太灵活，所以编程人员可以在封装之后再使用 Python 语言加以调用，这样更加简单、便捷，更适合用于具体数据的分析与统计操作。Python 语言除了能实现各种或简单或复杂的数学运算，还能进行 2D 与 3D 图像的绘制，画面质量高，相比于目前利用率较高的数学软件 MATLAB，Python 的应用范围更大，能处理多种类型的数据与文件信息。

4) 人工智能

Python 语言在人工智能领域也发挥了重要作用。为了满足人工智能的即时性需求，Python 提供了许多 AI 库以及机器学习库，其语法简单、文档优质，而且具备多重特性，是人工智能的第一选择，很受欢迎的 Google、Facebook 等网站或平台中所使用的神经网络框架就是用 Python 语言编辑的。Python 语言在人工智能领域主要被用于机器学习，其主要是应用 scikit-learn 等工具包中的计算类库实现机器学习，库中的数据信息十分丰富，囊括了数据预处理、降维等机器学习中常用的计算方法与模式。此外，应用 Python 语言进行机器学习开发时，可借助可视化工具等帮助机器高效处理学习任务，从而达到用户分类等目的，在短期内提升功能性与实用性。

5）其他领域

以上几个领域是 Python 语言比较常见的应用领域，但 Python 语言的应用价值并不仅限于此，它还能用于不同方向的技术编程，其凭借自身丰富的库可以完成各种技术编程操作，而这一功能可以应用于以下几个领域。（1）云计算领域。Python 语言具有很强的灵活性，而且有模块化的特点，应用 Python 语言编程构建的 OpenStack 就是云计算平台中 IaaS 服务的基础模块，平台所提供的其他服务也是以此为基础构建的。（2）自动化运维领域。Python 语言在自动化运维领域的应用取得了一定的成果，而且得到了运维工程师的普遍认可。例如，比较受欢迎的自动化平台有 SaltStack 等。（3）常规软件开发领域。运用 Python 语言所编写的程序能用于开发许多不同种类的软件，其基本能力包括软件开发、网络编程与脚本编写等。

5. 下载安装

当前，有两个不同的 Python 版本：Python2 和 Python3。每种编程语言都会随着新概念和新技术的推出而不断发展，Python 的开发者也一直致力于丰富和强化其功能。大多数修改都是逐步进行的，几乎意识不到，但如果系统安装的是 Python3，那么有些使用 Python2 编写的代码可能无法正确地运行。

Python 是一种跨平台的编程语言，这意味着它能够运行在所有主要的操作系统中。在所有安装了 Python 的现代计算机上，都能够运行编写的任何 Python 程序。但是，在不同的操作系统中，安装 Python 的方法存在细微的差别。接下来，就介绍下在不同操作系统中如何安装 python。

1）在 Linux 系统中搭建 Python 编程环境

Linux 系统是为编程而设计的，因此在大多数 Linux 计算机中，都默认安装了 Python。编写和维护 Linux 的人认为，使用者很可能会使用这种系统进行编程，他们也鼓励使用者这样做。鉴于此，要在这种系统中编程，使用者几乎不用安装什么软件，也几乎不用修改设置。

（1）检查 Python 版本。

在系统中运行应用程序 terminal（如果使用的是 Ubuntu，可按 Ctrl + Alt + T 键），打开一个终端窗口。为确定是否安装了 Python，执行命令 python（请注意，其中的 “p” 是小写的）。输出将类似下面这样，它指出了安装的 Python 版本，最后的 “>>>” 是一个提示符，能够输入 Python 命令。

```
$python
Python2.7.6(default,Mar222014,22:59:38)
[GCC4.8.2]on linux2
Type"help","copyright","credits"or"license"for more information.
>>>
```

上述输出表明，当前计算机默认使用的 Python 版本为 Python2.7.6。看到上述输出后，如果要退出 Python 并返回到终端窗口，可按 Ctrl + D 键或执行命令 exit( )。要检查系统是否安装了 Python3，可能需要指定相应的版本。换句话说，如果输出指出默认版本为 Python2.7，请尝试执行命令 python3：

```
$python3
Python3.5.0(default,Sep172015,13:05:18)
[GCC4.8.4]on linux
Type"help","copyright","credits"or"license"for more information.
>>>
```

上述输出表明，系统中也安装了 Python3，因此可以使用这两个版本中的任何一个。大多数 Linux 系统都默认安装了 Python，但如果 Linux 系统不知什么原因没有安装 Python 或只安装了 Python2，而要安装 Python3，只需执行几个命令即可。使用一个名为 deadsnakes 的包，它让安装多个 Python 版本变得很容易：

```
$sudo add-apt-repository ppa:fkrull/deadsnakes
$sudo apt-get update
$sudo apt-get install python3.5
```

这些命令在系统中安装 Python3.5。下面的命令启动一个运行 Python3.5 的终端会话：

```
$python3.5
>>>
```

(2) 安装文本编辑器。

文本编辑器有很多种，建议使用 Geany。Geany 是一款简单的文本编辑器：它易于安装，能够直接运行几乎所有的程序（而无须通过终端来运行）；使用不同的颜色来显示代码，以突出代码语法；在终端窗口中运行代码，让使用者能够习惯使用终端。在大多数 Linux 系统中，都只需执行一个命令就可以安装 Geany：

```
$sudo apt-get install geany
```

如果这个命令不管用，请参阅 http://geany.org/Download/ThirdPartyPackages/ 的说明。

(3) 运行 Hello World 程序。

为编写第一个程序，需要启动 Geany。为此，可按超级(super)键（俗称 Windows 键），并在系统中搜索 Geany。找到 Geany 后，双击以启动它；再将其拖曳到任务栏或桌面上，以创建一个快捷方式。接下来，创建一个用于存储项目的文件夹，并将其命名为 python_work（在文件名和文件夹名中，最好使用小写字母，并使用下划线来表示空格，因为这是 Python 采用的命名约定）。回到 Geany，选择菜单 File → Save As，将当前的空 Python 文件保存到文件夹 python_work 中，并将其命名为 hello_world.py。扩展名 .py 告诉 Geany，文件包含的是 Python 程序；它还让 Geany 知道如何运行该程序，并以有益的方式突出其中的代码。保存文件后，在其中输入下面一行代码：

```
print("Hello Python world!")
```

如果系统安装了多个 Python 版本，就必须对 Geany 进行配置，使其使用正确的版本。为此，可选择菜单 Build(生成)→Set Build Commands(设置生成命令),将看到文字 Compile(编译)和 Execute(执行),它们旁边都有一个命令。默认情况下,这两个命令都是 python,要让 Geany 使用命令 python3,必须做相应的修改。如果在终端会话中能够执行命令 python3,要修改编译命令和执行命令,让 Geany 使用 Python3 解释器。为此,将编译命令修改成下面这样:

```
python3-m py_compile"%f"
```

必须完全按上面的代码显示的那样输出这个命令,确保空格和大小写都完全相同。将执行命令修改成下面这样:

```
python3"%f"
```

同样,务必确保空格和大小写都完全与显示的相同。图 5-1 显示了该如何在 Geany 中配置这些命令。

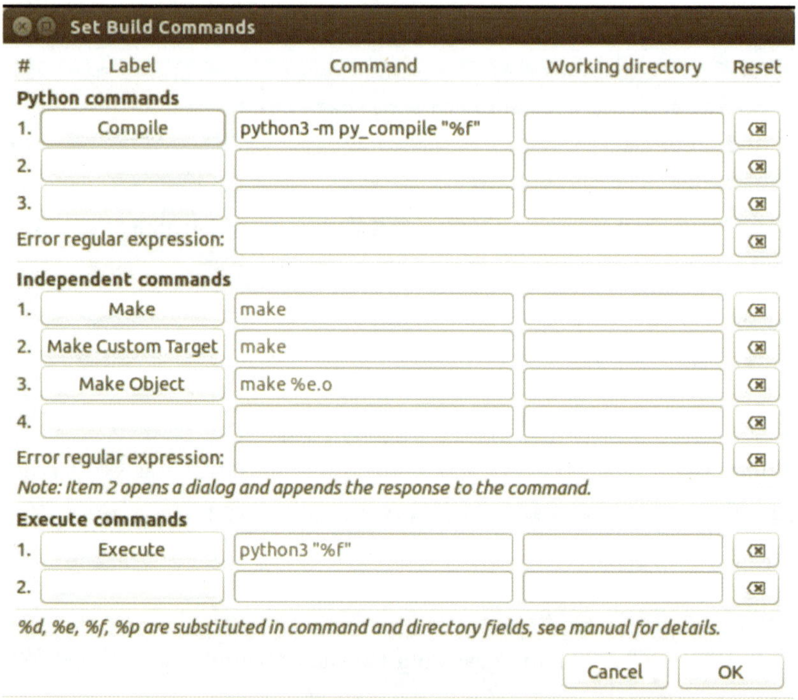

图 5-1　在 Linux 中配置 Geany，使其使用 Python3

现在来运行程序 hello_world.py。为此,可选择菜单 Build Execute,单击 Execute 图标(两个齿轮)或按 F5,将弹出一个终端窗口,其中包含如下输出:

```
Hello Python world!
------------------
(program exited with code:0)
Press return to continue
```

(4)在终端会话中运行 Python 代码。

可以打开一个终端窗口并执行命令 python 或 python3,再尝试运行 Python 代码片段。在终端会话中输入如下代码行:

```
>>>print("Hello Python interpreter!")
Hello Python interpreter!
>>>
```

消息将直接打印到当前终端窗口中。要关闭Python解释器,可按Ctrl + D键或执行命令exit( )。

2) 在 OS X 系统中搭建 Python 编程环境

大多数 OS X 系统都默认安装了 Python。确定安装了 Python 后,还需安装一个文本编辑器,并确保其配置正确无误。

(1) 检查是否安装了 Python。

在文件夹 Applications/Utilities 中,选择 Terminal,打开一个终端窗口;也可以按 Command + 空格键,再输入 terminal 并按回车键。为确定是否安装了 Python,请执行命令 python(注意,其中的“p”是小写的)。输出将类似于下面这样,它指出了安装的 Python 版本,最后的“>>>”是一个提示符,能够输入 Python 命令。

```
$python
Python2.7.5(default,Mar92014,22:15:05)
[GCC4.2.1Compatible Apple LLVM5.0(clang-500.0.68)]on darwin
Type"help","copyright","credits",or"license"for more information.
>>>
```

上述输出表明,当前计算机默认使用的 Python 版本为 Python2.7.5。看到上述输出后,如果要退出 Python 并返回到终端窗口,可按 Ctrl + D 键或执行命令 exit( )。要检查系统是否安装了 Python3,可尝试执行命令 python3,可能会出现一条错误消息,但如果输出指出系统安装了 Python3,则无须再安装就可使用它。

如果不知道出于什么原因系统没有安装 Python,或者只安装了 Python2,而又想安装 Python3,可使用一个名为 Homebrew 的包来安装最新的 Python3 版本。

第一步,先安装 Homebrew, Homebrew 依赖于 Apple 包 Xcode,因此需要打开一个终端窗口并执行如下命令:

```
$xcode-select--install
```

在不断出现的确认对话框中都单击 OK 按钮(根据网络连接的速度,这可能会花一些时间),然后再输入以下命令:

```
$ruby -e"$(curl-fsSL https://raw.githubusercontent.com/Homebrew/install/
master/install)"
```

这个命令可在 Homebrew 网站(http://brew.sh/)的首页找到。在 curl-fsSL 和 URL 之间,务必包含一个空格。

注意:这个命令中的“-e”让 Ruby(Homebrew 就是使用这种编程语言编写的)执行下载的代码,除非来源是可信任的,否则不要运行这样的命令。

接着执行如下命令:

```
$brew doctor
Your system is ready to brew.
```

上述输出表明可以使用 Homebrew 来安装 Python 包了。

第二步，安装 Python3，执行如下命令：

```
$brew install python3
```

下面来检查使用这个命令安装的是哪个版本：

```
$python3--version
Python3.5.0
$
```

现在，可以使用命令 python3 来启动 Python3 终端会话了，还可使用命令 python3 来配置文本编辑器，使其使用 Python3 而不是 Python2 来运行 Python 程序。

(2) 在终端会话中运行 Python 代码。

可以打开一个终端窗口并执行命令 python 或 python3，再尝试运行 Python 代码片段。在终端会话中输入如下代码行：

```
>>>print("Hello Python interpreter!")
Hello Python interpreter!
>>>
```

消息将直接打印到当前终端窗口中。要关闭Python解释器，可按Ctrl + D键或执行命令exit( )。

(3) 安装文本编辑器。

Sublime Text 是一款简单的文本编辑器，它在 OS X 中易于安装，能够直接运行几乎所有程序（而无须通过终端）；使用不同的颜色来显示代码，以突出代码语法；在内嵌在 Sublime Text 窗口内的终端会话中运行代码，能够轻松地查看输出。要下载 Sublime Text 安装程序，可访问 http://sublimetext.com/3，单击 Download 链接，并查找 OS X 安装程序。Sublime Text 的许可策略非常灵活，可以免费使用这款编辑器，但如果想长期使用，建议购买许可证。下载安装程序后，打开它，再将 Sublime Text 图标拖放到 Applications 文件夹中。

(4) 配置 Sublime Text 使其使用 Python3。

如果启动 Python 终端会话时使用的命令不是 python，就需要配置 Sublime Text，让它知道到系统的什么地方去查找正确的 Python 版本。要获悉 Python 解释器的完整路径，请执行如下命令：

```
$type-apython3
python3 is/usr/local/bin/python3
```

现在，启动 Sublime Text，并选择菜单 Tools → Build System → New Build System，这将打开一个新的配置文件。删除其中的所有内容，再输入如下内容：

```
{
"cmd":["/usr/local/bin/python3","-u","$file"],
}
```

这些代码让 Sublime Text 使用命令 python3 来运行当前打开的文件。请确保其中的路径为在前一步使用命令 type-apython3 获悉的路径。将这个配置文件命名为 Python3.sublime-build，并将其保存到默认目录——选择菜单 Save 时 Sublime Text 打开的目录。

(5)运行 Hello World 程序。

为编写第一个程序，需要启动 Sublime Text。为此，可打开文件夹 Applications，并双击图标 Sublime Text；也可按 Command + 空格键，再在弹出的搜索框中输入 sublimetext。

创建一个用于存储项目的文件夹，并将其命名为 python_work(在文件名和文件夹名中，最好使用小写字母，并使用下划线来表示空格，因为这是 Python 采用的命名约定)。在 Sublime Text 中，选择菜单 File → Save As，将当前的空 Python 文件保存到文件夹 python_work 中，并将其命名为 hello_world.py。扩展名 .py 告诉 Sublime Text，文件包含的是 Python 程序；它还让 Sublime Text 知道如何运行该程序，并以有益的方式突出其中的代码。保存文件后，在其中输入下面一行代码：

```
print("Hello Python world!")
```

如果在系统中能够运行命令 python，就可选择菜单 Tools → Build 或按 Ctrl + B 键来运行程序。如果对 Sublime Text 进行了配置，使其使用的命令不是 python，请选择菜单 Tools → Build System，再选择 Python3。这将把 Python3 设置为默认使用的 Python 版本。此后，就可选择菜单 Tools → Build 或按 Command + B 键来运行程序了。

Sublime Text 窗口底部将出现一个终端屏幕，其中包含如下输出：

```
Hello Python world!
[Finished in 0.1s]
```

3)在 Windows 系统中搭建 Python 编程环境

Windows 系统并非都默认安装了 Python，因此可能需要下载并安装它，再下载并安装一个文本编辑器。

(1)安装 Python。

首先，检查系统是否安装了 Python。为此，在开始菜单中输入 command 并按回车键以打开一个命令窗口，也可按住 Shift 键并右击桌面，再选择“在此处打开命令窗口”。在终端窗口中输入 python 并按回车键，如果出现了 Python 提示符“>>>”，就说明系统安装了 Python。然而，也可能会看到一条错误消息，指出 python 是无法识别的命令。如果是这样，就需要下载 Windows Python 安装程序。为此，请访问 http://python.org/downloads/，将看到两个按钮，分别用于下载 Python3 和 Python2。单击用于下载 Python3 的按钮，会根据系统自动下载正确的安装程序。下载安装程序后，运行它。请务必选中复选框 Add Python to PATH，如图 5-2 所示，能够更轻松地配置系统。

(2)启动 Python 终端会话。

配置系统，让其能够在终端会话中运行 Python，可简化文本编辑器的配置工作。打开一个命令窗口，并在其中执行命令 python。如果出现了 Python 提示符“>>>”，就说明 Windows 找到了刚安装的 Python 版本。

```
C:\>python
Python3.5.0(v3.5.0:374f501f4567,Sep132015,22:15:05)[MSCv.190032bit(Intel)]
on win32
Type"help","copyright","credits"or"license"for more information.
>>>
```

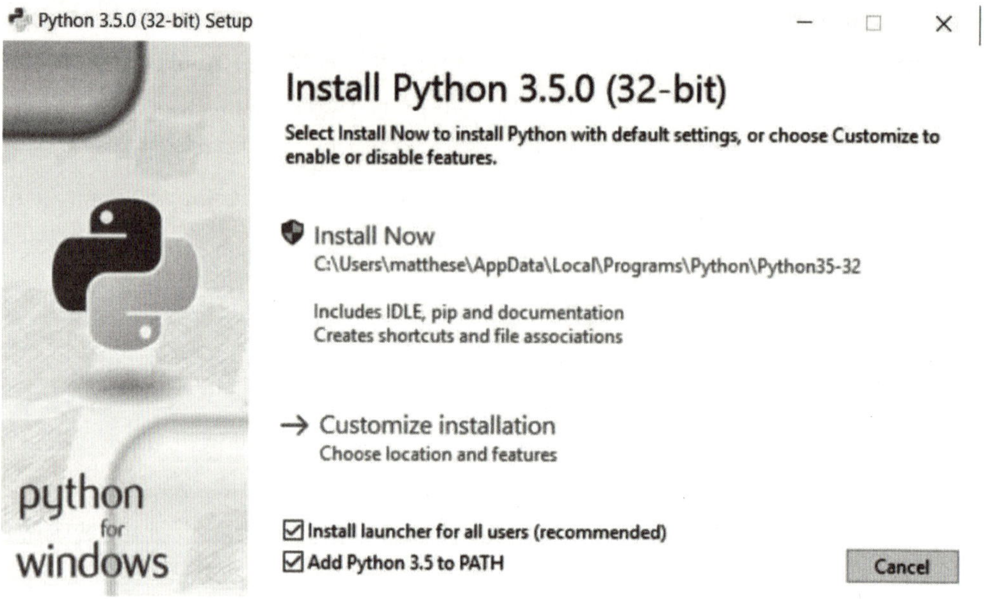

图 5-2　确保选中复选框 Add Python to PATH

如果是这样，就可以直接跳到下一部分——在终端会话中运行 Python。然而，输出也可能类似于下面这样：

```
C:\>python
'python'is not recognized as an internal or external command,operable
program or batch file.
```

在这种情况下，就必须告诉 Windows 如何找到刚安装的 Python 版本。命令 python 通常存储在 C 盘，因此要在 Windows 资源管理器中打开 C 盘，在其中找到并打开以 Python 打头的文件夹，再找到文件 python。例如，在计算机中有一个名为 Python35 的文件夹，其中有一个名为 python 的文件，因此文件 python 的路径为 C:\Python35\python。如果找不到这个文件，请在 Windows 资源管理器的搜索框中输入 python，这将能够准确地获悉命令 python 在系统中的存储位置。如果已知道命令 python 的路径，就在终端窗口中输入该路径进行测试。为此，打开一个命令窗口，并输入确定的完整路径：

```
C:\>C:\Python35\python
Python3.5.0(v3.5.0:374f501f4567,Sep132015,22:15:05)[MSCv.190032bit(Intel)]
on win32
Type"help","copyright","credits"or"license"for more information.
>>>
```

(3) 在终端会话中运行 Python。

在 Python 会话中执行下面的命令，并确认看到了输出 “Hello Python world!”。

```
>>>print("Hello Python world!")
Hello Python world!
>>>
```

每当要运行 Python 代码片段时，都请打开一个命令窗口并启动 Python 终端会话。要关闭该终端会话，可按 Ctrl + Z 键，再按回车键，也可执行命令 exit( )。

(4) 安装文本编辑器。

要下载 Windows Geany 安装程序，可访问 http://geany.org/，单击 Download 下的 Releases，找到安装程序 geany-1.25_setup.exe 或类似的文件。下载安装程序后，运行它并接受所有的默认设置。

为编写第一个程序，需要启动 Geany。为此，可按超级(super)键(俗称 Windows 键)，并在系统中搜索 Geany。找到 Geany 后，双击以启动它；再将其拖曳到任务栏或桌面上，以创建一个快捷方式。接下来，创建一个用于存储项目的文件夹，并将其命名为 python_work(在文件名和文件夹名中，最好使用小写字母，并使用下划线来表示空格，因为这是 Python 采用的命名约定)。回到 Geany，选择菜单 File → Save As，将当前的空 Python 文件保存到文件夹 python_work 中，并将其命名为 hello_world.py。扩展名 .py 告诉 Geany，文件包含的是 Python 程序；它还让 Geany 知道如何运行该程序，并以有益的方式突出其中的代码。保存文件后，在其中输入下面一行代码：

```
print("Hello Python world!")
```

如果能够在系统中执行命令 python，就无须配置 Geany，因此可以跳过下一部分，直接进入"运行 Hello World 程序"部分。如果启动 Python 解释器时必须指定路径，如 C:\Python35\python，请按下面的说明对 Geany 进行配置。

(5) 配置 Geany。

要配置 Geany，请选择菜单 Build → Set Build Commands，将看到文字 Compile 和 Execute，它们旁边都有一个命令。默认情况下，编译命令和执行命令的开头都是 python，但 Geany 不知道命令 python 存储在系统的什么地方，因此需要在其中添加在终端会话中使用的路径。为此，在编译命令和执行命令中，加上命令 python 所在的驱动器和文件夹。其中编译命令应类似于下面这样：

```
C:\Python35\python-m py_compile"%f"
```

在系统中，路径可能稍有不同，但请务必确保空格和大小写与这里显示的一致。执行命令应类似于下面这样：

```
C:\Python35\python"%f"
```

同样，指定执行命令时，务必确保空格和大小写与这里显示的一致。如图 5-3 显示了该如何在 Geany 中配置这些命令。

正确地设置这些命令后，单击 OK 按钮。

(6) 运行 Hello World 程序。

现在应该能够成功地运行程序了。请运行程序 hello_world.py，为此，可选择菜单 Build Execute，单击 Execute 图标(两个齿轮)或按 F5 键，将弹出一个终端窗口，其中包含如下输出：

```
Hello Python world!
(program exited with code:0)
Press return to continue
```

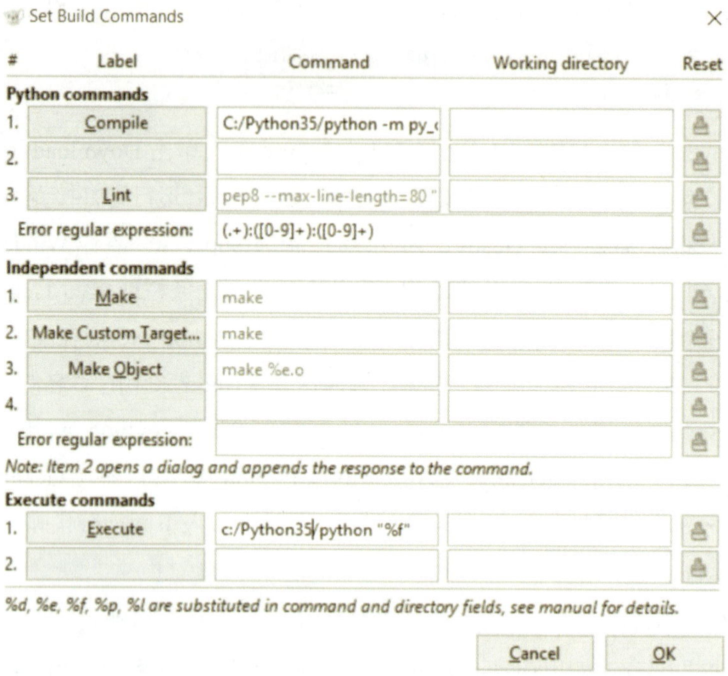

图 5-3　在 Windows 中配置 Geany，使其使用 Python3

4）从终端运行 Python 程序

编写的大多数程序都将直接在文本编辑器中运行，但有时候，从终端运行程序很有用。若想直接运行既有的程序，在任何安装了 Python 的系统上都可以这样做，前提是要知道如何进入程序文件所在的目录。为尝试这样做，请确保已将文件 hello_world.py 存储到了桌面的 python_work 文件夹中。

（1）在 Linux 和 OS X 系统中从终端运行 Python 程序。

在 Linux 和 OS X 系统中，从终端运行 Python 程序的方式相同。在终端会话中，可使用终端命令 cd（表示切换目录，change directory）在文件系统中导航。命令 ls（list 的简写）显示当前目录中所有未隐藏的文件。

为运行 hello_world.py，请打开一个新的终端窗口，并执行下面的命令：

```
~>cd Desktop/python_work/
~/Desktop/python_work>ls
hello_world.py
~/Desktop/python_work>python hello_world.py
Hello Python world!
```

这里使用了命令 cd 来切换到文件夹 Desktop/python_work。接下来，使用命令 ls 来确认这个文件夹中包含文件 hello_world.py。最后，使用命令 python hello_world.py 来运行这个文件。

要运行 Python 程序，只需使用命令 python（或 python3）即可。

（2）在 Windows 系统中从终端运行 Python 程序。

在命令窗口中，要在文件系统中导航，可使用终端命令 cd；要列出当前目录中的所有文件，可使用命令 dir（表示目录，directory）。为运行 hello_world.py，请打开一个新的终端窗口，并执行下面的命令：

```
C:\>cd Desktop\python_work
C:\Desktop\python_work>dir
hello_world.py
C:\Desktop\python_work>python hello_world.py
Hello Python world!
```

这里使用了命令 cd 来切换到文件夹 Desktop\python_work。接下来，使用命令 dir 来确认这个文件夹中包含文件 hello_world.py。最后，使用命令 python hello_world.py 来运行这个文件。如果没有对系统进行配置以使用简单命令 python，就可能需要指定这个命令的路径：

```
C:\$cd Desktop\python_work
C:\Desktop\python_work$dir
hello_world.py
C:\Desktop\python_work$C:\Python35\python hello_world.py
Hello Python world!
```

大多数程序都可以直接从编辑器运行，但需要解决的问题比较复杂时，编写的程序可能需要从终端运行。

5.2　销量趋势分析流程

销量趋势分析是个复杂的过程，需要不同角色的人参与，因此，制定用于指导预测工作开展的流程至关重要。本书提出的预测基本流程参照了 CRISP-DM 标准过程及数据分析的常见步骤，由此整合而成。从确定预测主题开始，依次进行数据采集、数据处理、实验探索、模型建立、效果评估。需要注意的是，实验探索阶段选择方法和分析规律之间是可逆的，如果没找到潜在的规律，则还是要回到选择方法环节重新尝试；如果找到了潜在的规律，则说明选择了正确的方法并可进入建模环节。在评估效果时，如果没有达到预期，则需要反思主题的合理性，有必要调整主题再进入循环；如果达到预期，则模型成立，建模完成。整个过程都围绕着数据展开。（见图 5-4）

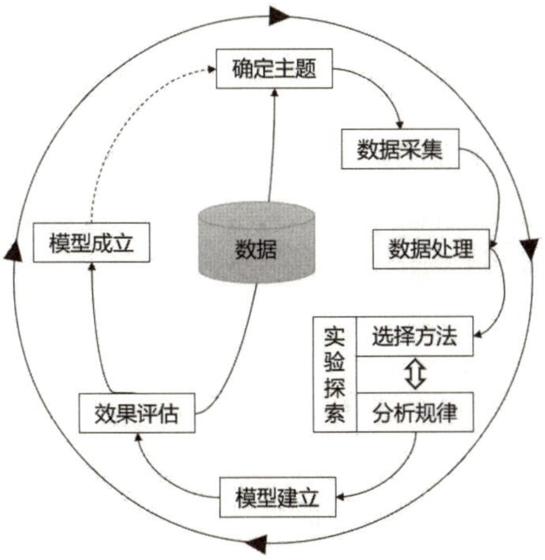

图 5-4　预测基本流程

5.2.1 第一步:确定主题

预测主题规定了预测的方向和主要内容,确定主题是开展预测工作的首要环节,预测主题务必清晰明确。首先要明确预测的主体和指标,比如进行短期负荷预测,主体是变压器不是馈线,指标是日时点负荷,不是日平均负荷或最高 / 最低负荷;其次预测的周期是多长,需要达到什么样的精度,也要很清楚,比如在预测变压器的日时点负荷时,周期是按日的,每天出预测结果,同时期望精度在 95% 以上。此外,还要明确使用预测结果的真实用户,以便进一步了解他们对预测的需求,并可了解他们之前进行预测使用的方法及出现的问题。同时,开展预测工作需要一定的成本,一定要知道公司或部门对预测工作的成本投入,以便更合理地分配资源。对预测所使用的数据范围也要非常清楚,比如进行负荷预测时主要使用天气数据和历史负荷数据等,要确定一个明确的范围,数据在整个预测过程中是非常重要的。确定主题涉及的要素如图 5-5 所示。

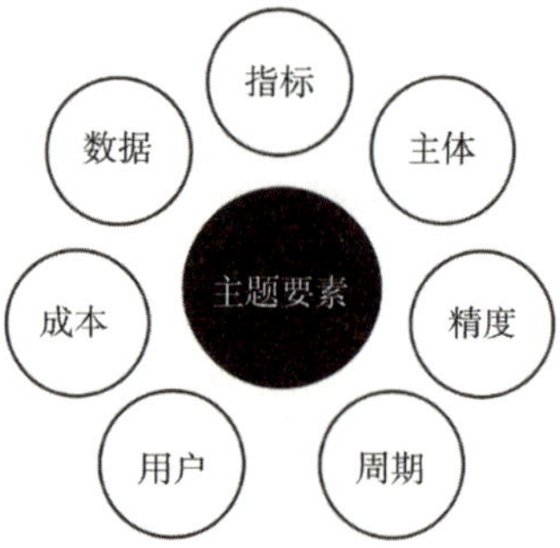

图 5-5 确定主题涉及的要素

指标、主体、精度、周期、用户、成本、数据是确定主题需要考虑的七要素,弄清楚这七要素代表的含义,并在具体的预测项目中找出依据和佐证,有助于让预测主题的内容清晰明确,确保预测工作有一个好的开端。

1. 指标

指标表达的是数量特征,预测的结果也通常是通过指标的取值来体现的。比如员工流失率、门店客流量等这些都是指标。预测的问题无疑是回答下一个周期的员工流失率会达到多少,门店客流量能达到多少等这些基本问题。从研究的指标出发,查找历史相关资料,有助于厘清问题本身。

2. 主体

主体是预测研究的对象,比如对明年各省的卷烟销量进行预测,那么各省份就是主体。主体是预测问题的一部分,它规定了预测的范畴。可以从主体出发,收集资料,设计预测方案。比如,通常可以使用与研究主体近似的对象进行辅助预测。

3. 精度

精度就是预测能够达到的准确水平,根据业务经验确定可以达到的精度范围是很重要的,因为不是任何一个预测问题都可以达到很高的精度。预测能精确到什么水平,与数据情况有关,还与收集数据投入的成本有关,这些都是很实际的问题。当然,如果预测模型的精度达不到要求,那么这次预测就会被认为是失败的。在预测工作开始之前,对预测模型能达到的精度区间进行评估,进一步明确预测目标，通常是很有必要的。

4. 周期

预测系统通常需要经常性地运行，每天都会有大量的建模和预测任务，预测的时间跨度根据业务需求也会有所差别。比如负荷预测系统，对于短期预测，需要每天预测次日的负荷情况，以及预测下一周的负荷情况；对于中期预测，通常是按月预测、按年预测等。在预测工作开始之前，需要明确预测结果的时间跨度（周期）。通常来讲，时间跨度越长，不确定性越强，精度也就越难保证。所以预测周期的范围大小会影响到预测模型的设计。

5. 用户

预测模型、预测功能、预测系统，这些最终是谁来用，在预测开始之前就要弄清楚。对相关用户进行调研，清楚用户的真实需求，如果是对预测模块进行更新，则需进一步了解用户对已有预测结果的意见，包括能够达到的精度范围、预测结果的意义等。从用户入手，可以了解更多关于预测项目的知识，并且从中捕获关键需求，协调相关资源，保障预测工作高效有序地进行。

6. 成本

预测项目不仅需要投入一定的硬件资源、项目资金、人力资源等，还需要时间。针对预测项目而言，要严格地监督整个过程，做好把关，因为预测工作很容易出现一个问题，就是在建模时发现预测方案根本不可行，就私自改动预测方案，等效果变好后，换一批数据，效果又不行了，如此反复，不仅耗时耗力，还让整个过程模糊不清，给项目的监督管理造成极大困难。对预测项目的重大环节需要集中讨论，在有限的成本投入下，保证预测目标的达成。需要注意的是，不要把主要精力放在精度上，因为用于验证的数据一旦发生变化，精度就没有意义了，需要注意的是预测实现的方法及流程。

7. 数据

数据在预测过程中扮演着举足轻重的角色，所以在开展预测工作之前，需要搞清楚数据的方方面面，以制订切实可行的预测方案。通常来讲，缺失太严重或错误太多的数据是不建议使用的，预测需要真实可信的数据，并且可以源源不断地提供，这样才能让预测不断地进行下去。即便是只做一次的预测，对数据的要求也是比较高的。

5.2.2 第二步：数据采集

当确定预测主题后，就要根据划定的数据范围收集数据了。数据作为记录存在于表格、图片或者视频、音频中，还有一些数据存在于数据库或数据仓库中。数据自身带有时间属性、空间属性等。接下来将从内容划分、收集原则两个方面介绍收集数据阶段的关注点。

1. 内容划分

数据是一种数量的表征，它出现在用户使用产品的各个阶段，出现在设备运行的分分秒秒，出现在营销活动的前后始终。正是由于数据记录着事情的发展、事物的变化、时空的变迁，才可能从数据中挖掘潜在的规律，让数据变现。数据按产品生命过程中参与的对象和活动可以分为客户类数据、产品类数据、营销类数据、物流类数据、财务类数据、服务类数据，如图 5-6 所示。

图 5-6　数据按生产活动分类

当然，这是比较大的类别，数据按事件发生的参与对象和活动又可以分为时间数据、人物信息、地点信息及事件的起因、经过和结果，这些都是数据，如图 5-7 所示。

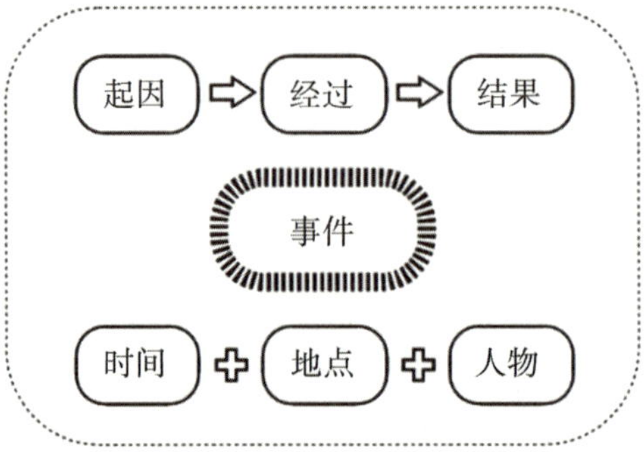

图 5-7　数据按事件因素分类

2. 收集原则

在数据的收集中，数据的质量怎么样、数据是否可用等很多问题都需要考虑，若直接将数据收集过来，在模型发布时发现满足不了预测，将会是极大的损失。因此，收集数据要讲究如下 5 项原则。

(1) 有相关性。通过前期的分析对数据指标进行选择，而不是动用全部的企业数据。选取与预测目标相关的指标不仅能减少数据处理量，节省系统资源，还可以使想要寻找的规律性更加凸显出来。

(2) 质量较好。在任何时候都不能忽视数据的质量，即使是从一个数据仓库中进行数据取样，也不要忘记检查其质量。因为数据挖掘是要探索企业运作的内在规律性，原始数据有误，就很难从中探索规律性。若真的从中探索出来了“规律性”，再依此去指导工作，也很可能会造成误导。还要注意数据的完整性，比如数据集的缺失值只有 10%，通过简单统计发现数据中可能含有大量的信息，这样的数据可以用来分析。如果数据中的缺失值达到 50%，并且通过统计发现，数据中也没什么信息量时，这样的数据就不建议用来分析。

(3) 周期一致。数据要按周期收集，每一个周期内的数据相对完整。如果周期有太多间断性缺失，这样的数据也是有问题的，因此不建议用于分析。再者，基于同周期收集的数据能够反映该周期内相关事物的作用与关系，有助于挖掘潜在规律。

(4) 粒度对称。粒度可以理解为事物的层次，比如地图，省级视图，市级视图，县级视图，这种从省到县的变化就是粒度变小的过程。那么对于收集数据来说，也要注意粒度。数据粒度不对称将导致数据难以使用。比如时点的温度数据与月平均负荷数据，粒度不对称导致数据没法整合到一起，便失去了收集数据的意义。

(5)持续生产。所谓持续生产，是指用于建模的数据在预测时仍然可以持续提供，这样就可以将预测工作进行下去。如果用于建模的数据和预测用的数据口径不一致，就会终止预测过程。举例来说，在短期负荷预测时，天气预报的信息用于预测的输入信息，那么在建模时理应用对应口径的天气数据，这样数据是持续生产的，当然可以保证预测工作的顺利开展。如果所用的口径不一致，比如天气预报只有全市的预报值，而历史天气信息使用的是网格的实际值，由于数据不是持续生产的，就会造成预测终止。

5.2.3　第三步：数据处理

刚收集来的数据是混乱的，因此在进行分析之前有必要定义符合实际需求的数据清洗规则，对数据进行监测分析，剔除不符合规则的数据，得到真正适宜决策服务的高质量数据进行回流。数据可能遇到的质量问题主要有以下几类，如表 5-2 所示。

表 5-2　脏数据问题类型表

脏数据类型	发生阶段	产生原因
缺失数据	采集阶段	疏忽遗漏数据 存在多种可选数据 信息的保密性
异常数据	采集阶段	类型不符合实际情况 超出合理范围 拼写错误或遗漏信息
重复数据	采集阶段 构建阶段	重复输入采集 出自不同采集人员喜好和采集方式 系统出错
不规范数据	采集阶段 构建阶段	数据粒度出现差异性 命名冲突与不规范 不同数据源应用不同数据规则 录入数据疏忽或遗漏 出自不同采集人员喜好和采集方式 数据格式没有统一

对于脏数据必须做到有效清洗、转换处理，才能储存到数据库中使用。

1. 数据清洗处理

数据清洗是指根据数据统计规律和数据挖掘的清洗规则，将脏数据转换成高质量的基础数据。清洗过程要求针对企业实际脏数据的不同情况，对多余或者错误数据进行删除、修改等清洗操作。针对上述脏数据的分类，构建了数据清洗的流程，如图 5-8 所示。

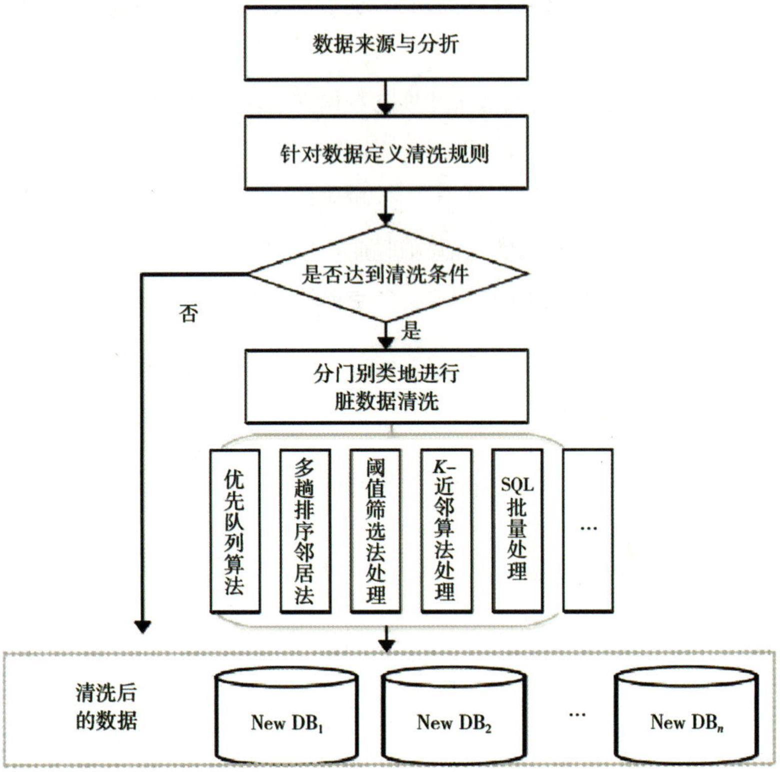

图 5-8　数据清洗流程图

对于缺失数据，采取人工修补结合 K- 近邻算法进行处理。在人工无法补齐的情况下，应用 K- 近邻算法处理，主要处理过程是获取未知样本 m，选最接近 m 的 n 个训练样本作为训练集，可知 n 个样本是 m 的 n 个近邻，依据欧氏距离定义距离的度量：

$$d(X,Y)=\sqrt{\sum_{i-1}^{n}(x_i-y_i)^2}$$

最后利用 n 个近邻字段值的平均值将未知样本缺失值进行替换。

对于异常数据，采取阈值筛选法处理，根据数据本身的特性构建数据集中域设置阈值上下限，清除在阈值范围内的数据，对剩下的数据实施分箱处理和数据平滑处理。

对于重复数据，一般遵循预处理、重复记录监测、数据库级的重复记录聚类、冲突处理这几个步骤进行处理。预处理就是选择和待处理相匹配的属性，并给该属性分配合适的权值。重复记录监测：解决字段、记录匹配问题。数据库级的重复记录聚类：优选重复记录算法降低记录比较的难度，并用聚类处理数据库中的重复记录。冲突处理：结合实际需求制定规则，删除、合并聚类的重复记录。其中最关键的是对检测重复记录的算法的选择。

对于不规范数据，采取 SQL 语句及其优化语句，进行数据库记录的批量更改操作。比如地址类型规范，将“杭州市，西湖区，方正商店”修改成“杭州市西湖区方正商店”。

数据清洗工作并不是一次性完成的，实际数据的复杂性等，导致原始数据源的清洗加工过程必须经过多次重复区分、重复清洗。

2. 数据转换处理

数据来源不同以及多系统协作的企业数据平台上经常会出现数据格式不一致的情况，为了统一数据格式，需要进行数据转换。比如，云南中烟营销综合管理平台中，销量和三维五率需要分别在两个入口进行下载，下载的原数据中对地区的命名有差异，一个入口是某某区，另一个入口没有区。形如此类的数据，必须转换成统一的标准才能有效调用数据。另外，对于文件的名称，也需要规范命名，才方便数据调用。

5.2.4 第四步：实验探索

1. 选择方法

数据是进行预测的基础，在完成数据处理之后，需要采用合适的方法分析数据中表现的规律，进一步提取特征建模。对于不同的数据选择的方法也会有所不同，对于维度单一、数据量少的数据不会采用像深度学习这样的方法。按预测涉及对象的数量以及预测相关指标的数量把预测的数据情况分成简单型、丰富型、多样型、复杂型，定义分别如下。

● 简单型：单对象单指标，比如对一部手机每天使用的网络流量进行预测。

● 丰富型：单对象多指标，比如给定一部手机，除了每天网络流量的指标，还有每天的星期类型（维度）以及每天上网次数等指标。

● 多样型：多对象单指标，比如对多部手机每天使用的网络流量进行预测。

● 复杂型：多对象多指标，比如多部手机，同时具有网络流量、星期类型、上网次数等指标的情况。

表 5-3 整理了一些常用的分析方法，可选择性地用来分析如上各种情况。

表 5-3 不同类型预测场景选择方法参考

分析方法	简单型	丰富型	多样型	复杂型
自相关分析	分析延迟 n 期的影响	无	无	无
偏相关分析	去除 1 到 $n-1$ 期效应，分析延迟 n 期的影响	无	无	无
相关分析	无	分析特征间的相关性，进行特征选择	分析对象间的相关性指导预测	无
互相关分析	无	分析对象多个特征间的时序延迟相关性	分析对象间延迟相关性，建立预测模型	无

续表

分析方法	简单型	丰富型	多样型	复杂型
典型相关分析	无	分析多个指标对预测值的综合相关性	寻找与目标对象综合相关性较强的一组对象	基于多指标，寻找与目标对象综合相关性较强的一组对象
聚类分析	按区间分段定义样本，寻找潜在模式	在多指标的情况下，细分不同使用场景	以单个对象为样本进行分群	基于多指标，以单对象为样本来分群
关联分析	将预测值状态化，对状态进行预测	将预测值及连续指标状态化，对目标状态进行预测	基于多对象，将预测值状态化，对状态进行预测	基于多对象，将预测值及连续指标状态化，对目标状态进行预测

2. 分析规律

针对预测，最关键的是发现可用的规律，只有发现了规律，才可以在规律的基础上进行预测；若没有发现规律，预测工作将无法开展。那么，什么是规律呢？规律就是稳定的关系，规律就是必然，规律就是本质。预测工作中常见的规律主要有如下几类。

(1)趋势性。

趋势指事物发展的动向，它是时序数据常见的规律之一。比如经济增长，虽然每天增减不一，但是从 1 年的时间窗口来看，总体是呈增长趋势的，在掌握了这个规律之后，就可以估计未来一个月的大致水平。趋势图如图 5-9 所示。

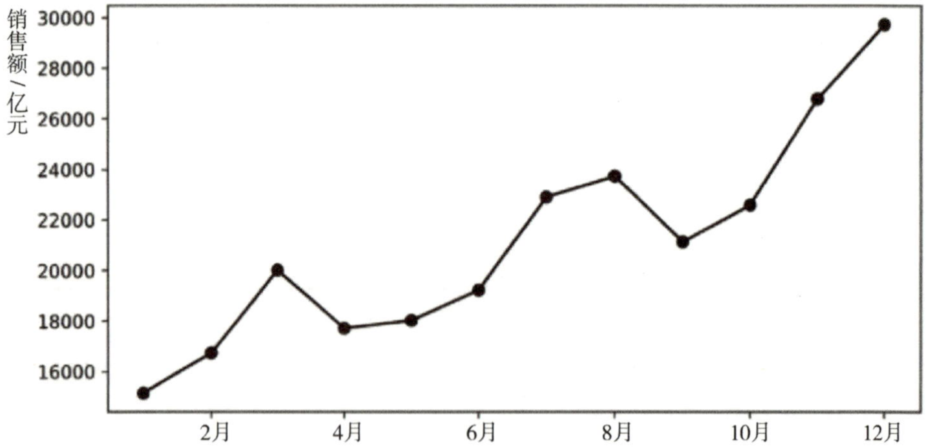

图 5-9　趋势图

(2)周期性。

在事物发展变化的过程中，某些特征会重复出现，其连续两次出现时所经过的时间长度，称为周期。周期性也是时序数据常见的规律之一。由于受星期工作安排或季节气候变化的影响，某些数据按周或年呈现周期性变化。由于各个周期具有相似性，因此可以用来预测未来一个周期的数据。如图 5-10 所示，葡萄酒每年的销量数据按年呈明显的周期性变化。

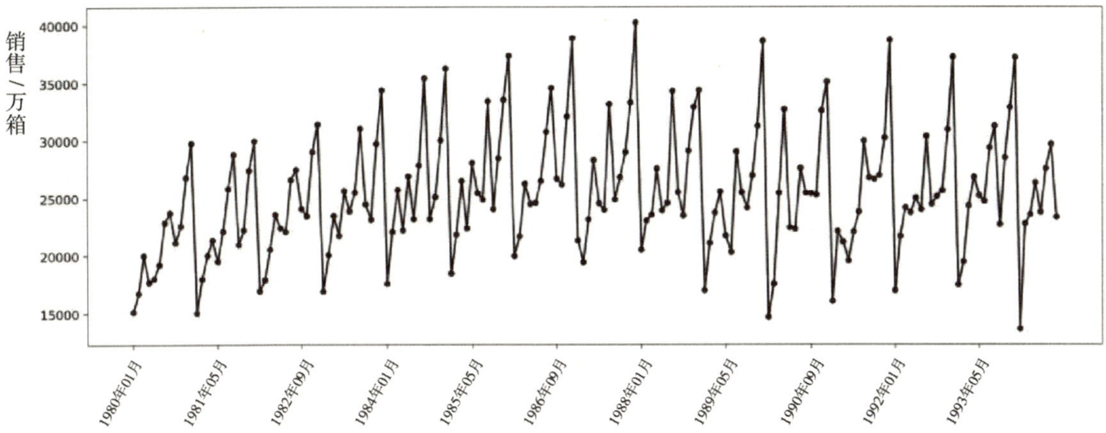

图 5-10 周期性表现

(3)波动性。

波动就是不稳定，起伏变化较大，在金融领域中极为常见，也是时序数据的常见规律之一。由于股票市场受很多因素影响，股票指数难以预测。通过数据分析的手段，提取波动信息，可以看到很多波动都是随机出现的，如果波动信息表现出一定的规律性，则可以基于波动信息再次建模，有助于准确率的提升。波动信息经常使用原数据减去趋势数据和周期数据而得到，有时使用小波分析的方法得到不同频率的波动信息，常见的波动信号如图 5-11 所示。

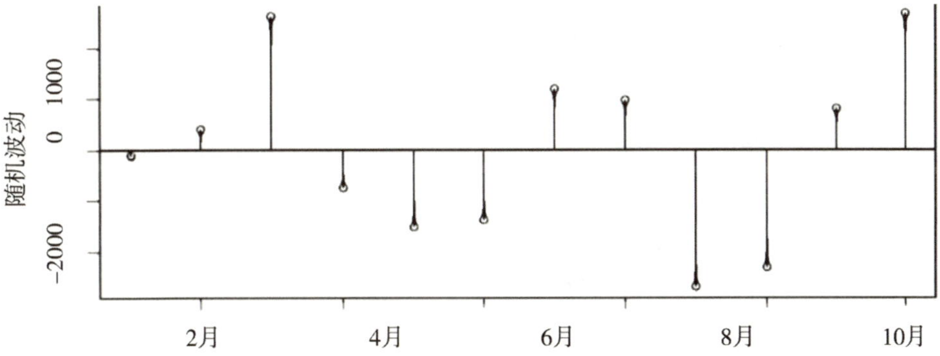

图 5-11 数据的随机波动

(4)相关性。

变量与变量的关系通常有两种：一种是函数关系，表示确定的非随机变量之间的关系，可以用表达式具体定义；另一种是相关关系，表示非随机变量与随机变量的关系，也就是说当给定一个变量时，另一个变量是随机的，它不能由具体的表达式来定义。比如位移与速度就是确定的函数关系，而身高和体重就无法用一个确定的函数关系来表达，但是根据经验，身高比较高的人，其体重也比较重，说明两者是相关关系。相关关系通常用相关系数来定量表示，取值在 -1 和 1 之间，大于 0 为正相关，越趋近于 1，正相关性越强；小于 0 为负相关，越趋近于 -1，负相关性越强。在实际分析时，相关关系通常被理解为相随变动的方向和程度，即给定一个变量，在其增加时，另外一个变量增加或减少的可能性程度。对于两个变量的相关性分析，通常使用散点图来表示，如图 5-12 所示。

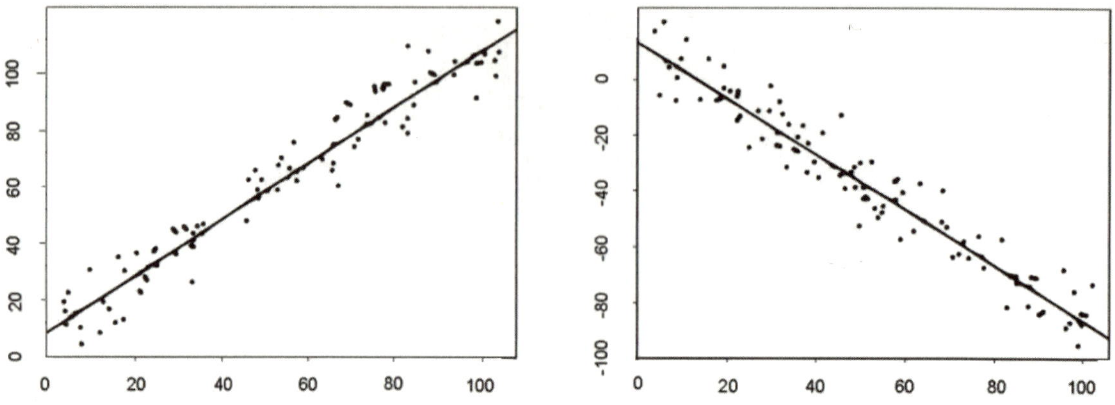

图 5-12　正相关与负相关

（5）相似性。

在数学上相似性是指形状一样、大小不同的两个物体之间的关系，如相似三角形就是这样的概念。而在数据分析领域，相似通常被理解为对象与对象之间具有一样或接近的特征，通过相似度来量化表示，它是一个位于 0 和 1 之间的值，0 表示一点也不相似，1 表示特征一样。相似性的计算通常使用欧氏距离、马氏距离、余弦距离等方法。比如要预测明天的负荷，可以建立特征（最高气温，平均气温，最低气温，湿度，星期类别等），从历史数据中找出与明天该特征相似的样本，简单地计算加权平均值就可以得出明天负荷水平的估计值。相似性是预测分析中的常见规律之一。常见的相似性特征的示意图如图 5-13 所示。

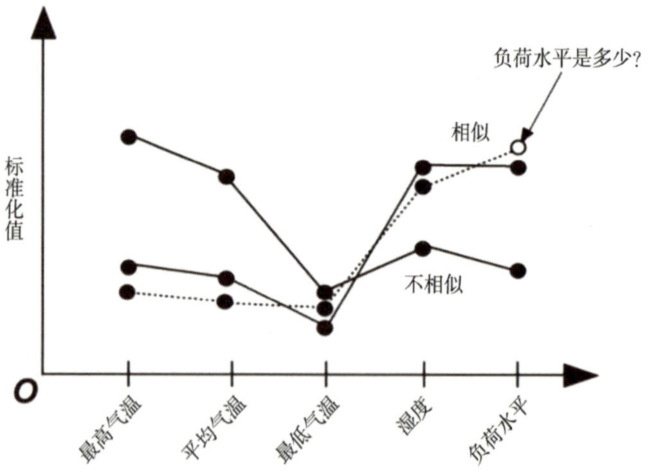

图 5-13　相似性特征示意图

（6）项关联性。

相信各位读者都听说过“啤酒与尿布”的故事，这说明通过使用关联规则算法，可以从事务数据库中挖掘出知识，用于营销决策。同样，对于预测，仍然可以使用关联规则算法，从时间序列数据中挖掘出知识，服务于预测。对于状态预测，直接可使用状态类型建立关联规则。如果是对数值的预测，则可以先进行离散化处理，再建立关联规则。对于时间序列的项关联，通常可以分为3种情况。

①同一对象不同时刻的状态（或类别）关联。比如规则“基金*A*昨天涨，基金*A*今天跌→基金*A*明天涨（10%，80%）”，如图5-14（a）所示。

②不同对象同一时刻的状态（或类别）关联。比如规则“基金*A*涨，基金*B*涨→基金*C*跌（20%，90%）”，如图5-14（b）所示。

③不同对象不同时刻的状态（或类别）关联。比如规则“基金*A*昨天涨，基金*B*今天跌→基金*C*明天涨（25%，85%）”，如图5-14（c）所示。

注意：两个百分数（support和confidence）分别表示支持度和置信度，比如（25%，85%），表示该条关联规则的支持度是25%，对应的置信度为85%。

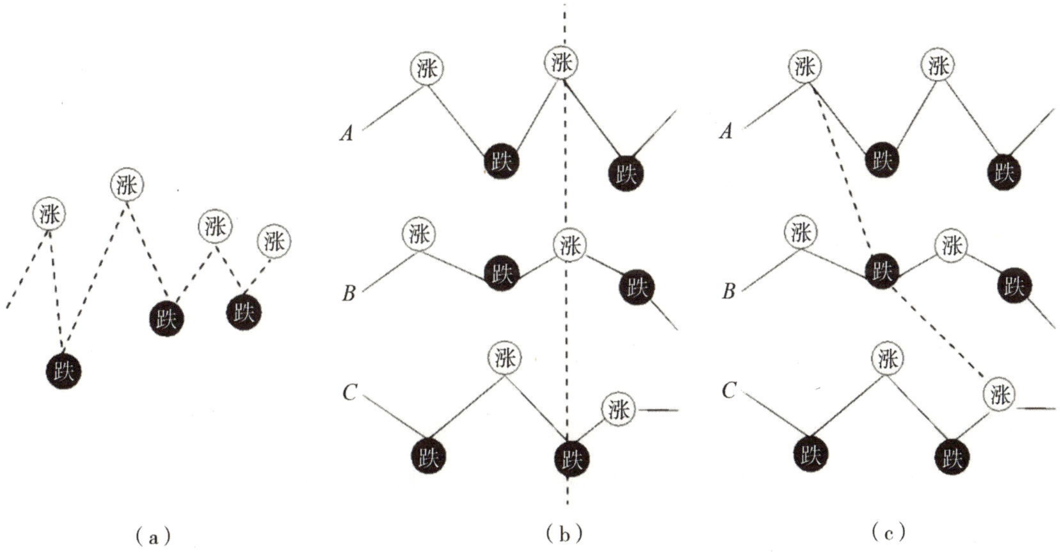

图5-14　项关联示意图

（7）段关联性。

与项关联性不同，段关联性不是状态值或类别值，也不是连续值离散化后的值，它是一个重复出现的连续片段，也可叫作模式。由于连续片段可长可短，每个时间序列对象的取法也不一样，因此它不存在时刻的概念，只有先后次序。对于时间序列预测而言，段关联性是一种重要的规律，它揭示了时间序列数据中的潜在模式，基于段关联，可以发现更多难以发现的规律。通常将时间序列的段关联分为两种情况。

①同一对象不同段的关联。比如将出现在时间序列中重复出现过多次的3个段，分别叫作模式*A*、模式*B*和模式*C*，那么规则“基金*M*的模式*A*出现，同时，基金*M*的模式*B*出现→基金*M*的模式*C*出现（45%，75%）”就是这种情况，见图5-15（a）。

②不同对象不同段的关联。比如规则“基金*A*的上周走势是模式1，基金*B*的本周走势是模式2→基金*C*的下周走势是模式3（20%，90%）”，如图5-15（b）所示。

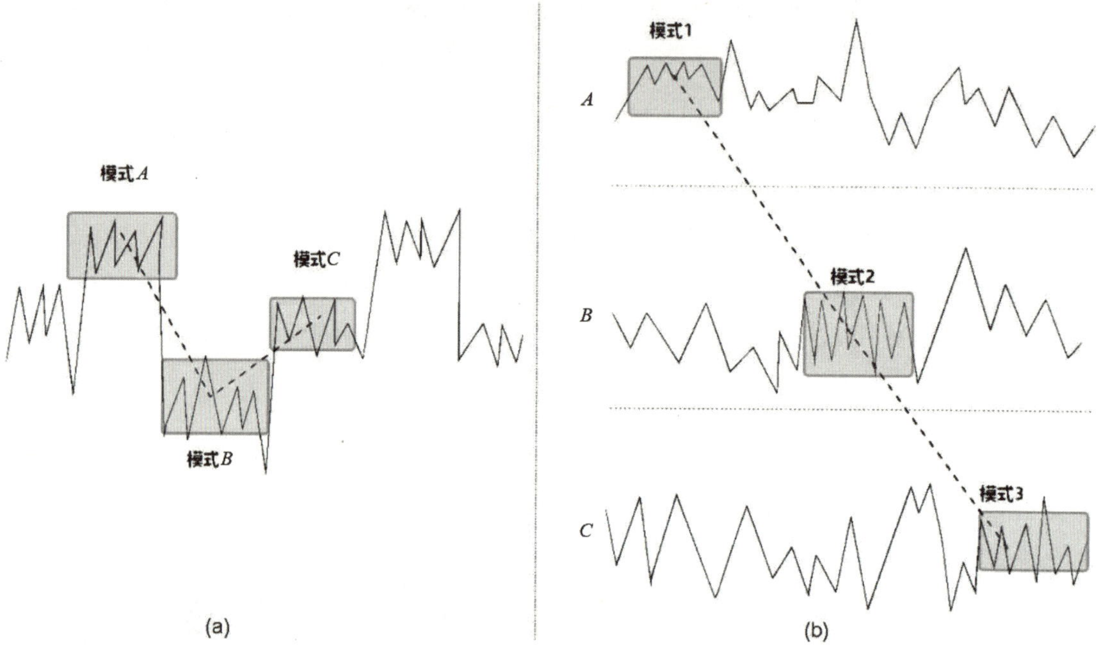

图 5-15　段关联示意图

5.2.5　第五步:模型建立

1. 建模方法

所谓模型,就是指一个公式或一套规则,或是一个黑箱的工具,它是针对具体问题的,换成其他问题,模型也会变化,虽然可能都是用线性回归算法。建立模型是进行预测的重中之重,预测工作的目标就是得到一个可用的模型,使用该模型可以在业务环节或应用中发挥作用。建立模型是一个复杂的过程,在前面已经可以使用基础数据,结合业务经验和实验探索得到可以用于预测的模式或规则,然而如何将这种模式转化成模型呢?

如图 5-16 所示,从基础数据集出发,首先构建特征,通常特征集中会出现一些相关性较强的特征或一些相对较弱的特征,因此需要对特征进行选择。当确定了最终的特征后,就可以选择建模算法了,较为简单的问题通过线性回归就可以处理,如果问题的复杂度较高,则可以考虑使用支持向量机、神经网络甚至深度学习的算法。使用训练集并基于给定的算法进行训练可以得到模型,如果训练模型的计算成本太高,不能满足要求就需要另外选择算法。当然,即便能满足计算成本的要求,也不能直接使用模型。得到的模型经过初步测试之后,才能进一步使用。如果经过测试,发现模型并不能满足要求,当模型精度与预期较为接近时,则可以考虑对模型进行优化,以进一步达到要求。如果模型精度离预期较远,则很有可能是特征的问题,需要回到构建特征阶段,以获得更有表现力的特征,再一步一步地生成模型。建立模型的各环节,环环相扣,相辅相成,它们的具体内容如下。

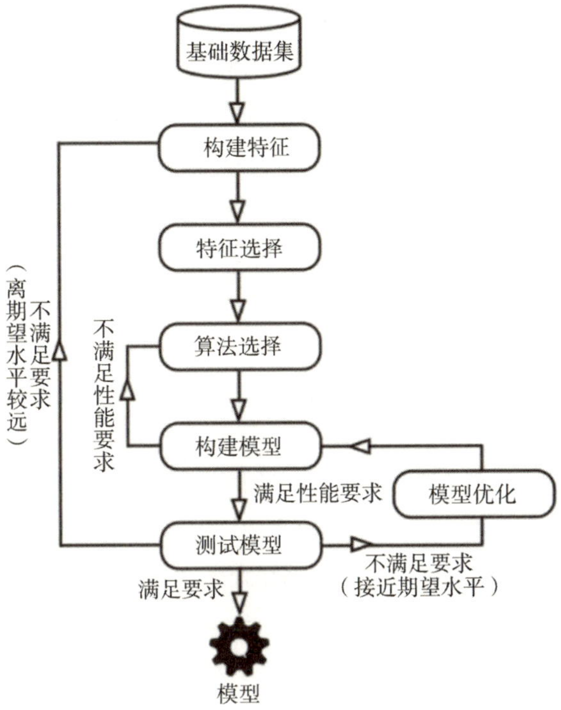

图 5-16 建模过程

(1)构建特征。

构建特征就是将已发现的模式或规律作为基础，将基础数据进行重构，以满足各种预测算法的使用要求。不过，有时为了提炼更有表现力的特征，除引入新的特征外，还经常基于已有的数据集使用特征构建技术对特征进行组合衍生。可以说特征是预测的关键，如果没有好的特征，就很难保证预测的准确率。从业务意义上，构建特征通常基于相关的业务经验分析预测对象的因果关系，从中得到启发，并使用数据进行验证，这样才能确保特征具有有效性。而使用特征构建技术主要是基于已有的特征集，通过技术手段再次进行重组，理论上可以无限制地进行下去，直到获得表现力强的特征。

(2)特征选择。

特征选择是指从特征集中根据特征的重要性或组合效果选择出一个特征子集的过程。如果用于预测的特征很多，比如成千上万个，那么显然，如果算法要同时使用这些特征，则不仅计算成本会很高，特征本身的稳定性，以及特征间的相互影响也会使得预测的成本增加。为了提高计算效率和保证预测算法的可理解性、稳定性，通过建立特征重要性评估体系，选择能够达到相同效果或接近相同效果的特征子集。这对海量维度的预测，通常是很有必要的。

(3)算法选择。

在预测了用于建模的特征集以后，需要选择对应的预测算法，在训练集上得到初步的模型。可以用于预测的算法有很多种，常见的有线性回归、决策树、时间序列、神经网络、随机森林、支持向量机等，另外像一些状态空间模型也常用于预测，比如卡尔曼滤波、高斯过程回归、小波分析等，可以用于预测的方法不胜枚举。通常根据算法的可理解性、算法的性能及算法对数据的要求来选择合适的算法。比如线性回归、逻辑回归、决策树等这类算法，理解起来很形象直观，所以前期一般选择这样的算法来说明可实现性，以及实现的大致过程。又比如神经网络、支持向量机等算法，一般当成黑箱来看，它里面的逻辑不能够直观地来理解，但是这类算法如果驾驭得好，在精度上有很大空间可以发挥，同时计算成本会很高，所以一般在算法改进的后期会选择这类算法。另外，一些预测算法要求在线输入，增量建模，比如卡尔曼滤波，这种算法特别适合用于在线预测的场景。算法的选择其实是一个反复尝试的过程，需要各位读者从实战中汲取经验，总结规律。

（4）构建模型。

通常将得到的特征集按照一定比例，分为训练集和测试集。在训练集上使用选择的算法，训练模型。在测试集上使用得到的模型来检验模型。一般按 2∶1 的比例来获得训练集和测试集。但在有的情况下，会使用交叉验证的方法，从所有 N 份特征样本中，抽取 $N-1$ 份来训练模型，用剩下的 1 份来检验模型。通过 N 个误差的分析，可以有效评估模型的误差水平，同时可以获得相对较好的模型。另外，构建模型也需要运算成本，如果消耗太高，那么在有的场景下是不能接受的，需要另外更换运算成本较低的算法。比如针对 10000 个对象同时建模，如果每个对象的运算时间为 T，则 10000 个对象串行建模的时间就是 $10000T$，假如 T 表示 10 s，则 $10000T$ 相当于 27.8 h。虽然现在有一些并行化手段，但是机器的整体性能是确定的，无论如何并行也很难有本质上的提升。所以，通常在选择算法时，还会考虑到工程上的优化问题。

（5）测试模型。

测试模型的目的在于及时发现模型的问题，这里通常使用的测试集是与训练集有着类似结构的特殊数据集。如果模型在测试集上的精度都达不到要求，那么就可以及早发现问题，并进一步处理。但是，即便是在测试集上有很好的精度，也不代表没有问题。因为，有时模型会出现过拟合现象，使得模型的泛化能力降低。举一个极端的例子，就是模型记住了训练集中的每个点，由于训练集和测试集都是从特征集中随机选择的样本，所以测试集与训练集有着一定的相似性，这就会导致在测试集上的精度很高。但是反观模型，由于只是记住了所有点，对于新样本，没有任何的泛化能力，精度降低。常见的处理方法是选择另外的数据集来测试，或者使用交叉验证的方法。

（6）模型优化。

模型优化指的是在已有模型的基础上进行调优，主要包括选用更优的参数（即参数优化）、调整建模特征两种方法。一般来讲，对特征的调整，通常是对已有特征进行变换或概念分层等一些简单的操作，如果要引入新的特征或进行特征组合，则需要在构建特征阶段来完成。常见的特征变换方法是进行标准化，让各个特征的权重相对均衡。另外，进行对数变换会改变特征的分布，使用一些对分布有要求的算法会比较好。而所谓的概念分层，就是把连续变量离散化，或将离散变量进一步合并组合，虽然这个过程会损失信息，但是也保留了更加特异性的信息。此外，对参数的优化，通常使用专门的优化算法来实现，比如遗传算法，在参数空间内搜索到最优或最接近的解，使得算法进一步优化；比如通常将神经网络与遗传算法结合，或将支持向量机与遗传算法结合，这都是为了得到最优的参数。需要注意的是，模型优化只是后期的改进方法，模型是否有效，主要还是依赖于特征。

2. 相关预测方法简介

1）决策树回归

决策树是使用类似于一棵树的结构来表示类的划分的，树的构建可以看成是变量（属性）选择的过程，内部节点表示树选择一些变量（属性）作为划分，每棵树的叶节点表示为一个类的标号，树的最顶层为根节点。

决策树是通过一系列规则对数据进行分类的过程。它提供一种在某些条件下会得到某些值的类似规则的方法。决策树算法属于有指导的学习，即原数据必须包含预测变量和目标变量。决策树分为分类决策树和回归决策树。当数据集的因变量为连续性数值时，该决策树算法就是一个回归决策树，可以用叶节点观察的均值作为预测值；当数据集的因变量为离散型数值时，该决策树算法就是一个分类决策树，可以很好地解决分类问题。分类决策树叶节点所含样本中，其输出变量的众数就是分类结果；回归决策树的叶节点所含样本中，其输出变量的平均值就是预测结果。

原理：假设 X 和 Y 分别为输入和输出变量，并且 Y 是连续变量，给定训练数据集为 $D=\{(x_1, y_1),(x_2, y_2), \cdots,(x_N, y_N), \}$，其中 $\boldsymbol{x}_i=(x_i^{(1)}, x_i^{(2)}, \cdots, x_i^{(n)})$ 为输入实例（特征向量），n 为特征个数，$i=1,2, \cdots, N$，N 为样本容量。

对特征空间的划分采用启发式方法，每次划分逐一考查当前集合中所有特征的所有取值，根据平方误差最小化准则选择其中最优的一个作为切分点。如对训练数据集中第 j 个特征变量 x^j 和它的取值 s，作为切分变量和切分点，并定义两个区域 $R_1(j, s)=\{x|x^j \leqslant s\}$ 和 $R_2(j, s)=\{x|x^j>s\}$，为找出最优的 j 和 s，对下式求解。

$$\min_{j,s}\left[\min_{c_1}\sum_{x_i\in R_1(j,s)}(y_i-c_1)^2+\min_{c_2}\sum_{x_i\in R_2(j,s)}(y_i-c_2)^2\right]$$

也就是找出使要划分的两个区域平方误差和最小的 j 和 s。

其中，c_1，c_2 为划分后两个区域内固定的输出值，方括号内的两个“min”意为使用的是最优的 c_1，c_2，也就是使各自区域内平方误差最小的 c_1，c_2，易知这两个最优的输出值就是各自对应区域内 Y 的均值，所以上式可写为：

$$\min_{j,s}\left[\sum_{x_i\in R_1(j,s)}(y_i-\widehat{c_1})^2+\sum_{x_i\in R_2(j,s)}(y_i-\widehat{c_2})^2\right]$$

其中，

$$\widehat{c_1}=\frac{1}{N_1}\sum_{x_i\in R_1(j,s)}y_i$$

$$\widehat{c_2}=\frac{1}{N_2}\sum_{x_i\in R_2(j,s)}y_i$$

2）bagging 回归

bagging 是一种基于自助法抽样的组合方法，可做回归和分类。bagging 的做法就是从样本里面用自助法有放回的抽样多次，每次建立一棵树，一共建立指定多的（假定有 B 棵）树之后，对于一个新观测值，通过这 B 棵树进行 B 次回归，得到 B 个预测值，然后把这些值的简单平均作为该模型对这个观测值的因变量的预测值。

3)随机森林回归

随机森林回归和 bagging 非常类似，也是从原始数据抽取一定数量的自助法样本，具体步骤为：

(1)从训练集中随机抽取一定数量的样本，作为每棵树的根节点样本；

(2)在建立决策树时，随机抽取一定数量的候选属性，从中选择最合适的属性作为分裂节点；

(3)建立好随机森林以后，对于测试样本，进入每一棵决策树进行类型输出或回归输出；若是分类问题，以投票的方式输出最终类别，若是回归问题，每一棵决策树输出的均值作为最终结果。

在建立每一棵决策树的过程中，有两点需要注意：采样与完全分裂。首先是两个随机采样的过程，随机森林对输入的数据要进行行、列的采样。对于行采样，采用有放回的方式，也就是在采样得到的样本集合中，可能有重复的样本。假设输入样本为 N 个，那么采样的样本也为 N 个，这样使得在训练的时候，每一棵树的输入样本都不是全部的样本，使得相对不容易出现过拟合。然后进行列采样，从 M 个特征中，选择 m 个($m<<M$)。之后就是对采样后的数据使用完全分裂的方式建立出决策树，这样，要么决策树的某一个叶子节点是无法继续分裂的，要么里面的所有样本的叶子节点都是指向同一个分类。

随机森林的这种随机选择少数自变量来竞争节点拆分变量的做法使得一些弱势变量有机会参加建模，因此可能会揭示仅仅靠一些强势变量无法发现的数据规律。随机森林也和 bagging 一样计算 OOB 交叉验证误差，随机森林还利用各种方法从不同角度展示自变量的重要性。随机森林能够处理观测值很少但却有很多自变量的称为“维数灾难”的问题，它还能处理自变量有高阶交互作用及自变量相关的问题。

4)BP 神经网络

神经网络全称为人工神经网络，是生物神经网络经简化后的模型，神经网络模型主要由各节点及其连接权值构成，通过调整模型中的节点和权重，可以使输出值与目标值相匹配。节点是神经网络的基本构成单元，它包含多个输入值和一个输出值。而感知器是最简单的神经网络模型，含有三个输入节点的感知器的结构示意图如图 5-17 所示。

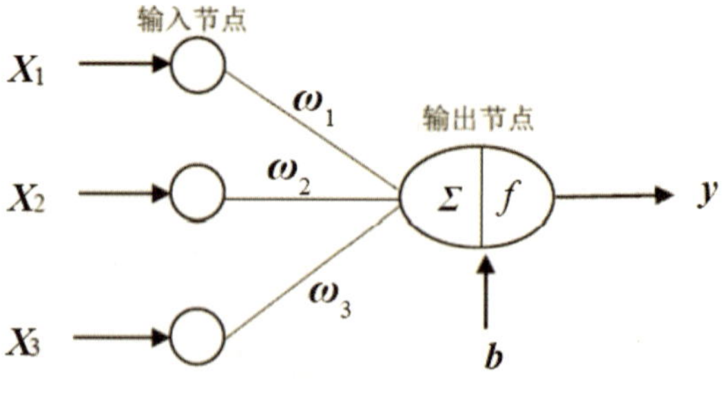

图 5-17 感知模型

而多层神经网络要比感知器复杂得多，多层神经网络由输入层、输出层以及中间的隐含层构成，隐含层的层数可以有多层，以前馈神经网络为例，其示意图如图 5-18 所示。

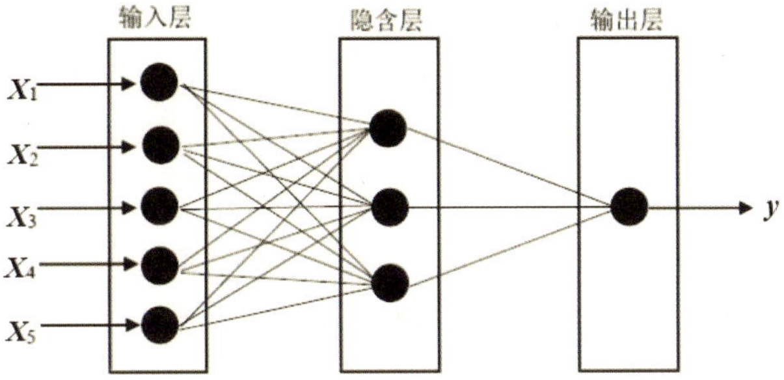

图 5-18 多层前馈神经网络示例

神经网络是最早的机器学习方法之一，它可以有效地解决很复杂的有大量相关变量的回归和分类问题，在各个领域有非常广泛的应用。在训练神经网络时可能费些时间，但一旦训练完毕，代入新数据进行计算时则很快。

神经网络的设计流程主要包括确定神经网络的结构以及选取传递函数、训练方法、参数等几个方面。

（1）确定网络层数。

BP 神经网络的隐含层可以为一个或者多个，在大多数情形下三层（只含有一个隐含层）的网络就能够满足应用需求。但是在样本数较多的情形下，为了减小神经网络的规模，应适当增加隐含层。

（2）确定输入层。

输入层的节点数量由输入数据的维数决定。在选取输入数据时，应尽量选取对网络输出有显著影响的变量，并且输入变量间的相关性还应尽量较小。如果输入变量之间具有较大的相关性，可以使用主成分分析等技术对数据进行降维。

（3）确定输出层。

输出层中的节点数是根据实际问题的具体情况决定的。对于分类问题，一般要使用多个节点才能满足需求。

（4）确定隐含层。

隐含层节点数对神经网络的性能有重要影响，因此选取合适的隐含层节点数是相当重要的。如果选取的隐含层节点数过少，会使得模型的学习能力有限，无法准确反映研究问题中的规律变化；而当隐含层节点数过多时，不仅会出现对数据过度拟合的问题，还会导致训练模型耗费过多时间。但是对如何选择最佳隐含层节点数这个问题并没有很好地解决，通常的做法是用经验公式估计参数。设 k 为样本量，a 为取值在区间 [0,10] 上的整数，n 为输入层节点数，m 为输出层节点数，M 为隐含层节点数，常见的经验公式有如下三种：

$$\sum_{i=0}^{n} C_M^i > K \quad (若\ i > M，则规定\ C_M^i = 0)$$

$$M = \sqrt{m+n} + a$$

$$M = \log(2n)$$

（5）选取传递函数。

在 BP 神经网络中，隐含层通常采用 sigmoid 函数作为传递函数。sigmoid 函数具有光滑可微的特性，与线性函数相比较，sigmoid 函数更加精确合理，其容错性更好。在神经网络的输出层亦可采用 sigmoid 函数，但是这样做会将神经网络的输出值限制在(-1，1)或(0，1)之内。如果需要映射到任意值，则输出层的传递函数应选用线性函数。

(6)选取训练方法。

在神经网络的训练方法中，除了标准的最速下降法之外，还有动量 BP 算法、学习率可变的 BP 算法、拟牛顿法和 L-M 算法等方法可供选择。不同的方法各有其特点，选取训练方法时应根据具体的研究问题。

5)支持向量机回归

支持向量机是非常特别的算法，比如，它使用核函数及依赖于边缘的支持向量等。支持向量机是针对分类问题而产生的，在回归中，仍然保持其在分类问题上的主要特点：处理非线性问题时是通过核函数把低维变量映射到高维变量空间的。该系统的能力是由不依赖于变量空间维数的参数所控制的。

类似于神经网络，支持向量机回归的一个弱点是当数据的自变量有太多的定性变量或定性变量水平太多时往往无法运作，这和其数学结构有关。对于这类数据，应该使用基于决策树的各种方法。

6)*K*- 近邻回归

K- 近邻回归是根据距离测试集自变量观测值与训练集自变量观测值最近的 *K* 个点对测试集的因变量做加权平均来预测的。*K*- 近邻算法是一种非参数模型，参数模型使用固定数量的参数或者系数去定义模型，非参数模型并不意味着不需要参数，而是参数的数量不确定，它可能会随着训练实例数量的增加而增加，当数据量大，看不出自变量和因变量之间的关系的时候，使用非参数模型就会有很大的优势。

7)GBM 回归(梯度提升回归树)

GBM 全称 gradient boosting machine，一般叫作梯度提升法。GBM 是基于决策树的集成方法，在不同标签下训练决策树，然后将其组合起来。对于回归问题，目标是最小化均方误差，每个后续的决策树在前面决策树遗留的错误上进行训练。GBM 对 iTrees 的循环是以用属性值训练一个决策树开始的，但是用残差代替标签进行训练。只有第一轮使用原始的标签来训练数据，后续的循环都是用训练产生的预测值——用“残差 -(eps× 预测值)”作为目标结果进行训练的，残差减去的值相当于梯度下降的值，预测值乘以一个步长控制参数 eps 就是为了保证迭代过程的收敛。

bagging 与梯度提升法在工作原理上的根本差异在于梯度提升法持续监测自己的累积误差，然后使用残差进行后续训练。这种根本差别解释了为什么当问题属性之间存在强的相互依赖、相互作用时，梯度提升法只需要调整决策树的深度。

8)线性回归

线性回归就是建立一个 $y = a + bx_1 + cx_2 + \cdots + jx_n$ 的回归方程，其中 y 表示销量，x 表示影响销量变化的因素，$a, b, c, \cdots, j$ 则表示不同因素对销量的影响程度。

线性回归适用于 x 和 y 之间存在线性关系的数据集，可以使用计算机辅助画出散点图来观察是否存在线性关系。尝试使用一条直线来拟合数据，使所有点到直线的距离之和最小。实际上，线性回归中通常使用残差平方和，即点到直线的平行于 y 轴的距离而不用垂线距离，残差平方和除以样本量 n 就是均方误差。均方误差作为线性回归模型的代价函数(cost function)，使所有点到直线的距离之和最小，就是使均方误差最小化，这个方法叫作最小二乘法。线性回归利用最小二乘法估计系数 $a, b, c, \cdots, j$，当给定解释变量 x_n 的预测值后，根据回归方程可以得到预测值。

9）岭回归

在线性回归模型中，其参数估计公式为 $\boldsymbol{\beta}=(\boldsymbol{X}^{\mathrm{T}}\boldsymbol{X})^{-1}\boldsymbol{X}^{\mathrm{T}}\boldsymbol{y}$，当 $\boldsymbol{X}^{\mathrm{T}}\boldsymbol{X}$ 不可逆时无法求出 $\boldsymbol{\beta}$，另外如果 $\boldsymbol{X}^{\mathrm{T}}\boldsymbol{X}$ 越趋近于 0，会使得回归系数趋向于无穷大，此时得到的回归系数是无意义的。解决这类问题可以使用岭回归和 LASSO 回归，主要针对自变量之间存在多重共线性或者自变量个数多于样本量的情况。

岭回归是一种专用于共线性数据分析的有偏估计回归方法，实质上是一种改良的最小二乘法，即通过放弃最小二乘法的无偏性，以损失部分信息、降低精度为代价获得回归系数更符合实际、更可靠的回归方法，对病态数据的拟合要强于最小二乘法。岭回归的原理较为复杂。根据高斯 - 马尔可夫定理，多重相关性并不影响最小二乘估计量的无偏性和最小方差性，但是，虽然最小二乘估计量在所有线性无偏估计量中是方差最小的，但是这个方差却不一定小。实际上可以找一个有偏估计量，这个估计量虽然有微小的偏差，但它的精度却能够远远高于无偏估计量的。岭回归分析就是依据这个原理，通过在正规方程中引入有偏常数而求得回归估计量的。

线性回归模型的目标函数为：$J(\boldsymbol{\beta})=\sum(\boldsymbol{y}-\boldsymbol{X}\boldsymbol{\beta})^2$，为了保证回归系数可求，岭回归在目标函数上加了一个 L_2 范数的惩罚项：

$$J(\boldsymbol{\beta})=\sum(\boldsymbol{y}-\boldsymbol{X}\boldsymbol{\beta})^2+\lambda\|\boldsymbol{\beta}\|^2=\sum(\boldsymbol{y}-\boldsymbol{X}\boldsymbol{\beta})^2+\sum\lambda\boldsymbol{\beta}^2$$

其中，λ 为非负数，λ 越大，则为了使 $J(\boldsymbol{\beta})$ 最小，回归系数 $\boldsymbol{\beta}$ 就越小。模型的方差是指回归系数的方差，模型的偏差是指预测值和真实值的差异，岭回归的关键是找到一个合理的 λ 值来平衡模型的方差和偏差。

通常岭回归方程的 R 平方值会稍低于普通回归分析，但回归系数的显著性往往明显高于普通回归，在存在共线性问题和病态数据偏多的研究中有较大的实用价值。

10）LASSO 回归

LASSO 回归是一种压缩估计方法，它通过构造一个惩罚函数得到一个较为精练的模型，压缩一些系数，同时设定一些系数为零，因此保留了子集收缩的优点，是一种处理具有复共线性数据的有偏估计。LASSO 回归与岭回归的最大差别在于岭回归无法剔除变量，而 LASSO 回归模型将惩罚项由 L_2 范数变为 L_1 范数，可以将一些不重要的回归系数缩减为 0，达到剔除变量的目的。

$$J(\boldsymbol{\beta})=\sum(\boldsymbol{y}-\boldsymbol{X}\boldsymbol{\beta})^2+\lambda\|\boldsymbol{\beta}\|=\sum(\boldsymbol{y}-\boldsymbol{X}\boldsymbol{\beta})^2+\sum\lambda|\boldsymbol{\beta}|=\mathrm{ESS}(\boldsymbol{\beta})+\lambda l_1(\boldsymbol{\beta})$$

其中，$\mathrm{ESS}(\boldsymbol{\beta})$ 表示误差平方和，$\lambda l_1(\boldsymbol{\beta})$ 表示惩罚项，由于惩罚项变成了绝对值，在零点处就不可导，因此采用坐标下降法，控制其他 $p-1$ 个参数不变，对目标函数中每一个 β_j 求偏导，最终令每一个分量下的导函数为 0，得到使目标函数达到全局最小的 $\boldsymbol{\beta}$。

11）SARIMA 模型

按照博克斯－詹金斯方法，可以对季节性的时间序列分析建立季节时间序列模型，用 SARIMA 表示。设季节性序列（月度、季度、周度等序列都包括其中）的变化周期为 s，即时间间隔为 s 的观测值有相似之处。首先用季节差分的方法消除周期性变化，用 L 表示滞后算子，定义季节差分算子为：

$$(1-L^s)\boldsymbol{y}_t=\boldsymbol{y}_t-\boldsymbol{y}_{t-s}$$

然后用一阶差分算子去除季节性时间序列的线性趋势：

$$\boldsymbol{z}_t=(1-L)(1-L^s)\boldsymbol{y}_t$$

对于差分后的时间序列数据 $\boldsymbol{z}_t$，可能还存在季节效应和随机波动之间的复杂交互影响，简单的季节加法模型不足以充分提取其中的相关关系，所以采用季节乘法模型对其进行预测。当序列具有短期相关性时，通常可以使用低阶 ARMA(p, q) 模型提取；当序列具有季节效应，季节效应本身还具有相关性时，季节相关性可以使用以周期步长为单位的模型提取。由于短期相关性和季节效应之间具有乘积关系，因此拟合模型实际上为 ARMA(p, q) 和 ARMA(ms, ns) 的乘积。季节乘法模型的形式如下：

$$\Phi_p(L)A_m(L^s)(1-L)(1-L^s)\boldsymbol{y}_t=\Theta_q(L)B_n(L^s)\boldsymbol{\varepsilon}_t$$

其中：

$$\Phi_p(L)=1-\phi_1L-\phi_2L^2-\cdots-\phi_pL^p$$

$$\Theta_q(L)=1-\theta_1L-\theta_2L^2-\cdots-\theta_qL^q$$

$$A_m(L^s)=1-\varphi_1L^s-\varphi_2L^{2s}-\cdots-\varphi_mL^{ms}$$

$$B_n(L^s)=1-\psi_1L^s-\psi_2L^{2s}-\cdots-\psi_nL^{ns}$$

ε_t 为白噪声。

估计 SARIMA 模型的具体步骤如下：

步骤一：对序列进行预处理。对序列进行差分，提取原序列的趋势效应和季节效应，ADF 检验和白噪声检验支持差分后的序列为平稳非白噪声序列。

步骤二：模型定阶。绘制并观察差分后序列的自相关图和偏相关图，对于短期相关模型部分，若自相关拖尾，偏相关 p 阶截尾，绘制 AR(p) 模型；若偏相关拖尾，自相关 q 阶截尾，绘制 MA(q) 模型；若自相关和偏相关均拖尾，则绘制 ARMA(p, q) 模型。对于季节自相关部分，观察月度数据滞后 12 期和 24 期的自相关系数和偏相关系数特征，是否在两倍标准差范围内，判断是否拖尾或截尾。如不能确定拟合哪个模型，可将所有拟合模型进行比较，根据 AIC 准则选择 AIC 值最小的模型作为拟合的最优模型。

步骤三：模型检验。对最终选择的拟合模型进行残差白噪声检验和参数显著性检验，看检验结果是否显示该模型顺利通过上述检验。也可以将序列拟合值和序列观察值联合作图，能直观反映该模型对原序列的拟合效果。

步骤四：模型预测。预测未来，并与真实数据进行比较，计算相对误差。

12）加法指数平滑

指数平滑法是一种常用的中短期预测方法，主要利用时间序列态势的稳定性或规则性，使用加权移动平均法对未来进行预测。根据平滑次数不同，它可以分为一次指数平滑法、二次指数平滑法和三次指数平滑法。一次指数平滑法主要用于无趋势、无周期的时间序列预测。二次指数平滑法是对一次指数平滑的再平滑，主要用于具有线性趋势，无周期时间序列的预测。三次指数平滑法是对二次平滑上的再平滑，适用于有周期的时间序列预测。

三次指数平滑模型又分为加法模型和乘法模型。加法模型适用于具有线性时间趋势和加法季节性变化的序列。平滑序列由下列公式给出：

$$y_{t+k}=a(t)+b(t)k+c_{t+k}$$

式中，$a(t)$为截距，$b(t)$为斜率，c_{t+k}为加法季节因子。这三个系数由以下递归定义：

$$a(t)=\alpha(y_t-c_t(t-s))+(1-\alpha)\ (a(t-1)+b(t-1))$$

$$b(t)=\beta(a(t)-a(t-1))+(1-\beta)b(t-1)$$

$$c_t(t)=\gamma(y_t-a(t+1))-\gamma c_t(t-s)$$

$0<\alpha,\beta,\gamma<1$，α,β,γ为阻尼因子，s是在季节性周期中指定的季节性频率，预测通过以下方式计算：

$$y_{T+k}=a(T)+b(T)k+c_{T+k-s}$$

其中季节性因素使用最后的估计。

13）乘法指数平滑

乘法指数平滑适用于具有线性时间趋势和乘法季节性变化的序列。平滑序列由下列公式给出：

$$y_{t+k}=(a(t)+b(t)k)c_{t+k}$$

式中，$a(t)$为截距；$b(t)$为斜率；c_{t+k}为乘法季节因子。这三个系数由以下递归定义：

$$a(t)=\alpha\frac{y_t}{c_t(t-s)}+(1-\alpha)(a(t-1)+b(t-1))$$

$$b(t)=\beta(a(t)-a(t-1))+(1-\beta)b(t-1)$$

$$c_t(t)=\gamma\frac{y_t}{a(t)}+(1-\gamma)c_t(t-s)$$

$0<\alpha,\beta,\gamma<1$，α,β,γ为阻尼因子，s是在季节性周期中指定的季节性频率，预测通过以下公式计算：

$$y_{T+k}=(a(T)+b(T)k)c_{T+k-s}$$

其中季节性因素使用最后的估计。

14）虚拟变量回归

影响卷烟销量的主要因素有经济发展综合影响造成的长期趋势，以及周期因素和节假日因素，分别构造相应的虚拟变量来表示。

长期趋势变量用时间变量t表示，$t=1,2,\cdots,T$。

周期因素用月度虚拟变量表示：

$$S_j=\begin{cases}1,\text{销量属于第}j\text{个月}\\0,\text{销量不属于第}j\text{个月}\end{cases},j=1,2,\cdots,11$$

节假日因素构造虚拟变量来表示。春节是对卷烟销量影响最大的节日，其次是中秋节。由于中秋节基本都在 9 月，因此季节变量 S_9 已经包含了中秋节的影响。假设春节对销量的影响在春节前是均匀的，计元旦节到春节时的天数为 m，定义春节变量 Z 为 $Z_1 \sim Z_{12}$ 的循环取值：

$$Z_1=\begin{cases}1, m<31\\31/m, m\geq 31\end{cases}, Z_2=\begin{cases}0, m<31\\1-31/m, m\geq 31\end{cases}, Z_3=\cdots=Z_{12}=0$$

考虑到 2015 年的 5 月进行了提税顺价，卷烟零售价格相应变化，对卷烟销量产生了一定影响，定义政策变量：

$$D=\begin{cases}1,2015\text{ 年 }6\text{ 月前}\\0,2015\text{ 年 }6\text{ 月后}\end{cases}$$

建立回归预测的加法模型和乘法模型：

$$x_t=\alpha_0+\alpha_1 t+\sum_{i=1}^{11}\alpha_{i+1}S_{it}+\alpha_{13}Z_t+\alpha_{14}D_t+\mu_t$$

$$x_t=\beta_0+\beta_1 t+\sum_{i=1}^{11}\beta_{i+1}t\cdot S_{it}+\beta_{13}Z_t+\beta_{14}D_t+\mu_t$$

15）时间序列分解

时间序列一般包括四部分：长期趋势变动 T、季节变动 S（显式周期，固定幅度、长度的周期波动）、循环变动 C（隐式周期，周期长不具有严格规则的波动）和不规则变动 I。时间序列 Y 可以表示为以上四个因素的函数，即：$Y=F(T, S, C, I)$。$F(\ )$ 常用的模型有加法模型和乘法模型。加法模型为 $Y=T+S+C+I$，乘法模型为 $Y=T\times S\times C\times I$。在时间序列的分解中第一步先用移动平均法剔除季节变动 S 和不规则变动 I 而得到长期趋势变动和循环变动的综合影响 TC。第二步再将 Y 除以 TC 就得到了只含季节变动和不规则变动的序列 SI，将 SI 重新排列并按月（季）平均法求出季节变动 S。第三步作散点图，选择合适的曲线模型拟合序列的长期趋势，得到长期趋势变动 T。第四步计算循环变动 C，用序列 TC 除以 T 即可以得到循环变动 C。将时间序列 T、S、C 分解出来以后，剩余的即为不规则变动，即：$I=Y/(TSC)$。分别对四个因素采取不同的方法进行预测，长期趋势变动 T 使用线性回归法预测，季节变动 S 使用季节性指数预测，将循环变动 C 和不规则变动 I 组合在一起使用 ARIMA 模型进行预测。最后将各部分预测值使用乘法模型组合得到销量的预测值。

分解法能帮助解释历史数据为什么变化，能使管理人员分别预计各局部模式的变化。这些局部模式不仅能用以预测，而且也可用于管理之中，再加上它容易被管理人员理解，因此分解法被大量用于实际问题的预测。主要缺点是不能用统计方法来检验，也不能建立置信区间，仅适用于那些季节性较强的中期预测、短期预测，当预测目标受外界干扰较大时，其预测能力会明显减弱。

5.2.6 第六步：效果评估

只有经过实践验证的模型，才能投入使用。因此，要使用真实的数据评估模型的效果。所谓模型效果的好与坏，可以通过预测值与真实值的接近程度来体现。根据预测的问题，将评估的方法分为两大类：一类是针对概率性预测的评估方法，这个与分类问题的评估方法一致；另一类是针对数值预测的评估方法。概率性预测与数值预测的区别如表 5-4 所示。

表 5-4 概率性预测与数值预测的区别

预测问题举例	真实值	概率性预测	数值预测
预测明日降雨量	16.5 mm	明日降雨量大于 15 mm 的概率为 80%	明日降雨量估计值为 17.6 mm
预测 8 月份销售额	23 万元	销售额超过 20 万元的概率为 95%	8 月份销售额估计值为 22.7 万元

由表 5-4 可知，概率性预测实质上是预测某分类出现的概率，本质上是分类问题。对于分类问题，通常考虑预测的类别与真实类别的一致性，一致性越高，预测效果越好；反之，预测效果越差。而对于数值预测，主要是分析真实值与预测值之间的误差，如果误差较小，甚至趋近于 0，则预测效果较好；误差越大，效果越差。

通常来讲，只进行一次评估是不够的，只要预测系统在运行，就要不断地进行评估。若通过评估发现模型的精度不能达到要求，则需要对模型进行更新，甚至重新设计预测方案。在多次历史预测中，如果模型的评估效果为好的次数越多，模型的可信度也就越高。倘若模型的评估结果时好时坏，也就是不稳定，这也是有问题的，需要拿出来专门研究讨论。

模型评估的环节至关重要，它就像一道关口，只有通过评估的模型，才能给予被用于真实环境的机会；只有不断通过评估的模型，才能被认为是稳定可靠的。模型是否能通过评估，通常是由在预测开始时确定的精度范围决定的。另外，需要谨慎评估数据的选取，不同的数据集得到的评估结果很可能有较大差别，需要非常注意用于评估的数据集的科学性。

5.3 卷烟销量趋势分析案例

基于以上预测分析思路，我们进行了卷烟销量趋势分析的研究，本节内容将跟大家分享该研究的部分成果，以便大家更容易理解前面所讲的理论方法，分享的分析内容及成果仅供参考。

注意：理论讲述的部分流程不方便呈现具体内容，因此在下面的内容中就没有单独进行讲述，而是穿插于其他步骤中简单描述。

5.3.1 预测主题

根据企业使用需求，我们在进行卷烟销量预测时首先确定了以下主题，接下来的工作都围绕该主题进行，如表 5-5 所示。

表 5-5 主题预测

要素	卷烟销量趋势分析主题
指标	影响卷烟产品销量的各相关指标
主体	全国及各省份重点卷烟产品
精度	—
周期	按月度预测未来 12 个月的销量
用户	目的：基于销量预测建立产品预警机制，为云南中烟产品运营提供指导
成本	—
数据	6 年连续的、真实可信的数据

5.3.2 数据采集

明确了预测主题后，通过前期对影响卷烟销量的因素进行分析，结合能采集到的数据指标情况，我们最终采集了销售区县数、进货零售户数、零售户数总数、重复购进户数、本期户均进货量、断货订单数、需求订单数、同价区所有销量、一次批销量、需求量、春节变量、政策变量、中秋节变量、地区人口、农村居民收入、地区城镇化率和城镇居民收入等 17 个共 6 年的数据。数据主要来源于云南中烟营销综合管理平台以及国家统计局的宏观数据。

5.3.3 数据处理

我们对下载的数据进行了多方核对检查，对不规范的数据进行了统一，对导入数据库的文件格式也进行了统一重命名，最终导入如下数据。

1）规格数据文件

压缩文件中包含三层文件，第一层为总的压缩文件，解压后点开第一层文件夹，里面为以规格名称命名的各个文件夹，点开各规格文件夹，里面为每个规格的各月份数据的 Excel 文件（文件夹及文件的命名方式如图 5-19 至图 5-21 所示）。

（1）第一层文件。

名称	修改日期	类型	大小
2021三维五率	2022/2/6 19:11	文件夹	
2021三维五率.zip	2022/2/6 19:13	WinRAR ZIP 压缩...	2,925 KB

图 5-19 第一层文件

（2）第二层文件夹。

中华(双中支)	2022/2/6 19:11	文件夹
中华(细支)	2022/2/6 19:11	文件夹

图 5-20 第二层文件夹

（3）第三层文件。

201704.xls	2021/8/11 17:14	XLS 工作表	28 KB
201705.xls	2021/8/11 17:14	XLS 工作表	37 KB
201706.xls	2021/8/11 17:14	XLS 工作表	50 KB
201707.xls	2021/8/11 17:14	XLS 工作表	69 KB
201708.xls	2021/8/11 17:15	XLS 工作表	76 KB
201709.xls	2021/8/11 17:15	XLS 工作表	83 KB
201710.xls	2021/8/11 17:15	XLS 工作表	87 KB

图 5-21 第三层文件

2）宏观数据文件

宏观数据文件命名格式为宏观数据十年份，文件名及表格内容如图 5-22 和图 5-23 所示。

宏观数据2021.xlsx　　2022/2/6 13:32　　XLSX 工作表　　46 KB

图 5–22　文件名

	A	B	C	D	E	F	G	H
1	公司	地区人口	农村居民收入	城镇居民收入	地区城镇化率	年份		
2	全国	138326	139232	140011	140541	2021		
3	北京市	2170.5	2172.9	2171	2154	2021		
4	天津市	1546.95	1562.11	1556.87	1559.6	2021		

图 5–23　表格内容

5.3.4　模型建立

通过实验探索，我们选取了决策树回归、bagging 回归、随机森林回归、人工神经网络回归、支持向量机回归、*K*- 近邻回归、GBM 回归、线性回归、岭回归、LASSO 回归、SARIMA、加法指数平滑、乘法指数平滑、虚拟变量回归、时间序列分解等 15 种方法对各地区 103 个重点规格的卷烟销量进行预测，通过对比各模型的预测误差，分别得出不同产品的最优预测模型。整个预测过程均通过 Python 来实现，并对预测结果进行了可视化呈现，搭建了销量预测系统。

该系统从 4 个方面将模型预测结果进行可视化展示。第一，拼接了主品规格和竞品规格 2020 年 6 月至 2020 年 12 月的实际卷烟销量和 2021 年 12 个月的预测卷烟销量，展示 2020 年 6 月至 2021 年 12 月的卷烟销量趋势线形图；第二，展示主品规格和竞品规格在 2021 年 1 月至 10 月的实际销量与预测销量的对比图；第三，展示主品规格和竞品规格的模型预测误差；第四，模型针对不同规格、地区的数据选择出来不同的重要变量，展示了主品规格和竞品规格中影响销量的重要变量气泡图，影响系数越大，气泡越大。（见图 5-24）

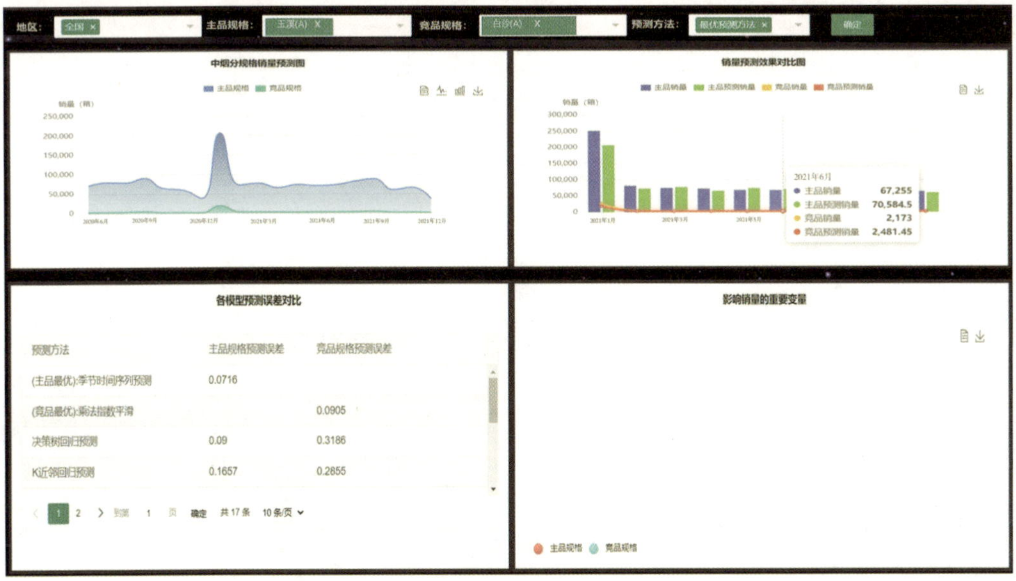

图 5-24 可视化展示

第六章 预警机制分析综述

6.1 预警机制简介

6.1.1 预警概念

预警机制(preventive and warning mechanisms)是指预先发布警告的制度,通过及时提供警示的机构、制度、网络、举措等构成的预警系统,实现信息的超前反馈,为及时布置、防风险于未然奠定基础。预警机制因具有科学性、创新性、可操作性、系统性、及时原则及高效性等特点,已被应用在诸多领域。通俗理解,预警就是预测和报警的意思,也就是在事物发生之前或即将发生的时候,通过对事物发展的规律进行认识,具体分析现存状态,判断该事物发展的状态和趋势,提前做好预防和准备,采用一定的方式和方法,对一些潜在的风险进行预测和评估,做出解决的对策。

预警机制的目的在于创造一个良性的发展环境,通过对危机进行提前分析,把握即将产生危机的信息,找出存在风险的原因,进而做出反应,避免风险的发生。具体来看,预警机制主要有以下几个目的。

1. 预测和预防

预警机制旨在通过分析和评估相关数据和指标,预测潜在的风险、危机或问题。通过提前发出警报,可以采取适当的预防措施,以减少或避免潜在的损失和影响。

2. 提供及时信息

预警机制的目的是及时提供相关信息,以便人们能够及早了解和应对潜在的风险和问题。通过及时警示和通知,可以提醒人们采取必要的行动,以减少潜在风险的影响。

3. 支持决策和行动

预警机制的目的是为决策者提供有关风险和问题的信息,以支持他们做出明智的决策和采取适当的行动。预警机制提供的信息和警示可以帮助决策者更好地评估风险和选择最佳的解决方案。

4. 保护生命和财产安全

预警机制的目的是保护人们的生命和财产安全。通过提前警示潜在的危险和风险,人们可以采取必要的防护措施,减少人员伤亡和财产损失。

5. 提高应急响应能力

预警机制的目的是提高应急响应能力,以便在风险和问题发生时能够快速、有效地应对。通过提前警示和准确的信息,人们可以做好应急准备,组织资源和人力,以迅速应对潜在的危机和问题。

总的来说,预警机制的目的是通过提供及时的信息和警示,帮助人们预测、识别和应对潜在的风险、危机或问题,以保护生命和财产安全,并提高应急响应能力。预警机制的实施可以减少潜在风险的影响,提高社会的安全性和稳定性。

6.1.2 主要应用的领域

最常使用的预警机制一般是自然灾害预警和应急预警。自然灾害预警可按照灾害性天气气候强度标准和重大气象灾害造成的人员伤亡、财产损失程度划分为四级：一般（Ⅳ级）、较重（Ⅲ级）、严重（Ⅱ级）和特别严重（Ⅰ级）。应急预警则常见于突发公共事件，依据突发事件即将造成的危害程度、发展情况和紧迫性等因素由低到高划分为一般（Ⅳ级）、较大（Ⅲ级）、严重（Ⅱ级）、特别严重（Ⅰ级）四个预警级别，并依次采用蓝色、黄色、橙色和红色来加以表示。

公共卫生预警在疫情暴发和传染病流行时发挥着重要作用。通过监测疫情数据、疾病传播趋势等信息，预警机制能够及时发出警报，提醒公众和医疗机构采取防控措施。这在控制疫情的传播和保护公众健康方面至关重要。

交通安全预警通过监测交通数据、道路状况等，发出交通安全预警，提醒驾驶者和相关部门注意交通安全。这在减少交通事故、提高道路通行效率方面具有重要意义。

环境预警通过监测环境数据等，发出环境警报，提醒公众和相关部门注意环境保护。这在减少环境污染、保护生态环境方面起到了重要作用。

另外，预警机制还常常应用于经济犯罪案件发生之前，可预先发出警报，从而防范犯罪发生。它通过对情报信息的把握运用，起到警示社会各界加强防范工作作用，同时又为串并案提供侦查服务，增强打击和防范的主动性和针对性。金融机构和监管机构通过预警机制监测市场数据等，发出金融风险警报，提醒投资者和金融机构注意风险。这在避免金融危机、保护投资者利益和维护金融稳定方面具有重要意义。

6.1.3 消费品安全预警

消费品安全预警是保护消费者权益和公共安全的重要手段。监管机构通过监测和检测产品质量、安全性等，发出消费品安全警报，提醒消费者和相关企业注意产品质量和安全问题。这在防止食品中毒、产品召回等方面起到了重要作用。

安全预警机制目前主要应用在食品安全、粮食安全、生态安全、经济安全、产业安全、旅游安全和公共安全等方面。

对于食品安全，孙瑞琳(2021)通过对美国、日本等国家的食品预警机制的分析，结合我国食品安全现状，并对 HACCP 体系的运用加以说明，提出我国食品安全中存在的问题和解决对策。于晓刚(2021)以贵州高校食品安全风险监测预警机制为研究对象，运用大数据探索构建高校食品安全风险监测、预警机制，完善大数据视角下的贵州高校食品安全风险监测、预警研究成果。

粮食安全是国家安全的根本所在，任晓芳(2015)从区域粮食生产安全双重预警机制等角度出发，利用收集到的抚顺市相关资料，对抚顺市粮食生产安全进行分析。从研究结果来看，2011—2014 年的研究数据与相关机构公布的数据基本一致，同时对抚顺市 2016 年以后的粮食生产安全进行了预测。

在生态安全的预警机制研究方面，陈妮(2018)探讨森林生态安全预警指数演化的时空格局变化及其驱动力机制，以期为北京市森林生态安全决策提供理论参考。基于森林生态安全预警指标体系，运用 SD 模型从区县尺度对北京市 2009—2015 年森林生态安全预警的时空差异进行分析，并对 2015—2030 年森林生态安全演变趋势进行预测，以数据更加形象地证实了北京市森林生态安全整体呈改善态势。韩晨霞(2010)、王军(2006)、吉中会(2007) 分别对河北省石家庄市、河北省、江苏省盐城市进行了生态安全预警机制的研究，以上几位学者均从单独的地区进行探讨，而在区域的研究方面，陈利顶(2016) 从区域角度构建科学合理的生态安全格局，围绕“区域生态安全保障”这一核心主题，揭示京津冀城市群生态安全格局的维持机制与影响因子，重点研发关键生物栖息地生态修复，受损生态空间生态重建、生态监管与生态风险预测预警技术，进而构建区域协调与空间联动的生态安全保障决策系统和预测预警平台，并开展示范应用研究，为京津冀城市群地区生态安全保障提供技术支撑。

相较于其他方面，国内外学者对经济和产业的安全预警机制研究更为透彻。任保平(2022) 从国家、社会、产业、企业、个人层面等构建了数字经济发展安全风险预警体系，并在此基础上提出了我国数字经济发展安全风险防范机制。安广实(2011) 设计了审计预警机制系统功能、评价指标，以期充分发挥政府审计职能作用，防范和消除危害国家经济安全的隐患，确保国民经济持续、健康发展。王铮(2011) 在借鉴美国伯克利国家实验室经验的基础上，提出中国国家经济安全平台建设的 4 种模式，分别为委员会模式、共建中心模式、基金会模式和混合模式，并通过综合指标比选，认为混合模式是当时最适合我国国情的可行建设模式。

张娜娜(2014) 选择了美国、欧盟两个发达国家或地区以及印度、巴西两个发展中国家作为比较研究对象，通过对上述国家的产业安全预警机制进行研究，并对比分析我国产业安全预警机制存在的不足，提出了建设性的完善意见。李林(2019) 分析了科技安全预警的本质内涵，认为建立科技安全预警机制是保障科技产业安全的现实需要，提升科技产出效益的重要途径，激发科技创新能力的有效手段；建立科技安全预警机制应遵循目的性、系统性、科学性原则。李林从科技安全预警的目标确定、信息搜集、分析识别、评价反馈以及绩效评估方面探索了建立科技安全预警机制的方法途径，从组织机制、运行机制以及政策法规方面提出了建立科技安全预警机制的建议。

除此之外，更多的针对风险预警机制的研究是指通过保后检查发现担保风险的早期预警信号，运用定量和定性分析相结合的方法，尽早识别风险的类别、程度、原因及其发展变化趋势，并按规定的权限和程序对问题担保采取针对性处理措施以及时防范、控制和化解担保风险。风险预警机制广泛应用在医疗、工程、机械化、金融、财会等方面，韩冬梅(2015) 在风险管理理论的基础上，阐述了财务风险的概念和分类，分析了财务管理的现状，最后提出了改进的建议和措施，对降低企业财务风险有着启发意义。陈秋玲(2009) 首先提出一套具有强警戒功能的金融风险评价指标体系，在各项指标预警界限基础上将金融风险预警分等定级，然后建立基于 BP 神经网络模型的金融风险预警模型，得出我国 2008 年预警结果。

综上所述，预警机制作为一种重要的管理工具，在各行业中发挥着关键的作用。它通过及时提供信息和警示，帮助人们预测、识别和应对潜在的风险和问题。无论是在气象灾害、公共卫生、金融风险、消费品安全、交通安全还是环境保护等领域，预警机制都发挥着重要的作用，以保障安全、提高效率和降低风险。未来，随着技术的发展和数据的增加，预警机制将进一步提升其准确性和实用性，为各行业带来更大的益处。

无论从哪个方面进行考虑，预警机制都是为了避免某些不利于行业发展的安全事故的发生或减小安全事故发生所带来的损伤，先是进行风险预警评估，再进行安全防范研究。

6.2 商品销量预警方法和机制综述

6.2.1 商品销量预警的主要理论方法

商品销售预警指通过分析历史销售数据和相关因素，预测未来一段时间内商品的销售情况，并及时发出预警信号，以便采取相应的措施来调整库存、生产计划和营销策略。主要有以下几种理论方法。

1. 时间序列分析

时间序列分析是一种常用的商品销量预测方法。它基于历史销售数据的时间趋势和季节性，通过统计模型（如 ARIMA、SARIMA 等）对未来销量进行预测。时间序列分析考虑了销售数据的时间相关性，能够捕捉销售趋势和周期性，对于稳定的销售模式具有较好的预测效果。

2. 回归分析

回归分析是一种通过建立销售量与其他相关变量之间的关系模型来预测销量的方法。它可以考虑多个因素对销售量的影响，如价格、促销活动、市场竞争等。通过回归分析，可以量化不同因素对销售量的影响程度，从而进行销量预测和预警。

3. 机器学习算法

机器学习算法在商品销量预警中也得到广泛应用。它通过对历史销售数据进行训练和学习，建立销量与各种因素之间的复杂关系模型。常用的机器学习算法包括支持向量机、随机森林、神经网络等。这些算法可以处理非线性关系和复杂的销售模式，提高销量预测的准确性。

4. 深度学习模型

深度学习模型是机器学习的一种特殊形式，通过多层神经网络进行学习和预测。在商品销量预警中，深度学习模型，如循环神经网络(RNN)和长短期记忆网络，可以对销售数据的时序特征进行建模，从而进行准确的销量预测。

5. 集成方法

集成方法是将多个预测模型的结果进行组合，以提高预测准确性和鲁棒性。常用的集成方法包括投票(voting)方法和堆叠(stacking)方法。投票方法是对多个模型的预测结果进行投票，确定最终的预测结果。堆叠方法则是通过训练一个元模型，输入多个模型的预测结果，得到最终的预测结果。

以上理论方法在商品销量预警中有不同的适用场景和优势，可根据具体的销售数据和需求，选择合适的方法进行预测和报警，以提高销量预测的准确性和实用性。

商品销量预警能预测出市场作业过程中的风险，以便决策层或管理层采取有效措施予以防范。风险存在于市场变化之中，销售预警要求对风险及时、准确地发出警示信号。

6.2.2 商品销量预警的主要模块构建

参考现有的商品销量的预警方法，在当前销售趋势异常时，通过影响商品销售的外界因素的相关历史数据建立的预设异常原因列表，可以快速定位到异常原因。另外，由于至少一种历史数据与商品的销售密切相关，能够准确地反映异常原因，因此定位到的异常原因也非常准确。为了实现上述目的，商品销量的预警装置包括：预测模块，用于预测商品的当前销售趋势；确定模块，用于根据商品的当前销售数据确定预测的当前销售趋势是否异常；预警模块，用于在确定模块中预测的当前销售趋势异常时，从预设的异常原因列表中筛选出对应的异常原因，以根据筛选出的异常原因进行销量的预警。其中，所述预设的异常原因列表包括多个异常原因，每个所述异常原因包括商品类别、销售趋势和原因序列，所述销售趋势根据商品的历史销售数据获得，所述原因序列根据影响商品销售的外界因素的相关历史数据获得，以便于对商品构成有效预警。

1. 商品销量预警的构建步骤

(1) 数据采集和清洗。

收集历史销售数据和相关因素数据，包括商品销售量、价格、促销活动、季节性因素等。对数据进行清洗，去除异常值和缺失值，确保数据的准确性和完整性。

数据采集和清洗是商品销量预警模块构建的重要步骤，它们确保所使用的数据准确、完整且可靠。下面是数据采集和清洗的一般流程。

①确定数据需求：明确需要采集哪些数据，包括历史销售数据、价格数据、促销活动数据、季节性因素数据等。

②数据源识别：确定数据源，包括企业内部的数据库、销售系统、供应链系统，以及外部数据供应商、市场调研报告等。

③数据采集：根据数据源的不同，采用相应的方法进行数据采集。可以通过 API 接口、数据抓取工具、手动导出等方式获取数据。

④数据清洗：对采集到的数据进行清洗，包括以下步骤。

a) 去除重复数据：检查数据中是否存在重复记录，去除重复数据，确保数据的唯一性。

b) 处理缺失值：检查数据中是否存在缺失值，根据缺失值的情况采取相应的处理方法，如删除缺失值、插值填充等。

c) 异常值处理：检查数据中是否存在异常值，根据业务规则或统计方法判断异常值，并进行处理，如删除异常值或替换为合理值。

d) 数据格式转换：统一数据的格式，确保数据的一致性和可分析性。

e) 数据标准化：对数据进行标准化处理，使得不同数据之间具有可比性，如统一销售额的货币单位。

⑤数据验证:对清洗后的数据进行验证,确保数据的准确性和完整性。可以通过对比原始数据和清洗后的数据,检查数据是否一致。

⑥数据存储:将清洗后的数据存储到数据库或文件中,以备后续分析和建模使用。

数据采集和清洗是一个迭代的过程,需要不断地检查和修正数据,确保数据的质量。同时,应该建立良好的数据管理和更新机制,保持数据的及时性和准确性。

(2)特征工程。

特征工程是指对原始数据进行处理和转换,以提取出对预测模型有用的特征。在商品销量预警中,特征工程的目标是从历史销售数据和相关因素中提取出能够反映销量变化的特征。

根据业务需求和领域知识,对数据进行特征提取和转换,以便构建预测模型。特征可以包括时间特征、价格特征、促销特征等。

①时间特征:将时间信息转化为有意义的特征,如年份、季节、月份等。这些特征可以反映销售数据的季节性和周期性变化。

②价格特征:将商品的价格信息转化为特征,如平均价格、价格波动等。价格特征可以反映价格对销量的影响。

③促销特征:将促销活动的信息转化为特征,如促销类型、促销力度、促销时长等。促销特征可以反映促销活动对销量的影响。

④竞争特征:将竞争对手的信息转化为特征,如竞争对手的价格、促销活动等。竞争特征可以反映竞争对销量的影响。

⑤季节性特征:根据历史销售数据的季节性变化,提取出季节性特征,如季节性指标、季节性趋势等。季节性特征可以帮助预测未来销售的季节性变化。

(3)模型选择和训练。

根据数据的特点和预测需求,选择合适的预测模型,如时间序列模型、回归模型、机器学习模型等。对选定的模型进行训练,调整模型参数,优化模型性能。

在商品销量预警中,模型选择和训练是一个关键的步骤,它决定了预测模型的准确性和可靠性。以下是模型选择和训练的一般流程。

①确定预测目标:明确要预测的目标变量,即商品的销量。

②数据准备:将历史销售数据和相关因素数据划分为训练集和测试集。训练集用于模型的训练和参数调整,测试集用于模型的评估和验证。

③模型选择:根据预测目标和数据特点,选择合适的预测模型。常用的模型包括时间序列模型(如ARIMA)、回归模型(如线性回归、多元回归)、机器学习模型(如决策树、随机森林、神经网络)等。

④模型训练:使用训练集对选定的模型进行训练。根据模型类型的不同,训练的方法也有所区别。时间序列模型可以使用最大似然估计法或最小二乘法进行参数估计。

(4)预测和预警。

在商品销量预警中,预测和预警是指根据历史销售数据和其他相关因素,对未来的销量进行预测,并在销量低于或高于预设阈值时触发预警机制。

预测是使用机器学习或统计模型对未来的销量进行估计。通过分析历史销售数据的趋势、周期性、季节性等特征，模型可以学习到销售模式和规律，并根据这些模式和规律进行预测。预测可以是单点预测，即对未来某个时间点的销量进行预测，也可以是时间序列预测，即对未来一段时间内的销量进行预测。

预警机制是在预测结果与预设阈值进行比较后触发的警报机制。根据业务需求和销售目标，设定了一定的阈值或规则，当预测销量低于或高于阈值时，触发相应的预警机制。预警信号可以通过邮件、短信、系统通知等方式发送给相关人员，以便及时采取相应的措施。

预测和预警的目的是帮助企业及时发现销量异常情况，以便采取相应的策略和行动。当销量低于预期时，预警可以提醒企业调整库存、促销活动或市场推广策略，以刺激销售。当销量高于预期时，预警可以提醒企业及时补货、增加产能或调整供应链，以满足市场需求。

预测和预警在商品销售中起着重要的作用，可以帮助企业优化库存管理、提高销售效率和利润，并提前应对市场变化和需求波动。

使用训练好的模型对未来一段时间内的销售量进行预测，根据设定的预警规则和阈值，判断预测结果是否达到预警条件。如果达到预警条件，发出相应的预警信号。

(5)可视化报告。

可视化报告是通过图像、表格等可视化方式呈现数据和分析结果的报告。它能够将复杂的数据和信息以直观、易于理解的方式展示出来，帮助读者更好地理解数据的趋势、关联性等。下面是一个典型的可视化报告的流程。

①确定报告目标：明确报告的目标和受众，确定需要呈现的信息和重点。

②数据收集和整理：收集与报告目标相关的数据，并进行数据清洗、转换和整理。确保数据的准确性和完整性。

③确定可视化类型：根据数据的特点和报告的目标，选择合适的可视化类型。常见的可视化类型包括折线图、柱状图、散点图、饼图、热力图等。

④设计报告结构：确定报告的结构和组织方式。将数据和分析结果按照逻辑顺序进行排列，以便读者能够清晰地理解和跟随报告的内容。

⑤创建可视化图表：使用数据可视化工具（如 Tableau、Power BI、matplotlib 等）创建各种图表和图像。根据数据的特点和报告的目标，选择合适的图表类型，并进行必要的调整和美化。

⑥添加文本说明：在可视化图表的周围或下方添加文本说明，解释图表的含义和背后的数据信息。确保文本简洁明了，与图表相互补充。

⑦数据解读和分析：对图表和分析结果进行解读和分析，提供对数据的深入理解和洞察。解读和分析应该与报告的目标和受众需求相匹配。

⑧样式和布局设计：对报告的样式和布局进行设计，以确保整体的美观和易读性。选择合适的颜色、字体、背景等，使报告具有一致的风格和视觉效果。

⑨审查和修订：对报告进行审查和修订，确保数据和分析的准确性和一致性。检查图表的标签、标题、坐标轴等，确保信息的清晰传达。

⑩分享和传播:将可视化报告分享给目标受众,可以通过电子邮件、在线共享平台、会议演示等方式传播。确保报告的易访问性和可分享性。

将预测结果可视化展示,提供直观的销售情况和预警信息,帮助决策者做出相应的调整和决策。

(6)模型评估和优化。

对预测模型进行评估,比较预测结果与实际销售情况的差异,评估模型的准确性和稳定性。根据评估结果进行模型优化,改进预测效果。这需要预警机制具备学习和深度学习的功能,下面是模型评估和优化的一般流程。

①划分数据集:将数据集划分为训练集、验证集和测试集。训练集用于模型的训练,验证集用于模型的调优和选择超参数,测试集用于最终评估模型的性能。

②选择评估指标:根据任务的性质和需求,选择合适的评估指标来衡量模型的性能。常见的评估指标包括准确率、精确率、召回率、F_1 值、均方根误差(RMSE)、平均绝对百分比误差(MAPE)等。

③模型评估:使用验证集对训练好的模型进行评估。根据选择的评估指标,计算模型在验证集上的性能。评估结果可以帮助判断模型是否存在过拟合、欠拟合或其他问题。

④超参数调优:通过调整模型的超参数,如学习率、正则化参数、网络层数等,来进一步优化模型的性能。可以使用网格搜索、随机搜索或优化算法等方法来搜索最佳的超参数组合。

⑤模型优化:根据评估结果和超参数调优的过程,对模型进行优化。可以尝试调整模型结构,增加正则化项,使用更复杂的优化算法等,以提高模型的性能和泛化能力。

⑥集成方法:考虑使用集成方法来进一步提高模型的性能。集成方法包括投票、堆叠、提升(boosting)等,通过组合多个模型的预测结果来获得更准确的预测。

⑦模型验证:在进行最终的模型评估之前,可以使用交叉验证等方法对模型进行验证。交叉验证将数据集划分为多个子集,轮流将其中一个子集作为验证集,其余子集作为训练集,多次进行模型训练和评估,以获得更稳定和可靠的评估结果。

⑧模型部署和监控:当模型经过评估和优化后,可以将其部署到实际应用环境中。同时,需要建立监控机制,定期评估模型的性能,并根据需要进行进一步的优化和调整。

(7)实时更新和监控。

定期更新历史数据,重新训练模型,保持模型的准确性和适应性。实时监控销售情况,及时更新预测结果和预警信息,以便及时调整策略和措施。

2. 有效预警的建立步骤

(1)把握趋势。

事物是对立统一的,对立双方在变化过程中相互转换。有效预警要正视事物的对立统一及变化趋势,同时准确把握各种趋势。如服务的提升在一定程度上可赢得更多的消费者,但另一方面,服务的提升意味着成本的上升,当由此产生的收益小于成本支出时事物已朝着相反的方面发展。

(2)确定标准。

预警要有一定的提前量,什么时间发出预警信号是预警职能的核心,过早不足以说明风险来临，过迟则无从防范。预警的时间点对应的是一种标准。如产品质量的提高超过某一水平之后，消费者的满意度不再随之提高，即消费者不再敏感，那么当质量达到这一水平时应发出预警信号，因为此后的质量提高不再增加消费者满意度，但仍将增加成本。不同的风险原因对应不同的标准，企业应根据不同情况具体分析确定标准，才能在风险因素趋于标准时及时警示。

（3）差异分析。

把握趋势能确认现实状态在趋势变化中的位置，将现实状态与标准对比分析，找出差异并分析真正原因，即可找出风险的真实面目及距离我们的远近。如商品具有利润递减规律，利润逐步下降，有趋向临界点的趋势，在仍高于临界点时，可以预测风险正在逼近，但可暂缓采取行动。

（4）报警。

对风险的来临发出预警信号是为了让销售主管人员及时采取有效措施加以防范。报警应包括风险描述、风险的变化趋势等内容。如上例利润预警中，报警应为：利润正逐步下降，如降至临界利润点以下势必造成经销商放弃公司产品或降价销售量，从而扰乱市场。

6.2.3 商品销量预警的主要研究成果

冯雨（2022）分别构建了煤炭供需监测体系和煤炭供需预测预警机制，通过深入分析和研究，认为只要加强煤炭需求侧监测与研判，完善供需数据监测体系，做好供需预测预警，按需有序释放产能，就可避免煤炭价格的大幅波动。

朱腾蛟（2016）从企业库存的分析开始，引入时间序列分析方法作为企业库存分析方法的基本理论，建立预测模型，并以相应模型对企业库存规模做了 7 ~ 14 天的预测，预测所得数据结果触发企业库存风险预警平台所预先设置的预警机制。在建立了企业库存风险预警机制并突破了库存预测模型的关键技术之后，需要把所得到的成果应用到可视化系统整体方案之中。于是又对可视化系统方案的整体概况、整体框架和应用进行了重点描述。方案遵循瞄准核心、高度精简的设计原则，让使用者对自己目前关注的库存、营销等信息一目了然；同时通过相关主题的集中可视化展现，为使用者提供更多线索。

汝志愿（2017）以识别虚增销量与挖掘评论价值为切入点，运用证据网络理论与相关研究成果，研究电商市场中交易共谋风险的评估模型，并针对共谋风险提出预警机制。

转观国外，也有各大巨头在商品销量预警中的成功案例。

Walmart：Walmart 是全球最大的零售商之一，使用了先进的销量预警系统来优化库存管理和供应链。通过分析历史销售数据、天气数据、节假日等因素，能够准确预测不同商品的销售量，并及时触发预警机制，这使得 Walmart 能够及时调整库存、重新补货，以满足消费者需求，减少库存积压和缺货情况。

Amazon：作为全球最大的电子商务公司之一，Amazon 也广泛应用销量预警系统来优化供应链和销售策略。Amazon 利用大数据分析和机器学习算法，对历史销售数据、用户行为数据等进行分析，预测不同商品的销售趋势。通过预警系统，Amazon 能够及时调整库存，制定促销策略，提高销售效果和用户满意度。

Coca-Cola：作为全球知名的饮料品牌，Coca-Cola 也采用了销量预警系统来优化产品投放和市场推广。Coca-Cola 利用历史销售数据、市场数据等进行分析,预测不同产品的销售趋势。通过预警系统,Coca-Cola 能够合理安排产品投放时间和地点,制定促销活动和市场推广策略,提高销售量和市场份额。

Procter&Gamble:Procter&Gamble 是全球领先的消费品公司,也应用了销量预警系统来优化产品销售和供应链管理。通过分析历史销售数据、市场数据、竞争产品销售情况等,能够准确预测产品的销售趋势,并及时触发预警,这使得 Procter&Gamble 能够及时调整生产计划、优化供应链,提高销售效率和利润。

这些成功案例表明,商品销量预警系统在不同行业和企业中都有着重要的应用价值。通过准确的销量预测和及时预警,企业可以优化库存管理、调整供应链、制定市场策略,从而提高销售效率,降低风险,并取得竞争优势。

6.3 卷烟产品预警机制的应用价值

6.3.1 在卷烟产品投放中的应用

卷烟投放,意味着充满竞争,在这个过程中,不同品牌、不同规格的产品争相出现,都希望能够占据更多的市场份额。随着卷烟市场的竞争日益激烈,卷烟企业需要及时了解销售情况,以便做出准确的决策和调整。为了实现这一目标,卷烟投放预警机制被引入,旨在预测销售趋势并提前发现潜在的销售异常情况。具体来看,还具备以下几方面的应用价值。

①销售预测和计划:卷烟产品预警机制可以基于历史销售数据和市场因素,准确预测未来的销售趋势。通过提前了解销售预期,卷烟企业可以制订更准确的销售计划和生产计划,避免库存积压或供应不足的问题。

②及时发现销售异常:卷烟产品预警机制能够及时发现销售异常情况,如销量下滑、市场份额下降等。通过卷烟产品预警机制,卷烟企业可以及时调整销售策略,加大市场推广力度,以应对销售困境,避免损失。

③优化投放策略:卷烟产品预警机制可以帮助企业优化产品投放策略。通过对市场需求和销售趋势的分析,卷烟产品预警机制可以指导卷烟企业在不同区域、不同渠道和不同时间段进行精准投放,提高销售效果和市场占有率。

④支持促销活动决策:卷烟产品预警机制可以为促销活动的决策提供支持。通过预测销售趋势和预警信息,企业可以在销售低迷时及时发起促销活动,刺激市场需求,提高销售量和市场份额。

⑤其他决策支持和效益评估:卷烟产品预警机制可以为企业的决策提供科学依据。通过对销售数据和预警信息的分析,企业可以做出更明智的决策,如调整产品定价、优化渠道布局、改进市场营销策略等。同时,卷烟产品预警机制还可以帮助企业评估决策的效益和成效,及时调整和改进决策方案。

卷烟产品预警机制在卷烟产品投放中具有重要的应用价值。它能够帮助企业预测销售趋势、发现销售异常、优化投放策略、指导促销活动决策，并为企业提供科学决策依据和效益评估依据。通过预警机制的应用，卷烟企业可以提高销售效益、降低风险，并在竞争激烈的市场中取得竞争优势。

卷烟产品预警机制在投放环节的部署主要考虑以下几个方面。

①数据可靠性：卷烟产品预警机制的部署必须基于可靠的数据基础。确保数据的准确性和完整性，包括销售数据、渠道数据、市场数据等。只有在可靠的数据基础上，才能进行准确的预测和预警。

②预测模型的选择：选择适合卷烟销售预测的模型。可以考虑使用时间序列模型、回归模型、深度学习模型等。根据具体情况选择合适的模型，并进行训练和优化，以获得准确的销售预测结果。

③预警规则的设定：设定合理的预警规则，根据销售目标和业务需求，确定触发预警时的销售量阈值。预警规则应该根据实际情况和历史数据进行调整和优化，以确保预警的准确性和及时性。

④预警响应机制：建立预警响应机制，明确预警机制触发后的响应流程和责任人。应确保相关人员及时收到预警信息，并根据预警信息采取相应的措施，如调整库存、调整价格、增加促销活动等。

卷烟产品预警机制的创新性发展包括数据整合与多维度分析，引入新技术和方法，实时监测与响应，强化用户体验，数据驱动的决策支持，持续创新和改进，以及合作与共享。注重这些方面，可以推动卷烟产品预警机制的创新和持续发展，提高预警效果和决策支持水平。

6.3.2 在卷烟品牌培育中的应用

品牌培育是建立和发展一个品牌的过程，打造一个有价值、有影响力和有认可度的品牌形象，是一个长期且复杂的系统工程。通过建立卷烟产品预警机制，可在以下方面进行预警监测，辅助新品的培育。

市场调研：在培育新品牌之前，进行市场调研，了解目标市场的消费者需求、竞争格局、市场趋势等信息是必不可少的。通过市场调研，可以确定新品牌的定位和差异化特点，以满足消费者的需求。

产品开发阶段：基于市场调研的结果，进行产品开发。开发具有特点和竞争优势的产品，以满足目标市场的需求。考虑产品的口味、包装、设计等方面，确保与目标市场的定位和消费者的偏好相匹配。预警系统可在此前同品类、同品规内的产品中进行相应的数据抓取，为前期市场调研提供部分的调研数据及调研资料。

品牌定位阶段：确定新品牌的定位和目标受众。通过品牌定位，明确新品牌的核心价值和差异化特点。建立品牌的个性和形象，与目标市场的消费者建立情感连接。卷烟产品预警机制在此方面，可以从同类别、同定位产品的销量、销售渠道、销售区域进行快速反应，并辅助进行品牌定位。

市场推广阶段：卷烟产品预警机制可以在市场推广阶段进行销售渠道、销售量、销售区域等方面的有效监测。

长期监测和调整阶段：定期监测新品牌的市场表现和销售情况，及时调整和优化策略。根据市场反馈和竞争环境的变化，灵活调整产品定位、市场推广策略等，以适应市场需求的变化。具体来看，卷烟产品预警机制还能起到以下几个重要作用。

①及时发现销售异常：通过销量监测与预警，企业可以及时发现销售异常情况，如销售量下滑、

市场份额下降等。这有助于企业及早采取相应的措施，如调整市场策略、加大市场推广力度，以应对销售困境，避免损失。

②预测销售趋势：产品销量监测与预警可以基于历史销售数据和市场因素，准确预测未来的销售趋势。通过提前了解销售预期，企业可以制订更准确的销售计划和生产计划，避免库存积压或供应不足的问题。

③优化库存管理：销量监测与预警可以帮助企业优化库存管理。通过预测销售趋势和及时发现销售异常，企业可以合理安排库存，避免库存积压或产品断货的问题。这有助于降低库存成本，提高资金利用率。

④支持市场推广决策：销量监测与预警为市场推广决策提供重要支持。通过分析销售数据和预警信息，企业可以了解产品的市场表现和消费者反馈，从而优化市场推广策略，调整促销活动，提高产品的市场竞争力。

⑤供应链优化：销量监测与预警可以帮助企业优化供应链管理。通过准确预测销售趋势和及时发现销售异常，企业可以合理安排供应链，确保及时供应和减少缺货风险。这有助于提高供应链的效率和灵活性，满足市场需求。

6.3.3 在卷烟产品提质中的应用

产品质量是企业生存的根本，市场经济环境中，质量取胜一直是永恒不变的，取得消费者的喜欢和信赖，严格控制产品质量是重中之重。

随着行业战略重组进一步深化，同品牌卷烟异地加工现象日益增加，同品牌在异地加工处于不同的气候环境、设备条件、人员素质条件下，影响卷烟产品生产质量的要素主要包括原料与辅料供应、生产过程监控、生产技术支持和企业人员素质等方面。在卷烟生产过程中，这些环节都存在着不同程度的风险，虽然这些影响卷烟生产质量的风险无法最终被消除，但可以对风险进行预警管理，通过风险评估和风险控制来预防，以达到规避风险危害，减少风险损失的目的。

1. 目前卷烟行业中存在的问题

企业目前质量信息化程度不高，制丝和卷接包过程中的质量数据基本都依靠人员手动输入、判定、计算和分析。于是，该环节的数据出错、出现偏差、修正滞后、修正不全面等情况会随之而来，在这个过程中如果不能及时采取措施纠正，质量预防控制就显得尤为薄弱，不利于产品质量的提高。为此，在产品质量提升方面，建立卷烟产品预警机制就成了第一道关卡。

2. 为什么需要建立产品质量预警系统？

消费者利益至上，这是生存根本。从卷烟工业企业层面来讲，就是为卷烟产品提供高质量保障，这也是烟草行业共同的价值取向。但卷烟生产各个环节均存在质量缺陷风险，为减少有缺陷的产品流入市场，就需要在生产控制环节以产品质量预警取代以往的被动应付。以往每次出现质量问题，想到的是如何去挽回市场和挽回损失，杜绝后续再犯，但往往忽略了人力有限，无法每时每刻进行监测，若每个单独的小环节中都有预警机制的存在，且全年无休监测，但凡一个环节出现问题，立马预警处理，便可防止此类事件的发生。

质量控制创新不仅能提升产品质量，还能够全面贯彻公司高质量发展决策部署，坚持质量为第一价值导向，树立整体质量关，大力实施质量提升行动，全力推进产品质量上水平，推动公司生产环节的质量控制以及“双一流”建设。

质量预警机制的建立，能强化生产环节的质量控制，加强对质量风险的警觉，从而做到风险预防，减少质量缺陷的发生，因此建立卷烟产品质量预警的机制是关键行动。

3. 建立生产及提质风险预警体系的原则

企业生产及提质的预警体系能敏感反映产品生产活动状态及存在问题的指标，达成整体质量控制的目标，需对人工分配、技术资料、物资保障、技术措施、设施设备等所有有关卷烟生产的关键要素都进行“盘点”，并将之串联监测和预警系统。在预警体系的建立中需体现以下原则。

（1）超前性原则。

预警体系的核心作用是防患于未然，因此，“事后补救”需要变更为“预防出现及超前补救”。上文已经提及需要每一个环节都能进行预警，在设计预警管理的过程中，需要以超前性的眼光去设计，以防范为目的，超前补救为方式。

（2）全面性原则。

生产过程中的所有环节，都可能会影响到产品质量，所谓“一着不慎，满盘皆输”就是不注重全面性的后果。设计预警体系需要周全考虑，面面俱到，穷尽可能。

（3）警示性原则。

预警机制可分为多种层级的警示，每个环节都需要能有效警示责任人，并督促其进行修正或改进，高等级的警示需同时提醒责任人、上级管理者、决策者，协同多个部分及岗位共同引起警觉。

（4）及时性原则。

事故的发生往往在一瞬间，且瞬息万变，补救措施稍纵即逝。因此，生产预警需要有及时性，能在纰漏出现的时刻及时预警及响应，避免贻误“战机”，导致损失过高。

（5）即时性原则。

及时性体现预警机制的快速响应，同时，也需对卷烟产品生产过程进行动态跟踪监控，即时显示卷烟产品质量所处的风险状态，或体现可预见、预测的风险。

（6）系统性原则。

卷烟生产过程本身就是一个复杂的系统，特别是同品牌异地加工的板块，更加涉及不同环境、不同设备和不同水平人员等因素的风险。因此设计预警机制体系也需要进行系统性构建，通盘考虑，避免遗漏，调动整个体系内的所有岗位、系统、设备等生产要素；监测及预警所产生的行为需要全程记录，所有涉及的信息、结果等都是系统性考虑的结果，包括输入信息、输出信息、处理信息、储存信息等都应该是系统化的文件，以使所有参与者易于理解，采取相应措施及做出支持决策。

（7）可升级原则。

应根据预警时积累的经验和实际情况的变化进行不断更新，修正存在的缺陷，提高风险预警的敏感性和准确性，并定期进行维护，确保更新及时，适用性持续匹配。

4. 建立卷烟产品预警机制的思路

第一步，确定各工序、环节的预警指标。这需要确定相关的责任人，每个环节都需要进行实际条件的测试，明确每个环节的预警指标阈值。

第二步，合理确定预警条件。预警条件的设置有以下两个原则，一是要确保满足产品质量要求，二是要确保预警指标在有不合理变化趋势时能及时发现和制止。两个原则缺一不可，第一个原则保证的是产品质量控制的红线，第二个原则保证的是产品质量发生变化时能够做出及时反应的基础。

第三步，正确选择预警方法。正确的预警方法可以让产品质量问题在萌芽状态得到有效的消除。关键的问题在于如何触达被预警的关键责任人，这需要尽可能考虑周全。

第四步，建立一套产品质量预警系统，以信息化手段实现各预警指标的自动预警。自动预警的信息化系统，是前面三个步骤的综合实现工具，需充分考虑生产中的每个环节，预想所有可能出现的问题，预设所有可能出现问题的解决机制，并提前部署好相应的信息反馈。

第五步，确定应急响应的方式方法，确保出现预警时，各方面人员能够系统联动，及时有效地采取措施消除预警。这里的消除预警并不是单单指预警系统内的信息消除，而是在预警消除的过程中仍然存在痕迹管理，包括诸如预警发生的原因，预警出现的阶段和环节，预警处理的方式方法是否妥当，预警处理的结果等都需要留有痕迹，以便未来有针对性地杜绝同种情况的出现。

上面所讲的是生产环节的预警机制建立，但在烟叶种植、烤制及发酵等环节也可参照上述内容进行预警机制的建立，这样就将生产过程的全环节囊括在内，确保产品原材料方面也有预警机制，这样才能全方位提升产品质量。

5. 产品预警指标的列举

根据生产过程的不同，将产品质量预警指标分为制丝工段的产品质量预警指标和卷包工段的产品质量预警指标两个大类。可根据生产过程中的工艺管控要求及制造能力西格玛水平要求来设计指标体系，通过对各个过程及环节影响产品质量的重要程度进行分析评估，最终确定指标体系。

王志红等人在关于卷烟工业企业产品质量预警机制的建立的研究中，提到相应的制丝工段主要包括叶线和梗线各关键特殊工序的流量、水分、温度、精度和批次管控得分等，共计 53 个指标、参数；卷包工段的预警指标包括烟支重量、圆周、长度、吸阻、条装、盒装、各类缺陷和单机组管控得分等，共计 14 个指标。可根据实际生产线、生产环节，在容易引起质量发生变化的地方进行详细研究及评估，最终确定产品预警指标的具体内容。

此外，在烟叶种植过程中，也可尝试进行预警机制的建立，通过预警机制，农户可以及时发现潜在的风险和问题，如病虫害、气候变化等，采取相应的措施进行防治和调整，减少损失和风险，也可以帮助农户合理管理烟叶生长过程中的各个环节，如病虫害防治、灌溉管理等，提高烟叶的产量和品质。预警机制可应用于以下几个方面。

①病虫害预警：卷烟培育过程中，病虫害是一个常见的问题，会对烟叶的生长和品质产生负面影响。预警机制可以通过监测天气、病虫害指标等数据，及时发现病虫害的风险和变化趋势。通过

预警，农户可以及时采取相应的防治措施，减少病虫害对烟叶产量和质量的影响。

②气候变化预警：气候因素对烟叶的生长和品质有着重要影响。预警机制可以根据气象数据和气候模型，预测未来的气候变化趋势，如降雨量、温度等。通过预警，农户可以合理调整种植时间、施肥量、灌溉水量等，以适应气候变化，提高烟叶的产量和质量。

③灌溉管理预警：灌溉是卷烟培育中的重要环节，对烟叶的生长和品质有着直接影响。预警机制可以通过土壤湿度、气象数据等监测指标，预测土壤水分状况和灌溉需求。通过预警，农户可以合理安排灌溉时间和水量，避免过度灌溉或灌溉不足的问题，提高烟叶的生长效率和品质。

④优质烟叶预警：卷烟企业对于优质烟叶的需求较高，预警机制可以通过烟叶生长过程中的监测数据，预测烟叶的品质和成熟度。通过预警，农户可以及时采取采摘、烘干等措施，确保烟叶的质量和成熟度，满足卷烟企业的需求。

6.3.4　在卷烟新品研发中的应用

卷烟新品研发，往往意味着前期需要付出诸多的成本，新品研发、测试等环节均如此。如果新品市场反馈良好，那么皆大欢喜，但如果出现了市场不佳，甚至惨淡的情况，提前预警往往能挽回很多损失。

新品研发是一个持续动态的过程。研发前期需要进行市场信息的收集，这也算提前预警的部分。对于同类型、同等定位的产品而言，市场预警能提前获悉消费者动向、偏好等信息，特别是关于卷烟是否受欢迎的敏感指标，网罗市场信息，方能指导新品研发方向及确定市场定位。

1. 目前新品研发的问题

卷烟新品是烟草经济新的增长点，是烟草行业健康发展的助推剂，培育好卷烟新品，提升市场竞争力，让卷烟新品快速成为市场主角，是企业长盛不衰所需重视的。

目前，绝大部分卷烟新品入市之后，往往表现出以下几种情况：一是产品能快速赢得消费者喜欢，市场表现一度良好，持续销量也一直走高；二是产品能快速赢得消费者喜欢，市场表现良好，但滑落速度较快，最后趋于平稳；三是产品入市反响平平，小部分消费者偏爱，但难以赢得大众认可和持续购买；四是产品入市反响平平，市场销量惨淡。

2. 建立新品研发预警体系的目的

一是能明确新品在市场的定位。卷烟新品是低档烟还是中高端烟，需要有清晰的市场定位，才能采取有效的市场培育措施。如果卷烟新品的市场定位不准确，甚至出现模糊状态，不仅不利于新品的市场培育，还会影响到新品的成长。通过建立预警体系，能提前洞悉消费者的喜好、偏向，从而推测新品上市的定位，满足了消费者的潜在需求，不仅能增加卷烟的销量，还能增加新品的市场知名度。

二是能了解新品在消费者心目中的全面认知。卷烟新品有优势吗？有乐意接受的消费群体吗？新品往往会推出一到两个卖点，比如完美的品控，产品背后的唯美的故事，这些往往与宣传推广息息相关，一旦“热血”褪去，宣传热点不再，新品对消费者的吸引力也会逐渐消失。其间是否有过预警，是否有补救措施，目前的市场上是无跟踪监测机制的。所以建立市场销售预警机制，尽可能把握瞬息万变的市场变化，快速反应，及时调整市场政策。

三是能探究卷烟新品在市场上的卖点。卷烟新品入市的卖点，关乎新品是否能快速推开。如果新品没有市场卖点，消费者不了解新品，无法形成好的销量，进而也不能培育好新品。新品上市前，特别是针对同市场定位下有竞品的新品，需要进行差异化卖点设计，尽可能让知晓的人能被打动进行购买。如果卖点设计与需求不谋而合，那么就说明卖点设计成功，这归结于前期市场研究的准确性较高，但如果卖点设计与现实需求偏差过大，那么就说明前期市场研究或卖点设计有失准情况。因此，在新品上市前期，预警体系能起到的作用就是监测同品类、同定位竞品的销售趋势变化和卖点变化情况，进而改进自身新品。

3. 建立新品研发预警体系的原则

（1）超前性原则。

新品研发预警体系也需要体现超前性，对于市场未来的走向有明确的趋势判断，指导新品研发方向及清晰的市场定位。

（2）警示性原则。

新品研发预警体系同样需要有明确信息的警示并能提醒相应环节的责任人，及时调整市场投放策略、新品卖点等。

（3）即时性原则。

需对卷烟新品研发过程进行动态跟踪监控，即时显示卷烟新品研发所处的风险状态，或体现可预见、预测的风险。

4. 建立新品研发预警体系的思路

第一步，明确市场定位，这是首要的，调研目前市场占有率高的竞品，进行深入分析，了解其市场定位、市场卖点，研究并设计新品定位和卖点。这需要一套舆情监测系统。

第二步，通过舆情监测系统，升级迭代进行预警，设计预警指标体系，如某产品销量的快速增长及下降预警，销售策略快速调整的预警指标等。

第三步，根据预警提示的情况，及时调整研发思路，对症下药，避免出现走竞品老路的现象，提升市场竞争能力。

6.3.5 卷烟产品预警机制的作用

要想防患于未然，需要预警，这是提醒，帮助在有需要的时候把注意力更多地分配在这件事情上面。更重要的是，为了实现预警，建立相应的机制。比如纽约市的救护车系统，就是这种思路的绝佳体现。用数据分析发现，养老院开始吃晚饭的时间，是救护车使用高发期。为什么呢？因为这个时候，工作人员会去老人的房间中喊老人来吃饭，而这是最容易发现老人出状况的时候。于是，这家医院做出了这样一个决定，就是在这个时间段，把救护车停到养老院附近，使救护车从出车到抵达的时间，从平均 8 分钟降低到了 6.5 分钟。

随着技术的发展，这种预警系统会越来越多。一方面，由于大数据体系的建立，人们会发现更多的预警信号；另一方面，人工智能的发展可以为这些信号提供更及时的解决方案。在不远的未来，系统性的“治未病”不再是幻想。

首先是思维模式的改变，再加上硬件基础的不断发展和迭代，让技术的发展和认知的提高得以相辅相成，从而增加预警机制在其中的作用。

当今时代，卷烟市场在不断扩大，用户对产品质量的要求越来越高。始终保持产品的高品质，是工厂永恒的追求；始终保持产品的有效供销，是对供应链的要求。建立产品质量预警机制，同步完善供应体系的预警机制，能帮助工厂及时发现产品质量问题，采取有针对性的措施，防止其进一步恶化，确保产品始终处于高质量水平，维持产品在市场上的竞争优势。因此，在卷烟生产流程中建立一套行之有效的预警机制来实施产品质量的实时监控就显得尤为重要。同样，对于产品流通环节，即供应体系方面也需要由一套预警机制来把关，确保生产、流通、销售、回溯等环节的有效预警与监管。

未来的产品生产、销售、维护等阶段及环节，都有可能应用预警机制。随着大数据和人工智能技术的发展，预警机制可以利用更多的数据和更强大的分析能力进行预测。通过对大规模数据的分析和建模，可以识别出更多的潜在风险和问题，并提供更精确的预警信息。

未来的预警机制可以采用多种预测模型的结合，以提高预警的准确性和鲁棒性。通过集成多个预测模型的结果，可以综合考虑不同模型的优势，减少单一模型的局限性，提高预测的准确性和稳定性。

未来的预警机制也更需要注重实时性，通过实时数据监测和分析，及时发出预警信息。同时，预警机制还可以与应急响应系统紧密结合，实现快速响应和决策，以最大限度地减少风险和损失。

未来的预警机制可以更加注重跨领域和综合性的预警。不同领域的风险和问题往往相互关联，综合考虑多个领域的预警信息，可以提供更全面和准确的风险评估和预警。在卷烟产品中，可以在不同的环节进行纵向的预警机制共建，确保产业链、供应链进行共享。

第七章

08 基于销量趋势分析的卷烟产品预警机制的建立

7.1 预警等级划分原则

产品销售或生产的预警等级的划分对于企业决策者来说至关重要，能够帮助他们更好地预测产品的市场表现情况，并制定相应的应对策略。但是产品市场表现是多种因素相互作用的结果，下面从销量变化、市场需求、竞争状况、产品创新、库存水平、市场份额、客户反馈、销售渠道、营销策略、经济因素、法规政策以及公司战略等方面，对产品销售预警等级的划分标准进行探讨。

1. 销量变化

销量变化是划分产品销售预警等级的重要因素之一。对于不同市场，产品的销售额或销售量会出现不同程度的浮动变化，一般将其分为高、中、低三个等级。具体划分标准可以根据历史销售数据和业务目标来确定，例如，高等级可以定义为超过某个阈值的销售额或销售量。

对产品的市场销售状况进行分析，可能呈现出增长、饱和或下降等不同状态，进一步对市场增长率、市场饱和度和季节性因素进行原因挖掘，以判断产品的销售趋势，一般来说将销售预警等级划分为增长、持平、下降三级。具体划分标准可以根据历史销售数据和业务目标来确定，例如，增长等级的产品可以定义为增长率超过某个阈值的产品。

2. 市场需求

市场需求也是划分产品销售预警等级的关键因素。企业需要深入了解不同客户群体对产品的需求，包括需求特点、需求变化等。另外，竞争对手推出了更具吸引力的替代产品；消费者对产品的满意度或购买意愿下降，本品无法满足消费者的需求或期望；新技术或新趋势出现，并且消费者对其表现出兴趣和需求等原因导致的市场需求变化，都需要企业对客户需求进行精准把握，以便于企业可以更好地调整产品设计和营销策略，从而提升产品销售效果。

3. 竞争状况

竞争状况是指产品在市场中的竞争程度，包括竞争对手的产品优势和市场占有率等方面。当市场竞争激烈时，企业需要更加关注竞争对手的动态，并以此制定相应的销售策略。同时，企业还可以通过分析竞争对手的产品特点，为自己的产品找到独特的竞争优势。

4. 产品创新

产品创新对预警等级的影响不可忽视。企业可以通过对产品功能、性能、质量等方面的创新，提高产品的竞争力和市场占有率。同时，创新还可以带来新的客户群体，从而为企业带来更多的商机。

5. 库存水平

根据产品的库存水平，可以将销售预警等级划分为充足、正常、紧张三级。具体划分标准可以根据库存管理策略和供应链需求来确定，例如，紧张等级的产品可以定义为库存低于某个安全库存阈值的产品。

6. 市场份额

根据产品的市场份额，可以将销售预警等级划分为高、中、低三级。具体划分标准可以根据市场竞争情况和业务目标来确定，例如，高等级的产品可以定义为市场份额超过某个阈值的产品。

7. 客户反馈

客户反馈是了解产品在市场上受欢迎程度的重要途径。通过收集和分析客户对产品的满意度、问题和建议等信息，企业可以更加客观地了解产品的优缺点和市场反应，并以此调整产品设计、服务和营销策略。

8. 销售渠道

销售渠道的覆盖范围和销售策略也是划分产品销售预警等级的重要因素。企业需要分析销售渠道的覆盖率、合作方式、物流配送等方面，以确保产品能够在不同市场得到有效的推广和销售。同时，企业还需要根据不同渠道的特点，制定相应的销售策略，以提高产品的销售效果。具体划分标准可以根据销售渠道的重要性和业务目标来确定，例如，优秀等级的产品可以定义为在核心销售渠道中占据较高份额的产品。

9. 营销策略

营销策略的组合和应用对于产品销售预警等级的划分也十分重要。企业需要综合考虑广告投放、促销活动、品牌宣传等因素，以制定有效的营销策略。通过对营销策略的不断调整和优化，企业可以更好地吸引目标客户，提高产品的知名度和美誉度。

10. 经济因素

经济因素是影响产品销售预警等级的重要外部因素。企业需要关注市场经济发展趋势、国家政策、人口数量、消费者购买力等因素，以判断其对产品销售的影响。例如，在经济增长期，市场需求和消费者购买力可能增加，从而为企业带来更多的销售机会。相反，在经济下行期，市场需求和消费者购买力可能下降，企业需要更加谨慎地制定销售策略和预警等级。

11. 法规政策

法规政策也是影响产品销售预警等级的重要因素之一。企业需要关注国家或地区的法规政策，包括监管政策、安全法规、环保法规等，以避免政策风险对产品销售的影响。例如，某些行业可能面临严格的环保法规限制，企业需要确保其产品的生产、使用和回收等环节符合相关法规要求。

12. 公司战略

公司战略是决定产品销售预警等级的重要内部因素。企业需要结合自身的公司战略、产品定位和发展规划等因素，综合分析产品的市场前景和竞争状况，以制定合理的预警等级。例如，如果公司的战略是专注于高端市场，那么在选择产品预警等级时，需要更加关注市场需求和竞争状况等因素。

综上所述，产品销售预警等级的划分标准是多元化的，需要考虑多方面的因素。通过对这些因素的深入分析和判断，企业可以更好地了解产品的市场状况和发展趋势，从而制定相应的销售策略并确定预警等级。同时，企业还需要密切关注市场变化和影响因素的变化，及时调整预警等级和销售策略，以保持市场竞争优势和提升产品销售效果。

云南中烟具有地域广、人员多、多种管控模式并行、多级母子公司体制、发展快、业务职能多的特点，是目前全国卷烟产销规模最大的省级中烟工业公司。卷烟产品以云烟、玉溪、红塔山和红河 4 大品牌为主，包含 80 多个规格，覆盖超一类、高一类、中一类、普一类、二类烟、高三类、普三类及四类烟。

经过几十年的发展与壮大，云南中烟作为中国烟草行业的知名品牌，在销售渠道方面建立了广泛的网络，包括烟酒店、零售店、商超、便利店等，以便于消费者购买其产品。多年的市场经营与品牌培育，使其具有较高的品牌影响力和市场认可度，消费者对其产品有一定的信任度。尤其是卷烟产品本身具有的特殊性，比如生产的计划性、投放的渠道专卖性等，都使得卷烟这个产品与其他的商品差异巨大，与市场经济的开放性不同，因此，这类商品的预警更多地体现在产品的市场表现或者生命周期上，以此为划分基础，就需要针对性地选择划分指标。

经过综合分析多种因素，首先依据全国省级行政区及各地级市的人口、人均可支配收入、城镇化率等宏观数据，建立地区分类评判指标，对各地区进行分类，将地区分为优势地区、劣势地区及不确定区域；其次，根据各个规格卷烟产品在不同地区销量的不同市场表现，如销量增幅、销售份额增幅等指标，建立产品类型分类评判标准，对各个地区的产品进行分类；再次，结合地区优势和产品优势，对不同地区不同产品进行分类，将产品分为成长规格、导入规格、收缩规格及成熟规格。

这样划分的主要目的是客观规范地评判产品市场表现的好坏及市场定位，虽然没有像其他行业或领域在预警方面通常使用的蓝、黄、橙、红颜色作为预警表示，但这也可以为云南中烟有针对性地制定产品竞争策略提供依据。

7.2　卷烟产品的预警机制的建立

一般来说，影响预警机制的因素较多，既有市场方面的外部影响，也有企业自身的内部问题，因此，需要综合来分析各项指标的影响程度，但并不是所有指标都属于预警的因素识别范畴，与销售有直接关系的将会是预警机制的核心指标，其变化对销量产生直接影响。接下来我们将从外部和内部两个层面对影响预警的因素进行阐述，进行全面系统的梳理之后，再针对卷烟产品的特性进行因素识别。

7.2.1　外部因素识别

首先是外部环境。市场环境是外部环境的重要外显，市场环境的变化，如经济形势、消费水平、社会零售总额、消费观念等的转变，对销量会产生较大影响。经济形势下行与居民购买能力下降，使得消费者对价格的敏感性增加，进而影响商品销售。同时，消费需求或消费偏好的转变，例如对产品功能、品质、售后服务、可持续性等方面的要求提高，若商品无法满足市场需求，也会导致销售下滑。

外部环境的另一个外显指标是消费需求。受供求关系、人口数量、消费者购买习惯改变、替代品出现等原因的影响，消费需求可能出现下降或转换的趋势。当商品需求明显下降时，销售额可能随之减少。此时，企业需关注市场动态，分析原因，挖掘新的消费需求并采取相应策略，如划分品类、推广新产品等。

外部环境的第三个影响指标是市场竞争。与以往不同的是，当前市场的竞争环境更加激烈，品牌、品类、新产品、新科技带来的商品几乎覆盖了人们生活的各个方面，每一个行业都有无数的厂家，竞争对手数不胜数，企业比以前面临的压力更大，新进入一个市场都是对企业巨大的考验。因此，在竞争更加剧烈的市场中，企业对竞争对手的关注，对消费需求的把握，对新技术的研发等都将提高产品的差异化程度，有效提升企业竞争力。

7.2.2　内部因素识别

从内部环境角度来说，能够影响产品销售的原因也有多种，如品牌、产品、营销、物流、库存等，都在一定程度上影响了销售的状态。

对于一个企业来说，品牌无疑是最能影响产品销售的指标之一，无论是品牌知名度还是品牌忠诚度，都是与消费者的情感连接关键点。知名度高的品牌通常能够吸引更多的消费者关注和信任，忠诚度高的品牌也会影响消费者购买该品牌产品的意愿，这些都将促进产品的销售。品牌口碑和品牌形象是品牌传播的主要内容，品牌口碑由消费者口口相传，对品牌起到宣传促进的效果，品牌形象是企业对外展示自身实力与价值的重要载体，两者相互作用共同提升，才有助于企业在市场上赢得消费者的选择。另外，品牌差异化是企业竞争力的有力支撑，这也是企业与竞争对手的最大区别，为消费者提供独特的价值主张，最终提升产品销售。

产品质量是品牌形象的重要组成部分。优质的产品质量可以提升品牌形象，增加消费者对品牌的信任和好感，从而促使消费者更愿意购买该品牌的产品。用户的好评和口碑也是通过使用或消费产品得到的，这样可以帮助扩大产品的知名度和影响力，吸引更多的潜在消费者；质量好或品质稳定的产品能够满足消费者的需求，提供良好的使用体验，增加消费者的满意度。满意度高的消费者更有可能再次购买同一品牌的产品，从而提高品牌的重复购买率，也更有可能推荐产品给其他人，带来更多的销售机会。反之，产品质量问题可能引发消费者信任危机，导致销售额下降。频繁的质量问题可能使消费者对品牌产生负面印象，进而选择其他替代品。同时，质量好的产品通常伴随着良好的售后服务。消费者在购买产品后遇到问题或需要维修时，能够享受到及时、有效的售后服务对产品销售有很大的影响。

销售策略的制定可以帮助企业确定目标市场和目标客户群体，从而更加精准地定位产品，满足客户需求。通过市场调研和分析，企业可以了解客户的购买行为、偏好和需求，进而制定相应的销售策略,包括定价策略、产品定位策略、渠道策略等,从而提高产品的市场竞争力。销售策略可以帮助企业建立有效的销售渠道和销售网络,提高产品的销售覆盖率和渗透率。通过选择合适的销售渠道,如直销、代销、分销等,企业可以将产品更好地推向市场,增加销售机会。同时,销售策略还可以帮助企业建立良好的销售团队,提高销售人员的专业素质和销售技巧,从而提升销售业绩。销售策略中包括促销活动、宣传媒介、客户关系管理等,这些都有利于与客户进行良好的互动和沟通,增加客户黏性,提高客户忠诚度。销售策略还可以帮助企业提高销售效率和降低销售成本。通过合理规划销售流程和销售活动,优化销售资源配置,企业可以提高销售效率,减少销售时间和成本。同时,销售策略还可以通过制定合理的销售目标和激励机制,激发销售人员的积极性和创造力,提高销售业绩。因此,销售策略对产品销售有着重要的影响,可以帮助企业提高销售额,增加市场份额,提升品牌形象,增加客户忠诚度,提高利润率等。企业在制定销售策略时应充分考虑市场需求和竞争环境,灵活调整策略,以实现销售目标。反之,缺乏有效的营销推广也可能使商品难以触达目标客户,影响销售业绩。

供应链对产品销售有着重要的影响。对供应链的有效管理可以确保产品的及时供应。如果供应链出现问题,如供应商延迟交货或物流问题,产品的可用性将受到影响,从而对销售产生负面影响。供应链中的每个环节都可能对产品质量产生影响。如果供应链中的某个环节出现问题,如原材料质量不合格或生产过程中的质量控制不到位,最终产品的质量将受到影响。供应链中的成本和效率直接影响产品的定价,供应链管理的优化可以降低成本,提高效率,从而使产品的定价更具竞争力。供应链可以为产品创新提供支持,通过与供应商和合作伙伴的紧密合作,可以共同开发新产品或改进现有产品,从而提高产品的竞争力和销售量。供应链的灵活性可以帮助企业更好地应对市场需求的变化,如果供应链具有快速响应和调整的能力,企业可以更好地满足客户需求,提高产品的适应性和销售量。而供应链中断可能涉及物流配送问题、原材料供应问题等方面。若供应链出现断裂,可能导致商品无法及时送达客户手中,间接影响销售量。

营销推广对产品销售有着重要的影响。营销推广在现代商业中扮演着至关重要的角色。通过广告、宣传和推广活动,企业可以增加产品的知名度,让更多的人了解产品的存在和特点,进而吸引更多的潜在客户,增加销售机会。

推广活动也是一种重要的营销手段。推广活动包括促销活动、优惠券、折扣等方式,可以刺激消费者的购买欲望,促使他们更快地做出购买决策。促销活动可以通过限时折扣、买一送一等方式吸引消费者,增加产品的销量。而优惠券和折扣则可以降低产品的价格,提供给消费者更具吸引力的购买条件。通过推广活动,企业可以在竞争激烈的市场中脱颖而出,吸引更多的消费者选择自己的产品。

营销推广还可以向消费者提供产品的详细信息,帮助消费者更好地了解产品,增加购买的可能性。通过广告、宣传和推广活动,企业可以向消费者介绍产品的功能、特点、优势等重要信息。在消费者做出购买决策之前,他们通常需要对产品进行一定的了解和比较。通过提供详细的产品信息,企业可以满足消费者的需求,帮助他们做出明智的购买决策。

营销推广活动还可以帮助企业建立和维护与客户的良好关系。通过与消费者的互动和沟通，企业可以了解消费者的需求和反馈，及时调整产品和服务，提高客户满意度。此外，企业还可以通过客户关系管理系统，建立客户数据库，提供个性化的服务和推荐，增加客户的忠诚度和购买频率。忠诚的客户不仅会再次购买产品，还会推荐给其他人，从而进一步扩大企业的市场份额。

除了增加产品的知名度和吸引消费者，营销推广还可以帮助企业塑造产品的形象和品牌价值观。一个好的形象可以增加消费者对产品的信任和好感，提高购买意愿。企业可以通过讲述品牌故事、塑造品牌形象和打响品牌口号等方式，将产品与特定的价值观和情感联系起来。通过营销推广活动，企业可以传递产品的核心价值和独特卖点，让消费者对产品产生认同感，并愿意购买和使用。

综上所述，营销推广对产品销售有着重要的影响，可以增加产品的知名度，塑造产品形象，刺激购买欲望，提供产品信息和建立客户关系，从而促进销售量的增长。

营销力度不足、推广不到位或用户认知度不足是营销力度不足的明显表现。这可能导致商品难以吸引潜在客户，从而降低销售额。为了提高营销力度，企业应该制定有针对性的营销策略，如增加广告投放、参与促销活动、加强社交媒体推广等，以提高用户对商品的认知度和购买意愿。

然而，制定营销策略只是第一步，执行和监控营销活动同样重要。企业应该确保广告投放的效果和回报，通过市场调研和数据分析，了解消费者的需求和偏好，及时调整营销策略。

供应能力是企业运营中至关重要的一环。库存水平直接影响着企业的供应能力。库存是企业为满足客户需求而储备的物资和产品。库存水平过低意味着企业无法及时满足客户需求，可能导致客户流失和销售量下降。这对企业来说是一种机会成本的损失，因为客户可能转向竞争对手寻求满足需求的产品或服务。而库存水平过高则会增加企业的资金占用和仓储成本，降低企业的盈利能力。过高的库存水平意味着产品积压、滞销，可能导致资金无法及时回笼，同时还会增加仓储、保险等成本。因此，合理控制库存水平对于提高供应能力至关重要。

库存积压严重可能源于生产周期过长、销售预期不符等原因。过多的库存可能占用企业资金，影响资金流动性，甚至可能导致商品过时或品质受损。为解决库存积压问题，企业应合理规划生产计划，根据市场需求调整生产周期，同时加强销售预测和库存管理，确保库存水平与销售需求相匹配。

综上所述，商品销售的预警因素涵盖了市场环境变化、消费需求差异、市场竞争、品牌塑造、产品质量、销售策略、供应链、营销推广、库存水平等多个方面。企业应关注这些因素的变化情况，及时采取相应的措施以防范和应对潜在风险，确保商品销售量的稳定增长。

7.2.3 预警机制的建立

（一）卷烟销量预测系统

卷烟行业作为一种传统的消费品行业，面临着日益严格的质量监管和市场需求的变化。为了确保卷烟产品的销量提升，及时应对产品在市场上的表现状态，建立一套卷烟产品预警机制至关重要。其中可能涉及市场动态监测、质量跟踪监测、风险评估等方面。

1. 市场动态监测

卷烟产品销售数据，包括销售量、销售额、增幅、市场占有率、价格趋势、竞品表现等，是监测市场动态的重要指标。通过收集和分析这些数据，可以了解市场需求和市场变化，为企业的战略决策提供数据支持。同时，对竞品的分析也有助于企业发现自身产品的优势和不足，进而调整产品策略。

2. 质量跟踪监测

针对卷烟产品质量除了进行外观质量、物理性能、化学成分等方面的监测外，还可对上市产品进行不定期的市场反馈，以及时收集消费者对产品的真实体验信息，了解消费者对产品的使用评价，从而发现并解决潜在的产品质量问题，确保产品的稳定性和口味的一致性。

3. 零售网点监测

零售网点监测内容主要是销售渠道的运营情况，包括零售户的等级、订单、销售额、产品覆盖率、动销率、利润率等，用以及时调整产品投放和订单管理。

4. 风险评估

对市场风险进行评估，包括政策风险、竞争风险等。为了及早发现和预防风险，企业需要对可能存在的风险进行评估。评估过程中要全面考虑各种因素，如市场反馈、产品质量、法律法规等，以制定相应的风险应对措施。

通过对以上内容的监测和评估，建立预警机制，设定相应的预警指标和触发条件，可以及时发现产品异常情况并采取相应的应对措施，从而帮助企业及时调整销售策略，降低销售风险，提高销售效益。

对于卷烟产品的销量趋势分析更多的与销售数据监测有关，因此我们选择对销量有直接影响的指标作为筛选条件，其中影响销量的重要变量有进货零售户数、重复购进户数、分价区所有规格销量、春节变量、需求量、地区人口、零售户数总数等。这一部分是将不同地区的规格销量进行预测，通过对历年卷烟产品销量的变化特征进行分析，挖掘影响销量变化的因素。

（二）卷烟分类系统

卷烟分类系统的主要目的是客观规范地评判产品市场表现的好坏及市场定位，为云南中烟有针对性地制定产品竞争策略提供依据。对于云南中烟工业责任有限公司而言，卷烟分类系统软件能够对其今后的产品制定提供富有针对性的数据决策支持，提高其卷烟销售资源配置的效率。该系统的建立采用基于产品生命周期的卷烟市场状态分类方法。

1. 产品的生命周期理论

产品是有生命的，就像人一样，经历着从出生到死亡的过程。典型的产品生命周期一般可分为四个阶段，即进入期、成长期、成熟期和衰退期。在诞生之初，顾客对产品所知甚少，仅有少量顾客因为追求新奇而购买，销售量的基数很低，但增长得比较快，产品处于进入期。伴随着越来越多的顾客开始熟悉产品，接受新产品的顾客开始迅速增加，产品大量投放，在市场上占据相当的份额，产品进入成长期，成长期也是产品在市场上快速扩张的时期。当市场需求基本得到满足时，产品的销量增长逐渐放缓，甚至转而下降，表明产品已经进入成熟期。当新的产品或者新的替代品逐渐出现，顾客转向新的产品，购买该产品的频率和数量逐渐下降，产品的销量下降，产品的市场份额下降时，表明产品进入生命周期的尾段：衰退期。当然，产品的生命周期和人的生命周期也有着明显的区别：产品的改良或市场环境的变化也有可能使产品从衰退期开始，进入下一轮的生命周期中，循环往复。

2. 评价产品生命周期的指标体系的构建

任一产品随时间的变迁过程是从进入期到成长期到成熟期再到衰退期的演变过程，这是产品生命周期的划分方法。但采用哪些指标来划分产品所处的生命周期，并没有一种确定的方法。已有的研究几乎纳入了卷烟市场监测的所有指标，例如库存量、价格、动销率等，然而鲜少有人考虑这些指标之间是否紧密关联。以商品的供求理论而言，供给和需求的力量对比决定了商品的价格，商品的价格反过来影响供给和需求，而销量是供求平衡时的需求量，也是供给量，因此，销量和价格高度相关；销量增长的时候，与此相关的指标如零售客户数、零售户平均进货量、订单满足率、动销率、商业库存等随之变化，与销量存在高度的同期相关性。销量是商品市场表现的核心指标，其他指标和销量相关联，或由销量衍生而来。因此，对产品市场状态评价的唯一核心指标只能是销量。

关于卷烟产品的预警，通常来说要考虑以下几个维度。

(1) 预警等级设定。

根据风险评估结果，为不同的风险设定相应的预警等级。预警等级的设定要明确，以便企业在面临不同风险时能够采取相应的预警措施。

(2) 预警措施实施。

根据预警等级，采取相应的预警措施。例如，与卷烟产品经销商进行紧急联系，提醒并监督其停止销售可能存在风险的产品；加强市场宣传，向消费者传达正确的消费观念和产品信息；同时，进行深入的市场调研，了解消费者需求和市场变化趋势，为企业的决策提供更多依据。

(3) 预警解除。

当卷烟产品的风险得到有效控制或风险已经消除时，应当及时解除预警。解除预警的依据包括但不限于市场调研报告、消费者反馈以及其他相关指标。通过这些信息，企业可以判断是否已经采取了足够的措施以降低或消除风险，并决定是否解除预警。

(4) 预警机制更新。

为了确保卷烟产品预警机制的准确性和有效性，企业需要定期对预警机制进行更新和优化。更新预警机制需要考虑市场环境的变化、新技术的应用以及企业发展战略等因素。通过不断优化预警机制，企业可以更好地应对市场风险，提高产品质量和竞争力。

本次研究将卷烟产品所处的不同象限，即不同的市场状态作为预警的等级设定依据，综合考虑产品的比较增长优势和比较规模优势，将预警等级分为四级。

当产品的比较增长优势大于 0,比较规模优势小于 0 时,将其划分为第一等级,即产品为进入型规格。此时应进一步提升传播力和渠道力,加强对产品的培育力度,扩大产品知名度,吸引消费者购买,提高产品复购率,为扩大规模做准备。

当产品的比较增长优势大于 0,比较规模优势大于 0 时,将其划分为第二等级,即产品为成长型规格。此类产品属于明星和现金流产品,增长幅度和市场规模都具有较好的基础,适宜保持产品品质不变,树立产品形象,提升影响力,并继续寻找新的市场进行投放。

当产品的比较增长优势小于 0,比较规模优势大于 0 时,将其划分为第三等级,即产品为成熟型规格。该产品在全国市场的销量在增长,但市场份额在缩减。建议提升渠道力,强化品牌形象,延长成熟期。

当产品的比较增长优势小于 0,比较规模优势小于 0 时,将其划分为第四等级,即产品为收缩型规格。此时应注意该价位的产品布局,在对市场及价区进行充分分析后,提前研发新品或以对应价区的其他产品进行补位,以便及时补充该价区的市场。

卷烟产品预警机制是保障卷烟产品质量和安全的重要手段。通过市场动态监测、质量监测、风险评估、预警等级设定、预警措施实施、预警解除和培训与宣传等环节,企业可以实现对卷烟产品质量的有效监控。各环节的紧密配合和及时响应,能够帮助企业降低或消除潜在风险,提高产品质量和市场竞争力。随着市场环境的不断变化,企业应关注新技术的发展和市场趋势,不断优化预警机制,以更好地应对市场风险和挑战。

7.3　卷烟产品的预警机制的运行

7.3.1　卷烟销量预测

(一)系统简介

卷烟销量预测系统主要页面由三部分组成,第一部分是销量预测主页面,主要展示了卷烟在全国的销量情况。第二部分是高销量地区页面,展示了卷烟在高销量地区分布的具体情况。第三部分是分规格预测界面,可根据不同地区、不同规格的人口、经济和卷烟销售情况,选择不同预测方法进行向后 6 期的销量数据预测,并展现了模型的拟合优度以及筛选出的重要变量。该系统通过快消品销量趋势分析案例及相关分析方法的借鉴研究,以及对历年卷烟产品销量的变化特征进行分析,挖掘影响销量变化的因素,从而通过程序建立销量趋势分析模型,以便于以后只需导入不同地区、不同规格的数据就能预测出相应的销量变化趋势,及时反馈产品的市场表现状态,为新品研发及培育提供指导依据。

(二)页面介绍

1. 登录页面

打开销量预测系统,进入登录页面。登录成功后,自动跳转到预测系统主页面。(见图 7-1)

图 7-1　登录页面

2. 销量预测系统主页

销量预测系统主页有“高销量地区”按钮、“预测入口”按钮和时间按钮，分别单击以上按钮可以切换至高销量地区页面、预测页面和 2015 年至 2020 年全国销量分布详情介绍页面。主页页面显示有 2020 年全国销量前三规格预测图、2020 年各规格全国总销量占比图、2015—2020 年全国总销量图、2020 年各地区销量占比图和全国销量分布图。

本书以云产烟为对象进行系统操作介绍，云产烟销量预测系统主页如图 7-2 所示。

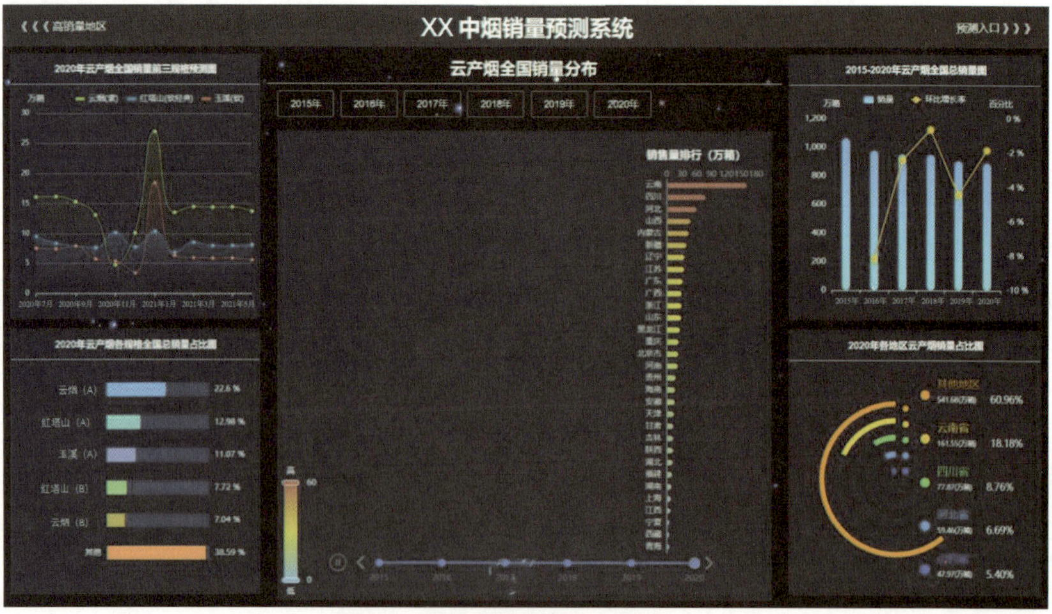

图 7-2　云产烟销量预测系统主页

(1)“高销量地区”按钮。

如图 7-3 所示,单击“高销量地区”按钮,进入高销量地区页面。

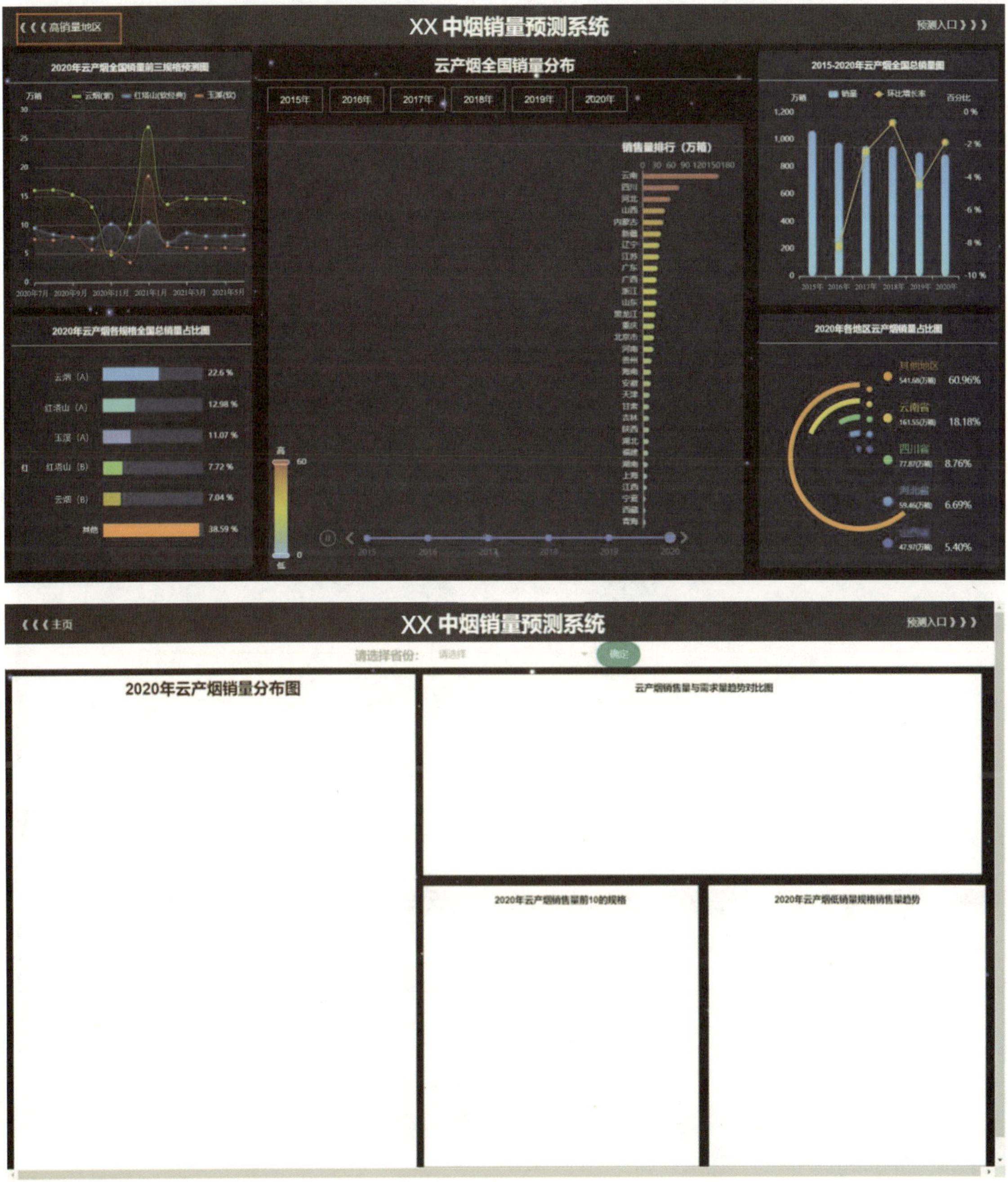

图 7-3　高销量地区页面

(2)“预测入口”按钮。

如图 7-4 所示,单击“预测入口”按钮,进入预测页面。

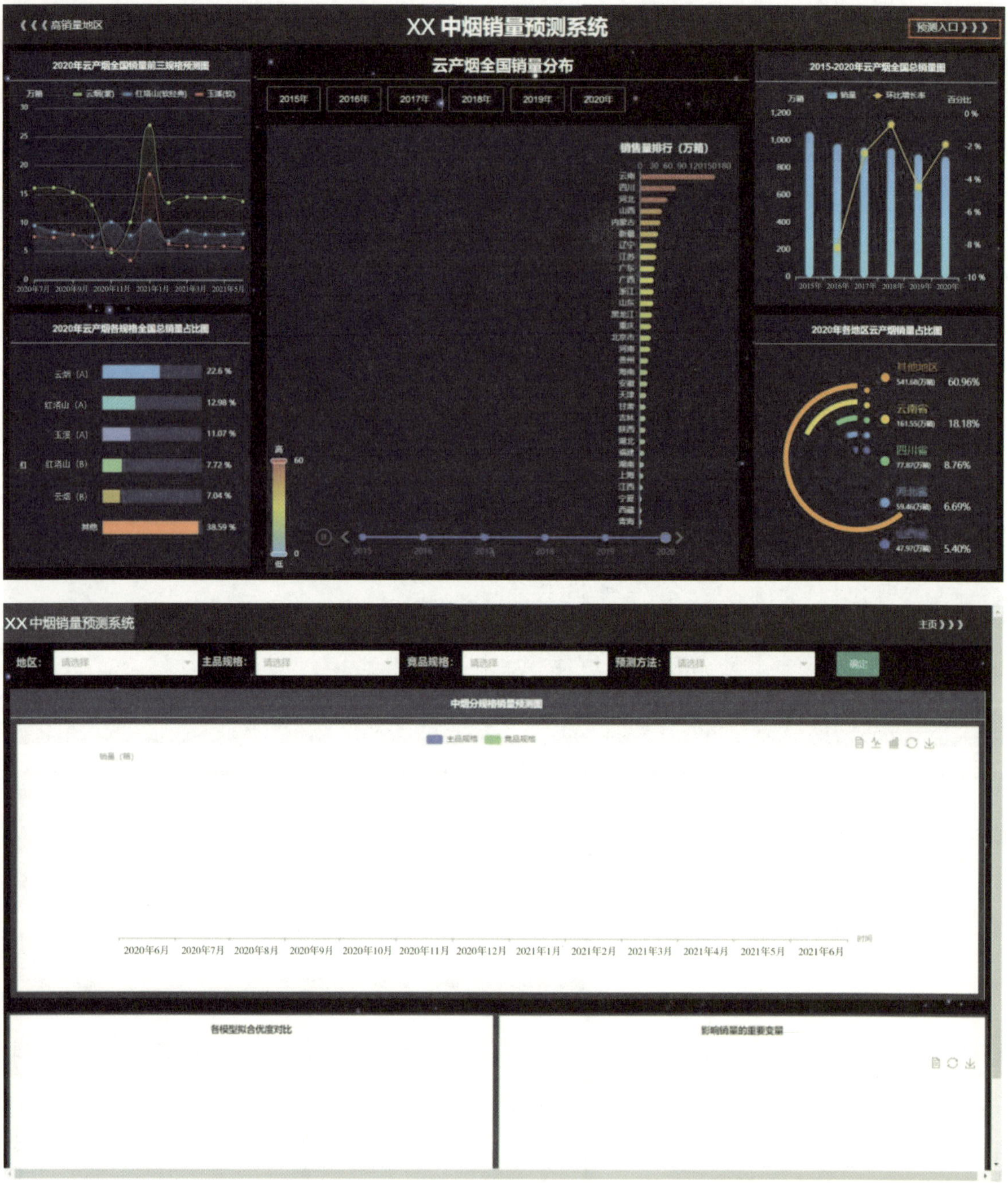

图 7-4　预测页面

（3）时间按钮。

时间按钮所在位置如图 7-5 所示。根据分析需要，选择 2015 年至 2020 年间的时间按钮，将会弹出对应年份的云产烟全国销量分布的详细介绍。时间按钮的使用以“2015 年”按钮为例，单击按钮，随即弹出 2015 年云产烟全国销量分布的详细介绍页面。

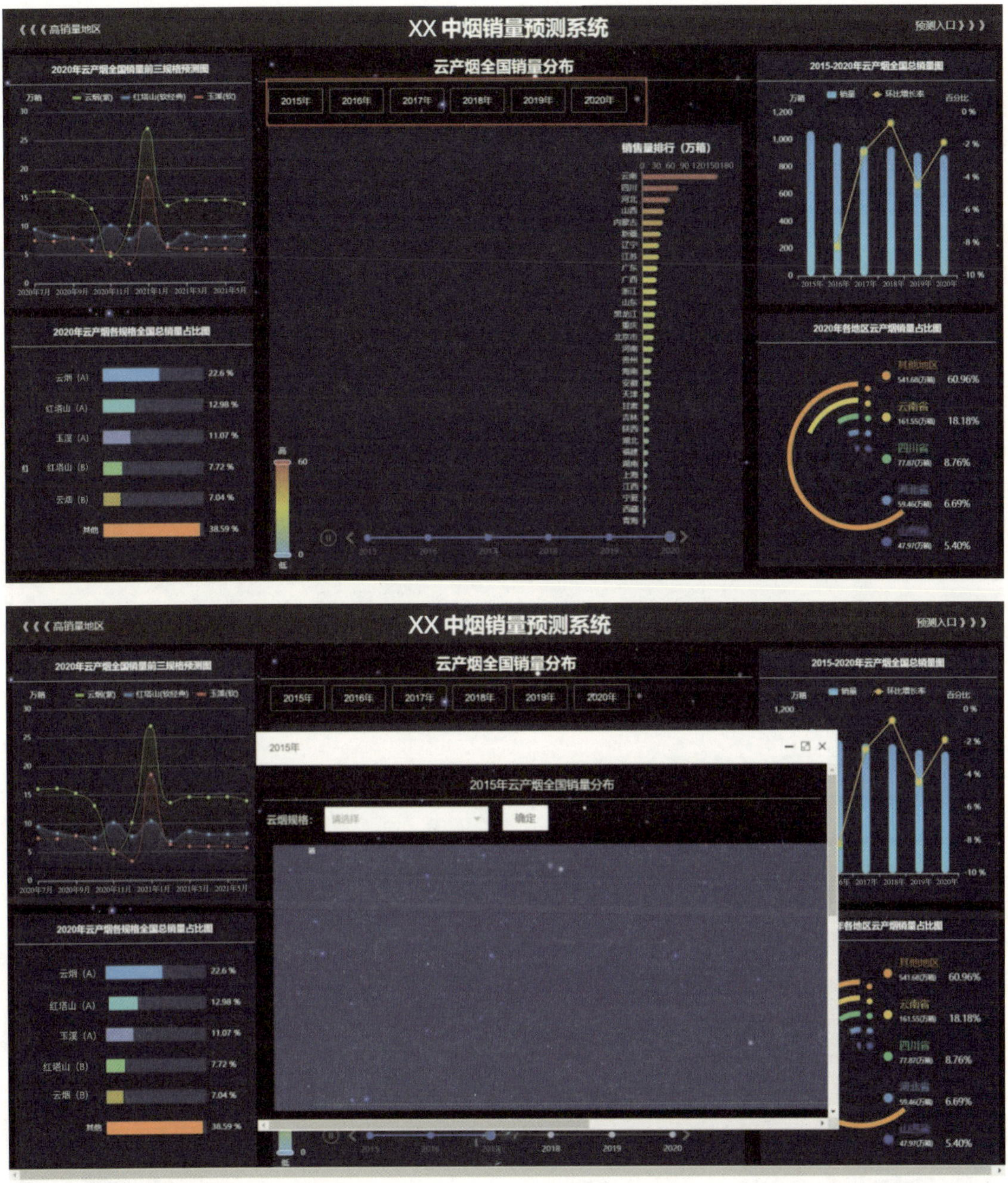

图 7-5　时间按钮所在页面及 2015 年云产烟全国销量分布介绍页面

在单击“2015 年”按钮后弹出的页面中，包括 2015 年云产烟全国销量分布模块和重点规格模块。在 2015 年云产烟全国销量分布模块中，可以根据分析的要求选择下拉框中的规格，单击“确定”按钮，下方的框图中将会显示选中规格在全国销售地区的销量柱状图。右上角的三个按钮分别是“Data View”（“查看详细数据”）、“Refresh”（“刷新”）和“Save”（“保存”），可以根据需求进行操作。单击“Data View”按钮，可以查看选中规格在每个销售地区的具体销售数；单击“Refresh”按钮，对选中规格在全国销售地区的销售柱状图进行刷新；单击“保存”按钮，可以将选中规格在全国销售

地区的销售柱状图保存到自定义位置。(见图 7-6)

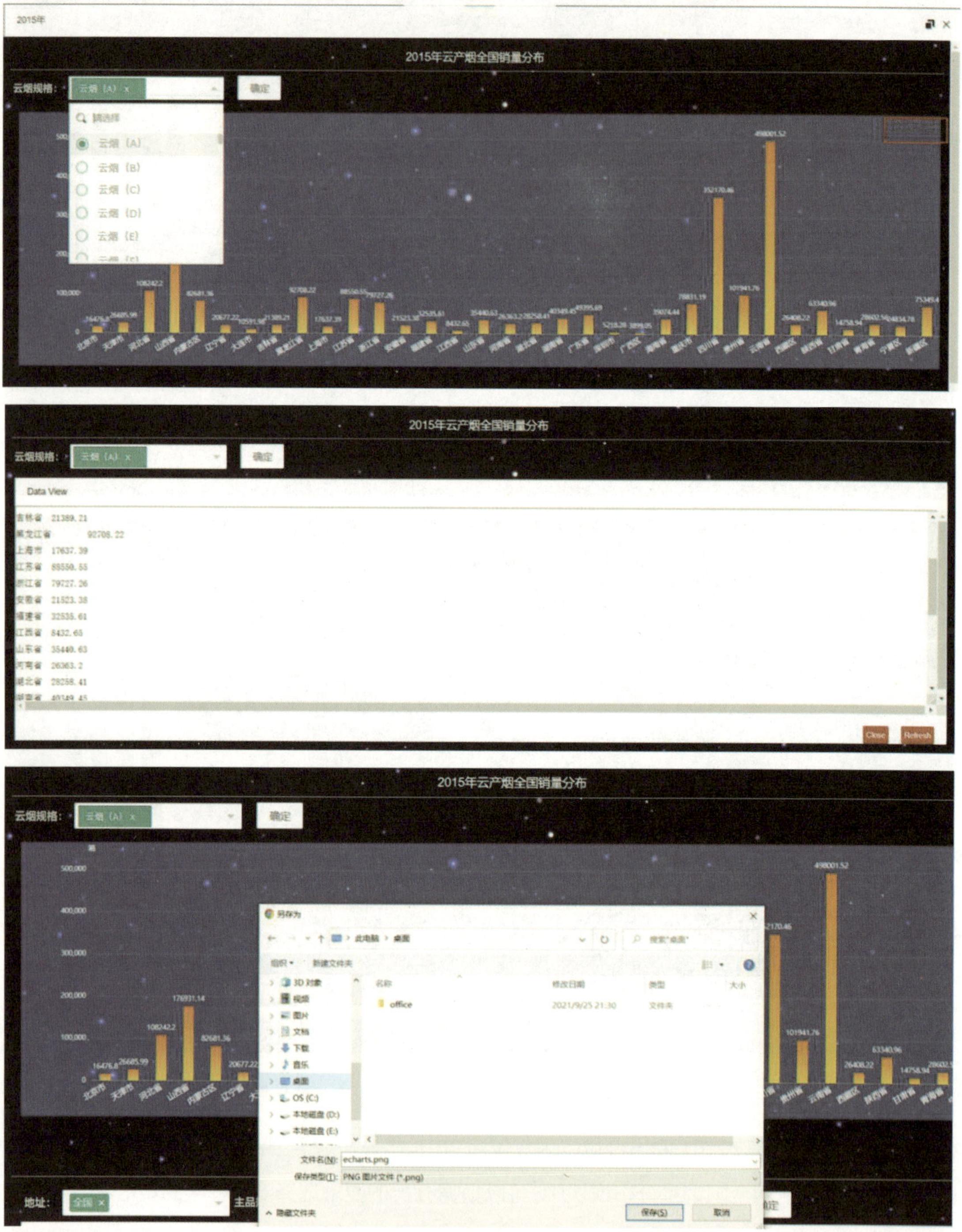

图 7-6　在 2015 年云产烟全国销量分布模块中的不同操作

在 2015 年重点规格模块中,根据分析需要,分别在选择地址、主品规格和竞品规格后,单击“确定”按钮,下面的框图中将会显示选中的主品规格和竞品规格在选中地区的销量。框图右上角的按钮使用方法与 2015 年云产烟全国销量分布模块中的相同。(见图 7-7)

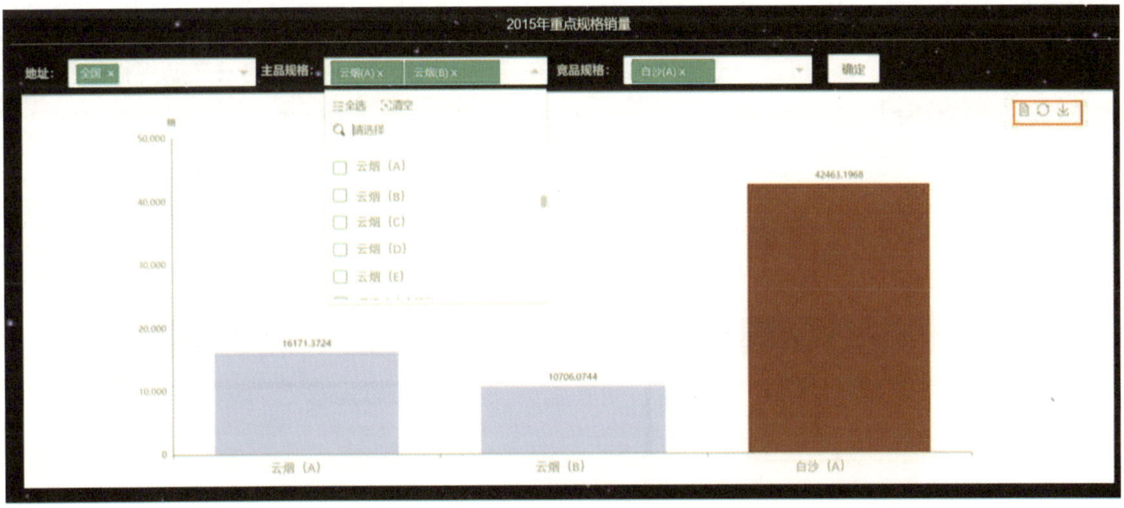

图 7-7　2015 年重点规格销量页面

注：地址、主品规格和竞品规格都必须选，其中主品规格选项为多个（选项至少 1 个，至多 5 个）。

3. 高销量地区页面

单击高销量地区页面显示 5 个高销量地区的云产烟规格销售趋势，5 个高销量地区分别为云南省、四川省、河北省、山西省、内蒙古区。选择想要显示的地区，显示出 4 个图，分别为 2020 年云产烟销量分布图、云产烟销售量与需求量趋势对比图、2020 年云产烟销售量前 10 的规格统计图、2020 年云产烟低销量规格销售趋势图。单击左上角“主页”按钮，可以返回到中烟预测主页，单击“预测入口”按钮可以进入预测页面。（见图 7-8）

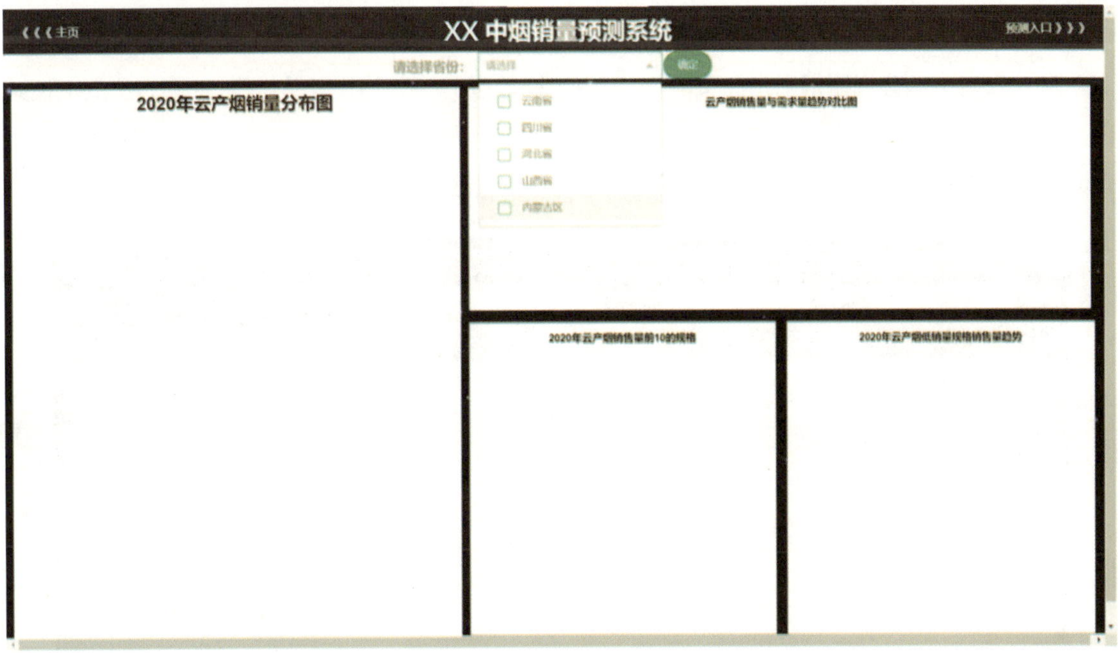

图 7-8　高销量地区页面

例如选择云南省，图 7-9 中右上角的折线图表示云产烟在云南省 2015—2020 年间的销售量与需求量趋势对比。右下角的第一个图为 2020 年在云南省销量排行前 10 的云产烟规格基本情况统计，展示了 10 个规格于 2020 年 12 个月中销量的最大值、最小值与均值。右下角的第二个图为 2020 年在云南省销量排行倒数的云产烟规格单轴气泡图，在排行倒数的云产烟规格中除去了 2020 年 12 个月销量总量小于 5（箱）的规格，只展示其中 5 个规格于 2020 年 12 个月的销量，销量越大，则气泡图中显示的气泡越大。（见图 7-9）

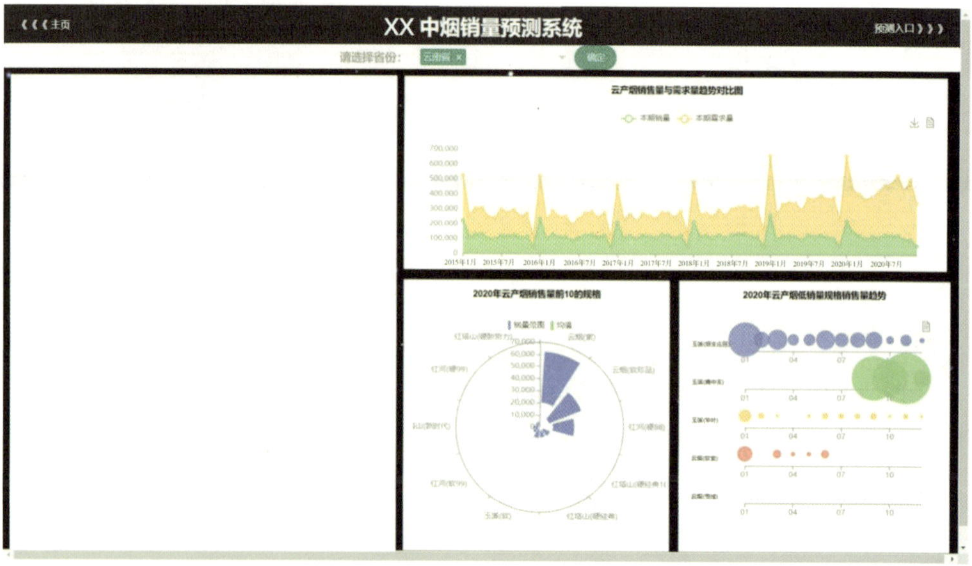

图 7-9　云产烟在云南省的销量分布展示

4. 云南中烟分规格销量预测页面

进入云南中烟分规格销量预测页面，里面有选择地区、主品规格、竞品规格、预测方法的下拉菜单和“确定”按钮，通过右上角的主页导航可以返回预测系统的主页面，下面的可视化模块分为中烟分规格销量预测图、各模型的拟合优度对比和影响销量的重要变量。（见图 7-10）

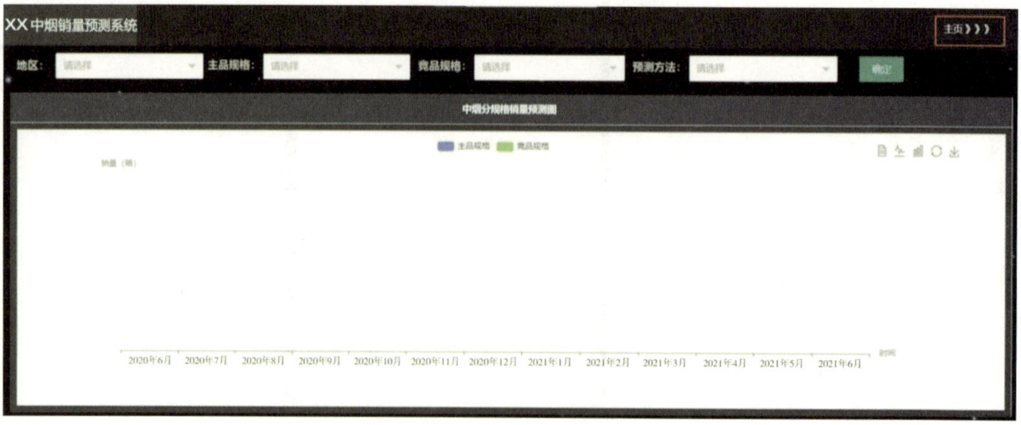

图 7-10　云南中烟分规格销量预测

续图 7–10

(1)选择地区。

首先选择要预测的地区,有全国和省、市、自治区可以选择,单击每个省市左边的三角按钮可以对其下面的地级市进行选择。(见图 7-11)

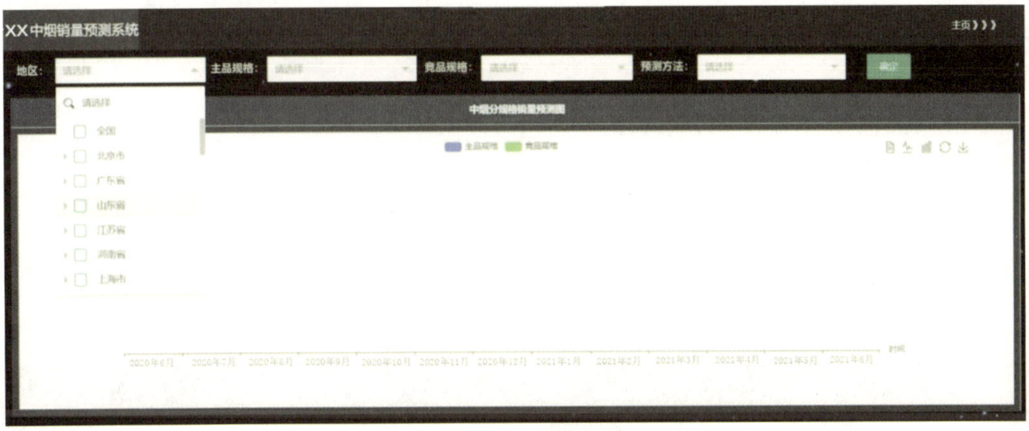

图 7–11　选择地区

(2)选择主品规格。

可以直接进行勾选或者在搜索栏对想要预测的规格进行搜索,如图 7-12 所示。

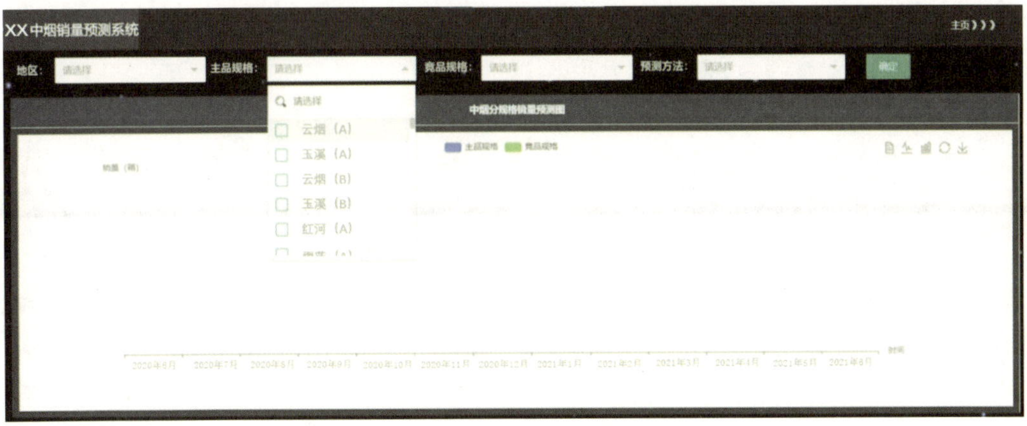

图 7–12　选择主品规格

(3)选择竞品规格。

竞品规格包括白沙、芙蓉王等品牌规格，与主品规格一样，可以直接进行勾选或搜索选择，如图7-13所示。

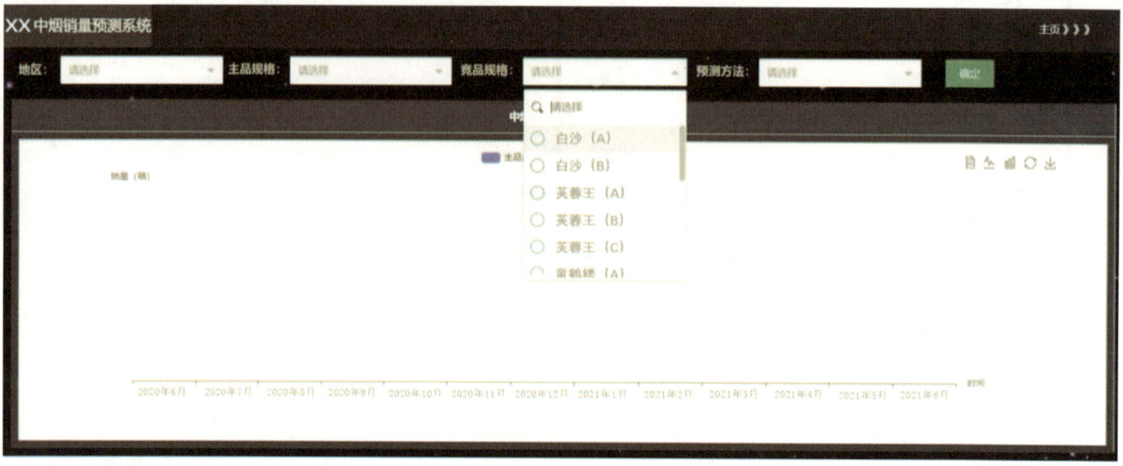

图7-13 选择竞品规格

注：主品规格和竞品规格可以只选择一项，也可以二者都选。

(4)选择预测方法。

预测方法下拉菜单有最优预测方法、决策树回归预测、K-近邻回归预测、支持向量机预测、bagging预测、GBM预测、RF预测、神经网络预测、岭回归预测、LASSO回归预测、线性回归预测和SARIMA预测，共12个选择，如图7-14所示。

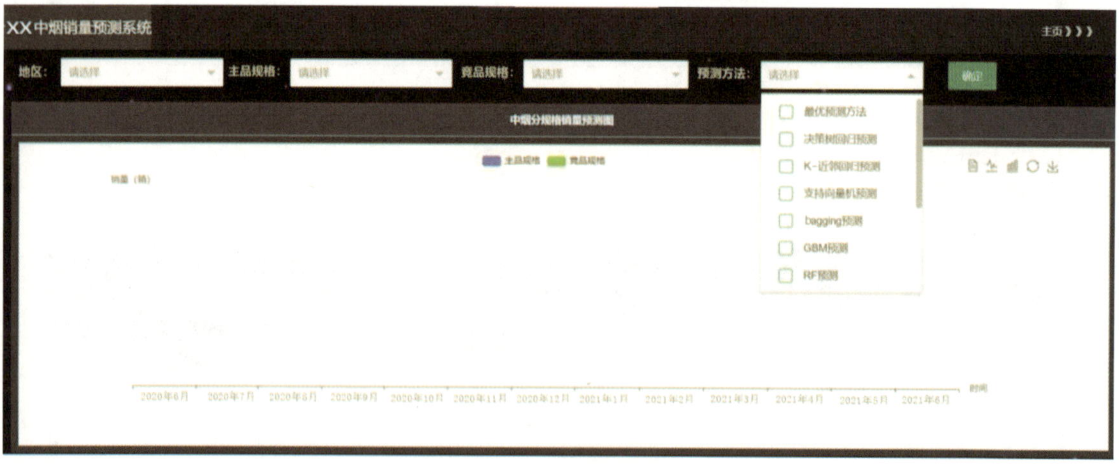

图7-14 选择预测方法

选择完地区、主品规格、竞品规格、预测方法后单击“确定”按钮，加载后展现出预测结果表明模型运行成功，如果仍是空白页面则表示该地区的销量数据不适合用所选的预测方法进行预测。

(5)演示。

以决策树回归预测为例，运用决策树回归预测方法预测云烟(A)、芙蓉王(A)在北京市的销量，进行选择后单击“确定”按钮，就会展现主品和竞品规格的销量的预测图、各模型拟合优度对比以及影响销量的重要变量。（见图 7-15）

①云南中烟分规格销量预测图：柱形图，展现 2020 年 6 月至 2021 年 6 月一年的销量数据(2021 年 1 月之后为模型预测的销量）。

②各模型拟合优度对比：表格，显示各个预测方法对主品规格和竞品规格进行预测时二者的拟合优度情况，拟合优度越接近 1 表明模型拟合得越好，预测结果更可靠。

③影响销量的重要变量：气泡图，显示主品和竞品规格在该预测方法下筛选出的对销量有显著影响的因素，气泡越大说明该因素对销量的影响程度越高，光标放到气泡上就能看到对应的变量和系数。

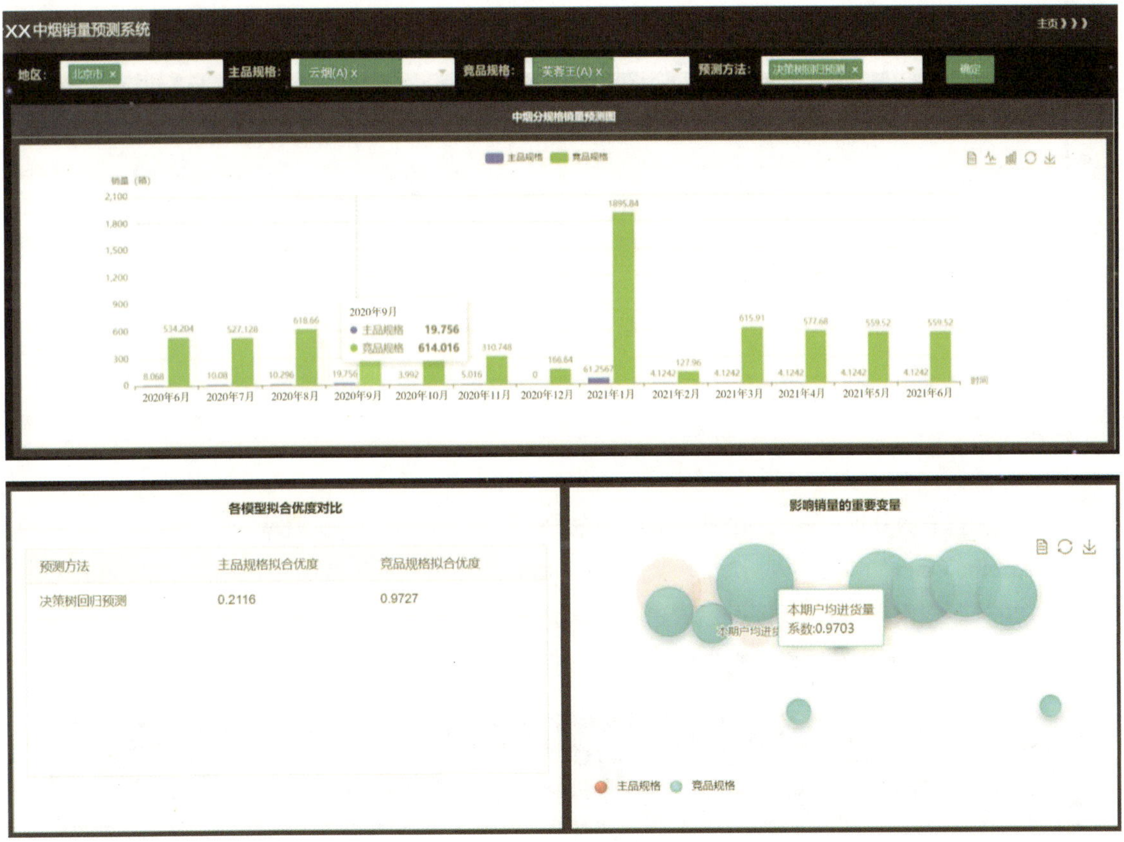

图 7-15　预测结果展示

其余预测方法与上例中的决策树回归预测方法类似，而选择最优预测方法进行预测时，需要耐心等待一段时间，系统将在运行 11 种预测方法后，展现最优（拟合优度最高）模型所得到的预测销量和重要变量，以及所有预测方法的拟合优度表。

例如，运用最优预测方法预测云烟(A)、芙蓉王(A)在北京市的销量，选择之后单击“确定”按钮就可以得到最优的预测结果。拟合优度表的前两行分别为主品规格和竞品规格的最优预测方法，之后是其余各种预测方法的拟合优度比较。可以看出两个规格的最优预测方法都是线性回归预测，

相应地，销量预测柱状图和重要变量气泡图显示出线性回归预测下主、竞品规格的预测结果。（见图 7-16）

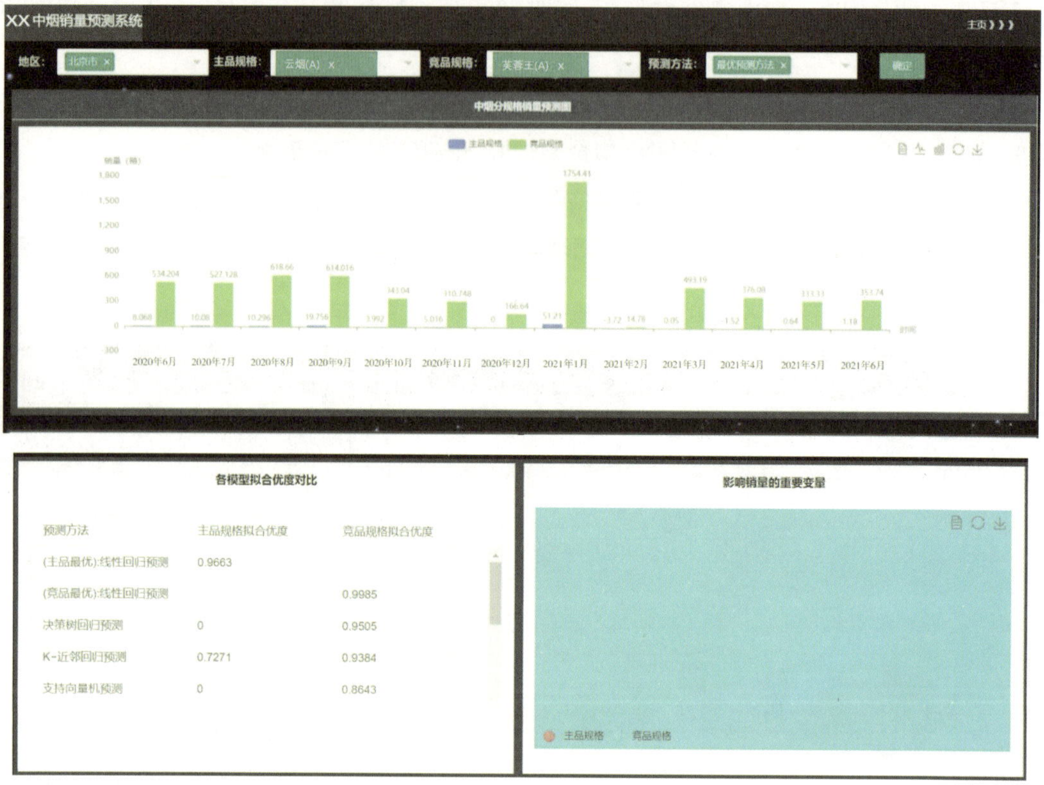

图 7-16　最优预测方法下的预测结果

另外，云南中烟分规格销量预测图右上角的五个按钮分别是“Data View”（“查看详细数据”）、“Switch to Line Chart”（“转换为折线图”）、“Switch to Bar Chart”（“转换为柱形图”）、“Refresh”（“刷新”）和“Save”（“保存”），可以根据需求进行操作。影响销量的重要变量图右上角的三个按钮用法与上述相同，图 7-17 所展示的是单击“Data View”按钮后的页面效果，可以查看图表的详细数据信息。

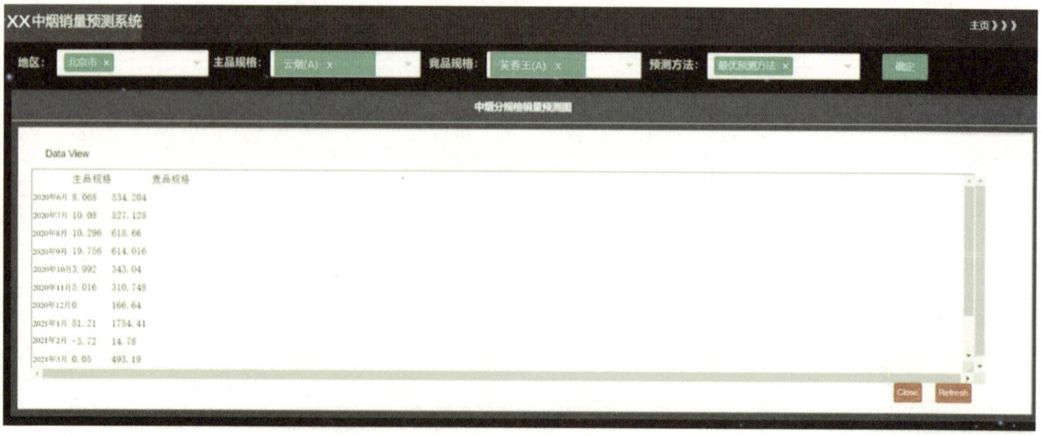

图 7-17　单击“Data View”按钮后的页面内容

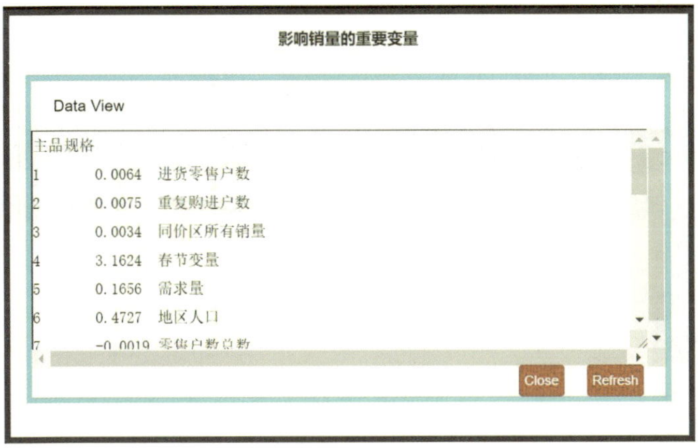

续图 7-17

7.3.2　卷烟分类系统

卷烟分类系统 V1.0 是基于销量趋势分析的卷烟产品竞争力系统方法研究需要的一款专用软件。该系统开发思路是，首先主要根据全国 31 个省级行政区及各地级市的人口、人均可支配收入、城镇化率等宏观数据，确定地区分类评判指标，对各地区进行分类，将地区分为优势地区、劣势地区及不确定区域；同时，根据各个规格卷烟产品在不同地区销量的不同市场表现，如销量增幅、销售份额增幅等指标，建立产品类型分类评判标准，对各个地区的产品进行分类；再结合地区优势和产品优势，对不同地区不同产品进行分类，将产品分为潜力规格、跟随规格、弱势规格及衰退规格。主要目的是客观规范评判产品市场表现及市场定位，为企业有针对性地制定产品竞争策略提供依据。对于卷烟工业公司而言，该软件能够对其今后的产品制定提供富有针对性的数据决策支持，提高其卷烟销售资源配置的效率。

（一）页面介绍

1. 登录界面

单击卷烟分类系统网址，进入登录页面，如图 7-18 所示。

图 7-18　卷烟分类系统登录页面

2. 主界面

输入登录名和密码，单击“登录”，进入主界面，如图 7-19 所示。

图 7-19　主页面

主界面左侧有“地区优势比较”、“规格优势比较”和“规格类别变化”按钮，右上方有“退出”按钮。分别单击“地区优势比较”“规格优势比较”“规格类别变化”按钮可以分别进入相应的子页面，单击“退出”按钮后将退出系统。

（1）地区优势比较界面。

地区优势比较界面有地区选择、时间选择下拉框，首先根据分析的需要，选择要评价的地区，共有全国、广东省、山东省、江苏省、河南省等 28 个选择。选择全国显示全国 31 个省级行政区的人口优势和收入优势，选择其他省级行政区显示该省级行政区各州市的人口优势和收入优势。（见图 7-20）

图 7-20　地区优势比较界面

选择地区后，根据分析的需要，选择要评价的时间，共有 2015 年、2016 年、2017 年、2018 年、2019 年、2020 年 6 个选择，如图 7-21 所示。

图 7-21　选择评价时间

选择要分析的地区和时间后，单击“确定”按钮，在下方显示该年份各地区的人口优势和收入优势的散点图。将光标放在图中的点上，可以显示这个点代表的地区、人口优势数据和收入优势数据，其他界面的图同理。（见图 7-22）

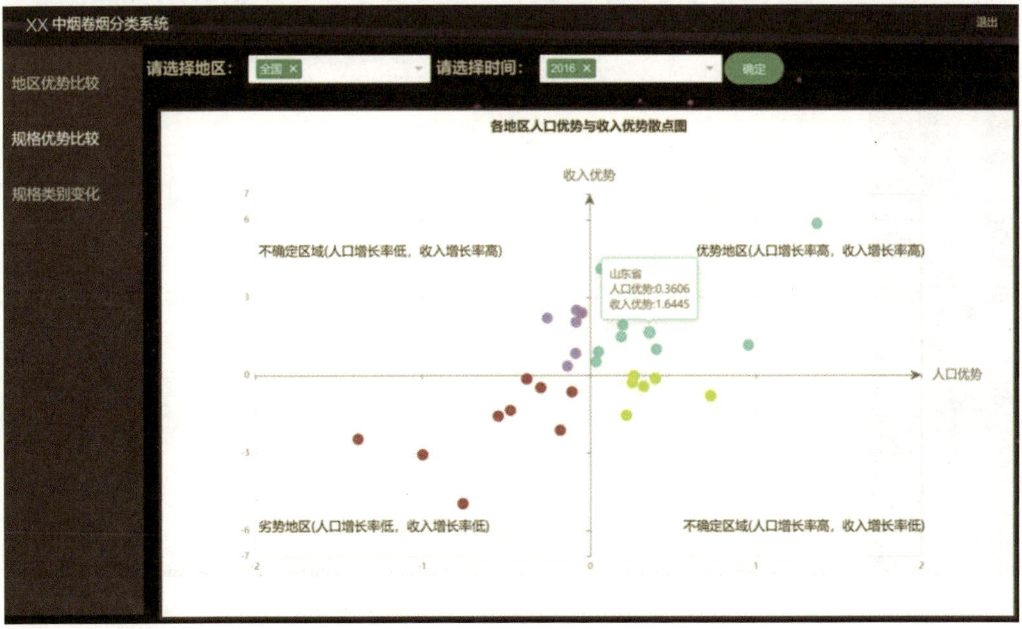

图 7-22　各地区人口优势与收入优势散点图

（2）规格优势比较界面。

单击左侧“规格优势比较”按钮，进入规格优势比较界面，如图 7-23 所示。

图 7-23　规格优势比较界面

规格优势比较界面有地区选择、时间选择下拉框，根据分析的需要，选择要评价的地区，可以选择全国、31 个省级行政区及各省级行政区的州市，如图 7-24 所示。

图 7-24　选择要评价的地区

选择地区后，根据分析的需要，选择要评价的时间，共有 2015 年 2 月至 2020 年 12 月 71 个选择，如图 7-25 所示。

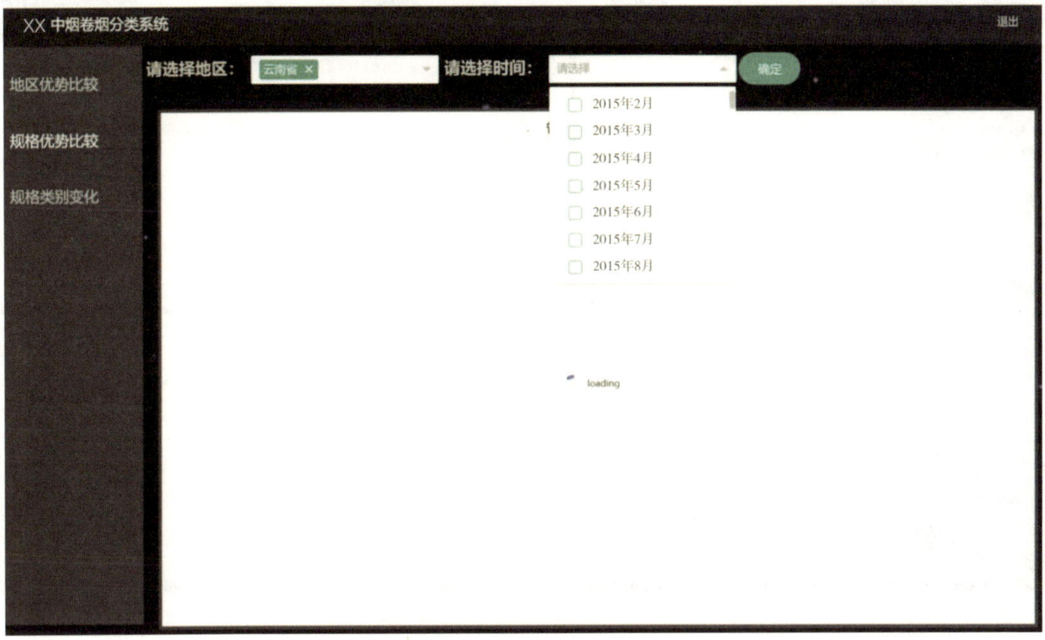

图 7-25　选择要评价的时间

选择要分析的地区和时间点后，单击“确定”按钮，在下方显示该时间该地区所有规格烟的增长优势和规模优势的散点图，如图 7-26 所示。

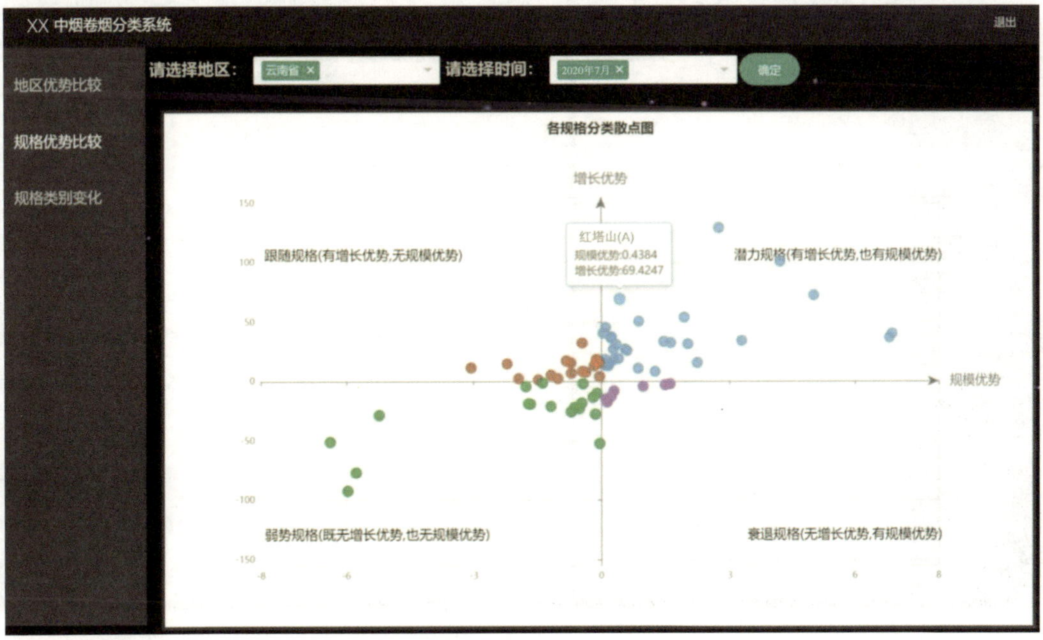

图 7-26　各规格分类散点图

(3) 规格类别变化界面。

单击左侧“规格类别变化”按钮，进入规格类别变化界面，如图 7-27 所示。

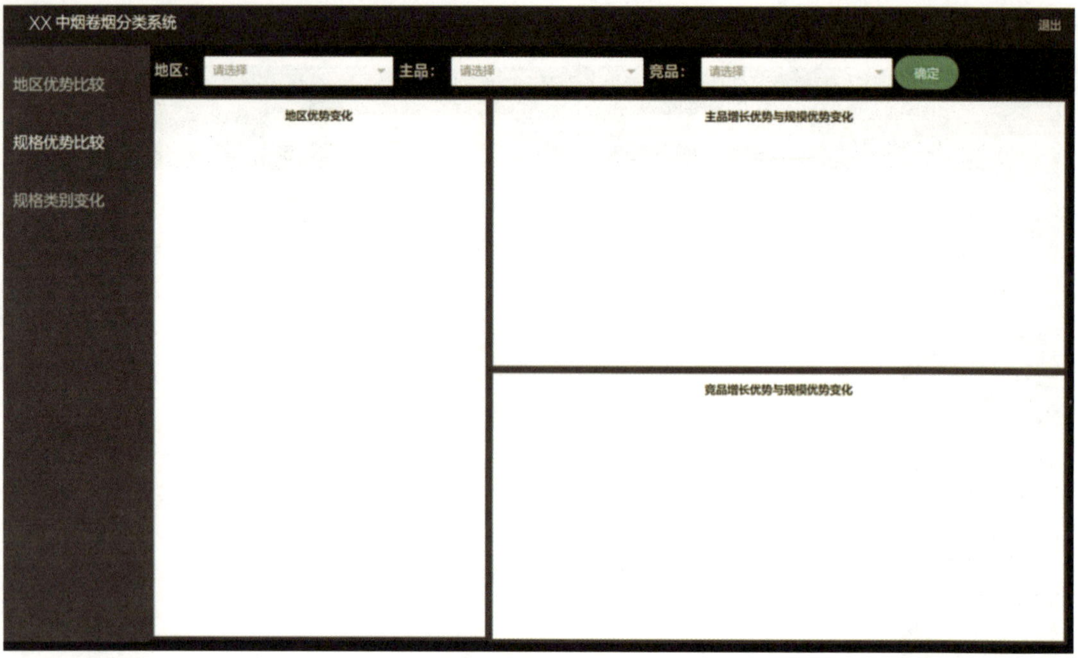

图 7–27　规格类别变化界面

规格类别变化界面有地区选择、主品规格选择、竞品规格选择下拉框，根据分析的需要，选择要评价的地区，可以选择全国、31 个省级行政区及各省级行政区的州市，如图 7-28 所示。

图 7–28　选择评价地区

选择地区后，根据分析的需要，选择要评价的主品规格，如图 7-29 所示。

选择主品规格后，根据分析的需要，选择要比较的竞品规格，有白沙、芙蓉王、黄鹤楼等多个品牌规格供选择，如图 7-30 所示。

图 7-29　选择要评价的主品规格

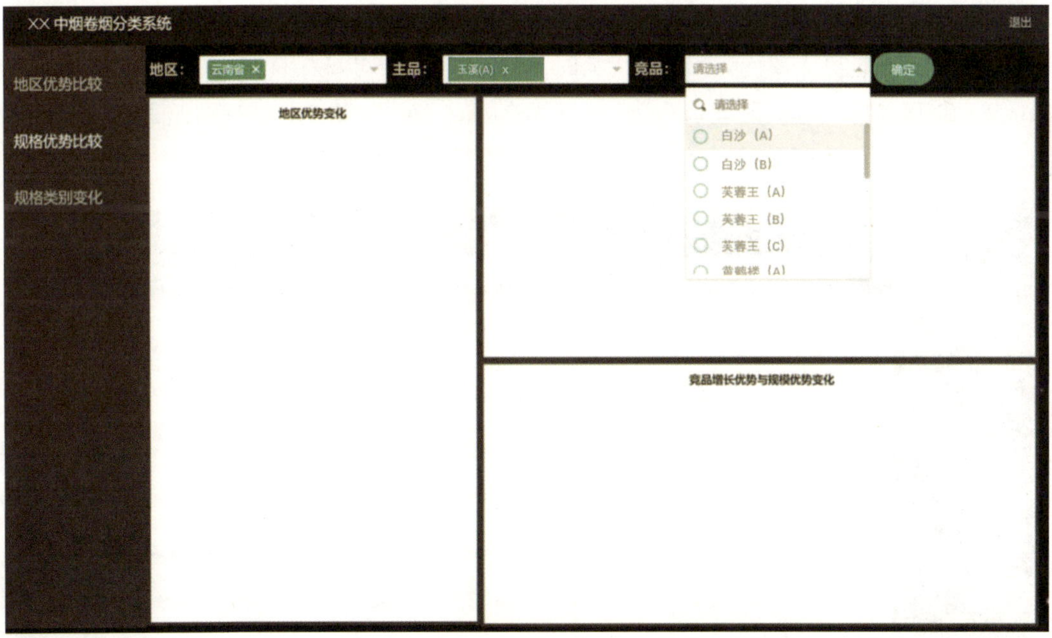

图 7-30　选择要比较的竞品规格

选择要分析的地区、主品规格和竞品规格后，单击“确定”按钮，在左侧地区优势变化框中显示该地区 2015 年至 2020 年人口优势和收入优势的柱状图，在右上方显示该地区主品规格的增长优势和规模优势在时间上的变化折线图，在右下方显示该地区竞品规格的增长优势和规模优势在时间上的变化折线图。（见图 7-31）

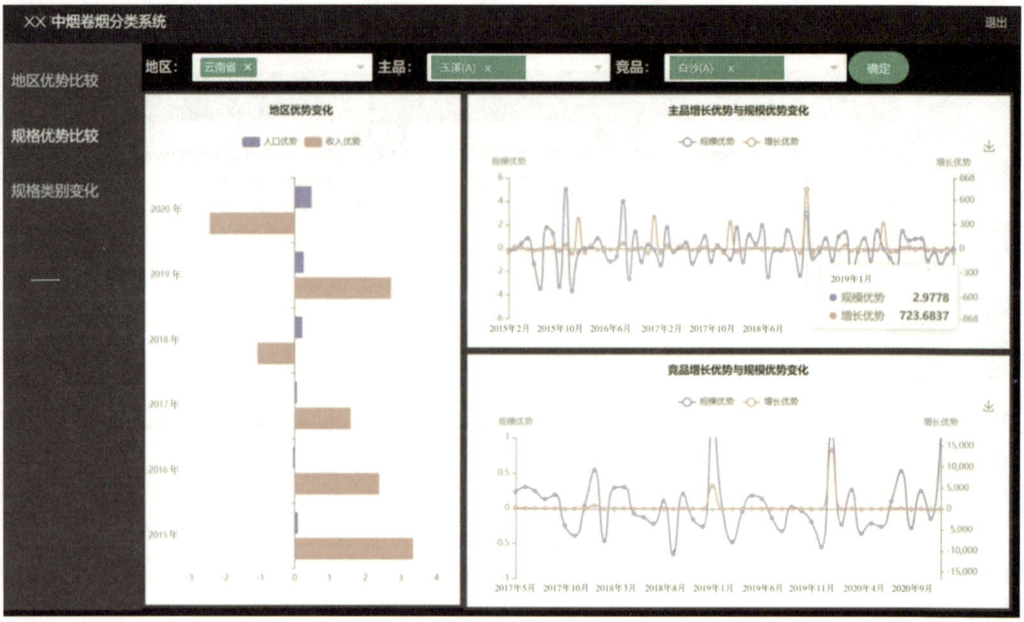

图 7-31　主品、竞品规格的增长优势与规模优势变化

（二）其他说明

1. 规格类别变化的补充说明

由于在计算各地区人口优势和收入优势时，所有计算结果均减去了全国的平均优势，即全国的人口优势和地区优势均为 0，因此当选择的地区为全国时，地区优势变化柱状图无法显示，如图 7-32 所示。

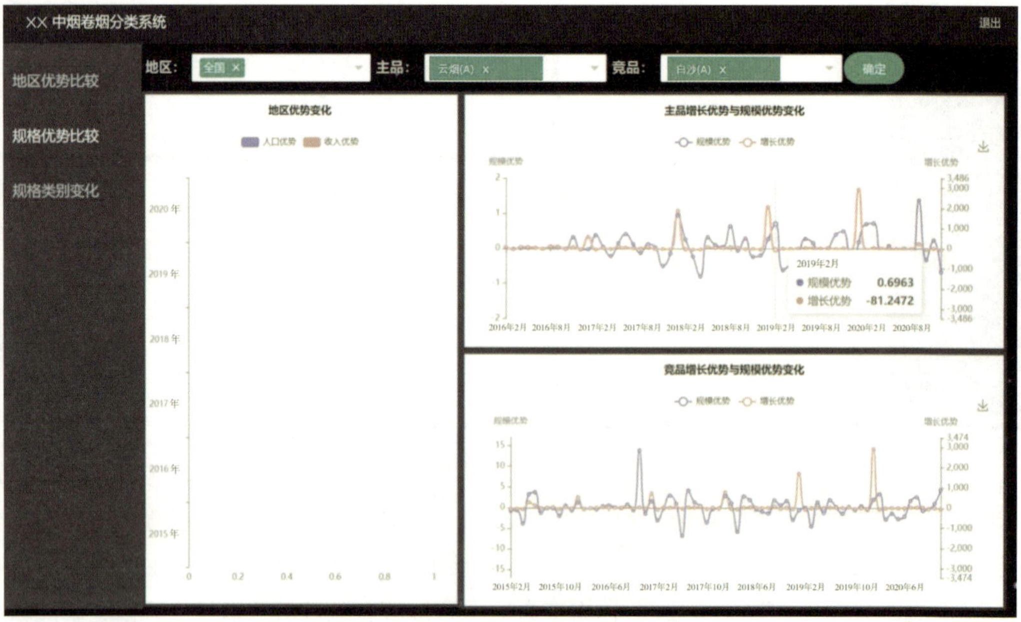

图 7-32　地区优势变化柱状图无法显示的情况

由于在数据预处理时删除了某些规格销量为 0 及前期的全部数据，某些卷烟产品不在部分地区进行销售，缺乏部分数据。当选择部分地区的主品规格和竞品规格时，主品增长优势与规模优势变化折线图和竞品增长优势与规模优势变化折线图无法显示，如图 7-33 所示。

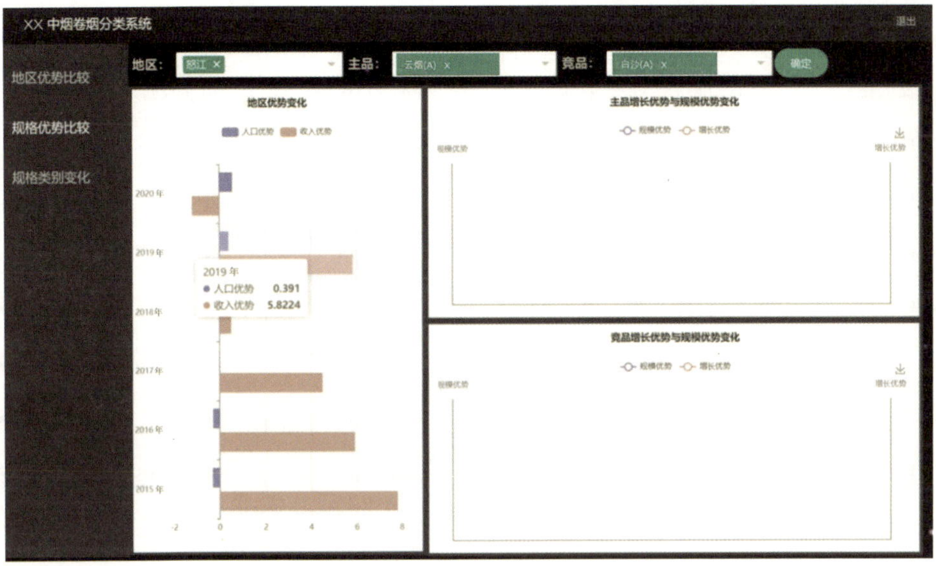

图 7–33　主品、竞品增长优势与规模优势变化折线图无法显示的情况

2. 数据的更新

在每年年底，新的统计数据（人口、人均可支配收入、卷烟销量、市场份额）出来后，直接打开相应的数据库，将当年的数据添加到表中，重新运行程序即可。

7.4　卷烟产品的预警机制的评估与改进

7.4.1　预警机制的评估

基于全国视角，从高端一类烟、普一类烟和二类烟中选取具有代表性的主品规格和竞品规格，分别采用不同的方法来对选取的规格在 2021 年 1 月至 12 月的销量进行预测，同时根据实际销量计算预测平均相对误差，得出结论。基于此，本部分分别介绍了选取的不同规格的预测结果及其平均相对误差，并对此进行分析。

1. 高端一类

1）主品规格

（1）云烟(RDCJ)。

分别采用季节 ARIMA 模型、加法指数平滑法、时间序列分解法和加入虚拟变量的回归模型来预测云烟(RDCJ)在 2021 年 1 月至 12 月的销量，不同预测方法的预测结果及平均相对误差如表 7-1 所示。

表 7-1　云烟（RDCJ）在四种预测方法下的结果及平均相对误差

销量单位：箱

时间	季节 ARIMA 模型	加法指数平滑法	时间序列分解法	加入虚拟变量的回归模型	实际销量
2021 年 1 月	11222.41	3038.80	8094.47	11946.51	13***.00
2021 年 2 月	1618.41	1028.05	2153.95	2906.84	29**.00
2021 年 3 月	1071.41	746.69	1436.86	1282.15	15**.00
2021 年 4 月	1169.41	758.36	1445.02	1183.50	14**.00
2021 年 5 月	1532.41	758.26	1422.26	1320.46	13**.00
2021 年 6 月	2090.41	780.20	1497.56	1549.86	14**.00
2021 年 7 月	1895.41	795.15	1482.80	1572.47	17**.00
2021 年 8 月	1814.41	903.47	1685.69	1839.42	18**.00
2021 年 9 月	3004.41	1262.63	2543.02	3456.89	31**.00
2021 年 10 月	947.41	743.59	1374.10	1112.80	8**.00
2021 年 11 月	943.41	744.31	1393.88	1174.80	
2021 年 12 月	271.41	356.11	613.14	-188.93	
平均相对误差（%）	19.20	51.88	18.82	10.81	

如表 7-1 所示，加入虚拟变量后的回归模型预测平均相对误差最小，为 10.81%，其次是时间序列分解法，为 18.82%，而加法指数平滑法预测的平均相对误差最大，为 51.88%。由预测相对误差越小，预测效果越好可知，加入虚拟变量的回归模型的预测值与其他方法相比更接近实际销量。

（2）玉溪（ZZHX）。

分别使用四种预测方法来预测玉溪（ZZHX）在 2021 年 1 月至 12 月的销量，四种方法的预测结果及平均相对误差如表 7-2 所示。

表 7-2　玉溪（ZZHX）在四种预测方法下的结果及平均相对误差

销量单位：箱

时间	季节 ARIMA 模型	乘法指数平滑法	时间序列分解法	加入虚拟变量的回归模型	实际销量
2021 年 1 月	1925.78	3589.49	1799.65	2803.24	28**.00
2021 年 2 月	811.25	1360.15	677.86	772.76	11**.00
2021 年 3 月	686.53	978.72	496.59	996.67	11**.00
2021 年 4 月	651.71	980.01	489.73	965.00	11**.00
2021 年 5 月	783.88	1166.59	591.89	1050.00	11**.00

续表

时间	季节 ARIMA 模型	乘法指数平滑法	时间序列分解法	加入虚拟变量的回归模型	实际销量
2021 年 6 月	847.14	1174.51	611.93	1057.67	12**.00
2021 年 7 月	998.54	1441.32	753.35	1192.67	13**.00
2021 年 8 月	829.17	1429.62	785.23	1185.00	10**.00
2021 年 9 月	912.08	1681.63	972.87	1321.00	14**.00
2021 年 10 月	699.35	1282.33	735.49	1121.00	11**.00
2021 年 11 月	683.01	1281.49	742.81	1126.33	
2021 年 12 月	164.12	535.51	339.94	748.67	
平均相对误差 /（%）	33.48	14.58	43.25	11.83	

从表 7-2 可以看出，采用季节 ARIMA 模型、乘法指数平滑法、时间序列分解法和加入虚拟变量的回归模型来预测玉溪（ZZHX）的销量，其预测平均相对误差分别为 33.48%、14.58%、43.25% 和 11.83%，其中加入虚拟变量的回归模型的预测平均相对误差最小，仅为 11.83%。可知使用加入虚拟变量的回归模型来预测销量，其预测结果较其他三种方法更接近实际销量。

（3）钓鱼台（ZZ）。

分别采用季节 ARIMA 模型、加法指数平滑法、时间序列分解法和加入虚拟变量的回归模型来预测钓鱼台（ZZ）在 2021 年 1 月至 12 月的销量，不同预测方法的预测结果及平均相对误差如表 7-3 所示。

表 7-3　钓鱼台（ZZ）在四种预测方法下的结果及平均相对误差

销量单位：箱

时间	季节 ARIMA 模型	加法指数平滑法	时间序列分解法	加入虚拟变量的回归模型	实际销量
2021 年 1 月	2252.40	1827.36	1534.85	2880.26	23**.00
2021 年 2 月	516.39	411.25	290.65	656.19	6**.00
2021 年 3 月	579.54	468.76	330.80	847.60	5**.00
2021 年 4 月	573.59	579.24	391.02	901.60	6**.00
2021 年 5 月	546.98	629.99	428.93	917.60	5**.00
2021 年 6 月	528.50	669.88	470.22	943.27	5**.00
2021 年 7 月	567.79	733.07	521.56	990.94	5**.00
2021 年 8 月	473.70	759.21	570.76	984.27	5**.00
2021 年 9 月	521.64	912.51	711.29	1104.60	5**.00

续表

时间	季节 ARIMA 模型	加法指数平滑法	时间序列分解法	加入虚拟变量的回归模型	实际销量
2021 年 10 月	330.82	695.52	533.38	911.60	3**.00
2021 年 11 月	271.47	618.64	472.45	848.60	
2021 年 12 月	−95.45	276.35	194.41	558.94	
平均相对误差 /(%)	7.02	36.31	28.18	69.33	

由表 7-3 可知，除加入虚拟变量的回归模型的预测平均相对误差大于 50% 外，其余三种预测方法的平均相对误差均小于 50%，其中采用季节 ARIMA 模型进行预测的平均相对误差最小，仅为 7.02%。由预测平均相对误差越小，预测效果越好可知，采用季节 ARIMA 模型来预测钓鱼台(ZZ)，其结果较其他方法更接近实际销量。

(4) 红河(YV8)。

分别采用季节 ARIMA 模型、加法指数平滑法、时间序列分解法和加入虚拟变量的回归模型来预测红河(YV8) 在 2021 年 1 月至 12 月的销量，不同预测方法的预测结果及平均相对误差如表 7-4 所示。

表 7-4　红河（YV8）在四种预测方法下的结果及平均相对误差

销量单位：箱

时间	季节 ARIMA 模型	加法指数平滑法	时间序列分解法	加入虚拟变量的回归模型	实际销量
2021 年 1 月	594.09	361.71	431.08	303.72	7**.00
2021 年 2 月	216.70	231.02	249.91	393.94	2**.00
2021 年 3 月	193.05	198.76	186.01	223.21	1**.00
2021 年 4 月	236.79	198.41	182.56	237.56	2**.00
2021 年 5 月	206.27	195.69	181.96	226.03	2**.00
2021 年 6 月	185.33	185.57	161.87	212.39	3**.00
2021 年 7 月	194.39	186.04	157.54	224.92	2**.00
2021 年 8 月	157.31	181.86	153.61	214.67	1**.00
2021 年 9 月	212.17	197.89	170.78	286.18	1**.00
2021 年 10 月	105.45	160.68	129.12	147.17	1**.00
2021 年 11 月	109.72	167.31	134.96	176.00	
2021 年 12 月	15.78	127.90	97.96	48.53	
平均相对误差 / (%)	16.10	22.70	22.83	33.50	

从表 7-4 可得,季节 ARIMA 模型、加法指数平滑法、时间序列分解法和加入虚拟变量的回归模型的预测平均相对误差分别为 16.10%、22.70%、22.83% 和 33.50%。基于此可知,采用季节 ARIMA 模型来预测红河(YV8)的销量,预测效果高于加入虚拟变量的回归模型。

2)竞品规格

(1)白沙(HTX)。

采用四种预测方法来预测白沙(HTX)在 2021 年 1 月至 12 月的销量,不同预测方法的预测结果及平均相对误差如表 7-5 所示。

表 7-5 白沙(HTX)在四种预测方法下的结果及平均相对误差

销量单位:箱

时间	季节 ARIMA 模型	乘法指数平滑法	时间序列分解法	加入虚拟变量的回归模型	实际销量
2021 年 1 月	21054.00	18636.61	14593.29	20777.98	26***.00
2021 年 2 月	3087.00	3075.18	3440.33	4793.09	40**.00
2021 年 3 月	2668.00	2425.31	2195.28	1986.76	24**.00
2021 年 4 月	2540.00	2397.47	2016.75	2105.51	24**.00
2021 年 5 月	2255.00	2276.64	2586.18	2538.39	21**.00
2021 年 6 月	2470.00	2481.45	2888.23	2601.52	21**.00
2021 年 7 月	2714.00	2711.71	2925.31	2923.01	29**.00
2021 年 8 月	3249.00	3067.36	3153.96	3396.21	31**.00
2021 年 9 月	4405.00	4139.14	4621.91	5823.34	40**.00
2021 年 10 月	1729.00	1791.74	2120.84	1674.50	18**.00
2021 年 11 月	1560.00	1630.50	2263.49	1702.68	
2021 年 12 月	896.00	832.11	1161.80	-84.68	
平均相对误差 /(%)	10.03	9.05	17.62	17.37	

如表 7-5 所示,乘法指数平滑法预测平均相对误差最小,为 9.05%,其次是季节 ARIMA 模型,为 10.03%,而时间序列分解法的预测平均相对误差最大,为 17.62%。由预测平均相对误差越小,预测效果越好可知,乘法指数平滑法的预测值与其他方法相比更接近实际销量。

(2)黄金叶(TY)。

分别采用季节 ARIMA 模型、加法指数平滑法、时间序列分解法和加入虚拟变量的回归模型来预测黄金叶(TY)在 2021 年 1 月至 12 月的销量,不同预测方法的预测结果及平均相对误差如表 7-6 所示。

表 7-6　黄金叶（TY）在四种预测方法下的结果及平均相对误差

销量单位：箱

时间	季节 ARIMA 模型	加法指数平滑法	时间序列分解法	加入虚拟变量的回归模型	实际销量
2021 年 1 月	17883.19	14148.19	10443.65	16926.86	19***.00
2021 年 2 月	2170.16	1961.78	2851.32	2907.65	24**.00
2021 年 3 月	2107.06	2021.40	2658.34	2793.98	27**.00
2021 年 4 月	2001.74	1883.25	2199.69	2015.36	30**.00
2021 年 5 月	2659.12	2506.57	2845.59	2970.56	26**.00
2021 年 6 月	3466.62	3013.65	3487.21	3748.62	25**.00
2021 年 7 月	4096.30	3293.21	3080.72	3743.42	26**.00
2021 年 8 月	3353.01	2769.97	3277.42	3748.44	27**.00
2021 年 9 月	4755.34	3695.59	4238.72	5192.93	45**.00
2021 年 10 月	1635.19	1485.84	2394.52	2154.01	21**.00
2021 年 11 月	969.80	1012.64	2290.86	1917.07	
2021 年 12 月	170.38	673.11	1689.70	624.87	
平均相对误差 /（%）	21.66	21.05	18.77	21.39	

由表 7-6 可得，时间序列分解法预测平均相对误差最小，为 18.77%，其次是加法指数平滑法，为 21.05%，而季节 ARIMA 模型预测平均相对误差最大，为 21.66%。由预测平均相对误差越小，预测效果越好可知，时间序列分解法的预测值与其他方法相比更接近实际销量。

（3）中华（SZZ）。

分别使用四种预测方法来预测中华（SZZ）在 2021 年 1 月至 12 月的销量，四种方法的预测结果及平均相对误差如表 7-7 所示。

表 7-7　中华（SZZ）在四种预测方法下的结果及平均相对误差

销量单位：箱

时间	季节 ARIMA 模型	加法指数平滑法	时间序列分解法	加入虚拟变量的回归模型	实际销量
2021 年 1 月	43615.91	35697.53	33316.72	28192.84	47***.00
2021 年 2 月	8477.95	9402.54	5754.95	6951.29	99**.00

续表

时间	季节 ARIMA 模型	加法指数平滑法	时间序列分解法	加入虚拟变量的回归模型	实际销量
2021 年 3 月	12653.37	13212.52	8093.42	9414.10	11***.00
2021 年 4 月	13795.09	13123.54	7022.93	10861.25	11***.00
2021 年 5 月	19331.85	17940.91	18836.94	12255.19	11***.00
2021 年 6 月	22089.03	20097.61	15185.11	13056.87	12***.00
2021 年 7 月	21078.31	20753.89	12240.13	13175.15	13***.00
2021 年 8 月	19070.70	23034.01	12397.02	13791.04	13***.00
2021 年 9 月	24952.59	27303.53	15137.83	15823.35	17***.00
2021 年 10 月	16087.59	15705.20	5953.81	9788.15	95**.00
2021 年 11 月	15888.20	14670.04	5201.89	9095.09	
2021 年 12 月	8618.63	10518.34	3177.42	6546.97	
平均相对误差 /（%）	40.84	42.23	30.12	12.49	

如表 7-7 所示，加入虚拟变量的回归模型的预测平均相对误差最小，为 12.49%，其次是时间序列分解法，为 30.12%，而加法指数平滑法的预测平均相对误差最大，为 42.23%。由预测平均相对误差越小，预测效果越好可知，加入虚拟变量的回归模型的预测结果与其他方法相比更接近实际销量。

（4）利群（RCZ）。

分别采用季节 ARIMA 模型、乘法指数平滑法、时间序列分解法和加入虚拟变量的回归模型来预测利群（RCZ）在 2021 年 1 月至 12 月的销量，不同预测方法的预测结果及平均相对误差如表 7-8 所示。

表 7-8　利群（RCZ）在四种预测方法下的结果及平均相对误差

销量单位：箱

时间	季节 ARIMA 模型	乘法指数平滑法	时间序列分解法	加入虚拟变量的回归模型	实际销量
2021 年 1 月	71733.21	59240.48	63235.30	68149.64	83***.00
2021 年 2 月	21447.15	20664.15	24026.45	25883.85	23***.00
2021 年 3 月	24541.19	20199.46	23532.89	25481.94	23***.00
2021 年 4 月	26972.61	19209.58	23052.74	28375.76	28***.00

续表

时间	季节 ARIMA 模型	乘法指数平滑法	时间序列分解法	加入虚拟变量的回归模型	实际销量
2021 年 5 月	22665.50	16308.09	20116.23	23375.80	21***.00
2021 年 6 月	19061.88	15051.38	17827.80	16544.59	18***.00
2021 年 7 月	20372.95	16323.01	19028.21	18833.98	21***.00
2021 年 8 月	18687.97	15520.66	18001.68	17531.34	20***.00
2021 年 9 月	21823.97	19729.62	22705.64	22655.75	21***.00
2021 年 10 月	16670.97	16456.59	18919.59	17535.08	16***.00
2021 年 11 月	15510.97	18309.96	21087.64	20227.13	
2021 年 12 月	8123.97	7962.22	9393.46	4321.76	
平均相对误差 /（%）	5.68	18.62	9.77	9.56	

从表 7-8 可以看出，采用季节 ARIMA 模型预测利群（RCZ）的预测平均相对误差最小，为 5.68%。由预测平均相对误差越小，预测效果越好可知，采用季节 ARIMA 模型进行预测，得到的预测效果更好。

（5）南京（YHS）。

分别采用季节 ARIMA 模型、乘法指数平滑法、时间序列分解法和加入虚拟变量的回归模型来预测南京（YHS）在 2021 年 1 月至 12 月的销量，不同预测方法的预测结果及平均相对误差如表 7-9 所示。

表 7-9　南京（YHS）在四种预测方法下的结果及平均相对误差

销量单位：箱

时间	季节 ARIMA 模型	乘法指数平滑法	时间序列分解法	加入虚拟变量的回归模型	实际销量
2021 年 1 月	40487.62	34191.38	26847.02	37272.58	49***.00
2021 年 2 月	7875.55	7302.57	8585.88	9037.46	91**.00
2021 年 3 月	6698.10	6834.27	7660.07	8146.77	69**.00
2021 年 4 月	7193.06	7109.24	7388.61	8128.76	76**.00
2021 年 5 月	8324.69	7834.49	7712.28	8833.07	76**.00
2021 年 6 月	9795.25	7979.99	8298.43	9083.99	75**.00
2021 年 7 月	10797.73	8523.96	8981.09	10148.45	89**.00

续表

时间	季节 ARIMA 模型	乘法指数平滑法	时间序列分解法	加入虚拟变量的回归模型	实际销量
2021 年 8 月	10570.83	8630.84	9748.74	10955.82	10***.00
2021 年 9 月	12760.79	10446.71	12328.93	13625.02	12***.00
2021 年 10 月	5780.29	5407.89	6823.46	7122.23	56**.00
2021 年 11 月	3728.15	4014.62	6170.06	5693.48	
2021 年 12 月	1196.72	1817.56	3190.29	1772.51	
平均相对误差 /(%)	11.05	10.65	10.05	14.31	

从表 7-9 可得,季节 ARIMA 模型、乘法指数平滑法、时间序列分解法和加入虚拟变量的回归模型的预测平均相对误差误差分别为 11.05%、10.65%、10.05% 和 14.13%。基于此可知,采用时间序列分解法预测南京(YHS),预测效果较好。

2. 普一类

1)主品规格

(1)云烟(XXMJY)。

分别采用季节 ARIMA 模型、加法指数平滑法、时间序列分解法和加入虚拟变量的回归模型来预测云烟(XXMJY)在 2021 年 1 月至 12 月的销量,不同预测方法的预测结果及平均相对误差如表 7-10 所示。

表 7–10　云烟(XXMJY)在四种预测方法下的结果及平均相对误差

销量单位:箱

时间	季节 ARIMA 模型	加法指数平滑法	时间序列分解法	加入虚拟变量的回归模型	实际销量
2021 年 1 月	14692.25	10284.15	12612.29	15407.88	19***.00
2021 年 2 月	7161.25	4404.01	3306.50	6411.83	70**.00
2021 年 3 月	7897.25	5685.11	4904.03	8478.01	70**.00
2021 年 4 月	7536.25	5091.33	13161.37	8334.10	66**.00
2021 年 5 月	7134.25	4095.27	7956.49	7286.99	60**.00
2021 年 6 月	7327.25	3826.02	7548.24	7424.15	67**.00
2021 年 7 月	7345.25	3586.48	7542.07	7514.57	67**.00

续表

时间	季节 ARIMA 模型	加法指数平滑法	时间序列分解法	加入虚拟变量的回归模型	实际销量
2021 年 8 月	7256.25	3495.53	7894.06	7562.35	68**.00
2021 年 9 月	8505.25	3998.43	10225.32	8511.88	76**.00
2021 年 10 月	6468.25	2992.38	8185.15	7115.76	52**.00
2021 年 11 月	6310.25	2843.14	8577.47	7014.97	
2021 年 12 月	4110.25	1352.42	4629.67	4867.57	
平均相对误差 /(%)	12.93	38.93	37.84	17.65	

从表 7-10 可得，季节 ARIMA 模型、加法指数平滑法、时间序列分解法和加入虚拟变量的回归模型的预测平均相对误差分别为 12.93%、38.93%、37.84% 和 17.65%。基于此可知，采用季节 ARIMA 模型来预测云烟（XXMJY）的销量，预测结果与其他三种方法相比更接近实际销量。

（2）云烟（RZP）。

分别使用四种预测方法来预测云烟（RZP）在 2021 年 1 月至 12 月的销量，四种方法的预测结果及平均相对误差如表 7-11 所示。

表 7–11　云烟（RZP）在四种预测方法下的结果及平均相对误差

销量单位：箱

时间	季节 ARIMA 模型	加法指数平滑法	时间序列分解法	加入虚拟变量的回归模型	实际销量
2021 年 1 月	115936.27	102117.83	97959.63	100175.00	145***.00
2021 年 2 月	55093.58	48988.38	48666.26	53182.12	52***.00
2021 年 3 月	44978.91	45529.97	47280.20	48032.56	49***.00
2021 年 4 月	45891.08	44877.49	45341.93	45881.23	46***.00
2021 年 5 月	48780.76	47359.26	47525.13	48292.89	44***.00
2021 年 6 月	48727.01	44666.38	43193.87	44389.73	45***.00
2021 年 7 月	50505.86	47747.07	45025.15	46763.57	55***.00
2021 年 8 月	48843.35	47234.48	46234.75	48364.23	52***.00
2021 年 9 月	54548.36	51406.25	50750.62	53509.73	54***.00
2021 年 10 月	40879.13	40334.03	40038.66	41382.57	41***.00

续表

时间	季节 ARIMA 模型	加法指数平滑法	时间序列分解法	加入虚拟变量的模型	实际销量
2021 年 11 月	42936.92	42331.57	43316.95	45073.90	
2021 年 12 月	28665.54	30189.97	29256.41	29264.73	
平均相对误差 /（%）	6.99	8.89	10.03	7.36	

如表 7-11 所示，季节 ARIMA 模型的预测平均相对误差最小，为 6.99%，其次是加入虚拟变量的回归模型的预测平均相对误差，为 7.36%，而时间序列分解法的预测平均相对误差最大，为 10.03%。由预测平均相对误差越小，预测效果越好可知，季节 ARIMA 模型的预测结果与其他方法相比更接近实际销量。

（3）玉溪（R）。

分别采用季节 ARIMA 模型、加法指数平滑法、时间序列分解法和加入虚拟变量的回归模型来预测玉溪（R）在 2021 年 1 月至 12 月的销量，不同预测方法的预测结果及平均相对误差如表 7-12 所示。

表 7-12　玉溪（R）在四种预测方法下的结果及平均相对误差

销量单位：箱

时间	季节 ARIMA 模型	加法指数平滑法	时间序列分解法	加入虚拟变量的回归模型	实际销量
2021 年 1 月	205986.18	182552.86	159121.55	189692.49	251***.00
2021 年 2 月	72221.01	68331.37	76975.99	87418.64	80***.00
2021 年 3 月	76630.00	69483.94	67855.52	70617.89	73***.00
2021 年 4 月	65098.99	67344.85	65984.75	66724.28	71***.00
2021 年 5 月	73432.72	67526.26	67975.19	70784.33	67***.00
2021 年 6 月	70584.50	65326.60	62123.02	64894.44	67***.00
2021 年 7 月	72851.37	72977.16	63586.54	72669.79	80***.00
2021 年 8 月	81774.41	72387.63	67646.73	78494.37	81***.00
2021 年 9 月	87751.53	80510.15	77459.06	94830.67	88***.00
2021 年 10 月	59630.84	60179.14	58187.75	58588.48	63***.00
2021 年 11 月	65472.78	57715.90	61182.07	62002.16	

续表

时间	季节 ARIMA 模型	加法指数平滑法	时间序列分解法	加入虚拟变量的回归模型	实际销量
2021 年 12 月	36019.47	42650.76	44376.99	26555.97	
平均相对误差 /(%)	7.16	9.24	12.43	8.12	

由表 7-12 可知，季节 ARIMA 模型、加法指数平滑法、时间序列分解法和加入虚拟变量的回归模型的预测平均相对误差分别为 7.16%、9.24%、12.43% 和 8.12%，其中季节 ARIMA 模型的预测平均相对误差最小。基于此可知，采用季节 ARIMA 模型来预测玉溪(R)，结果较其他方法更接近实际销量。

(4) 玉溪(CK)。

采用四种预测方法(即季节 ARIMA 模型、加法指数平滑法、时间序列分解法和加入虚拟变量的回归模型)对玉溪(CK)在 2021 年 1 月至 12 月的销量进行预测，预测结果及平均相对误差如表 7-13 所示。

表 7-13　玉溪（CK）在四种预测方法下的结果及平均相对误差

销量单位：箱

时间	季节 ARIMA 模型	加法指数平滑法	时间序列分解法	加入虚拟变量的回归模型	实际销量
2021 年 1 月	8203.71	7134.32	7476.12	8009.86	91**.00
2021 年 2 月	2587.08	3116.18	3032.88	3343.55	34**.00
2021 年 3 月	4204.60	4361.96	3991.97	4500.60	38**.00
2021 年 4 月	3676.70	3707.11	4027.14	4336.36	36**.00
2021 年 5 月	3552.03	3537.72	4332.94	4350.49	30**.00
2021 年 6 月	3359.65	3423.32	4021.43	4125.03	35**.00
2021 年 7 月	4407.26	4223.91	3947.95	5047.03	41**.00
2021 年 8 月	3669.25	3734.20	4608.37	4890.20	41**.00
2021 年 9 月	3411.62	3467.22	4558.61	4797.77	39**.00
2021 年 10 月	2846.02	3063.72	4079.76	4507.48	28**.00
2021 年 11 月	2735.02	3190.45	4633.94	4730.19	
2021 年 12 月	-39.44	1642.06	2672.38	2676.47	
平均相对误差 /(%)	9.49	9.40	17.24	22.78	

从表 7-13 可以看出，加法指数平滑法的预测平均相对误差最小，为 9.40%，加法指数平滑法、时间序列分解法和加入虚拟变量的回归模型对玉溪(CK)进行预测的平均相对误差均较大，分别为 9.49%、17.24% 和 22.78%。基于此可知，采用加法指数平滑法对玉溪(CK)在 2021 年 1 月至 12 月进行预测，预测结果更接近实际销量。

2)竞品规格

(1)芙蓉王(Y)。

分别采用季节 ARIMA 模型、乘法指数平滑法、时间序列分解法和加入虚拟变量的回归模型来预测芙蓉王(Y)在 2021 年 1 月至 12 月的销量，不同预测方法的预测结果及平均相对误差如表 7-14 所示。

表 7-14 芙蓉王（Y）在四种预测方法下的结果及平均相对误差

销量单位：箱

时间	季节 ARIMA 模型	乘法指数平滑法	时间序列分解法	加入虚拟变量的回归模型	实际销量
2021 年 1 月	0.04	328488.36	286479.29	291296.30	401***.00
2021 年 2 月	137249.97	131138.14	130555.21	145087.60	133***.00
2021 年 3 月	128894.55	125076.80	120632.76	122899.12	125***.00
2021 年 4 月	121375.02	117810.49	114693.65	116528.28	117***.00
2021 年 5 月	124747.54	121287.16	120262.88	122598.78	118***.00
2021 年 6 月	123094.46	118248.96	114797.42	116173.49	118***.00
2021 年 7 月	131968.11	127761.86	120140.35	122544.65	130***.00
2021 年 8 月	132602.98	128713.65	126043.78	129554.15	135***.00
2021 年 9 月	151112.01	145411.14	142402.95	147665.65	150***.00
2021 年 10 月	111850.00	109569.85	109676.80	111827.65	112***.00
2021 年 11 月	116077.00	112854.34	114299.82	117223.65	
2021 年 12 月	55498.00	60254.56	73886.02	73071.82	
平均相对误差 /(%)	3.54	3.67	6.47	5.69	

如表 7-14 所示，采用季节 ARIMA 模型和乘法指数平滑法对芙蓉王(Y)销量进行预测，所得到的预测平均相对误差较小，分别为 3.54% 和 3.67%，其次是时间序列分解法和加入虚拟变量的回归

模型，分别为 6.47% 和 5.69%。基于此可知，采用季节 ARIMA 模型和乘法指数平滑法对芙蓉王(Y)进行预测，预测效果相差不大，其中季节 ARIMA 模型预测效果略好。

(2) 黄鹤楼(RL)。

分别使用四种预测方法来预测黄鹤楼(RL)在 2021 年 1 月至 12 月的销量，四种方法的预测结果及平均相对误差如表 7-15 所示。

表 7-15 黄鹤楼（RL）在四种预测方法下的结果及平均相对误差

销量单位：箱

时间	季节 ARIMA 模型	加法指数平滑法	时间序列分解法	加入虚拟变量的回归模型	实际销量
2021 年 1 月	170420.08	169075.97	123180.02	162436.44	195***.00
2021 年 2 月	20160.65	17518.29	49913.17	40746.79	62***.00
2021 年 3 月	40026.24	38897.85	48527.79	46313.26	43***.00
2021 年 4 月	72292.74	74428.99	51567.78	62543.77	46***.00
2021 年 5 月	58870.06	59424.49	50835.26	58455.98	43***.00
2021 年 6 月	51489.85	51610.51	49908.18	52937.69	39***.00
2021 年 7 月	59884.49	59720.93	52205.39	60642.75	58***.00
2021 年 8 月	59787.30	59545.41	53513.23	63045.55	62***.00
2021 年 9 月	67363.28	67780.20	57783.24	69364.15	68***.00
2021 年 10 月	42645.84	42807.41	42183.74	38689.34	49***.00
2021 年 11 月	30338.79	30006.85	38451.87	30250.45	
2021 年 12 月	16252.97	20332.77	29565.04	12677.60	
平均相对误差/(%)	23.03	24.31	17.85	19.11	

从表 7-15 可得，季节 ARIMA 模型、加法指数平滑法、时间序列分解法和加入虚拟变量的回归模型的预测平均相对误差分别为 23.03%、24.31%、17.85% 和 19.11%。基于此可知，采用时间序列分解法来预测黄鹤楼(RL)，预测效果较好。

(3) 南京(SECKY)。

分别采用季节 ARIMA 模型、乘法指数平滑法、时间序列分解法和加入虚拟变量的回归模型来预测南京(SECKY)在 2021 年 1 月至 12 月的销量，不同预测方法的预测结果及平均相对误差如表

7-16 所示。

表 7-16 南京（SECKY）在四种预测方法下的结果及平均相对误差

销量单位：箱

时间	季节 ARIMA 模型	乘法指数平滑法	时间序列分解法	加入虚拟变量的回归模型	实际销量
2021 年 1 月	42131.39	35525.34	30943.22	42819.28	51***.00
2021 年 2 月	9875.86	10295.12	12593.36	12710.60	14***.00
2021 年 3 月	12011.55	11534.39	12629.53	13945.26	13***.00
2021 年 4 月	11687.84	11433.05	12590.27	13785.51	12***.00
2021 年 5 月	12583.37	11912.56	12865.73	14532.63	11***.00
2021 年 6 月	12069.19	11325.55	12860.87	14129.40	10***.00
2021 年 7 月	14031.80	12649.45	14139.12	16430.73	13***.00
2021 年 8 月	13442.07	12174.26	14471.67	17014.50	14***.00
2021 年 9 月	15616.25	13784.70	16301.70	19198.04	14***.00
2021 年 10 月	7939.03	8016.68	10791.75	11174.82	79**.00
2021 年 11 月	4876.69	5812.26	10528.11	9422.32	
2021 年 12 月	−284.66	3093.29	5749.21	2440.58	
平均相对误差 /（%）	10.07	12.13	13.45	19.43	

从表 7-16 可以看出，采用季节 ARIMA 模型预测南京(SECKY)得到的预测平均相对误差最小，为 10.07%。由预测平均相对误差越小，预测效果越好可知，采用季节 ARIMA 模型来进行预测，所得到的预测效果更好。

3. 二类

1）主品规格

（1）云烟(XZYL)。

分别采用季节 ARIMA 模型、乘法指数平滑法、时间序列分解法和加入虚拟变量的回归模型来预测云烟(XZYL)在 2021 年 1 月至 12 月的销量，不同预测方法的预测结果及平均相对误差如表 7-17 所示。

表 7–17　云烟（XZYL）在四种预测方法下的结果及平均相对误差

销量单位：箱

时间	季节 ARIMA 模型	乘法指数平滑法	时间序列分解法	加入虚拟变量的回归模型	实际销量
2021 年 1 月	36155.39	49570.89	34600.01	48923.06	46***.00
2021 年 2 月	18316.61	23809.59	16705.98	23096.47	19***.00
2021 年 3 月	21999.95	28931.81	22140.07	28202.84	23***.00
2021 年 4 月	21001.40	27869.26	21515.81	27596.21	22***.00
2021 年 5 月	19697.96	26663.22	22558.17	27280.59	21***.00
2021 年 6 月	21111.63	27719.17	22720.79	27485.03	22***.00
2021 年 7 月	22391.40	29931.49	24844.32	29833.23	25***.00
2021 年 8 月	20363.27	27366.42	20362.93	28474.76	25***.00
2021 年 9 月	23113.23	30085.76	23401.55	30105.23	27***.00
2021 年 10 月	17505.27	23690.63	21382.30	25955.11	21***.00
2021 年 11 月	18241.40	24392.95	23556.58	26591.72	
2021 年 12 月	9981.61	21818.75	16422.17	19268.32	
平均相对误差 /（%）	12.17	16.87	9.71	17.59	

从表 7-17 可以看出，时间序列分解法的预测平均相对误差最小，其次是季节 ARIMA 模型，而加入虚拟变量的回归模型的预测平均相对误差为 17.59%，其值较其他三种方法略大。由预测平均相对误差越小，预测效果越好可知，时间序列分解法预测效果与其他三种方法相比较好。

（2）红河（AQ）。

分别采用季节 ARIMA 模型、加法指数平滑法、时间序列分解法和加入虚拟变量的回归模型来预测红河（AQ）在 2021 年 1 月至 12 月的销量，不同预测方法的预测结果及平均相对误差如表 7-18 所示。

表 7–18　红河（AQ）在四种预测方法下的结果及平均相对误差

销量单位：箱

时间	季节 ARIMA 模型	加法指数平滑法	时间序列分解法	加入虚拟变量的回归模型	实际销量
2021 年 1 月	5907.69	5493.75	7013.93	9059.73	57**.00
2021 年 2 月	2187.01	1712.22	3041.38	4019.62	21**.00

续表

时间	季节 ARIMA 模型	加法指数平滑法	时间序列分解法	加入虚拟变量的回归模型	实际销量
2021 年 3 月	2253.80	1674.51	3162.52	4160.66	20**.00
2021 年 4 月	2087.67	1368.93	2990.05	3782.77	20**.00
2021 年 5 月	2271.83	1448.01	3354.32	4045.25	16**.00
2021 年 6 月	2185.83	1285.22	3388.88	3894.27	14**.00
2021 年 7 月	2563.69	1485.39	2987.26	3895.15	21**.00
2021 年 8 月	2734.71	1538.57	3361.06	4120.64	19**.00
2021 年 9 月	2718.78	1518.00	3737.87	4005.92	18**.00
2021 年 10 月	2451.49	1180.98	3500.22	3541.81	13**.00
2021 年 11 月	2490.16	1140.65	3795.22	3592.04	
2021 年 12 月	1437.01	316.13	2354.76	1995.32	
平均相对误差 /(%)	30.21	17.77	78.66	113.21	

由表 7-18 可知，除加入虚拟变量的回归模型的预测平均相对误差大于 100% 外，其余三种预测方法的误差均小于 100%，其中采用加法指数平滑法来进行预测的平均相对误差最小，仅为 17.77%。由预测平均相对误差越小，预测效果越好可知，采用加法指数平滑法来预测红河(AQ)，结果较其他方法更接近实际销量。

2）竞品规格

(1）南京(XHM)。

分别使用四种预测方法来预测南京(XHM)在 2021 年 1 月至 12 月的销量，四种方法的预测结果及平均相对误差如表 7-19 所示。

表 7-19　南京（XHM）在四种预测方法下的结果及平均相对误差

销量单位：箱

时间	季节 ARIMA 模型	乘法指数平滑法	时间序列分解法	加入虚拟变量的回归模型	实际销量
2021 年 1 月	111801.70	125089.58	132383.76	161476.42	119***.00
2021 年 2 月	71594.15	69257.08	69692.10	77717.77	60***.00
2021 年 3 月	85176.40	80754.78	81673.31	92759.63	67***.00
2021 年 4 月	69347.50	67338.34	76618.76	81224.91	63***.00
2021 年 5 月	60384.27	60952.79	74109.55	77177.06	57***.00
2021 年 6 月	57540.80	59628.64	77974.70	77960.58	55***.00

续表

时间	季节 ARIMA 模型	乘法指数平滑法	时间序列分解法	加入虚拟变量的回归模型	实际销量
2021 年 7 月	63277.38	63929.51	79250.32	80050.18	66***.00
2021 年 8 月	61419.81	63598.75	77739.66	81601.68	70***.00
2021 年 9 月	66000.12	67552.07	84040.86	87378.47	71***.00
2021 年 10 月	45020.21	48756.14	64728.87	60120.33	54***.00
2021 年 11 月	44856.16	49103.77	65572.46	60884.12	
2021 年 12 月	24065.01	28530.08	41581.02	29680.40	
平均相对误差/(%)	11.27	8.92	20.32	27.29	

如表 7-19 所示，除了采用乘法指数平滑法对南京(XHM)进行预测的平均相对误差小于 10% 外，其余三种方法的预测平均相对误差均在 10% 以上，其中采用时间序列分解法和加入虚拟变量的回归模型来预测南京(XHM)在 2021 年 1 月至 12 月的销量得到的预测平均相对误差甚至在 20% 以上。由上述分析可知，采用乘法指数平滑法来对南京(XHM)的销量进行预测，得到的预测效果更好。

(2) 白沙(YJPSD)。

分别使用四种预测方法预测白沙(YJPSD)在 2021 年 1 月至 12 月的销量，四种方法的预测结果及平均相对误差如表 7-20 所示。

表 7-20　白沙（YJPSD）在四种预测方法下的结果及平均相对误差

销量单位：箱

时间	季节 ARIMA 模型	加法指数平滑法	时间序列分解法	加入虚拟变量的回归模型	实际销量
2021 年 1 月	31706.33	35370.61	47882.01	46453.28	32***.00
2021 年 2 月	18232.88	19038.80	21632.55	18915.63	14***.00
2021 年 3 月	18267.34	19055.29	25554.24	21324.09	16***.00
2021 年 4 月	17646.81	18017.42	26438.13	20577.82	17***.00
2021 年 5 月	16965.22	17790.52	30426.11	21515.30	17***.00
2021 年 6 月	15939.00	17245.01	31822.49	20498.90	14***.00
2021 年 7 月	20822.20	21625.24	36272.33	24104.70	20***.00
2021 年 8 月	19509.90	20711.98	30288.15	24005.52	20***.00

续表

时间	季节 ARIMA 模型	加法指数平滑法	时间序列分解法	加入虚拟变量的回归模型	实际销量
2021 年 9 月	21405.99	22839.96	32181.45	25311.68	19***.00
2021 年 10 月	18230.55	20004.83	27102.51	21937.76	16***.00
2021 年 11 月	18408.11	20454.43	26706.33	22311.72	
2021 年 12 月	12577.12	14020.90	19679.01	14633.91	
平均相对误差 /（%）	7.12	12.05	64.52	27.81	

如表 7-20 所示，采用季节 ARIMA 模型对白沙(YJPSD)在 2021 年 1 月至 12 月的销量进行预测所得到的预测平均相对误差最小，为 7.12%，其次是加法指数平滑法，为 12.05%，而时间序列分解法的预测平均相对误差最大，为 64.52%。由预测平均相对误差越小，预测效果越好可知，采用季节 ARIMA 模型对白沙(YJPSD)进行预测，其结果与其他方法相比更接近实际销量。

(3) 利群(XB)。

分别采用季节 ARIMA 模型、乘法指数平滑法、时间序列分解法和加入虚拟变量的回归模型来预测利群(XB)在 2021 年 1 月至 12 月的销量，不同预测方法的预测结果及平均相对误差如表 7-21 所示。

表 7-21　利群（XB）在四种预测方法下的结果及平均相对误差

销量单位：箱

时间	季节 ARIMA 模型	乘法指数平滑法	时间序列分解法	加入虚拟变量的回归模型	实际销量
2021 年 1 月	295317.54	235855.09	258259.62	253498.58	304***.00
2021 年 2 月	118311.41	107727.86	111872.13	119675.16	106***.00
2021 年 3 月	125081.36	113145.59	124471.88	125867.04	106***.00
2021 年 4 月	112000.44	104845.36	119271.77	120586.20	102***.00
2021 年 5 月	109387.52	105532.00	124719.20	126299.37	96***.00
2021 年 6 月	104185.93	103707.44	122158.02	119286.01	91***.00
2021 年 7 月	125851.65	120459.79	132460.79	130400.18	112***.00
2021 年 8 月	124575.68	119697.25	135059.45	134008.01	113***.00
2021 年 9 月	126235.05	120812.21	137893.52	137117.18	113***.00

续表

时间	季节 ARIMA 模型	乘法指数平滑法	时间序列分解法	加入虚拟变量的模型	实际销量
2021 年 10 月	95406.83	94139.15	107631.25	106039.85	82***.00
2021 年 11 月	106033.90	103279.12	115096.07	113816.68	
2021 年 12 月	74147.58	75514.54	81697.34	79340.85	
平均相对误差 /（%）	11.69	8.83	20.53	20.99	

从表 7-21 可以看出，使用乘法指数平滑法来对利群(XB) 进行预测，预测平均相对误差为 8.83%，与采用时间序列分解法来进行预测得到的平均相对误差小得多，说明采用乘法指数平滑法来对利群(XB) 在 2021 年 1 月至 12 月的销量进行预测得到的预测效果较好。

通过以上预测分析，从不同价区和不同规格下进行对比后可以发现，预测的准确性较高，预测效果较好。该机制涵盖了云产卷烟在 2021 年的多数重点规格，覆盖了高端一类、普一类及二类价区，无论从价区还是规格数量方面都是极为广泛的。系统操作流程较为简单易懂，进行维护时需要投入的人力物力较少。

7.4.2 预警机制的改进

在系统运行过程中，我们也发现一些需要改进的地方。

1）预警系统的数据更新难度大，相关问题较为复杂

（1）数据源不稳定：预警系统需要采用大量的数据来进行分析和预测，其中涉及零售户的相关销售数据，但由于下载数据的系统非我方自有系统，需借助外部平台进行下载，且外部平台也存在上传不及时的情况，因此，数据源不太稳定，有些数据比较难下载更新，如果数据源不足，将导致预警系统的数据难以更新。另外，预警系统的数据通常来自多个不同的来源，例如传感器、监测设备、数据库等。这些数据源的格式、结构和更新频率可能不同，导致数据整合和更新变得困难。

（2）数据质量不高：预警系统的数据质量对于准确预警至关重要。如果输入的数据质量不高，那么数据质量问题就可能导致数据更新困难。例如，数据缺失、错误或格式不一致性可能需要进行额外的处理和清洗，将影响预警系统的准确性和可靠性，从而影响数据的更新。

（3）技术支持不足：预警系统需要处理大量的数据，并且需要在实时或接近实时的速度下更新数据。这对数据存储、传输和处理的能力提出了挑战，特别是在大规模和高速的数据环境下，需要有强大的技术支持，如果技术支持不足，将影响预警系统的正常运行，从而影响数据的更新。

（4）数据更新成本高：因为预警系统需要不断更新数据，但数据的更新成本很高，例如需要不断收集和整理数据，需要雇用专业的数据分析师进行分析和预测，从而影响数据的更新。

（5）数据安全和隐私：预警系统的数据可能包含敏感信息，例如个人身份信息、商业机密等。因此，数据更新需要考虑数据安全和隐私保护的问题，例如数据加密、访问控制和数据脱敏等。

(6) 数据集成和共享：预警系统的数据可能需要与其他系统进行集成和共享，以实现更全面和准确的预警。然而，不同系统之间的数据集成和共享可能面临技术、标准和政策等方面的障碍，导致数据更新困难。

要解决预警系统数据难以更新的问题，可以采取以下措施。

①增加数据源：通过增加更多的数据源，可以提高预警系统的准确性和可靠性，从而更好地满足用户的需求。

②提高数据质量：通过提高数据质量，可以减小预警系统的误差和误报率，从而提高数据的准确性和可靠性；制定统一的数据格式和结构标准，以便不同数据源的数据可以进行有效的整合和更新。

③数据清洗和验证：对数据进行清洗和验证，以确保数据的准确性和一致性。可以使用数据清洗工具和算法来自动化这个过程。

④数据存储和处理优化：采用高效的数据存储和处理技术，例如分布式存储和计算系统，以提高数据更新的速度和效率。

⑤数据安全和隐私保护：采取适当的数据安全和隐私保护措施，例如数据加密、访问控制和数据脱敏等，以确保数据的安全性和隐私性。

⑥数据集成和共享机制：建立数据集成和共享机制，促进不同系统之间的数据交换和共享。可以制定数据共享协议和标准，以解决技术、标准和政策等方面的障碍。

2) 预警系统涉及的预警指标较多，可能出现预测偏差的问题

(1) 预警指标较多意味着需要处理大量的数据，包括收集、清洗、整理和分析等过程。这些过程需要耗费大量的时间和资源，增加了运算的复杂性，使得预警系统的运算时间过长，响应时间变慢。如果预警指标不准确或存在异常值，还会导致预警系统的预测结果出现偏差。

(2) 预警指标之间可能存在相关性，即某些预警指标之间存在因果关系。如果预警系统不能很好地处理这些相关性，将会导致预警指标之间的信息重叠和干扰，从而影响预警结果的准确性。

(3) 预警系统的算法和模型也会对预测偏差产生影响。即使预警系统采用了最先进的算法和模型，也可能会出现偏差，因为需要考虑不同指标之间的相关性和权重，以及如何将这些指标纳入预测模型中，这需要进行复杂的统计分析和模型选择，增加了预测偏差的可能性。因此，需要通过不断改进和优化算法和模型来减小预测偏差。

(4) 预测结果不一致：由于预警指标较多，每个指标可能会给出不同的预测结果。这些结果可能会相互矛盾，导致预测偏差的问题。例如，某些指标可能会预测出一个事件的发生，而其他指标可能会预测出相反的结果。这种情况下，需要进行权衡和综合考虑，以得出最终的预测结果。

为了解决预警指标较多导致运算复杂、出现预测偏差的问题，一般可以采取以下措施。

①筛选预警指标：根据实际需求和可靠性，选择一些关键的预警指标进行分析和预测。这样可以减少指标的数量，简化模型建立过程，并提高预测的准确性。

②优化数据处理过程：通过使用更高效的数据处理方法，如自动化数据清洗和整理工具，对输入的数据进行清洗和处理，去除异常值和错误数据，可以减少数据处理的复杂性和错误率，提高数

据的质量和准确性，减少预警系统出现偏差的可能性。

③优化算法和模型：采用更高效的算法和模型来提高预警系统的运算效率和准确性，或者使用多个模型进行预测，并综合考虑它们的结果。这样可以减少单个模型的预测偏差，建立综合预警模型来提高预警结果的准确性和可靠性。

④定期更新模型：由于市场环境和数据的变化，预警指标的有效性可能会发生变化。因此，需要定期更新模型，以适应新的情况和数据，减少预测偏差的可能性。

综上所述，预警指标较多可能会导致运算复杂，增加预测偏差的风险。但采取优化数据处理过程、精选关键指标、综合多个模型和定期更新模型等措施，可以减少这些问题的影响，提高预测的准确性。

3）预警信息的传播滞后或者反馈时间较长的问题

（1）传播渠道有限：预警信息只能通过有限的渠道进行传播，例如电子邮件、短信、电话等，这些渠道都有一定的延迟，相关部门或个人可能无法及时收到警报，从而延迟采取必要的行动。

（2）信息处理不及时：对预警信息需要进行及时处理，但是信息处理人员的处理可能不够及时，例如在信息较多时无法及时对所有信息进行分析和处理，导致预警信息传递和反馈不及时。

（3）缺乏协调和合作：预警信息的传播和反馈慢可能导致相关部门或个人之间的协调和合作不足。如果不同部门或个人无法及时共享和交流预警信息，可能会导致信息孤岛、信息断层等问题，从而影响应对措施的协调和效果。

预警信息的传播渠道和反馈效率可能会影响预警系统的效率和准确性，甚至可能导致预警系统失去作用。因此，需要采取以下措施来解决这个问题。

①增加传播渠道：投入更多资源和技术手段，通过增加预警信息的传播渠道，例如使用移动应用程序等，来扩大预警信息的覆盖面，并提高传播速度。

②畅通反馈渠道：通过加强宣传和告知，提高受众对反馈渠道的认识，并保持反馈渠道的畅通，例如设置自动回复电话、自动回复邮件等，以及时获取反馈信息。

③提高信息处理能力：通过增加信息处理人员、提高处理效率、优化处理流程等方式，提高预警系统的信息处理能力，及时对预警信息进行处理和响应。

④加强信息共享和协作机制：建立跨部门、跨地区的信息共享和协作机制，确保预警信息能够及时传递给相关部门和个人，并促进各方之间的协调和合作。

预警机制在各种领域中都有广泛的应用，如经济、金融、健康、环境等。有效性和持续改进是预警机制的关键问题，主要包含预警系统设计、数据质量、预测模型优化、预警响应策略、执行力评估、培训与意识、反馈与持续改进、法规与标准等方面。

①预警系统设计。

预警系统的设计应基于深入理解预警目标和要求，同时需要考虑系统的实时性、可扩展性、可靠性和稳定性。系统的设计应便于维护和升级，以应对未来可能出现的新情况和挑战。

②数据质量。

预警系统的数据质量直接影响了预警结果的准确性和有效性。需要确保数据来源的可靠性、数据清洗和处理的正确性、数据存储和访问的有效性。同时，要考虑数据的实时性和更新频率，以便及时反映最新的情况和变化。

③预测模型优化。

预测模型是预警系统的核心，模型的优化可以提高预警的准确性和效率。这可能涉及更新的模型算法、更精细的数据分析、更复杂的模型结构等。此外，也需要定期对模型进行评估和验证，以确保其有效性。

④预警响应策略。

预警响应策略应根据不同的预警级别和情况制定，明确什么级别的预警应采取什么样的响应措施。这需要考虑各种可能的预警情况，确定相应的响应流程和责任人。同时，需要定期评估响应策略的有效性，以便进行必要的更新和改进。

⑤执行力评估。

执行力评估是确保预警机制有效性的重要环节。需要对各项预警响应措施的执行情况进行定期的评估和检查，以确保措施的有效性和及时性。同时，对于执行过程中的问题和困难，应及时反馈并解决。

⑥培训与意识。

对预警机制的使用者和相关人员，应进行必要的培训和意识提升。这包括对预警系统的操作和维护进行培训，提升数据分析能力和理解力，增强对预警系统的重视等。通过培训和意识提升，可以增强相关人员对预警机制的熟练度和重视程度，从而提高预警机制的有效性。

⑦反馈与持续改进。

预警机制应建立有效的反馈机制，以便收集用户反馈信息、了解运行情况和发现问题。反馈信息可以帮助对预警机制进行持续的改进和优化，提高预警准确性和效率。同时，应积极关注领域内的新技术和新方法，及时引入并应用到预警机制中，以保持其先进性和有效性。

⑧法规与标准。

预警机制的建立和运行应遵守相关的法规和标准。需要了解并遵守国家和行业的相关规定，确保预警机制的合法性和合规性。同时，对于国际上通用的预警方法和标准，也应积极了解和应用，以便与国际接轨并提升交流合作。

总之，预警机制的有效性和持续改进涉及多个方面，如预警系统设计、数据质量、预测模型优化、预警响应策略、执行力评估、培训与意识、反馈与持续改进以及法规与标准等。关注这些方面，积极进行改进和优化，可以提升预警机制的有效性，为预防风险、保障安全做出更大的贡献。

第八章

08 卷烟产品预警机制分析及应对策略思考

8.1　基于市场表现的云产卷烟产品类型分类

参照赵果庆(2006)对产业部门群的研究，可以构建产品生命周期的划分方法。由于产品发展速度不同，各产品在同类产品中的地位和作用也会相应发生变化。从产品类的发展过程看，总是存在着处于进入期、成长期、成熟期和衰退期的各种产品。以该产品类所有产品的销量占产品类总销量的平均比重和总销量增长率作为参照系，那么处于不同生命周期的产品呈现出比较优势的周期特征。以坐标系中的每一个象限代表产品比较优势周期的一个阶段，各个象限的部门集合就形成了不同的产品群。

在卷烟的消费中，价格是影响消费者最重要的因素。烟草行业首先将卷烟产品按价格进行分类，同一价区的卷烟为一个类别。价区内各种品牌、规格的卷烟在消费市场上互相竞争，以求占据更大的市场份额，获得最大的利润。假设某一价类的卷烟共有 n 个规格，第 i 个规格第 t 年的卷烟年销量为 Q_i^t，第 t-1 年的卷烟年销量为 Q_i^{t-1}，则

$$\mathrm{MQ}_i^t=\frac{Q_i^t-Q_i^{t-1}}{\sum_i Q_i^t-\sum_i Q_i^{t-1}}$$

MQ_i^t 为第 i 个规格第 t 年对价类销量 Q^t(即 $\sum_i Q_i^t$)的边际贡献率，它度量了第 i 个卷烟规格的增量在价类总增量中所占的份额。边际贡献率越大，该第 i 个规格的卷烟销量增长越快。

$$\mathrm{AQ}_i^t=Q_i^t/Q^t$$

AQ_i^t 为第 i 个规格销量在价类总销量中的份额，它代表第 i 个规格第 t 年对价类销量的贡献。价类的增长率取决于价类弹性结构状态和增长率。一个价类的结构系数越大，增长率越高，那么，它对这一价类增长率贡献量就越大。第 i 个规格对价类总销量和价类销量的增量贡献表示了该规格的两种不同优势，这两种优势的组合确定一个产品(规格)的比较优势生命周期。

定义比较增长优势指标 CDA_i^t:

$$\mathrm{CDA}_i^t=\mathrm{MQ}_i^t-\mathrm{AQ}_i^{t-1}$$

当 $\mathrm{CDA}_i^t>0$ 时，表示第 i 个规格第 t 年的增量贡献率高于第 t-1 年的总量贡献率，即第 i 个规格第 t 年的销量增长率高于第 t 年价类总销量的增长率，具有比较增长优势。$\mathrm{CDA}_i^t<0$，表示该规格第 t 年的销量增长率低于价类销量增长率，不具有比较增长优势。

定义比较规模优势指标 CSA_i^t:

$$\mathrm{CSA}_i^t=\mathrm{AC}_i^t-100/n$$

其中，n 是价类中的规格数。如果 $\mathrm{CSA}_i^t>0$，则表示第 i 个规格第 t 年在价类中的份额超过平均水平，该规格具有比较规模优势。反之，则表示第 i 个规格不具有比较规模优势。

基于四象限的卷烟产品分类如下。

确定产品的比较优势周期需要建立一个坐标系来衡量各种产品在价类总销量中的地位和作用。这里以产品平均状态为参照系的坐标原点，采用比较增长优势和比较规模优势的组合划分产品的比较优势周期，如图 8-1 所示。

第 2 象限（$CDA_i > 0$，$CSA_i < 0$）进入规格	第 1 象限（$CDA_i > 0$，$CSA_i > 0$）成长规格
第 3 象限（$CDA_i < 0$，$CSA_i < 0$）收缩规格	第 4 象限（$CDA_i < 0$，$CSA_i > 0$）成熟规格

图 8–1 卷烟规格的 4 个类型

进入规格：$CDA_i > 0$，$CSA_i < 0$，位于第 2 象限。其规模比较小，尚未达平均规模，然而，其增长率比较高，呈现出强劲的发展优势。这些规格一般是当年上市的新规格，具有较好的发展潜力。

成长规格：$CDA_i > 0$，$CSA_i > 0$，位于第 1 象限。其平均贡献率和边际贡献率都呈递增态势，它既有比较规模优势，又有比较增长优势，因而它对整个价类的卷烟销量增长具有重要作用。这些规格的卷烟正处于扩张期或发展期。

成熟规格：$CDA_i < 0$，$CSA_i > 0$，位于第 4 象限。其增长速度已降至价类平均增长速度以下，平均贡献率在下降，但还高于平均水平，销量达至最大值后，会呈现出负增长。这些规格是价类里面的成熟规格，占有较大的份额。

收缩规格：$CDA_i < 0$，$CSA_i < 0$，位于第 3 象限。其既无增长优势，又无规模优势。它可能是部分新规格的起点，也可能是某些老规格的终点。

按照上述分类方式，结合市场状态表现，对2020年在售云产卷烟不同价类产品进行了分类研究。

8.1.1 云产卷烟 2020 年零售价区(800 元 / 条及以上)卷烟市场状态分类

云产卷烟 2020 年零售价区(800 元 / 条及以上)卷烟市场状态分类如表 8-1 所示。

表 8–1 云产卷烟 2020 年零售价区（800 元 / 条及以上）卷烟市场状态分类

序号	卷烟规格	2020 年销量 / 箱	2019 年销量 / 箱	CDA/（%）	CSA/（%）	象限
1	云烟（细支大重九）	6***.63	5***.04	0.42	0.96	1
2	玉溪（双中支翡翠）	2***.72	1***.2	1.8	−0.22	2
3	云烟（中支大重九）	16**.7	10**.78	1.2	−0.36	2
4	云烟（小云端）	19**.5	13**.35	0.98	−0.29	2
5	云烟（云端）	1**.87	2*.78	0.22	−0.8	2
6	红塔山（大师）	*.36	**.88	−0.1	−0.82	3
7	玉溪（硬庄园 16 支）	2*.38	9*.45	−0.21	−0.82	3
8	玉溪（中支华叶）	6**.81	6**.74	−0.38	−0.65	3
9	玉溪（软境界）	8**.32	1***.64	−0.67	−0.58	3
10	红河（道）	8**.7	1***.51	−0.85	−0.59	3
11	云烟(9＋1大重九）	13**.31	17**.95	−1.66	−0.46	3
12	云烟（软礼印象）	31**.82	35**.28	−2.13	0.03	4
13	云烟（软大重九）	27***.91	27***.46	−6.86	6.9	4

根据比较增长优势和比较规模优势指标，将超一类每个规格分为进入规格、成长规格、成熟规

格和收缩规格四大类。

成长规格:云烟(细支大重九)为成长规格,但增长优势仅为0.42%,与同价位竞品相比优势较小。

进入规格:玉溪(双中支翡翠)、云烟(中支大重九)、云烟(小云端)、云烟(云端)等为进入规格。这些规格具有比较增长优势,进入规格中规模都比较小,其当年的销量还未达到平均规模。

收缩规格:玉溪(硬庄园 16 支)、玉溪(中支华叶)、玉溪(软境界)、红河(道)、红塔山(大师)等为收缩规格,比较增长优势较弱,且 2020 年的销量规模也低于平均规模,警惕可能面临退市的风险。

成熟规格:云烟(软礼印象)、云烟(软大重九)等为成熟规格,这些规格比较增长优势不突出,但依然具有较大的市场份额。

8.1.2 云产卷烟 2020 年零售价区 [500,800)(单位:元 / 条)卷烟市场状态分类

云产卷烟 2020 年零售价区 [500,800)(单位:元 / 条)卷烟市场状态分类如表 8-2 所示。

表 8-2 云产卷烟 2020 年零售价区 [500,800)(单位:元 / 条)卷烟市场状态分类

序号	卷烟规格	2020 年销量 / 箱	2019 年销量 / 箱	CDA/(%)	CSA/(%)	象限
1	云烟(中支塞上好江南)	2**.54	1**.1	0.12	-1.01	2
2	云烟(黑金刚印象)	6***	2***.84	4.7	-0.41	2
3	云烟(印象)	5****.14	6***.6	-2.06	-0.49	3
4	玉溪(细支庄园)	3**.23	5**.98	-0.21	-0.99	3
5	玉溪(软小庄园)	**.26	5**.36	-0.61	-1.02	3
6	红河(硬 V8)	31**.96	38**.65	-1.32	-0.74	3

根据比较增长优势和比较规模优势指标,将高一类每个规格划分为进入规格、成长规格、成熟规格和收缩规格四大类。

成长规格:云产卷烟在该价类尚未出现成长型产品,竞品中以中华(双中支)、中华(细支)、利群(阳光橙中支)、南京(雨花石)、娇子(宽窄五粮浓香中支)、白沙(硬和气生财)为代表的 6 个规格均有较好的增长优势,处于第 1 象限。

进入规格:云烟(中支塞上好江南)、云烟(黑金刚印象)等规格为进入规格,这些规格具有比较增长优势,但规模较小有待于进一步的成长。

收缩规格:云烟(印象)、玉溪(细支庄园)、玉溪(软小庄园)、红河(硬 V8)规格为收缩规格,不具有比较增长优势,且当年的销量规模也低于平均规模,应加强市场培育,其中部分规格需警惕退市的风险。

成熟规格:云产卷烟在该价类没有成熟产品,但竞品中华(软)、黄鹤楼(软珍品)、贵烟(福)等规格经过多年的培育,已经具有一定的市场基础,成为成熟规格,虽然这些规格已经不再具有比较增长优势,但依然占有较大的市场份额。

8.1.3 云产卷烟 2020 年零售价区 [300,500)(单位:元 / 条)卷烟市场状态分类

云产卷烟 2020 年零售价区 [300,500)(单位:元 / 条)卷烟市场状态分类如表 8-3 所示。

表 8-3 云产卷烟 2020 年零售价区 [300，500)(单位：元 / 条)卷烟市场状态分类

序号	卷烟规格	2020 年销量 / 箱	2019 年销量 / 箱	CDA/(%)	CSA/(%)	象限
1	云烟(中支金腰带)	14***.53	11***.82	1.81	0.15	1
2	玉溪(中支和谐)	11***.73	9***.59	0.86	0.01	1
3	玉溪(细支 108)	4***.23	2***.15	1.15	-0.29	2
4	云烟(中支乌镇之恋)	2**.46	0	0.21	-0.48	2
5	玉溪(华叶)	1***.58	1***.92	0.09	-0.43	2
6	云烟(乌镇之恋)	0.03	**.77	-0.02	-0.49	3
7	云烟(74 mm 香格里拉)	**.24	1**.01	-0.09	-0.49	3
8	云烟(雪域)	2**.39	4**.3	-0.16	-0.48	3
9	云烟(软印象烟庄)	5***.47	5***.32	-0.18	-0.23	3
10	玉溪(清香世家)	*.38	4**.25	-0.33	-0.49	3
11	云烟(软珍红钻)	1***.86	1***.14	-0.38	-0.45	3
12	云烟(印象烟庄)	3***.07	3***.8	-0.53	-0.34	3
13	云烟(神秘花园)	5***.85	8***.23	-2.5	-0.23	3
14	玉溪(108)	9***.76	14***.81	-4.74	-0.09	3
15	玉溪(中支阿诗玛)	12***.57	15***.23	-3.12	0.04	4
16	玉溪(硬和谐)	31***.1	34***.45	-3.27	0.91	4

根据表 8-3 的计算结果,将中一类所有的在销规格分为进入规格、成长规格、成熟规格和收缩规格四大类。

成长规格:云烟(中支金腰带)和玉溪(中支和谐)为成长规格,但增长优势微弱,需要继续提升市场认知度和接受度,打造成云产卷烟在该价位的主力产品。

进入规格:玉溪(细支 108)、云烟(中支乌镇之恋)、玉溪(华叶)等规格为进入规格。这些规格具有比较增长优势,但规模都比较小,其当年的销量还未达到平均规模,急需调整产品布局策略,为该价位提供规模贡献。

收缩规格:云烟(乌镇之恋)、云烟(雪域)、云烟(软印象烟庄)、玉溪(清香世家)、云烟(软珍红钻)、云烟(神秘花园)、玉溪(108)等为收缩规格,不具有比较增长优势,且当年的销量规模也低于平均规模,应加强市场培育,其中部分规格需警惕退市的风险。

成熟规格:玉溪(中支阿诗玛)、玉溪(硬和谐)等为成熟规格,这些规格比较增长优势已经不突出,但依然占有一定的市场份额,应注重市场状态跟踪,保持现有份额。

8.1.4　云产卷烟 2020 年零售价区 [180，260)（单位：元 / 条）卷烟市场状态分类

云产卷烟 2020 年零售价区 [180，260)（单位：元 / 条）卷烟市场状态分类如表 8-4 所示。

表 8-4　云产卷烟 2020 年零售价区 [180，260)（单位：元 / 条）卷烟市场状态分类

序号	卷烟规格	2020 年销量 / 箱	2019 年销量 / 箱	CDA/（%）	CSA/（%）	象限
1	云烟（小熊猫家园）	63***.52	44***.79	2.93	0.3	1
2	玉溪（创客）	43***.66	34***.05	1.34	0.1	1
3	云烟（呼伦贝尔碧草云天）	2***.32	2***.84	0.06	−0.3	2
4	云烟（软珍品红韵）	12***.82	9***.13	0.31	−0.21	2
5	玉溪（软初心）	12***.6	9***.94	0.37	−0.21	2
6	玉溪（软尚善）	32***.03	29***.12	0.33	0	2
7	玉溪（鑫中支）	1***.41	0	0.28	−0.31	2
8	云烟（84 mm 细支雪域）	6**.84	1***.13	−0.1	−0.32	3
9	云烟（绿呼伦贝尔）	2***.84	2***.42	−0.16	−0.31	3
10	玉溪（细支初心）	16***.54	20***.16	−0.99	−0.16	3
11	玉溪（细支清香世家）	20***.26	24***.28	−0.99	−0.13	3
12	玉溪（细支阿诗玛）	5***.56	6***.69	−0.34	−0.27	3
13	玉溪（软阿诗玛）	18***.03	21***.21	−0.8	−0.15	3
14	玉溪（高配版）	27***.69	30***.7	−0.9	−0.05	3
15	云烟（细支珍品）	36***.55	39***.3	−0.94	0.03	4
16	云烟（软珍品）	625***.24	621***.7	−5.77	5.84	4
17	玉溪（初心）	39***.12	45***.47	−1.51	0.07	4
18	玉溪（硬）	131***.03	139***.13	−3.02	0.97	4
19	玉溪（软）	983***.61	993***.18	−12.19	9.38	4

根据表 8-4 中的计算结果，将普一类所有的在销规格分为进入规格、成长规格、成熟规格和收缩规格四大类。

成长规格：云烟（小熊猫家园）和玉溪（创客）为成长规格但增长幅度较低，远低于竞品的天子（中支）、利群（楼外楼）、贵烟（跨越）、黄鹤楼（硬奇景）、娇子（宽窄好运细支）等，这些竞品的比较增长优势比较明显。

进入规格：玉溪（软初心）、玉溪（软尚善）、玉溪（鑫中支）、云烟（软珍品红韵）、云烟（呼伦贝尔碧草云天）等规格为进入规格。这些规格具有比较增长优势，但规模都比较小，当年的销量还未达到平均规模。

收缩规格：云烟（84 mm 细支雪域）、云烟（绿呼伦贝尔）、玉溪（细支初心）、玉溪（细支清香世家）、玉溪（细支阿诗玛）、玉溪（软阿诗玛）、玉溪（高配版）等规格为收缩规格，不具有比较增长优势，且前一年的销量规模也低于平均规模，应加强市场培育，其中部分规格需警惕退市的风险。

成熟规格：云烟（细支珍品）、玉溪（硬）、玉溪（软）、玉溪（初心）、云烟（软珍品）等规格为成熟规格，这些规格已经不再具有比较增长优势，但依然占有较大的市场份额。其中玉溪（软）比较增长优势最差，表明市场份额出现较大幅度的下降，处于竞争的不利地位。

8.1.5 云产卷烟 2020 年二类烟卷烟市场状态分类

云产卷烟零售价区 [130,180)（单位：元 / 条）的卷烟市场状态如表 8-5 所示。

表 8-5 云产卷烟 2020 年零售价区 [130，180）（单位：元 / 条）的卷烟市场状态

序号	卷烟规格	2020 年销量 / 箱	2019 年销量 / 箱	CDA/（%）	CSA/（%）	象限
1	云烟（硬云龙）	92***.76	72***.06	1.98	0.36	1
2	云烟（细支云龙）	249***.17	216***.11	2.24	2	1
3	红塔山（硬传奇）	22***.31	16***.2	0.59	−0.38	2
4	红塔山（硬恭贺新禧）	11***.74	8***.13	0.32	−0.49	2
5	红塔山（细支传奇）	35***.65	29***.22	0.44	−0.24	2
6	红河（硬 99）	37***.51	29***.56	0.79	−0.22	2
7	红河（软 99）	52***.02	33***.3	2.31	−0.06	2
8	红河（A7）	38***.41	46***.43	−1.68	−0.21	3

利用比较增长优势和比较规模优势，确定每一个规格当前所处的产品生命周期，二类烟所有的在销规格被分为进入规格、成长规格、成熟规格和收缩规格四大类。

成长规格：云烟（细支云龙）和云烟（硬云龙）为成长规格，其比较增长优势和比较规模优势在该价位段均较高。

进入规格：红塔山（硬传奇）、红塔山（硬恭贺新禧）、红塔山（细支传奇）、红河（硬 99）、红河（软 99）等 5 个规格为进入规格。这些规格具有比较增长优势，但比较增长优势均较低。

收缩规格：红河（A7）为收缩规格，不具有比较增长优势，且前一年的销量规模也低于平均规模，应加强市场培育。

8.2 卷烟产品销量预测预警系统应用

卷烟产品销量预测预警系统，势必成为烟草行业中不可或缺的角色，并将在该行业中得以广泛应用。卷烟产品销量预测预警系统基于先进的人工智能技术和大数据分析算法，能够准确预测卷烟产品销量，并及时发出预警，帮助企业进行精细化管理和决策，提升销售效益。

随着社会经济的发展，卷烟行业竞争日益激烈，市场需求日新月异。传统的销售预测方法往往依赖经验判断和统计分析，无法准确预测未来销售情况。而卷烟产品销量预测预警系统通过整合多源数据，包括历史销售数据、市场环境数据、消费者行为数据等，建立了强大的销售预测模型。系统能够分析各种因素对销量的影响，并给出准确的销售预测结果。

卷烟产品销量预测预警系统的应用带来了许多益处。首先,系统能够帮助企业准确把握市场需求,合理安排生产和物流,避免过剩或缺货的情况发生。其次,系统能够提前发现销售异常情况,如销售量突然下滑或超出预期,为企业决策者提供及时的预警信息,使其能够迅速调整销售策略和市场推广活动,提高销售业绩。

此外,卷烟产品销量预测预警系统还具备数据可视化和智能分析功能。通过直观的图表和报表展示,企业管理者可以清晰地了解各个市场和渠道的销售情况,做出更准确的决策。同时,系统还能够根据历史数据和市场趋势进行智能分析,给出销售增长的潜力和风险评估,为企业提供更全面的市场洞察结果。

卷烟产品销量预测预警系统的应用已经在一些烟草企业中取得了显著的成效。通过系统的帮助,企业能够更加精确地把握市场需求,提前做好生产和销售准备,降低库存风险和损失。同时,通过及时预警和智能分析,企业能够更加灵活地调整销售策略,提高销售业绩和市场竞争力。

卷烟产品销量预测预警系统的应用无疑为烟草行业带来了新的管理理念和方法。随着技术的不断进步和应用场景的扩展,相信这一系统将在更多的企业中得到应用,为烟草行业的发展注入新的动力。

8.2.1　卷烟产品销量预测预警系统未来可能的应用范围

卷烟产品销量预测预警系统通过集成传感器、监测设备和智能算法,实现对生产过程中异常情况的实时监控和预警,从而提高生产线的安全性和生产效率,同时,系统的应用可以帮助卷烟企业更好地了解市场需求和销售趋势,提前做出决策和调整。以下是卷烟产品销量预测预警系统的应用范围。

(1) 销售趋势预测:通过收集和分析历史销售数据、市场趋势和消费者行为等信息,卷烟产品销量预测预警系统可以预测未来销售趋势。这有助于卷烟企业确定合理的生产计划、库存管理和供应链策略,以满足市场需求,避免库存积压和供应不足的问题。

(2) 促销策略优化:卷烟产品销量预测预警系统可以提供关于促销策略的信息。通过卷烟产品销量预测预警系统,卷烟企业可以了解销售情况和市场反馈,及时调整促销策略,如定价、包装、促销活动等,以提高产品的市场竞争力和销售效果。

(3) 市场竞争分析:卷烟产品销量预测预警系统可以帮助企业进行市场竞争分析。通过卷烟产品销量预测预警系统,企业可以及时了解竞争对手的销售情况、市场份额和市场策略,从而调整自身的市场定位和策略,提高竞争力。

(4) 库存管理优化:卷烟产品销量预测预警系统可以帮助企业优化库存管理。通过预测销售趋势和及时发现销售异常,企业可以合理安排库存,避免库存积压或产品断货的问题。这有助于降低库存成本,提高资金利用率。

(5) 新品开发与上市:卷烟产品销量预测预警系统可以为新品开发和上市提供支持。通过卷烟产品销量预测预警系统,企业可以了解市场需求和消费者反馈,为新品的开发和上市提供依据和指导。这有助于减少新品失败的风险,提高新品的市场成功率。

卷烟产品销量预测预警系统的应用可以帮助卷烟企业预测销售趋势、优化促销策略、进行市场竞争分析、优化库存管理等，从而提高销售效果、降低风险，并取得竞争优势。随着技术的不断进步和数据的增加，卷烟产品销量预测预警系统将进一步提升其准确性和实用性，为卷烟企业带来更大的益处。

8.2.2 卷烟产品销量预测预警系统在卷烟行业各环节中的作用

卷烟产品销量预测预警系统基于大数据和机器学习算法，通过分析历史销售数据、市场环境因素、消费者行为等多个维度的信息，能够准确地预测未来一段时间内的销量走势。系统可以根据不同的参数设置，实时监测销售情况并生成预警信号，帮助企业及时调整生产计划和供应链管理，以最大限度地满足市场需求。

卷烟产品销量预测预警系统的应用在卷烟生产环节中具有重要意义。通过准确预测销量，企业可以合理安排生产计划，避免因过多或过少的生产而导致资源浪费。此外，系统还可以根据销量预测结果，提供库存管理建议，帮助企业避免库存积压或供应不足的情况，提高销售效率和利润。

在卷烟销售环节中，卷烟产品销量预测预警系统也发挥着重要作用。通过准确预测销量，企业可以更好地制定销售策略，合理安排促销活动和渠道分配，提高销售额和市场份额。此外，系统还可以根据销量预测结果，为销售人员提供精准的销售目标和指导，提高销售团队的工作效率和业绩。

卷烟产品销量预测预警系统的应用不仅提高了企业的销售管理水平，还有助于行业的发展和升级。通过对销售数据的分析和挖掘，系统可以发现消费者的购买习惯和偏好，为企业提供产品研发和市场推广的参考意见。此外，系统还可以实时监测市场变化和竞争情况，帮助企业及时调整销售策略和市场定位，增强市场竞争力。

综上所述，卷烟产品销量预测预警系统的应用为卷烟行业带来了许多好处。它不仅能够准确预测销量，帮助企业做好库存管理和生产计划，还能提供销售管理和市场分析的参考意见，促进卷烟行业的发展和升级。相信随着科技的不断进步，卷烟产品销量预测预警系统将会在卷烟行业中得到更广泛的应用和推广。

8.3 卷烟产品市场状态评价及应对策略

8.3.1 健康意识提升对市场的冲击

对于许多消费者来说，吸烟已经成为一种习惯和生活方式。然而，随着社会的进步和人们健康意识的增强，卷烟市场正面临着许多挑战和变化。近年来全球范围内对吸烟的限制和控制政策越来越严格，许多国家和地区对公共场所的吸烟进行了禁止或限制。此外，卷烟产品在广告和促销方面也受到限制，使得市场宣传的渠道变得更加有限。这一趋势对卷烟产品的销售和消费带来了很大的压力。许多国家和地区已经实施了公共场所禁止或限制吸烟措施，旨在保护非吸烟者的健康和减少吸烟相关疾病的发生率。

科学研究不断揭示吸烟与多种疾病之间的关联，这进一步加深了人们对吸烟危害的理解。根据世界卫生组织的数据，吸烟是导致全球范围内肺癌和心脏病的主要危险因素之一。这些科学证据的出现，使得更多人开始认识到吸烟对健康的潜在风险，并采取积极的行动来减少吸烟。

近年来，全球范围内的健康倡导活动和政府的各项措施都致力于提高公众对吸烟危害的认知度。例如，各国纷纷推出烟草控制政策，限制烟草广告、提高烟草税收，以及加强对未成年人购买烟草产品的管控等。这些措施不仅加大了对吸烟的监管力度，也进一步增强了人们对吸烟危害的认识。随着吸烟限制政策的普及，越来越多的公共场所，如办公楼、餐厅、咖啡馆等，已成为无烟区域。这使得吸烟者在这些场所内吸烟变得更加困难，他们只能在指定的吸烟区域或户外区域吸烟。这种限制使得吸烟者的选择范围变小，也让他们更加意识到吸烟对他人健康的影响，从而有助于减少吸烟的行为。

卷烟产品在广告和促销方面也受到了限制。许多国家和地区已经禁止在电视、广播、报纸等媒体上投放卷烟广告，以防止向公众传播吸烟的正面形象。卷烟品牌也面临着限制，不得使用明显的品牌标识或吸引未成年人的包装设计。这些限制使得卷烟企业在市场宣传方面的渠道变得更加有限，带来了挑战。

卷烟税的增加也是吸烟限制政策的一部分。许多国家通过提高卷烟税来抑制吸烟行为，以减少吸烟者的数量。高额的卷烟税使得卷烟价格上涨，这对于一些吸烟者来说可能是一种经济负担，也可能会引导他们减少吸烟或者戒烟。

为了适应这一变化，卷烟市场不得不进行调整和创新。一些烟草公司开始转型，推出低焦油、低尼古丁的产品，以满足那些仍然选择吸烟的消费者需求。同时，一些公司也加大了对其他烟草替代品的研发和推广力度，如电子烟、烟草加热不燃烧产品等。这些新型产品相对传统卷烟来说，被认为具有更低的危害性，因此更符合健康意识提升后消费者的需求。

综合以上来讲，全球范围内对吸烟的限制和控制政策的加强使得卷烟产品的销售和消费面临着许多挑战。在公共场所的吸烟限制、广告和促销的限制以及卷烟税的增加等措施，都在一定程度上影响了卷烟市场的发展。随着吸烟意识的不断提高和吸烟限制政策的进一步加强，我们可以预见，卷烟行业将面临更多的挑战和变革。

8.3.2　卷烟产品应对市场的策略浅述

1. 另辟蹊径的对应策略

一些公司也在开拓电子烟等替代品市场，以寻求新的发展机遇。随着社会的发展和人们健康意识的不断提高，传统烟草行业面临着越来越多的挑战。为了适应市场需求的变化，一些公司开始转型，将目光投向了电子烟等替代品市场。

电子烟作为一种新型的吸烟产品，以其相对较低的有害物质含量和更少的二手烟排放而备受关注。与传统香烟相比，电子烟不燃烧烟草，而是通过加热液体产生的蒸气来提供烟感和满足吸烟欲望。这使得电子烟成为一种更为健康和环保的选择。

许多公司看到了电子烟市场的巨大潜力，纷纷加入这一领域的竞争中。它们通过研发创新的产品、提升用户体验感以及开拓新的销售渠道等方式，争夺市场份额和用户口碑。一些公司还与科研机构合作，加强对电子烟产品的研发和安全性评估，以确保产品的质量和安全性。

除了电子烟，一些公司还探索其他替代品市场，如口嚼烟、尼古丁贴片等。这些替代品可以满足吸烟者的尼古丁需求，同时减少对身体的伤害。这些公司通过不断创新和改进产品，为吸烟者提供更多选择，帮助他们逐渐戒掉传统香烟的习惯。

然而，电子烟等替代品市场也面临着一些挑战和争议。一方面，有人担心电子烟会成为青少年吸烟的入门工具，导致吸烟率上升。另一方面，一些国家和地区对电子烟的监管政策较为严格，限制了其市场发展。此外，替代品的安全性和长期影响还需要进行更多的科学研究和监测。

尽管如此，许多公司仍然看好电子烟等替代品市场的前景，并愿意投入资源和精力进行研发和市场拓展。他们相信，随着人们对健康的关注程度不断提升，电子烟等替代品将成为未来吸烟市场的主流产品。

2. 加强品牌建设和营销推广

作为卷烟行业的一员，我们认为品牌建设和营销推广对于企业的发展至关重要。品牌是企业的核心竞争力，它不仅能够帮助企业树立良好的形象，还能够在激烈的市场竞争中脱颖而出。

首先，卷烟企业需要通过品牌定位来明确自身的市场定位和目标消费群体。品牌定位是指企业通过产品特点、定价、服务等方面来确定自己在消费者心目中的位置。例如，某些卷烟品牌定位为高端奢华，注重品质和口感；而另一些品牌则定位为平价实惠，注重性价比。通过准确的品牌定位，企业能够更好地满足消费者的需求，提升产品的市场竞争力。

其次，品牌形象的塑造也是卷烟企业不可忽视的一环。品牌形象包括品牌的视觉形象、品牌的文化内涵和品牌的声誉等方面。卷烟企业可以通过设计独特的包装和标识来提升产品的辨识度和美感，进而增强消费者对品牌的好感度。此外，企业还应注重品牌文化的传播，通过传递品牌的价值观和理念，吸引更多的消费者共同认同和支持。

品牌传播是卷烟企业提升品牌认知度和影响力的重要手段。企业可以通过广告、促销、公关等多种渠道来进行品牌传播。例如，通过在电视、网络等媒体上发布广告，企业能够将品牌形象和产品特点传递给更多的消费者。促销活动则能够吸引消费者的注意，增加产品的销量。此外，与媒体和公众的良好关系也能够为品牌传播提供有力支持，例如通过赞助活动、公益事业等方式来提升品牌形象。

通过明确的品牌定位、独特的品牌形象塑造进行广泛的品牌传播，卷烟企业能够提升消费者对自身产品的认知和好感度，进而增加销量，获得更好的市场竞争力。

3. 加强科技创新和生产技术的提升

随着社会的发展和科技的进步，各行各业都面临着日新月异的变化和挑战。卷烟行业作为一个传统的行业，也需要不断加强科技创新和生产技术的提升，以适应市场的需求变化，并保持竞争优势。

科技创新是卷烟行业保持竞争优势的重要手段。通过引进先进的生产设备和技术，卷烟企业可以提高产品的质量和生产效率，降低生产成本，从而提升企业的竞争力。例如，引入自动化生产线、智能化设备以及信息化管理系统，可以提高生产效率，减少人为错误，提高产品质量的稳定性。同时，科技创新还可以帮助卷烟企业解决环境污染、能源消耗等问题，实现可持续发展。

除了生产技术的提升，科技创新还可以帮助卷烟企业研发新型的卷烟产品，满足消费者对个性化、高品质产品的需求。随着健康意识的提高，消费者对卷烟产品的需求也在发生变化。卷烟企业可以通过科技创新，研发低焦油、低尼古丁、低一氧化碳的卷烟产品，以减少对人体的危害。同时，也可以通过科技创新开发具有特殊功能的卷烟产品，如添加营养成分、改善烟气味道等，满足不同消费者的需求。

然而，卷烟行业在加强科技创新和生产技术提升时也面临一些挑战。首先是技术引进和创新能力的不足。卷烟企业需要加强与科研机构和高校的合作，引进先进的技术和设备，并培养具备创新能力的人才。其次是资金投入的压力。科技创新需要大量的资金投入，卷烟企业需要在提升科技创新能力的同时，合理规划资金使用，确保科技创新的顺利进行。此外，还需要推进相关法规的制定和监管，建立健全的科技创新保护机制，为卷烟企业提供良好的创新环境和市场秩序。

简而言之，卷烟行业需要加强科技创新和生产技术的提升，以适应市场的需求变化，保持竞争优势。通过科技创新，卷烟企业可以提高产品质量和生产效率，研发新型的卷烟产品，满足消费者的需求。然而，在加强科技创新和生产技术提升的过程中，卷烟企业也需要面对一些挑战，需要加强合作，合理规划资金使用，并推进相关法规的制定和监管，为科技创新提供良好的环境和保护机制。

4. 加强与政府的合作与沟通

卷烟行业作为一个重要的商业领域，对经济发展有着巨大的贡献，同时面临着许多挑战和责任。在这个充满竞争和监管的环境中，与政府的合作与沟通显得尤为重要。

首先，卷烟行业需要与政府加强合作，以确保符合国家的法律法规和政策要求。政府作为行业的监管者，对卷烟行业的生产、销售和消费等方面都有一定的控制权。与政府密切合作，可以帮助卷烟企业及时了解并遵守相关法律法规，避免违规行为的发生，维护行业的健康发展。

其次，卷烟行业需要与政府进行有效的沟通，共同解决行业面临的问题。卷烟行业的发展离不开政府的政策支持和指导，而政府也需要了解行业的需求和困难。通过建立定期的沟通机制，卷烟企业可以向政府反映行业的意见和建议，政府也可以及时了解行业的动态和需求，以便更好地制定相关政策和措施，促进行业的可持续发展。

此外，卷烟行业还需要与政府共同合作，推动行业的规范化和可持续发展。随着社会对健康的关注度不断提高，卷烟行业面临着更多的挑战和责任。通过与政府合作，可以加强对卷烟产品的监管，推动行业向更加环保和健康的方向发展。政府可以通过制定相关法律法规和标准，引导企业进行技术创新和产品升级，提高产品的质量和安全性，减少对环境和人体的负面影响。

卷烟行业与政府的合作与沟通是行业发展的重要保障。只有通过与政府密切合作，共同解决问题，推动行业的规范化和可持续发展，卷烟行业才能在激烈的市场竞争中立于不败之地，为社会经济发展做出更大的贡献。

8.4 卷烟产品自动化预警系统的思考

卷烟产品自动化预警系统，为烟草行业注入新活力。随着社会的发展和人们生活水平的提高，卷烟作为一种消费品，一直在人们生活中扮演着重要的角色。然而，卷烟销售也面临着一系列的挑战和问题。为了更好地管理和监控卷烟销售，提高烟草行业的效益，促进烟草行业的可持续发展，卷烟产品自动化预警系统应运而生，也将趁势而上。关于系统建设或引入需要进行的思考如下。

8.4.1 卷烟产品自动化预警系统的投资与回报问题

自动化预警系统是一种基于人工智能技术的智能化监控系统，可以实时监测和分析各种风险和异常情况。它在识别潜在问题和及时采取行动方面发挥着重要作用。然而，对于企业来说，引入和维护这样的系统也需要投入大量的资金和资源。因此，如何权衡投资与回报成为企业决策者面临的重要问题。特别是针对烟草行业，牵一发动全身，需进行详细的成本效益分析和实地调研，综合通盘考虑之后方可行之。

第一，企业应该明确卷烟产品自动化预警系统的目标和预期效益。卷烟产品自动化预警系统可以帮助企业提高生产效率、降低成本、减少风险等，但不同企业的需求和期望可能有所不同。因此，企业在引入卷烟产品自动化预警系统之前，应该明确自己的目标，并评估卷烟产品自动化预警系统能够为其带来的具体效益。

第二，企业需要考虑卷烟产品自动化预警系统的投资成本。卷烟产品自动化预警系统的引入和维护都需要一定的资金和资源投入。企业需要评估卷烟产品自动化预警系统的采购成本、安装费用、培训费用以及后期维护和升级的费用等。同时，还需要考虑卷烟产品自动化预警系统的使用寿命和更新换代的周期，以便更好地估计总体投资成本。

第三，企业应该评估卷烟产品自动化预警系统带来的回报。回报可以从多个方面来评估，包括生产效率的提升、风险的降低、成本的节约等。企业可以通过对过去的数据进行分析，估计卷烟产品自动化预警系统的潜在效益。此外，还可以参考其他企业的案例和经验，了解卷烟产品自动化预警系统在实际应用中带来的效果。

第四，企业需要进行投资回报率的计算和比较。投资回报率是衡量投资效益的重要指标，可以帮助企业判断卷烟产品自动化预警系统是否值得投资。企业可以将卷烟产品自动化预警系统的预期效益与投资成本进行对比，计算投资回报率。同时，还可以将不同卷烟产品自动化预警系统的投资回报率进行比较，选择最适合自己的系统。

总而言之，企业在引入卷烟产品自动化预警系统时，需要权衡投资与回报。明确目标和预期效益，评估投资成本和回报，进行投资回报率的计算和比较，可以帮助企业做出明智的决策。卷烟产品自动化预警系统的引入可以提高企业的风险应对能力和管理效率，为企业带来长期的价值和竞争优势。

8.4.2　卷烟产品自动化预警系统的未来期望值

自动化预警系统在现代社会中扮演着至关重要的角色，它能够帮助企业和组织及时识别潜在的风险和危机，并采取相应的措施以降低损失。随着科技的不断进步和人工智能的快速发展，自动化预警系统的未来前景令人充满期待。

首先，随着大数据技术的不断成熟和普及，自动化预警系统将能够更加准确地分析和预测潜在的风险。通过收集和分析大量的数据，系统可以识别出隐藏在海量信息中的规律和趋势，从而提前发现潜在的危险信号。这将帮助企业更好地应对各种风险，减少损失。

其次，随着人工智能技术的不断进步，自动化预警系统将能够实现更高级别的自主决策和操作。目前的自动化预警系统主要依靠预设的规则和模型进行预警，但未来的系统将具备更强的智能化能力，能够自主学习、自主判断和自主行动。这将使得系统能够更好地适应复杂多变的环境，并做出更加准确和有效的决策。

再次，随着物联网技术的发展，自动化预警系统将能够与更多的设备和传感器进行连接，实现更广泛的监测和预警。例如，通过与智能家居设备相连，系统可以及时发现家庭中的安全隐患；通过与工业设备相连，系统可以实时监测生产过程中的异常情况。这将使得预警系统的覆盖范围更广，能够应对更多的风险和危机。

最后，随着人们对安全和风险意识的提高，自动化预警系统的市场需求也将不断增加。各行各业都对自动化预警系统有着迫切的需求，包括金融、交通、医疗等领域。因此，未来自动化预警系统的市场潜力巨大，并将成为一个非常有前景的发展领域。

自动化预警系统作为一种重要的风险管理工具，在未来具备广阔的发展前景。随着科技的进步和人工智能的发展，我们可以期待自动化预警系统能够更加准确、智能和全面地帮助企业和组织预测和应对风险，为社会的稳定和安全做出更大的贡献。

回到卷烟行业，对未来自动化预警系统在烟草行业中的期望可能会表现在以下方面。

①卷烟产品自动化预警系统的未来期望值在于提高生产效率。传统的卷烟生产过程中，由于人为操作的不确定性和限制，往往存在着生产效率低下的问题。而卷烟产品自动化预警系统通过实时监测和分析数据，可以迅速发现生产过程中的异常情况，并及时预警，从而减少生产线停机时间，提高生产效率。

②卷烟产品自动化预警系统的未来期望值在于提高产品质量。卷烟生产过程中，可能存在着产品瑕疵、异物混入等问题，这些问题不仅影响产品质量，还可能对消费者的健康带来潜在风险。而卷烟产品自动化预警系统可以通过对生产过程中的关键环节进行监测和预警，及时发现问题并采取相应措施，从而提高产品质量，保障消费者的权益。

③卷烟产品自动化预警系统的未来期望值还在于降低生产成本。传统的卷烟生产过程中，人工操作不仅存在着一定的人力成本，还可能因为人为的误操作导致生产线停机等问题，增加了生产成本。而卷烟产品自动化预警系统可以减少人为操作的干预，降低生产成本，提高生产效益。

卷烟产品自动化预警系统作为一种创新应用，其未来期望值在于提高生产效率、提高产品质量和降低生产成本。随着科技的不断进步和发展，相信卷烟产品自动化预警系统将会在卷烟生产领域发挥更加重要和广泛的作用，为行业的可持续发展做出贡献。

8.4.3 卷烟产品自动化预警系统的发展的驱动力

1. 政策与法规的支持与推动

卷烟产品自动化预警系统的发展需要政策与法规的支持与推动。政府和相关部门应制定相关政策，明确卷烟产品自动化预警系统的应用范围和要求，并提供相应的支持和激励措施，以推动系统的广泛应用。

政策与法规的支持有助于促进科技创新和发展。通过明确的政策和法规框架，政府可以为科技企业提供稳定和可预测的环境，从而鼓励企业进行创新投资和研发。政策的支持可以包括税收优惠、研发补贴和创新基金等措施，这些措施可以降低企业的研发成本，激励企业在技术上不断突破和创新。

政策与法规的推动有助于保护消费者权益和数据安全。随着科技的不断进步，人们在日常生活中越来越依赖科技产品和服务。然而，科技发展也带来了一些风险，如个人隐私泄露和数据滥用等问题。政府通过制定相关法规和政策，可以保护消费者的隐私和权益，加强数据安全的保护措施，确保科技发展的可持续性和社会的稳定性。

2. 技术的持续创新与优化

卷烟产品自动化预警系统需要不断进行技术创新和优化，以提高系统的准确性和可靠性。人工智能技术、传感器技术和数据处理技术的不断进步，将为卷烟产品自动化预警系统的发展提供更多的可能性和机遇。

近年来，随着科技的不断进步，各个行业都在不断探索和应用自动化技术。卷烟行业也不例外，通过引入卷烟产品自动化预警系统，可以提高生产效率、降低成本，并且更好地满足市场需求。然而，随着技术的不断发展，卷烟产品自动化预警系统也面临着一些挑战和机遇，需要不断进行技术创新与优化。

卷烟产品自动化预警系统的技术创新主要体现在数据采集和分析方面。传统的预警系统主要依靠人工巡检和经验判断，容易出现遗漏和误判的情况。而通过引入先进的传感器技术和大数据分析算法，可以实现对生产过程中的关键参数进行实时监测和分析，准确预测潜在问题的发生，及时采取措施进行处理，从而提高生产效率和质量稳定性。

卷烟产品自动化预警系统在技术优化方面可以考虑引入人工智能和机器学习技术。通过对大量的生产数据进行分析和学习，可以建立准确的模型，实现对卷烟生产过程中异常情况的自动识别和预警。同时，还可以根据历史数据和市场需求进行预测性分析，提前进行调整和优化，以适应市场的变化和需求的多样化。

卷烟产品自动化预警系统的技术创新还可以关注人机协同和智能化控制。通过引入智能机器人和自动化设备，可以实现生产过程的自动化和智能化，减少人力投入和人为差错的发生。同时，可以结合虚拟现实和增强现实技术，提供更直观、便捷的操作界面和培训模式，提高生产操作的效率和准确性。

卷烟产品自动化预警系统未来的技术创新与优化是一个不断发展的过程。通过引入先进的数据采集和分析技术、人工智能和机器学习技术，以及智能机器人和智能化控制设备，可以实现对生产过程的实时监测、异常预警和智能化控制，提高生产效率、降低成本，并且更好地满足市场需求。卷烟行业应积极关注和应用这些技术创新，以推动行业的可持续发展。

3. 社会意识的提升

卷烟行业在过去的几十年间发生了巨大的变化。随着科技的进步，卷烟产品自动化预警系统的应用也需要社会各界支持和参与。公众对卷烟危害的认知和关注度的提升，将促使更多的人关注和支持卷烟产品自动化预警系统的发展，从而推动系统的广泛应用。

首先，卷烟产品自动化预警系统的实施可以提高生产效率和产品质量。这些系统可以监测和控制生产过程中的关键指标，如温度、湿度和压力等，从而确保产品符合质量标准。此外，卷烟产品自动化预警系统还可以及时检测到潜在的问题，如设备故障或生产线中断，从而减少生产停工和损失。然而，这些系统的有效性需要得到员工和管理层的支持。员工需要接受相关培训，了解系统的操作和维护，同时管理层需要提供必要的资源和支持，确保系统的正常运行。

其次，卷烟产品自动化预警系统对环境保护和安全管理具有重要意义。这些系统可以监测和控制卷烟生产过程中的排放物和废物处理，确保符合环境法规和标准。此外，卷烟产品自动化预警系统还可以提前发现潜在的安全隐患，如火灾风险和化学品泄漏等，从而及时采取措施保护员工和设施的安全。然而，这些系统的有效性需要社会广泛参与。政府需要加强监管和执法，确保企业按照规定使用和维护这些系统。公众也需要关注卷烟行业的环境和安全问题，提高对卷烟产品自动化预警系统的认识和重视。

最后，卷烟产品自动化预警系统的发展需要产业界和学术界的合作和创新。产业界需要投入更多的资源和技术，研发更先进和可靠的自动化系统，满足行业的需求。学术界需要加强与产业界的合作，推动相关技术的研究和应用，提供更好的解决方案。同时，政府也需要加大对卷烟产品自动化预警系统研发和应用的支持，提供相关政策和资金支持。

总之，卷烟产品自动化预警系统的发展需要社会的意识和参与。只有通过社会各界的共同努力，才能推动卷烟产品自动化预警系统的应用和发展，确保卷烟行业的可持续发展，同时保护环境和员工的安全。

8.4.4　卷烟产品自动化预警系统的未来可能面临的市场风险和限制因素

卷烟产品自动化预警系统作为技术手段，旨在提升各项工作效率、优化产品质量、降低生产成本、监测市场加强合规性等环节中都可能大放异彩，尽管该系统未来前景广阔，但也不得不面临一些挑战和限制因素。主要包括以下几个方面。

(1)技术成熟度和可靠性：卷烟产品自动化预警系统的技术还在不断发展和完善阶段，需要更多的实践和验证。企业在引入系统时需要认真评估其技术成熟度和可靠性，确保系统能够稳定运行并满足实际需求。

(2)数据安全和隐私保护：卷烟产品自动化预警系统需要收集和处理大量的生产数据，涉及企业的商业机密和消费者的隐私信息。因此，企业需要加强数据安全和隐私保护措施，确保数据的安全和合法使用。同时，系统的运行需要依赖复杂的软件和硬件设备，如果这些设备出现故障或者被黑客攻击，就可能导致系统无法正常运行或者产生错误的预警信号。此外，系统中可能存在漏洞和不完善的地方，被不法分子利用进行恶意操作，从而导致系统被篡改或者数据被盗取，给企业和组织带来严重的损失和风险。

(3)投资回报率和成本效益：企业在引入卷烟产品自动化预警系统时需要进行全面的成本效益分析，评估投资回报率。系统的引入需要一定的投资，企业需要确保能够获得足够的回报和效益。

(4)漏报或者误报问题：系统依赖大量的数据和算法来判断风险和预警信号，但是数据的准确性和完整性并不总是能够得到保证。可能会出现误报，即系统错误地将一些正常情况判断为异常情况，导致企业和组织做出不必要的应对措施，浪费资源和时间。同时，系统也可能漏报，即无法及时发现真正存在的风险和问题，导致损失和危害的发生。

(5)对人过度依赖：虽然系统可以自动监测和分析数据，但最终的决策还是需要由人来做出。如果人员对系统的运作原理和预警信号不够了解或者不重视，就可能出现忽视预警信号、误判风险等问题。此外，系统可能会给人们带来一种过度依赖感，认为只要有了卷烟产品自动化预警系统，就可以完全放心，忽视对其他风险的关注和防范，从而造成对其他潜在风险的疏漏。

那么，如何尽可能规避上述风险和问题呢？首先，加强数据的准确性和完整性，确保系统所依赖的数据可靠可信。其次，提高人员的意识，加强培训，使其能够正确理解和运用卷烟产品自动化预警系统，不仅要重视系统的预警信号，还要做好其他风险的防范。同时，加强系统的安全性，定期检查和更新软件和硬件设备，加强网络安全防护，防止系统被黑客攻击和滥用。卷烟产品自动化预警系统在帮助企业和组织应对风险和危机方面具有重要作用，但也存在一些弊端需要重视和解决。只有充分认识和应对这些问题，才能更好地利用卷烟产品自动化预警系统，保障企业和组织的安全和稳定发展。

后记

回顾历史，展望未来。销量数据，作为大数据来源之一，具备重要价值。

历史销量数据趋势分析一定程度上可以预测未来销量趋势，可以帮助我们洞悉市场规律，了解市场走向，并将客户的行为进行量化，从而为业务的开展提供关键决策依据。

本书在总结其他行业销量数据应用研究方法的基础上，通过对各大品牌卷烟销量数据、人口经济等数据的整理分析，对不同市场进行划分，并根据不同的产品及市场特征选择了不同的建模方法，从产品销量趋势分析预测和基于市场表现的产品类型分类两个方面开展卷烟产品销量预警机制研究，同时结合相关市场调研结果，分析和阐释产生市场波动的原因，旨在指导制定不同类型产品的应对策略，助力改善市场状态。

本书侧重于历年来卷烟销量的趋势分析，包括了波动因素分析、建模、预测、预警、机制建立等内容；同时采用了时间序列分析、四象限等专业的统计分析方法进行综合性分析。

本书结合卷烟行业政策变化、销量数据变化、市场因素、实际案例，对卷烟产品预警机制建立、运行、评估、改进进行了系统介绍。本书适合烟草领域的相关人员参考阅读，可作为烟草行业市场营销、市场研究辅助材料。

本书凝聚了编者多年来卷烟市场研究经验及成果，呈现的是对烟草行业市场分析研究的方法、经验的总结及市场消费趋势变化感知的深入理解。

云南中烟工业有限责任公司杨蕾、张涛、何雪峰、冯洪涛、李超负责全书的总体设计，以及书稿的撰写、修改和定稿。本书共八章，包括了卷烟销售相关概念、烟草产业及新消费下的高质量发展、卷烟销售市场变化因素、销量趋势分析综述、卷烟销量趋势分析、预警机制分析综述、基于销量趋势分析的卷烟产品预警机制的建立、卷烟产品预警机制分析及应对策略思考等内容。第一章卷烟销售相关概念，由杨蕾编写。第二章烟草产业及新消费下的高质量发展，由徐艳群、何雪峰编写。第三章卷烟销售市场变化因素，由徐艳群编写。第四章销量趋势分析综述，由董聪聪、何俊、赵美威编写。第五章卷烟销量趋势分析，由董聪聪、夏建军、夏体渊编写。第六章预警机制分析综述，由李超编写。第七章基于销量趋势分析的卷烟产品预警机制的建立，由杨蕾、董聪聪、向其凤编写。第八章卷烟产品预警机制分析及应对策略思考，由杨蕾、何雪峰编写。

中国烟草的高速发展，为国民经济发展做出巨大贡献。随着行业高质量发展目标的推进、产品研发脚步的加快，市场上可供选择的卷烟品牌越来越多。在市场总量有限的情况下，竞争日趋激烈，卷烟市场正由增量市场向存量市场转变，卷烟营销也从原来的粗放式向精细化转变。如何通过销量数据变化，实时掌握在售产品市场状态，并及时调整投放营销策略，保障市场的健康发展，是各大卷烟企业长期关注的问题。

卷烟产品销量预测预警系统的建立是基于大数据和机器学习算法的，此系统通过分析历史销售数据、市场环境因素、消费者行为等多个维度的信息，能够准确地预测未来一段时间内的销量走势；可以根据不同的参数设置，实时监测销售情况并生成预警信号，帮助企业及时调整生产计划和供应链管理，以最大限度地满足市场需求。

本书对卷烟销量趋势分析方法与经验进行总结，助力卷烟企业产品研发、营销策略和战略决策制定。